RICHERI HISTORIARUM

LIBRI QUATUOR

TOMUS SECUNDUS

HISTOIRE DE RICHER

EN QUATRE LIVRES

TOME DEUXIÈME

A PARIS

DE L'IMPRIMERIE DE CRAPELET

RUE DE VAUGIRARD, 9

M. DCCC. XLV

RICHER

HISTOIRE DE SON TEMPS

TEXTE REPRODUIT

D'APRÈS L'ÉDITION ORIGINALE DONNÉE PAR G.-H. PERTZ

AVEC

TRADUCTION FRANÇAISE, NOTICE ET COMMENTAIRE

PAR J. GUADET

TOME DEUXIÈME

A PARIS
CHEZ JULES RENOUARD ET Cie
LIBRAIRES DE LA SOCIÉTÉ DE L'HISTOIRE DE FRANCE
RUE DE TOURNON, N° 6
M. DCCC. XLV

EXTRAIT DU RÈGLEMENT.

Art. 14. Le Conseil désigne les ouvrages à publier, et choisit les personnes les plus capables d'en préparer et d'en suivre la publication.

Il nomme, pour chaque ouvrage à publier, un Commissaire responsable, chargé d'en surveiller l'exécution.

Le nom de l'Éditeur sera placé à la tête de chaque volume.

Aucun volume ne pourra paraître sous le nom de la Société sans l'autorisation du Conseil, et s'il n'est accompagné d'une déclaration du Commissaire responsable, portant que le travail lui a paru mériter d'être publié.

Le Commissaire responsable soussigné déclare que le travail de M. GUADET *sur l'*HISTOIRE DE RICHER, *tome* II, *lui a paru digne d'être publié par la* SOCIÉTÉ DE L'HISTOIRE DE FRANCE.

Fait à Paris, le 1ᵉʳ février 1846.

Signé BERGER DE XIVREY.

Certifié,
Le Secrétaire de la Société de l'Histoire de France,
J. DESNOYERS.

RICHERI HISTORIARUM
LIBRI QUATUOR.

HISTOIRE DE RICHER
EN QUATRE LIVRES.

RICHERI HISTORIARUM
LIBRI QUATUOR.

LIBER TERTIUS.

I.

Peractis autem exequiis, Gerberga regina legatos dirigit fratribus suis, Ottoni regi ac Brunoni ex præsule duci; necnon et Hugoni Galliarum duci; petens per eos, Lotharium filium suum in regnum patri defuncto succedere. Adveniunt itaque ab Ottone rege omnes ex Belgica, duce Brunone, principes, sed et ex Germania aliqui. Adest etiam Hugo Galliarum dux. Conveniunt quoque Burgundiæ et Aquitaniæ simulque et Gothiæ principes. Episcopi etiam e diversis regionum urbibus conveniunt. Atque hi omnes in urbem Remorum apud Gerbergam reginam pari voto collecti sunt. Omnium fit consensus; omnibus animo inest, Lotharium patri defuncto succedere.

II.

Universorum itaque consensu, a domno Artoldo Remorum metropolitano, favente Brunone ejus avunculo, principibusque diversarum gentium laudantibus, Lotharius duodennis rex creatur in basilica sancti

HISTOIRE DE RICHER
EN QUATRE LIVRES.

LIVRE TROISIÈME.

I.

Lorsque les funérailles furent achevées, la reine Gerberge envoya des députés à ses frères, c'est-à-dire au roi Otton et à Brunon, qui, d'évêque, était devenu duc[1]; elle en envoya de même à Hugues, duc des Gaules; elle demandait, par ces députés, que Lothaire, son fils, fût mis en possession du trône paternel. Gagnés par Otton, tous les princes de Belgique et quelques grands de Germanie arrivèrent, conduits par le duc Brunon; Hugues, duc des Gaules, se rendit aussi à l'appel; à eux se réunirent encore les princes de Bourgogne et d'Aquitaine, ainsi que ceux de Gothie. De leur côté, des évêques vinrent de différentes contrées dans la ville de Reims, et tous ensemble se réunirent près de la reine Gerberge, animés des mêmes sentiments, exprimant le même avis, c'est-à-dire que Lothaire devait succéder à son père défunt.

II.

Lothaire, âgé de douze ans, fut donc, du consentement de tous, avec l'appui de son oncle Brunon et aux acclama-

---

[1] Brunon, archevêque de Cologne et duc de Lorraine. Voir *Notes et dissertations*, sect. II.

Remigii, ubi pater suus tumulatus cum aliis regibus sepultis quiescebat. Creatusque rex, a matre Gerberga simulque et principibus Laudunum [1], ubi ex antiquo regia esse sedes dinoscitur, magna rerum ambitione inclitus deducitur. Dux continue ei individuus assidet; et ad multam regis benevolentiam animum intendens, postquam principes in sua discessere, privatis cum rege colloquiis coutebatur. Et ut suæ fidelitatis virtutem penitus demonstraret, regem ejusque matrem suas urbes et oppida in tota Neustria visere petit, obtinetque.

III.

Deducitur ergo a duce rex cum matre regina per Neustriam, ac ab eo decentissime excipitur Parisii, Aurelianis, Carnoti, Turonis, Bleso, aliisque quam plurimis Neustriæ urbibus oppidisque. Inde quoque cum exercitu in Aquitaniam feruntur. Et, præmissis legatis, cum Wilelmus princeps occurrere nollet, Pictavim adoriuntur, principem ibi esse rati. Cum ergo exercitus vehementissime urbem attereret, et diutissime pugnam urbanis inferret, a quibusdam regiis castrum sanctæ Radegundis urbi contiguum clandestina irreptione captum atque succensum est. Comperto vero principem non adesse, tandem post duorum mensium dies, victus indigentia exercitu fatigato, ab obsidione disceditur.

IV.

Wilelmus vero Arverniæ fines perlustrans, quæ est Aquitaniæ pars, ab oppidis milites educebat, ad pugnam exercitum colligens. Collectoque in regem fer-

---

[1] laudum corr.

tions des princes des différentes nations, sacré roi par Artaud, archevêque de Reims, dans la basilique de Saint-Rémi, où son père reposait dans la tombe avec plusieurs autres rois. Lothaire, impatient de prendre le maniement des affaires, fut, après la solennité, conduit par sa mère et par les princes dans la ville de Laon, qui depuis longtemps, comme on sait, était la résidence royale. Le duc ne le quitta pas un instant; tout dévoué à sa cause, il continua, après le départ des princes, à se concerter familièrement avec lui; et afin de prouver son inviolable fidélité, il sollicita le roi et sa mère d'aller visiter ses villes et ses places fortes dans toute la Neustrie, ce qui lui fut accordé.

III.

(955.) Le roi et sa mère furent donc conduits en Neustrie par le duc et honorablement reçus par lui à Paris, à Orléans, à Chartres, à Tours, à Blois et dans plusieurs autres villes et places de la province. De là ils se rendirent en Aquitaine avec une armée, ils s'y firent précéder de députés, parce que le prince Guillaume refusait de venir à leur rencontre. Ils arrivèrent devant Poitiers, où ils croyaient que se trouvait le prince [1]. L'armée battit vigoureusement la ville et assaillit fort longtemps ses habitants : enfin quelques troupes du roi enlevèrent par surprise et incendièrent le fort de Sainte-Radegonde [2], contigu à la ville. Mais comme on trouva que Guillaume était absent, et comme l'armée souffrait faute de vivres, au bout de deux mois on abandonna le siége.

IV.

Guillaume cependant parcourait l'Auvergne, qui est une partie de l'Aquitaine, et avec les soldats qu'il tirait des

---

[1] Voir sur le duc Guillaume *Notes et dissertations*, sect. II. Voir aussi plus bas, chap. XIII.

[2] On voit dans Flodoard que ce fort fut pris par le comte Rainauld ou Raginold.

tur. Quo rex comperto, duce favente exercitum in hostem reducit, signisque infestis congreditur. Acerrime dimicatum est, nonnullis utrimque fusis. Sed regio equitatu[1] prævalente, Aquitanos fuga exagitat. Regiæ vero acies promtissime insecuntur. In qua fuga nonnulli Aquitanorum interfecti, plurimi autem capti fuerunt. Wilelmus vero devia secutus, cum duobus vix per abrupta profugit.

V.

Rex ergo, prospero belli successu insignis, acies[2] iterum Pictavis inferri jubet[3]. Arbitrabatur etenim, urbem tunc facillime capi posse, cum exercitus recentis belli animositate adhuc ferveat et urbani multo detineantur metu, ob principis sui fugam ejusque militum infelicem eventum. Dux itaque regis magnanimitatem multo favore excipiens, exercitum licet fatigatum et tamen sua benignitate captum, urbi reducit. Urbani vero, belli casu exanimes, vitam deposcunt, et pro urbis illesione[4] supplicant. Cum autem exercitus urbem vi vellet irrumpere et spolia asportare, dux habita apud eos dissuasione, intactam rege jubente reliquit. Rex autem ab urbanis obsides quot vult capit. Sicque, duce interveniente, urbs ab exercitu[5] liberata est; et sub pace sequestra obsidio solvitur. Prosperaque rerum fortuna, rex cum duce

---

[1] exercitu *corr.* equitatu.
[2] exercitum *corr.* acies.
[3] infert *corr.* inferri jubet.
[4] salute *corr.* illesione.
[5] prædonibus *corr.* ab exercitu.

places fortes, il forma une armée qu'il conduisit contre le roi. A cette nouvelle, le roi, secondé par le duc, ramena ses troupes à l'ennemi, et une bataille s'engagea. Le choc fut rude et quelques hommes périrent des deux côtés; mais la cavalerie royale l'emporta et mit en fuite les Aquitains, que l'armée royale poursuivit de près. Quelques-uns d'entre eux furent tués dans leur fuite, un grand nombre fut pris. Guillaume se jeta dans des sentiers inconnus et put à peine, avec deux des siens, se sauver dans des lieux impraticables [1].

V.

Le roi donc, enflé par le succès de ses armes, fait marcher de nouveau son armée sur Poitiers; il pensait qu'il serait aisé de s'emparer de la ville, cette armée étant encore animée de l'ardeur d'un combat récent, et les habitants au contraire encore consternés de frayeur par la fuite du prince et l'échec de ses troupes. Le duc, accueillant avec une entière faveur le noble projet du roi, ramena devant la ville l'armée royale, qui, bien que déjà fatiguée, se rendit cependant à ses désirs [2]. Les citoyens, consternés de l'issue qu'allait avoir cette guerre, demandent la vie sauve et supplient qu'on laisse leur ville intacte. Les troupes voulaient se précipiter de force dans la place et la piller, mais le duc les en détourna et, par ordre du roi, fit respecter la ville; Du reste le roi reçut des habitants tous les otages qu'il lui plut d'exiger. Ainsi, par l'entremise du duc, la place fut préservée des entreprises des troupes, une trêve fut conclue et le siége fut levé. Les choses ayant donc tourné à l'avantage du roi, il s'en retourna à Laon avec le duc et son armée.

[1] Avec peu de monde, dit Flodoard, *cum paucis*. Nous avons dit plus d'une fois que l'exagération était naturelle à notre auteur.
[2] Flodoard ne parle ni de ce siége nouveau, ni de la prise de la ville.

et exercitu Laudunum repetit. Dux vero Parisii receptus, in egritudinem decidit, qua nimium affectus, vitæ finem accepit. Sepultusque est in basilica sancti Dionisii martiris.

VI.

Interea Ottone rege Bulizlao Sarmatarum regi bellum inferente, Ragenerus quidam quem Otto rex ob custodiam in Belgica dimiserat, multa quæ illicita erant præsumebat. Inter quæ ædes regias et prædia regalia Gerbergæ reginæ quæ in Belgica erant, tirannica temeritate [1] pervadit. Regina vero apud suos de repetendis prædiis et ædibus regiis privatim consultare non distulit.

VII.

Inter quos cum pater meus hujus rei dispositioni videretur idoneus, ab eo id summopere ordinandum petebatur. Quod etiam ipse disponendum suscipiens: « Sinite, inquit, per dies aliquot me istud explorare. « Et si quidem nostris viribus id par fuerit, procul « dubio per hoc temporis intervallum contemplabi« mur. Ad alia interim vos ipsos conferte. Illud tan« tum a vobis [2] expediatur, ut si a Deo nobis rei ge« rendæ oportunitas conferatur, apud vos nulla mora « attemptandi opus habeatur. » Sic quoque a sese soluti sunt.

VIII.

Pater meus itaque ad oppidum prædicti Rageneri quod dicitur Mons-castrati-loci [3], ubi etiam uxor ejus cum duobus filiis parvis morabatur, quosdam suo-

---

[1] crudelitate *corr.* temeritate.
[2] apud vos *corr.* a vobis.
[3] monsl, *errore auctoris qui* castrati *primo omiserat.*

Pour celui-ci, arrivé à Paris, il tomba malade et succomba à la violence du mal[1]. Il fut enterré dans la basilique de Saint-Denis, martyr (956).

VI.

Sur ces entrefaites, et pendant que le roi Otton faisait la guerre à Bulizlas[2], roi des Sarmates, un certain Rainier, auquel il avait confié la garde de la Belgique[3], ne craignait pas de s'y livrer à de nombreux excès ; ainsi il envahit audacieusement les maisons et les domaines royaux que la reine Gerberge possédait dans ce pays. Mais la reine concerta aussitôt avec les siens les moyens de rentrer dans ses domaines et dans ses maisons royales.

VII.

Mon père parut propre à conduire cette affaire[4], et on le sollicita fortement de s'en charger, ce qu'il fit en effet : « Permettez, » dit-il, « que j'étudie l'entreprise pendant « quelques jours, et si elle n'est pas au-dessus de mes forces, « sans aucun doute ce temps me suffira pour le recon- « naître. En attendant, occupez-vous d'autres soins. Faites « seulement que, si Dieu me fournit l'occasion d'agir, je « n'éprouve de votre part aucun retard pour l'exécu- « tion. » C'est ainsi qu'ils se séparèrent.

VIII.

Mon père envoya donc vers la place de Mons, apparte-

---

[1] Hugues, surnommé le Grand, l'Abbé, ou le Blanc, père de Hugues Capet, mourut le 16 juin 956.
[2] On lit *Burislas* dans les imprimés de Flodoard.
[3] Rainier III ou Raginer, comte de Hainaut. Voir *Notes et dissertations*, sect. II. Les terres dont il s'agit ici avaient été données à Gerberge par Gislebert, son premier mari.
[4] Tout cet épisode est neuf dans Richer, qui en tenait sans doute les détails de son père.

rum quos ipse in militaribus instruxerat dirigit, qui loci habitudinem militumque numerum, rerum etiam fortunam ac famulorum exitum, vigilumque diligentiam, cautissime considerent. Procedunt itaque duo tantum in habitu paupertino, ac usque ad oppidi portam deveniunt. Exstruebantur tunc muri per loca potioribus ædificiis. Unde et lapidum cæmentique portitores, sæpe per portam egrediebantur, regrediebanturque præsente eorum qui operi præsidebat[1]. Adsunt exploratores, et ad comportandum lapides offerunt sese. Deputantur operi, daturque eis clitellaria sporta. Comportant itaque cæmentum ac lapides, ac nummos[2] singulos singuli in dies accipiunt. Ante dominam etiam cum latomis et cæmentariis bis cibati sunt, curiose omnia contemplantes. Dominæ etiam cubiculum, ejusque natorum diverticulum, sed et famulorum egressum et regressum, actionumque tempestatem, ubi etiam oppidum insidiis magis pateat, multa consideratione pernotant. Et diebus quatuor consumtis, dies imminebat[3] dominica. Sicque accepta laboris mercede[4], ab opere soluti sunt. Redeunt igitur omnibus exploratis, ac patri meo talia referunt.

IX.

Ille in multa spe omnia ponens, regina conscia, cum duabus cohortibus oppidum adit, ac ducentibus iis quos præmiserat, per locum competentem nocturnus ingreditur. Portas et exitus omnes pervadit, ac custodes, ne quis effugiat, deputat. Ipse ad cubiculum

---

[1] custode *corr.* qui operi præsidebat.
[2] *primum d scriptum erat* (denarios).
[3] aderat *corr.* imminebat.
[4] operis precio 1.

nant à Rainier, et où se trouvaient sa femme et ses deux jeunes fils, quelques hommes dévoués qu'il avait lui-même initiés au métier des armes, les chargeant d'examiner adroitement l'état des lieux, et ce qui s'y faisait, de prendre note du nombre des soldats, des sorties des serviteurs, de la vigilance des sentinelles. Deux de ces hommes partent, vêtus comme de pauvres gens, et arrivent jusqu'à la porte de la place. On construisait alors à Mons de beaux édifices, et les ouvriers employés au transport des pierres et du ciment sortaient fréquemment par la porte et rentraient en présence du conducteur des travaux. Les envoyés arrivent et s'offrent à transporter des pierres; on les met à l'œuvre et on leur donne des hottes [1]; ils transportent donc du ciment et des pierres, et reçoivent la paie de chaque jour. Deux fois, avec les tailleurs de pierres et les maçons, ils mangèrent devant la femme de Rainier, examinant tout d'un œil curieux : ils notent soigneusement la chambre à coucher de la dame, le cabinet des enfants, l'entrée et la sortie des serviteurs, le temps assigné à chaque chose et l'endroit de la place le plus favorable à un coup de main. Au bout de quatre jours, le dimanche arriva ; ils reçurent la paie et quittèrent le travail. Ils s'en retournèrent donc après avoir tout exploré et vinrent tout raconter à mon père.

IX.

Mon père conçut une grande espérance, et, d'accord avec la reine, il marcha sur Mons avec deux cohortes [2], que guidaient les deux hommes ci-dessus mentionnés. Il entra de nuit dans la place, s'empara des portes et de toutes les issues et y plaça des gardes, pour que personne ne pût s'évader. Lui-même court à la chambre à coucher de la dame, s'y

---

[1] *Clitellaria sporta* ne peut être que la hotte dont se servent encore aujourd'hui les maçons.
[2] Voir *Notes et dissertations*, sect. IV.

dominæ ferventissimus tendit. Eumque ingressus, matrem cum duobus natis comprehendit. Alii vero ornamentis asportandis insistebant. Comprehendit et milites oppidumque succendit. Quo combusto, cum domina et natis, militibusque comprehensis, ad reginam Gerbergam reversus est.

X.

Quod Ragenerus comperiens, tanta necessitate ductus, Brunonem, fratrem reginæ, postulat, ut mature colloquium quo jubeat regina constituatur, ubi ipse uxorem et natos recipiat et regina ædes et prædia resumat. Quod etiam statuto tempore factum est. Nam habitis utrimque rationibus, regina a tiranno prædia recepit, et ipse uxorem et natos, militesque reduxit [1].

XI.

His ita gestis, Robertus Trecarum princeps, Heriberti tiranni filius, Hugonis vero abdicati frater, Lothario regi injuriam hac arte molitus est. Castrum regium quod Divion dicitur, secus Oscaram torrentem conditum, multa cupiditate sitiebat, eo quod per eum si id habere posset, optimam Burgundiæ partem ad suum jus transire posse arbitrabatur. Illum itaque qui castro præesse videbatur, de transfugio ad sese per legatos alloquitur, plurima spondens, et majora sub jurejurando pollicens. Apud regem quoque multam rerum inopiam asserens, apud sese vero sufficientes opes, oppida nonnulla, aliaque desiderabilium insignia vehementissime protestans. Tunc juvenis rerum cupidine captus, pro transfugio mercedem quæ-

---

[1] *Hic, signo indicante, aliqua deesse videntur.*

précipite et s'empare de la mère et des deux enfants, pendant que d'autres s'occupaient d'emporter les meubles ; il s'empara aussi des soldats et brûla la ville. La place consumée, il revint vers la reine Gerberge, emmenant la femme et les enfants de Rainier, ainsi que les soldats qu'il avait pris.

X.

Rainier fut informé du fait, et, dans une aussi grave extrémité, il ne balança pas à prier Brunon, frère de Gerberge, d'indiquer sans retard, dans le lieu qui plairait à la reine, une entrevue dans laquelle il pût reprendre sa femme et ses enfants, et rendre à la reine ses maisons et ses terres. La conférence eut lieu au temps convenu : la reine reçut ses domaines du tyran et celui-ci ramena avec lui sa femme, ses enfants et ses troupes.

XI.

(959.) [1] Ensuite Robert, prince de Trèves, fils du tyran Herbert et frère de Hugues, évêque déposé [2], se mit en hostilité contre le roi Lothaire, et voici comment : il convoitait ardemment la forteresse royale nommée Dijon, bâtie près du torrent de l'Ousche, parce qu'il pensait que s'il la tenait une fois, il pourrait se rendre maître de la meilleure partie de la Bourgogne. Il députa donc au commandant du fort des émissaires pour l'engager à trahir en sa faveur, lui offrant beaucoup, lui promettant plus encore sous la foi du serment. Il lui assurait que le roi manquait de tout, que lui, au contraire, possédait suffisamment de richesses, plusieurs places, et toutes les autres choses qu'on a coutume de désirer le plus. Le jeune commandant, entraîné par la cupidité, demande quel sera le prix de sa trahison ; les

---

[1] Richer passe ici sous silence les événements appartenant aux deux années 957 et 958.

[2] Voir ci-dessus, liv. I, chap. LIX et suiv.

rit. At illi mercedis nomen edicunt. Ille vero ex promissis jusjurandum postulat capitque. Et tempore congruo, tirannum cum multa militum manu intra oppidum excipit, ac sese ei committens, fidem pro militia accommodat. Pervaso autem oppido, regii milites contumeliose pelluntur. Deputantur vero ibi milites tiranni.

XII.

Perlata sunt hæc ad regem. Rex vero Brunoni avunculo legatos dirigit, copias ab eo postulans. Nec moratur Bruno, et, cum duobus milibus armatorum ex Belgica, terram tiranni occupat, urbemque Trecasinam obsidione circumdat. Rex vero cum matre, erepto castro exercitum inducit. Cum ergo duplici exercitu tirannus urgeretur, cedit, et ab rege indulgentiam petit. Coactusque obsides et sacramenta dat; et insuper oppidi proditorem victus tradit. Qui mox prolata ab rege sententia, ante oppidi portam, coram patre decollatur.

XIII.

Rex vero oppido potitus, cum matre Laudunum redit. Huc ex diversis regionibus ad regem principes confluunt. Adsunt quoque ducis defuncti filii duo, Hugo et Otto, qui etiam regi fidelem militiam per jusjurandum coram omnibus spondent. Quorum benignitati rex non imparem liberalitatem demonstrans, Hugonem pro patre ducem facit, et insuper terram Pictavorum ejus principatui adjicit; Ottonem vero Burgundia donat.

envoyés le lui disent ; il demande et reçoit le serment qui
doit garantir leurs promesses. Au temps convenu, il introduit dans la place le tyran, suivi de troupes nombreuses,
se donne à lui et lui prête le serment militaire [1]. La place
envahie, les troupes du roi furent honteusement chassées et
remplacées par celles du tyran.

XII.

(960.) Lorsque la chose fut rapportée au roi, il envoya
des députés à son oncle Brunon pour lui demander des
troupes. Brunon ne perd pas de temps, et avec deux mille
soldats belges il s'empare des terres de Robert et met le siége
autour de la ville de Troyes. De son côté, le roi et sa mère
conduisent des forces contre la place de Dijon [2]. Le tyran,
se voyant pressé par ces deux armées, se soumet et implore
l'indulgence du roi. Il est forcé de donner des otages et de
se lier par serment ; de plus, on l'oblige à livrer le traître,
qui est bientôt, par sentence du roi, décapité devant la
porte de la place, en présence de son père [3].

XIII.

Le roi, maître de la ville, revint à Laon avec sa mère.
Les princes vinrent l'y trouver de diverses provinces [4] (961) ;
les deux fils du feu duc, Hugues et Otton [5], s'y rendirent
aussi, et en présence de tous jurèrent au roi de le servir
fidèlement de leurs armes [6]. Le roi, voulant à leur dé-

---

[1] Voir *Notes et dissert.*, sect. v. Flodoard présente la chose autrement.
[2] Brunon était frère de la reine Gerberge, mère de Lothaire. Voir *Notes et dissertations*, sect. II.
[3] Nous voyons par Flodoard que le traître décollé était fils du comte Odalric. Dans les autres auteurs c'est Brunon qui reçoit les otages et les donne au roi.
[4] De France et de Bourgogne, selon Flodoard.
[5] Hugues le Grand avait un troisième fils nommé Henri. D'après Flodoard, le roi reçut le fils de Hugues devant la place même de Dijon et pendant le siége.
[6] Voir *Notes et dissertations*, sect. v.

XIV.

In qua rerum distributione cum domnus ac reverendus Artoldus metropolitanus admodum in die laborasset, et præ solis¹ fervore toto corpore sudasset, cum vestem abjiceret, per poros calore apertos, frigus autumnale² irrepsit. Natoque ex interno frigdore epatis morbo, nimiis doloribus confectus, pridie Kalend. Octob. a suo præsulatu annis³ vigenti diem vitæ clausit extremum.

XV.

Cujus peractis exsequiis, Hugo nuperrime dux Francorum ab rege factus, regem suppliciter adit, petitque pontificalem dignitatem ei restitui, eo quod ipse ante Artoldum ipsam adeptus fuerit, et non suo facinore, sed Rodulfi regis invidia, Artoldum ei superductum memorat. Persistebat itaque ut redderetur. Et statim decreto⁴ regio, sinodus episcoporum post dies quadragenos habenda indicitur.

XVI.

Colligitur ergo consummatis diebus in pago Meldensi secus fluvium Matronam, in vico qui vocatur...., ex Remensi ac Senonensi provinciis, sinodus tredecim episcoporum, præside Senonense pontifice. Inter quos etiam fautores aliqui pro parte Hugonis videbantur, et maxime illi qui duci consuescebant, utpote Aure-

---

¹ aestatis *corr.* solis.
² frigoris *corr.* frigus autumnale.
³ ann.
⁴ iussu *corr.* decreto.

vouement égaler sa libéralité, donna à Hugues le titre de duc qu'avait porté son père, et ajouta de plus à sa principauté [1] le pays de Poitiers; il donna à Otton la Bourgogne [2].

XIV.

Dans ces circonstances, le seigneur et vénérable métropolitain Artaud, s'étant trop fatigué pendant un jour entier à l'ardeur du soleil, se mit le corps tout en sueur; il ôta ensuite ses vêtements, et le froid d'automne pénétra par tous les pores que la chaleur avait dilatés. Ce froid intérieur attaqua le foie, et il mourut accablé de cruelles douleurs la veille des calendes d'octobre [3], la vingtième année de son épiscopat.

XV.

Après ses funérailles (962), Hugues, qui venait récemment d'être fait par le roi duc des Français, alla trouver le prince et le supplia de lui faire rendre la dignité épiscopale [4], qu'il avait obtenue avant Artaud. On lui avait substitué ce dernier, non, disait-il, qu'il se fût rendu indigne de l'épiscopat, mais par suite de la haine du roi Raoul; et comme il insistait pour que cette dignité lui fût rendue, le roi convoqua à quarante jours de là un synode d'évêques.

XVI.

Ce temps arrivé, il se tint dans le territoire de Meaux, près de la Marne, dans le lieu appelé..... un synode composé de treize évêques des provinces ecclésiastiques de Sens et de Reims; l'archevêque de Sens le présida. Quelques-uns des évêques, et surtout les familiers du duc, paraissaient

---

[1] Voir *Notes et dissertations*. Ceci montre que les bénéfices n'étaient pas héréditaires. Il s'agit ici de Hugues Capet.
[2] Voir *Notes et dissertations*, sect. 11.
[3] C'est-à-dire le dernier jour de septembre.
[4] C'est une erreur; il demanda qu'elle fût rendue à Hugues, fils d'Herbert, qui avait envahi l'archevêché de Reims, et c'est avec raison que, chap. xvii ci-dessous, ce même Hugues est appelé frère de Robert. P.

lianensis et Parisiacus, Silletensis quoque; atque hi publice consultabant. Renitentibus autem Roricone Laudunensi et Gubuino [1] Catalaunico episcopis, et vehementissime asserentibus quod a multitudine episcoporum excommunicatus a minore eorum numero absolvi non posset, relinquitur ratio differenda usque ad interrogationem papæ Romani.

XVII.

Nec multo post, et legatio dirigitur in Gallias a domno Johanne papa, qui jam succedebat Octoviano [2], domni Agapiti successori; asserens prædictum Hugonem, abdicatum tam sinodo Romana quam Papiæ nuperrime habita, ab episcopis Italiæ anathematizatum, nisi ab iis quæ illicite repetebat quiesceret. Qua legatione omnibus intimata, quærimoniæ ratio pessumdata est. Hugo itaque a fratre suo Rotberto receptus, nimia anxietate intra dies paucissimos Meldi defunctus est.

XVIII.

Bruno itaque metropolitanus et dux, cuidam ex collegio canonicorum Mettensium nomine Odelrico apud regem præsulatum quærebat. Quod cum obtinuisset, coram adesse facit. Qui vir memorabilis, cum esset divitiis et nobilitate litterarumque scientia adeo clarus, an rege largiente episcopatum suscipere audeat sciscitatur. Etenim tunc expetebatur a quodam illustri, cui a duce auxilium ferebatur. At ille utpote vir magnanimus, si rex largiatur, sese con-

[1] sic.
[2] sic.

être dans les intérêts de Hugues, comme ceux de Paris, d'Orléans et de Sens [1]; ils proclamaient tout haut leur sentiment. Mais Roricon, de Laon, et Gibuin, de Châlons, les combattirent et soutinrent énergiquement qu'ayant été condamné par un nombre considérable d'évêques, Hugues ne pouvait être absous par un moindre nombre, et on laissa la chose en suspens pour consulter le pape de Rome.

XVII.

Bientôt après il vint dans les Gaules un légat du pape Jean [2], qui avait succédé à Octavien, successeur lui-même du seigneur Agapet, lequel légat déclara que ce même Hugues, évêque déposé, avait été, tant dans un synode de Rome que dans un autre tenu récemment à Pavie [3], déclaré excommunié par les évêques d'Italie, à moins qu'il ne se désistât de ses injustes prétentions. Cette décision, signifiée à chacun, coupa court à toute réclamation. Hugues, recueilli par son frère Robert, mourut à Meaux peu de temps après, consumé par le chagrin.

XVIII.

L'archevêque-duc Brunon demanda au roi l'évêché pour un chanoine nommé Odelric, du chapitre de Metz [4]. Lorsqu'il l'eut obtenu, il présenta Odelric. On demanda à cet homme de bien, tout à fait recommandable par ses ri-

---

[1] Flodoard ne les avait pas nommés.
[2] Jean XIII, comme il a été dit ci-dessus. Voir *Notes et dissertations*.
[3] Flodoard dit : « Tant par le pape que par tout le synode romain et aussi par un autre synode tenu à Pavie. »
[4] Fils d'un certain comte Hugues, selon Flodoard. — Les chanoines de Metz jouissaient alors d'une grande célébrité. Ils avaient reçu de saint Chrodegang, évêque de la ville, vers le milieu du VIIIe siècle, une règle, tirée en grande partie de celle de saint Benoît. C'est la plus ancienne que nous ayons; elle fut approuvée et reçue par plusieurs conciles de France et confirmée par l'autorité même des rois, ce qui a fait regarder par quelques-uns saint Chrodegang comme l'instituteur de la vie canoniale, bien qu'en effet la vie canoniale remonte bien plus haut. (Voir Grég. de Tours, *Hist.*, l. X, c. 31.)

tra omnes et suscepturum et defensurum respondit. Quod etiam multam sibi ducis invidiam comparavit.

XIX.

Ordinatur itaque in basilica sancti Remigii ab episcopis Remensis metropolis diocesaneis, Widone scilicet Suessonico, Roricone Laudunensi, Gibuino Catalaunico, Hadulfo Noviomensi [1], atque Wicfrido Virdunensi. Factusque præsul, mox tirannos qui suæ ecclesiæ res pervaserant, ut ad satisfaciendum redeant, jure æcclesiastico advocat. Atque inde per tres dierum quadragenas concessit esse consulendum.

XX.

Evoluto vero tempore, Tetbaldum Turonicum cum aliis rerum æcclesiasticarum pervasoribus anathemate damnat. Post non multos autem dies, penitentia ducti, ad præsulem satisfacturi redeunt, atque res pervasas legaliter reddunt. Recipit itaque domnus præsul ab Heriberto quidem Sparnacum vicum populosum ac opulentum, ab Tetbaldo vero castrum Codiciacum eosque a vinculo anathematis absolvit. Et Tetbaldi quidem filio, qui sese sibi commiserat militaturum, castrum sub conditione servandæ fidelitatis concedit.

XXI.

Quo etiam tempore Arnulfus, Morinorum princeps, hac vita decessit. Cujus terram Lotharius rex ingres-

---

[1] N. aliisque nonnullis *deleta*.

chesses, sa noblesse et son savoir, s'il oserait accepter l'épiscopat, dans le cas où le roi le lui donnerait; car ce poste était alors sollicité par un homme illustre que le duc appuyait. Mais il répondit, en homme de cœur, que si le roi le lui conférait, il le prendrait et le défendrait contre tous, ce qui lui valut une grande haine de la part du duc.

XIX.

Il fut sacré dans la basilique de Saint-Rémi, par les évêques diocésains de la métropole de Reims, savoir : Gui, de Soissons; Roricon, de Laon; Gibuin, de Châlons; Hadulfe, de Noyon, et Wicfrid, de Verdun. Devenu évêque (963), il ne tarda pas à user du droit ecclésiastique pour contraindre à satisfaction les tyrans qui avaient envahi les biens de son église, et il leur accorda trois fois quarante jours pour délibérer.

XX.

Ce temps passé (964), il frappa d'anathème Thibaut, de Tours[1], et d'autres détenteurs des biens de son église, qui, au bout de peu de jours, vinrent, par esprit de pénitence, lui donner satisfaction et lui rendre loyalement les biens envahis (965). Le seigneur évêque reçut donc d'Herbert le bourg riche et populeux d'Épernay; de Thibaut[2], le fort de Coucy, et il délia l'un et l'autre de l'anathème. Le fils de Thibaut, qui s'était fait son homme d'armes, reçut le château de Coucy, à la condition de lui garder fidélité.

XXI.

Dans le même temps mourut Arnoul, prince des Mo-

[1] Thibaut, comte de Chartres, sans doute, comme on le voit par Flodoard.
[2] Il n'avait pas excommunié Hébert, et ne releva de l'anathème que Thibaut, selon Flodoard.

sus, filio defuncti liberaliter reddit, eumque cum militibus jure sacramentorum sibi annectit [1].

XXII.

Huic quoque regalis nobilitatis vir Adalbero, ex Mettensium similiter collegio, strenue ac feliciter successit. Qui quanto suis profuerit, et quanta ab æmulis plus justo passus sit, opere sequenti declarabitur. Hic in initio post sui promotionem, structuris æcclesiæ suæ plurimum studuit. Fornices enim, qui ab æcclesiæ introitu per quartam pene totius basilicæ [2] partem eminenti structura distendebantur [3], penitus diruit. Unde et ampliore receptaculo, et digniore scemate, tota æcclesia decorata est. Corpus quoque sancti Kalisti, papæ et martiris, debito honore in ipso æcclesiæ ingressu, loco scilicet editiore [4], collocavit; ibique altare dedicans, oratorium fundendis Deo precibus commodissimum aptavit. Altare præcipuum, crucibus aureis insigniens, cancellis utrimque radiantibus obvelavit.

XXIII.

Preter hæc etiam altare gestatorium non viliori [5] opere effinxit. Super quod, sacerdote apud Deum agente, aderant quatuor evangelistarum expressæ auro et argento imagines, singulæ in singulis angu-

---

[1] *Hæc inde a paginæ initio, vocibus scilicet:* Et Tetbaldi quidem filio, *in loco raso ab auctore scripta sunt, aliis quatuor lineis erasis jamque vacuis. Tum prosequitur.*

[2] oratorii *corr.* basilicæ.

[3] distendebatur *corr.*

[4] eminentiore *corr.* editiore.

[5] minori *corr.* viliori.

rins[1]. Le roi Lothaire entra dans sa terre ; mais il la remit libéralement au fils du défunt, qu'il s'attacha ainsi que les seigneurs ses vassaux par la foi du serment[2].

XXII.

A Odelric[3] succéda Adalbéron (969), homme de noblesse royale, ayant appartenu également au chapitre de Metz. On verra dans les pages qui suivent de quelle utilité il fut aux siens, et que d'injustes tourments lui suscitèrent ses ennemis. Dans les premiers temps de sa promotion, il s'occupa beaucoup des bâtiments de son église. Il abattit entièrement des arcades, qui, s'étendant depuis l'entrée jusqu'à près du quart de la basilique, la coupaient jusqu'en haut, en sorte que toute l'église, embellie, acquit plus d'étendue et une forme plus convenable. Il plaça, avec les honneurs qui lui étaient dus, le corps de saint Calixte, pape et martyr, à l'entrée même de l'église, c'est-à-dire dans un lieu plus apparent, et il y éleva un autel avec un oratoire très-bien disposé pour ceux qui y viendraient prier. Il décora l'autel principal de croix d'or, et l'enveloppa des deux côtés d'un treillis resplendissant.

XXIII.

En outre, il fit faire un autel portatif d'un travail pré-

---

[1] Arnoul-le-Vieux, comte de Flandre. Voir *Notes et dissert.*, sect. II.
[2] Ceci diffère un peu de la version de Flodoard, lequel dit simplement : « Les grands de cette province se soumirent au roi par la médiation de « Roricon, évêque de Laon. » — Du reste les annales de Flodoard s'arrêtent ici, et, comme le fait remarquer M. Pertz, Richer écrivit tout ce qui suit de son propre cru. Aussi rencontrons-nous tout d'abord une lacune de trois ans, de 968 à 969.
[3] Je suis obligé de dire ici plus qu'il n'y a dans le texte, et d'interpréter le *Huic*, qui du reste ne peut se rapporter qu'à l'archevêque de Reims, lequel mourut en 969, et qui eut en effet la même année Adalbéron pour successeur. Adalbéron lui succéda de même dans la charge de chancelier. Il prit part dans sa double qualité à tout ce qui se fit de son temps.

lis stantes. Quarum uniuscujusque alæ extensæ duo latera altaris usque ad medium obvelabant. Facies vero agno inmaculato conversas intendebant. In quo etiam ferculum Salomonis imitari videbatur. Fecit quoque candelabrum septifidum, in quo cum septem ab uno surgerent, illud significare videbatur quod ab uno Spiritu septem gratiarum dona dividantur. Nec minus et arcam opere eleganti [1] decoravit, in qua virgam et manna, id est sanctorum reliquias, operuit. Coronas quoque non minima inpensa fabrefactas in æcclesiæ decus suspendit. Quam fenestris diversas continentibus historias dilucidatam, campanis mugientibus acsi tonantem dedit.

XXIV.

Canonicos etiam, qui in propriis hospiciis degentes tantum sua curabant, jure communitatis vivere instruxit. Unde et claustrum monasterio addidit, in quo die morantes cohabitarent, necnon et dormitorium, ubi noctu in silentio quiescerent, refectorium quoque, ubi de communi considentes reficerentur. Legesque ascripsit, ut orationis tempore in æcclesia nihil nisi signo peterent, præter quod necessitatis afferret inpulsio; cibum una taciturni caperent; post prandium, in gratiarum actione laudes Deo decantarent; completorio vero expleto, silentium usque laudes matutinas nullatenus violarent. Jam horoscopo pulsante excitati, ad laudes persolvendas sese prævenire contenderent. Ante horam diei primam, libertas egrediendi a claustro nemini concessa erat,

---

[1] c. *argento auroque* delcta.

cieux[1]. Sur les quatre angles de cet autel, les images, en or et en argent, des quatre évangélistes assistaient au sacrifice offert par le prêtre. Leurs ailes étendues cachaient jusqu'à moitié les côtés de l'autel : elles tournaient leurs faces vers l'agneau immaculé. Sur le même autel était représenté le trône de Salomon. Il fit faire aussi un chandelier à sept branches : ces sept branches, sortant d'un seul pied, signifiaient que du seul Saint-Esprit découlent les dons des sept grâces. Il décora aussi le tabernacle d'un travail non moins élégant, et il y renferma la verge [de Moïse] et la manne, c'est-à-dire les reliques des saints[2]. Il suspendit aussi des couronnes fabriquées à grand prix, pour l'ornement de son église ; il éclaira cette même église par des fenêtres où étaient représentées diverses histoires, et la dota de cloches mugissantes à l'égal du tonnerre.

XXIV.

Il régla aussi que les chanoines qui avaient des demeures particulières et ne s'occupaient que de leurs affaires privées, vivraient en communauté. Il ajouta donc au monastère un cloître où ces chanoines durent rester le jour ensemble, et un dortoir où ils devaient passer la nuit en silence, ainsi qu'un réfectoire où ils prendraient leurs repas en commun. Il leur fit la loi de n'user que de signes à l'église pendant la prière, à moins qu'il n'y eût nécessité de parler. Ils durent prendre ensemble leurs repas silencieusement ; chanter

---

[1] *Altaria gestatoria, portatilia, viatica* étaient des autels qu'on portait avec soi en voyage et devant lesquels on célébrait la messe, comme on le voit dans ce texte d'un concile rapporté par Du Cange : *Altaria viatica secum portari faciant, in quibus singulis diebus coram se honeste et devote missam faciant celebrari.* (Cang. verbo Altare viaticum.) Ces autels étaient ordinairement très-petits et très-ornés.

[2] *Manna* exprimait la liqueur ou la poussière odorante qui venait des corps saints. Il en est souvent question dans les monuments du moyen âge. Grégoire de Tours, parlant du tombeau de saint Jean l'évangéliste, disait que la poussière qui en sortait avait été portée comme relique dans tout le monde et guérissait les malades. *Cujus nunc sepulcrum manna in modum farinæ hodieque eructat, ex qua beatissimæ reliquiæ per universum delatæ mundum, salutem morbidis præstant.* (Greg. Turon. lib. I de Mirac., c. xxx.)

præter hos qui curis eorum insistebant. Et ne quis per ignorantiam quicquam faciendum relinqueret, sancti Augustini instituta patrumque decreta cotidie eis recitanda indixit.

XXV.

Monachorum quoque mores, quanta dilectione et industria correxit atque a seculi habitu distinxit, sat dicere non est. Non solum enim religionis dignitate eos insignes apparere studuit, verum etiam bonis exterioribus augmentatos nullo modo minui prudens adegit. Quos cum multo coleret amore, præcipua tamen beati Remigii Francorum patroni monachos caritate extollebat; unde et eorum res stabiliri in posterum cupiens, Romam concessit. Et utpote vir nobilis et strenuus, et fama celibis vitæ omnibus clarus, a beatæ memoriæ Johanne papa cum multa reverentia exceptus est. A quo etiam post mutua colloquia jussus, in die natalitia Domini duodecim præcedentibus episcopis missarum sollempnia celebravit. In tanta ejus gratia habitus, ut ab eo rogaretur petere, si quid optaret.

après le dîner les louanges de Dieu en actions de grâces ; et, les complies achevées, ils ne purent, en aucune façon, rompre le silence jusqu'à matines, où chacun dut s'efforcer, à la voix du *veilleur*[1], d'arriver le premier. Il n'était permis à qui que ce fût de sortir du cloître avant la première heure du jour, si ce n'est à ceux qui présidaient aux soins de la communauté ; et afin que personne n'omît aucun devoir par ignorance, l'évêque voulut que les instituts de saint Augustin et les décrets des Pères fussent lus chaque jour.

XXV.

On ne saurait assez dire avec quel zèle et quel soin il corrigea aussi les mœurs des moines, qu'il tint à distinguer des gens du monde par leur costume. Il tâcha que non-seulement ils se fissent remarquer par l'excellence de leur religion, mais encore il prit des précautions pour que leur bien-être extérieur fût assuré et ne pût, en aucune façon, leur être enlevé. Il les aimait tous d'un grand amour ; cependant il portait une affection particulière aux moines de Saint-Rémi, patron des Français ; en sorte que, voulant assurer pour l'avenir leurs propriétés, il se rendit à Rome (971), où le pape Jean, d'heureuse mémoire[2], le reçut avec tous les égards que méritait un homme noble et recommandable pour tous par le mérite de sa vie sacerdotale[3]. Après une conférence avec le pape, l'archevêque en reçut l'ordre de célébrer la messe, assisté de douze évêques, le jour de la nativité du Seigneur. Il entra si avant dans les bonnes grâces du pontife, que celui-ci le pria de demander ce qu'il voudrait.

---

[1] *Horoscopus* ou *horarum receptor* était celui qui veillait dans l'église à ce que les heures canoniales fussent remplies, et qui payait ce qui était dû aux chanoines pour droit de présence. Plus tard celui qui remplit cet office s'appela *chanoine pointeur*, parce qu'il était chargé de noter les absents et les retardataires, lesquels perdaient leur droit aux distributions dues aux membres présents.

[2] Jean XIII, comme il a déjà été dit.

[3] *Celibis* est pris ici sans doute dans le sens que je lui donne avec Bollandus, bien que du Cange soit d'un autre avis. Du Cange cite en effet des

XXVI. — *Quod metropolitanus* Adalbero de* rebus* sancti Remigii a papa* Johanne privilegium* fieri petiit*.*

Tunc vir memorabilis sic exorsus : « Quoniam » inquit « pater sanctissime, multa caritate filium com-
« plexus ad te amplius attraxisti, quod tibi onero-
« sum sit petendum non arbitror. Novi enim quod
« diligens pater interdum filio gravari gaudeat. Sed
« illud petere me proposui, quod et tanto patri one-
« rosum non fiat, et petenti satis commodi comparet.
« Est mihi in Galliis monachorum coenobium, non
« longe ab urbe Remorum situm. Ubi etiam beati Re-
« migii Francorum patroni corpus sanctissimum decen-
« tissime quiescit, cui etiam honor exhibetur[1] debi-
« tus. Cujus res in posterum stabiliri firmiter quae-
« rens, vestrae auctoritatis privilegio confirmari in-
« praesentiarum deposco, terras videlicet cultas atque
« incultas, silvas et pascua, vineas ac pemeria[2],
« torrentes et stagna; castri quoque illorum munita-
« tem, villarumque liberalem intra et extra potesta-
« tem, tandem etiam res omnes mobiles atque inmo-
« biles vestri apostolatus dignitas solidet atque con-
« firmet. Abbatiam quoque sancti Timothei martiris
« quae nostri juris esse videtur, sub vestri praesentia
« horumque episcoporum testimonio eis concedo, ut
« inde pauperibus administretur, et memoria nostri
« servis Dei in coenobio habeatur. Haec igitur supe-
« rioribus addita in jus praedicti sancti transeat, at-

---

* opolitanus, de rebus, pa, egium, tiit *abscisa*.
[1] servatur *corr.* exhibetur.
[2] *sic*.

XXVI. — Le métropolitain Adalbéron demanda au pape Jean un privilége touchant les biens de saint Rémi.

Alors cet homme célèbre parla ainsi : « Très-saint père, « ton fils doit d'autant moins te faire une demande impor- « tune, que tu l'as accueilli et te l'es attaché par une plus « grande bienveillance. Je sais que pour un tendre père, « c'est quelquefois un plaisir d'être importuné par son fils ; « mais je me propose de te demander une chose qui, sans « être onéreuse à un si digne père, procurera pourtant as- « sez d'avantages à celui qui l'obtiendra : j'ai dans les Gau- « les un monastère de moines, situé près de la ville de « Reims : là repose avec honneur, entouré des respects qui « lui sont dus, le corps du bienheureux saint Rémi, patron « des Français; désirant assurer inviolablement au monas- « tère des biens pour l'avenir, je demande qu'un privilége « émané de votre autorité lui confirme ces biens dès à pré- « sent, savoir : des terres cultivées et incultes, forêts et pâ- « turages, vignes et vergers, courants d'eaux et étangs ; « que de plus votre dignité apostolique leur assure et con- « firme la libre possession de leurs forteresses, de leurs do- « maines au dedans et au dehors, et enfin de tous leurs « biens meubles et immeubles. Je leur concède aussi, en « votre présence et prenant ces évêques à témoin, pour l'en- « tretien des pauvres et pour que ma mémoire soit con- « servée dans le monastère parmi les serviteurs de Dieu, « l'abbaye de Saint-Timothée, martyr, qui est ma pro- « priété ; que ces biens, ajoutés aux précédents, passent en

phrases où le mot *celibatum* est pris pour célébrité, renommée, plutôt que comme *sanctimonia*, *sacerdotium*, ainsi que le veut Bollandus. Mais 1° les deux idées de célébrité et de sacerdoce pouvaient très-bien au moyen âge être comprises dans un même mot qu'on doit traduire aujourd'hui par deux expressions différentes ; 2° le sens de sacerdoce ou sacerdotal convient mieux, il me semble, dans la phrase que j'ai à traduire, car le premier membre de cette phrase présente l'homme, le second le prêtre ; et sous ce double aspect Adalbéron devait être bien reçu à Rome.

« que illius propria, vestra similiter auctoritate con-
« firmetur. »

XXVII.

Ad hæc domnus papa : « Res » inquit « domni ac
« patroni nostri [1] Remigii, nostri apostolatus senten-
« tia stabiliri tutasque in perpetuum fieri, quin etiam
« de tuo quicquid placet addi, libentissime concedo.
« Scripto etiam id roborari non solum mea, sed et
« horum qui adsunt episcoporum auctoritate consti-
« tuo. » Moxque scriptum iri jussit, coramque scriptum legi præcepit.

XXVIII.

Cujus textus hujusmodi est : « Johannes servus ser-
« vorum Dei [2] .... »

XXIX.

Quod in auribus omnium qui aderant perlectum,
sigilli sui nota insignivit, atque episcopis roborandum porrexit. Quibus gestis, metropolitanus domni
papæ atque episcoporum licentia digressus, Galliis
sese recepit, directoque itinere sancti prædicti sepul-
chrum devotus petiit, eique in collegio monachorum
privilegium scriptum legavit. Monachi datum excipientes, archivo servandum mandant, gratiasque pro
tanta liberalitate decenter impertiunt.

---

[1] sic.

[2] membrana, cui charta inscripta erat, jam excidit; apographum extare
scribit Guil. Marlot in Historia metropolis Remensis II. 2. sed ob annum ponti-
ficatus, qui scribitur octavus, suspectum.

« la possession dudit saint, deviennent sa propriété et soient
« également confirmés par votre autorité. »

XXVII.

A cela le pape répondit : « Nous accordons de grand
« cœur que les biens de votre [1] seigneur et patron Rémi
« soient assurés et garantis à perpétuité par sentence de no-
« tre pouvoir pontifical, ainsi que ce qu'il te plaît d'y ajou-
« ter. Et nous ordonnons non-seulement de notre autorité,
« mais de l'autorité des évêques ici présents, que la chose
« soit confirmée par écrit. » Il ordonna aussitôt que l'acte
fût dressé, et que lecture en fût faite en sa présence.

XXVIII.

Cet acte portait ce qui suit : « Jean, serviteur des servi-
« teurs de Dieu......[2] »

XXIX.

L'acte lu en présence de ceux qui se trouvaient là, le
pape y apposa son sceau et le présenta aux évêques pour
qu'ils fissent de même. Ensuite le métropolitain prit congé
du pape et des évêques, et s'en retourna dans les Gaules. Il
se rendit dévotement au tombeau du saint ci-dessus nommé,
et entouré des moines, lui fit hommage de l'acte où était
transcrit le privilége. Les moines, recevant la donation, la
déposèrent aux archives pour y être conservée, et rendirent
d'humbles actions de grâces pour tant de libéralités.

---

[1] Voir ci-contre, note 1.
[2] Il est à regretter que cette charte ne se soit pas trouvée dans le manuscrit de Richer, puisque la copie dont il est question ci-contre a paru
suspecte.

XXX. — *Quod Adalbero privilegium* in sinodo* ab episcopis* confirmari* fecit*.*

His ita habitis, post sex mensium tempus ad montem sanctæ Mariæ, qui locus est Remorum diocesaneus, ab eodem metropolitano sinodus episcoporum habita est. Quibus considentibus, post quædam sinodo utilia, atque sanctæ æcclesiæ commoda, metropolitanus coram sic concionatus ait : « Quoniam, patres reve-
« rendi, gratia sancti Spiritus hic collecti sumus, et
« quæ de statu sanctæ æcclesiæ visa sunt utilia ordi-
« navimus, restat adhuc res mihi adeo placens, et
« nonnullis nostræ æcclesiæ filiis nunc et in poste-
« rum profutura; quam etiam vestræ dignitati indi-
« candam arbitror, atque roborandam. Ante septem
« mensium dies, ut vobis quoque notissimum est,
« in Italiam concessi, Romamque deveni, ac domni
« et apostolici viri Johannis colloquio simulque et
« benivolentia familiarissime usus, ab eo petere si
« quid optarem monitus sum. Ratusque petendum
« ut res¹ domni ac patroni nostri Remigii, suæ
« auctoritatis privilegio contra quoslibet tirannos sta-
« biliret, et abbatiam sancti Timothei martiris, a me
« datam, illis uniret, id absque refragatione obtinui.
« Scripsit ergo, ac coram episcopis numero duode-
« cim recitari jussit, eisque roborandum porrexit.
« Quod et domni papæ sigilli nota insignitum, vobis
« quoque roborandum attuli, ut plurimorum aucto-
« ritate subnixum, nullorum machinatione quando-

---

* ivi, sino, scopis, confir, cit *abscisa*.
¹ ut omnes r. mobiles videlicet atque immobiles *deleta*.

XXX. — Adalbéron fait confirmer le privilége par des évêques dans un synode (972).

Ces choses faites, le même métropolitain assembla au bout de six mois un synode d'évêques à Mont-Notre-Dame[1], qui est un lieu du diocèse de Reims ; et lorsque ces évêques eurent traité quelques points relatifs au synode même ou intéressant la sainte Église, le métropolitain leur parla ainsi : « Révérends pères, puisque nous sommes ici réunis par la « grâce du Saint-Esprit, et que nous avons mis ordre aux « affaires qu'il nous a paru avantageux de régler dans l'in- « térêt de la sainte Église, il reste une chose que j'ai vive- « ment à cœur, et qui, à présent et dans l'avenir, doit être « utile à quelques-uns des fils de notre Église ; je pense « qu'on doit vous en donner connaissance, et que vous de- « vez la sanctionner. Il y a plus de sept mois, vous le savez « très-bien, je me rendis en Italie ; j'allai à Rome, où je « jouis familièrement de l'entretien et de la bienveillance « du seigneur pape Jean, qui m'invita à lui demander ce « que je pourrais désirer : je pensai que je devais le sup- « plier de défendre contre tous tyrans quelconques, par « un privilége émané de son autorité, les biens de notre sei- « gneur Rémi, notre patron, et de joindre à ces biens l'ab- « baye de saint Timothée, martyr, qui était un don de ma « part. J'obtins tout cela sans difficulté ; il écrivit donc le « privilége, le fit lire devant les évêques, au nombre de « douze, et le leur présenta à signer. Je vous ai apporté ce « même acte, revêtu du cachet du seigneur pape, pour « que vous lui donniez une nouvelle force, de sorte qu'ap- « puyé sur l'autorité d'un grand nombre de personnes, il ne « puisse jamais être détruit par des menées quelconques. Je

[1] Mont-Notre-Dame en Tardenais au S. E. de Soissons, près de Bazoches ; ce synode eut lieu au mois de mai. P.

« que valeat dissolvi. Unde et a vobis idem roborari
« volo. » Sinodus dixit : « Roboretur. » Prolatum
igitur a metropolitano, in concilio recitatum est eisque porrectum, et ab eorum singulis manu imposita
roboratum. Quod etiam a monachis qui ibi aderant
exceptum, archivo monasterii relatum est.

XXXI. — Conquestio * metropolitani * de monachorum * religione *,
rituumque * correctione *.

Inter hæc quoque et alia utilia quæ ibi constituta
sunt, de monachorum religione a metropolitano
motu gravissimo conquestio habita est, eo quod ritus a majoribus constituti, a quibusdam depravati et
immutati viderentur. Unde et sub episcoporum præsentia ab eodem decretum est ut diversorum locorum abbates convenirent, et inde utiliter consulerent.
Hujusque habendæ rationis tempus et locus mox constituta sunt, et sic sinodus soluta est.

XXXII. — Quod abbas Rodulfus abbatum primas fuerit.

Interea tempus advenit. Abbates quoque ex diverso
in unum collecti sunt. Quorum præcipuus et primas
constitutus est vir divæ memoriæ Rodulfus, ex cœnobio sancti Remigii abbas. Quo præsidente et prælaturæ dignitatem tenente, alii circum dispositi sunt. Metropolitanus vero ex adverso in cliotedro resedit. Qui
primatis aliorumque patrum hortatu concionatus, sic
prælocutus est :

XXXIII. — Prælocutio ** metropolitani ** in sinodo ** abbatum **.

« Magnum est, patres sanctissimi, bonos quosque

* estio, polita, ona, eligi, ritu, ctione *abscisa*.
** cutio, opolitani, odo, um *abscisa*.

« veux en conséquence qu'il soit signé de vous. » Le synode répondit : « Qu'il soit signé. » Il fut donc produit dans le concile par le métropolitain, présenté aux évêques et signé de la main de chacun d'eux. Il fut ensuite reçu par les moines présents, et reporté aux archives du monastère.

XXXI. — Plaintes du métropolitain sur le peu de régularité des moines et sur l'inobservance des statuts.

Ces choses et d'autres encore également importantes ayant été réglées, le métropolitain fit des plaintes graves sur l'irrégularité des moines ; car plusieurs d'entre eux dénaturaient et changeaient les statuts établis par leurs prédécesseurs. Le métropolitain décida donc, en présence des évêques, que les abbés de diverses abbayes se réuniraient et aviseraient aux moyens efficaces d'obtenir cette réforme. Le temps et le lieu de la conférence furent fixés aussitôt, et le synode se sépara.

XXXII. — L'abbé Raoul préside l'assemblée des abbés.

Le temps fixé arriva ; les abbés vinrent de divers lieux et se réunirent en assemblée. Ils nommèrent pour leur président le plus considérable d'entre eux, Raoul, de sainte mémoire, abbé du monastère de Saint-Rémi. Le président prit place, et les autres abbés se rangèrent autour de lui. Le métropolitain siégea à l'opposite sur son siége épiscopal ; et adressant des exhortations au président et aux autres pères, il leur parla ainsi :

XXXIII. — Discours du métropolitain dans le synode des abbés.

« C'est une chose importante, très-saints pères, qu'une
« réunion des bons, dans la vue de faire fructifier la vertu :
« on travaille ainsi dans l'intérêt des hommes de bien et des

« convenire, si fructum virtutis quærere elaborent.
« Inde enim et bonorum utilitas, et rerum honestas
« comparatur. Sicut econtra pernitiosum si pravi con-
« fluant, ut illicita quærant et expleant. Unde et vos
« quos in Dei nomine collectos arbitror, optima quæ-
« rere hortor, atque ex malivolentia nihil moliri mo-
« neo. Amor secularis et odium apud vos locum
« nullum habeant, quibus enervatur justitia, æquitas
« suffocatur. Vestri ordinis antiqua religio, ab anti-
« quitatis honestate, ut fama est, supra modum aber-
« ravit. Dissidetis enim inter vos, in ipsa regularis or-
« dinis consuetudine, cum aliter alter, alter aliter ve-
« lit ac sentiat. Quapropter et sanctitati vestræ hac-
« tenus multum derogatum est. Unde et utile duxi,
« ut vobis, hic gratia Dei in unum collectis, suadeam
« idem velle, idem sentire, idem cooperari, ut eadem
« voluntate, eodem sensu, eadem cooperatione, et
« virtus neglecta repetatur, et pravitatis dedecus ve-
« hementissime propulsetur. »

XXXIV. — Responsio* primatis* et in pravos* indignatio*.

Ad hæc abbatum primas : « Quod hic » inquit « a
« te promulgatum est, pater sanctissime, alta memo-
« ria condendum est, eo quod et corporum dignita-
« tem, et animarum salutem affectes. Constat enim
« ad habitum virtutis neminem pervenisse, nisi quem
« talis animus munivit, quo et appetenda peteret, et
« vitanda refelleret. Unde et patet nos aliquid dede-
« coris contraxisse, quod ab appetendis aliquanto
« aberravimus. Quod etiam multa objurgatione re-

* pons, atis, vos, atio *abscisa*.

« bonnes mœurs. Comme au contraire c'est une chose fâ-
« cheuse que les méchants se réunissent pour chercher le
« mal et l'accomplir. C'est pourquoi je vous exhorte,
« vous que je crois réunis au nom de Dieu, à tâcher de
« faire ce qu'il y a de mieux ; je vous engage à ne vous lais-
« ser en rien entraîner à la malveillance : que l'amour ter-
« restre ni la haine ne trouvent chez vous aucun accès, car
« ils énervent la justice et ils étouffent l'équité. La religion
« de votre ordre a grandement perdu, chacun le sait, de
« son ancienne pureté ; vous êtes en dissidence entre vous
« sur l'application même de la règle de l'ordre, et l'un veut
« et agit d'une manière, l'autre d'une manière différente ;
« ainsi, vous avez beaucoup dérogé jusqu'à présent à votre
« sainte vie. J'ai donc jugé utile, puisque vous êtes tous
« rassemblés ici, par la grâce de Dieu, de vous amener à
« vouloir, à sentir, à agir de concert, afin que la vertu
« délaissée soit remise en honneur, et qu'une honteuse dé-
« pravation soit énergiquement repoussée par cette commu-
« nauté de volonté, de sentimens et d'action. »

XXXIV. — Réponse du président ; il s'indigne contre les pervers.

Le président des abbés répondit : « Ce que tu viens d'ex-
« poser, très-saint père, doit rester profondément gravé
« dans notre mémoire, car tu désires la dignité des corps et le
« salut des âmes. Il est constant, en effet, que nul n'arrive
« à pratiquer la vertu, si son esprit n'est fait de telle sorte
« qu'il recherche ce qui est à rechercher, qu'il repousse ce
« qu'il faut éviter. D'où il suit évidemment que nous avons
« encouru le blâme. Nous nous sommes quelquefois écartés,
« en effet, de ce que nous aurions dû rechercher, et nous
« devons en être vivement réprimandés, car nous n'avons
« été ni entraînés par faiblesse ni poussés par besoin. »

« prehendendum est, cum nec ignavia nos præcipi-
« taverit, nec inopia ad id impulerit. »

XXXV. — Item* indignatio* primatis* in monachos*.

« Quæ enim vis impulit, ut monachus intra clau-
« stra monasterii dominicis servitiis mancipandus,
« compatrem habeat, et compater dicatur? Et, o
« quantum nostro ordini dissentiat, considerate. Si,
« inquam, compater est, ut a verisimili probabile
« efferam, cum eo qui pater est ipse est et pater.
« Si vero pater est, filium vel filiam habere dubium
« non est. Unde et scortator potius quam monachus
« dicendus est. Sed quid de commatre? Quid in
« hoc nomine a secularibus perpenditur, nisi turpi-
« tudinis consentanea? Hoc licet verisimile dicens,
« secularibus non præjudico, sed nostro ordini illi-
« cita reprehendo. Quod quia ineptum videtur, ves-
« tra interminatione inhibendum est. » His veneran-
« dus metropolitanus subjungens : « Si » inquit
« placet sinodo, interdicetur. » Sinodus dixit : « In-
« terdicatur. » Metropolitani itaque auctoritate, omnium consensu inhibitum est.

XXXVI. — Secunda** primatis objectio**.

Rursusque primas exorsus : « Adhuc » inquit « nos-
« tro ordini inimica proferam. In quo quidam di-
« noscuntur, quibus mos inolevit, ut soli a monaste-
« riis egrediantur[1], soli foris nullo sui operis teste

---
* I, ind, prima, monach *abscisa.*
** secunda, obj *abscisa.*
[1] exeant *corr.* egrediantur.

XXXV. — Autres inculpations du président contre les moines.

« Quelle nécessité, en effet, a poussé le moine chargé des
« services domestiques dans l'intérieur du cloître à se don-
« ner un *compère* et à se dire *compère* lui-même ? Considérez
« combien cela est contraire à notre ordre ! Si, dis-je, il est
« *compère*, arrivons de la similitude à la réalité : il est père
« avec un autre père; et s'il est père, il n'est pas douteux
« qu'il ait un fils ou une fille, en sorte qu'il mérite plutôt le
« nom de débauché que celui de moine. Mais que dirai-je des
« *commères* ? Qu'entendent les séculiers par ce nom ? sinon
« une femme complice de débauche ? Quoique j'énonce un
« fait réel, je n'entends pas attaquer les séculiers, mais je re-
« lève une chose interdite à notre ordre. Or, comme elle
« semble absurde, vous devez la défendre par votre cen-
« sure. » Le vénérable métropolitain ajouta : « Que la chose
« soit interdite, s'il plaît au synode. » Le synode dit :
« Qu'elle soit interdite. » Et elle fut défendue par l'autorité
du métropolitain et du consentement de tous.

XXXVI. — Seconde inculpation du président.

Le président ajouta : « Je ferai connaître encore des choses
« pernicieuses pour notre ordre. On sait, en effet, que
« quelques moines ont pris l'habitude de sortir seuls du mo-
« nastère, de demeurer seuls hors du cloître, sans avoir de
« témoin de leurs actions; et, ce qui est pire encore, ils
« sortent et rentrent sans recevoir la bénédiction de leurs
« frères, en sorte que, sans aucun doute, ils peuvent faillir
« plus aisément, n'étant pas fortifiés par la prière et la béné-

« maneant, et quod pessimum est, absque fratrum
« benedictione et exeant, et sine ea redeant. Unde
« non dubium est, eos facilius posse falli, quos fra-
« trum orantium benedictio non munit. Inde est quod
« turpitudo vitæ, morum pravitas, proprietatis pecu-
« lium, nobis a calumniantibus intenduntur. Unde
« etiam necesse est, ut his calumniis subdamur, cum
« repulsioni testes habere non possimus. Hoc quo-
« que vestra censura prohibeat. » Sinodus dixit :
« Prohibeatur. » Et memorabilis metropolitanus :
« Hoc quoque » inquit « nostra auctoritate prohibe-
« mus. »

XXXVII. Tertia* primatis indignatio.

His quoque primas alia adjungens : « Quoniam »
inquit « de vitiis nostri ordinis dicere cœpi, nihil
« relinquendum putavi, ut his amotis, religio nostra
« acsi enubilata reluceat. Sunt enim, inquam, nostri
« ordinis quidam, quibus curæ est pillea aurita ca-
« piti manifeste imponere, pellesque peregrinas pil-
« leo regulari præponere, pro abjectæ vestis habitu,
« vestes lautissimas induere[1]. Nam tunicas magni
« emptas plurimum cupiunt, quas sic ab utroque
« latere stringunt, manicisque et giris diffluentibus
« diffundunt, ut artatis clunibus et protensis natibus
« potius meretriculis quam monachis a tergo assimi-
« lentur. »

---

* Te *abscisum.*

[1] *post* induere *hæc primitus scripta erant :* cum boni quique capitis quocumque tegmine contenti sint. Ii ergo a religiosis dissidentes non sunt? cum enim vestium dignitate delectantur vilium, procul dubio abjectionem unde ex parte religio recognoscitur penitus abhorrent.

« diction de leurs frères. De là la vie déréglée, la dépra-
« vation de mœurs et le soin d'amasser un pécule que nous
« reprochent ceux qui nous accusent. Et nous devons
« nécessairement supporter ces accusations, puisque nous
« n'avons pas de témoins pour les repousser : c'est encore
« une chose que votre censure doit défendre. » Le synode
dit : « Qu'elle soit défendue. » Et l'illustre métropolitain :
« Nous la défendons aussi par notre autorité. »

XXXVII. — Troisième inculpation du président.

A ces plaintes le président en ajouta d'autres : « Puisque
« j'ai commencé, dit-il, à parler des vices de notre ordre,
« j'ai pensé que je ne devais rien cacher, afin que tout le
« mal étant détruit, notre institut brille dégagé de tout
« nuage. Il y a donc quelques moines de notre ordre qui
« aiment à couvrir en public leur tête de coiffures à larges
« bords, ou à orner la coiffure religieuse de pelleteries étran-
« gères, et à porter, au lieu d'un vêtement humble, des ha-
« bits magnifiques[1]. Ils recherchent surtout les tuniques de
« grand prix qu'ils resserrent de chaque côté, et d'où ils
« laissent pendre des manches et des bordures en sorte
« qu'à leur taille rétrécie et à leurs fesses tendues, on les
« prendrait plutôt par derrière pour des prostituées que pour
« des moines. »

---

[1] Voir ci-contre les phrases supprimées lors de la révision du manuscrit de Richer, lesquelles peuvent se traduire ainsi : Lorsque les gens
« de bien se contentent de couvrir leur tête d'une coiffure quelconque.
« Ceux-ci ne diffèrent-ils donc pas des hommes religieux qui s'honorent
« de porter des vêtements communs? Sans aucun doute ils ont horreur
« d'une humilité qui est une preuve de religion. »

XXXVIII. — De * superfluo * vestium * colore.

« Quid vero de colore vestium? Unde tantum de-
« cepti sunt, ut dignitatis merita coloribus compa-
« rent. Nam nisi tunica nigro colore deceat, ea in-
« dui nullo modo placet. Quod si etiam nigro albus
« laneficii opere intermixtus sit, hic quoque talis ves-
« tem abjectam facit. Fulvus quoque abjicitur. Nec
« minus niger nativus, non sufficit, nisi etiam corti-
« cum inficiatur succis. Atque hæc de vestibus. »

XXXIX. — De ** calciamentorum ** superfluitate **.

« De calciamentorum vero superfluitate quid refe-
« ram? Tantum enim in his insaniunt, ut commo-
« ditatem sibi plurimam per ea auferant. Ea enim sic
« arta induunt, ut cippati pene impediantur. In qui-
« bus etiam rostra componunt; aures hinc inde eri-
« gunt; et ne folleant magno opere elaborant. Ut lu-
« ceant quoque, famulis consciis indicunt. »

XL. — De *** linteis et operibus *** superfluis.

« An lintea operosa atque pellicea operimenta si-
« leam? Cum, inquam, a majoribus clementiæ gratia
« prolenis indui pellibus mediocribus concessum sit,
« vitium superfluitatis irrepsit. Unde et nunc peregri-
« nis operimentis limbos bipalmos circumducunt, at-
« que pannis noricis ea desuper duplicant. Linteis
« vero pro stragulis minime uti concessum est; sed a
« quibusdam minus religiosis, cæteris superfluis id

* De, s, vest *abscisa*.
** De ca, torum, tate *abscisa*.
*** De l, bu *abscisa*.

XXXVIII. — De la couleur somptueuse de leurs habits.

« Que dirai-je de la couleur de leurs vêtemens ? Ils sont
« si insensés, que c'est par les couleurs qu'ils jugent de
« la dignité : si la tunique de couleur noire ne leur sied
« pas, ils ne consentent en aucune façon à la porter. Que
« si le fabricant a mêlé de la laine blanche à de la noire,
« cela fait encore un vêtement commun ; la couleur fauve
« est également rejetée. Le noir naturel ne leur suffit pas
« davantage, à moins qu'il ne reçoive une teinte de sucs
« d'écorces. Voilà pour les habits. »

XXXIX. — De la recherche de leur chaussure.

« Que rapporterai-je de la recherche de leur chaussure ?
« Ils mettent en cela tant d'excès, qu'ils y perdent même
« leur commodité. Ils la portent si étroite, qu'à peine ils
« peuvent marcher, resserrés dans cette prison ; ils y enfon-
« cent aussi leurs talons ; ils la prolongent de droite et de
« gauche par des oreilles, ils mettent le plus grand soin
« à ce qu'elles ne forment pas de plis, et ils ordonnent
« à des serviteurs exercés de la rendre brillante. »

XL. — Du linge et des ouvrages de luxe.

« Passerai-je sous silence les toiles ouvragées et les mantes
« en pelleteries ? Nos prédécesseurs permirent par tolérance
« qu'on se couvrît de peaux communes au lieu de laine :
« de là est venue la peste du luxe. Maintenant ils entourent
« de bordures de deux palmes des mantes d'étoffe étrangère,
« et les recouvrent encore de draps de Norique. Il ne leur
« est pas permis d'employer des toiles pour draps de lit ;
« mais plusieurs des moins religieux ont ajouté cette su-
« perfluité à toutes les autres ; et comme ils étaient partout
« en majorité, le grand nombre des mauvais a entraîné le
« petit nombre des bons. »

« additum est. Quorum numerus cum ex locis diver-
« sis plurimus esset, a pluralitate malorum bonorum
« paucitati id persuasum est. »

XLI. — De * femoralibus * iniquis *.

« Sed quid femoralia iniqua referam? Horum et-
« enim tibiales quater sesquipede patent, atque ex sta-
« minis subtilitate etiam pudenda intuentibus non
« protegunt; in quorum compositione id uni non
« sufficit, quo duo contenti ad plenum esse valerent.
« Hæc coram hic relata, an prohiberi velitis, indi-
« cate. Cætera vero nostris conciliis in privato cor-
« rigenda sunt. » Sinodus dixit : « Et prohibean-
« tur. »

XLII. — Responsio metropolitani ad primatem **.

Ad hæc quoque metropolitanus subjunxit : « Gra-
« vitatis quidem vestræ fuit pauca dicendo pluribus
« parcere; sed quoniam hæc quæ reprehensimus in
« vestro ordine subjacent, alia nobis, alia vero pri-
« vatis conciliis corrigenda judicatis, idem sentio,
« idem laudo. Unde etiam quæ hic inhiberi vestra
« gravitas petit, nostra auctoritas interdicit. Quæ vobis
« silendo reservastis, vestris relinquimus inmutanda
« juditiis. » His quoque dictis, sinodus soluta est.
Quo tempore, monachorum religio admodum floruit,
cum eorum religionis peritissimus metropolitanus,
hujus rei hortator esset et suasor. Et ut, nobilitati suæ
in omnibus responderet, æcclesiæ suæ filios studiis [1]
liberalibus instruere utiliter quærebat.

* De, f, in *abscisa.*
** rim *abscisum.*
[1] studuis *corr.* studiis.

XLI. — Des hauts de chausses inconvenants.

« Mais que dirai-je de l'inconvenance de leurs hauts
« de chausses? Les jambes en sont larges de six pieds,
« et la finesse du tissu ne protége pas même contre les re-
« gards les parties honteuses; ils les font faire de telle sorte
« qu'il n'y a pas assez pour un où deux pourraient être
« contenus largement. Je vous ai fait connaître ce qui en
« est; dites si vous voulez les défendre. Le reste sera
« réformé dans nos conférences particulières. » Le synode
« dit : « Que toutes ces choses soient défendues. »

XLII. — Réponse du métropolitain au président.

A cela le métropolitain ajouta : « Ç'a été un effet de votre
« haute sagesse de dire peu de choses et d'en réserver plu-
« sieurs autres; mais comme ce que nous avons blâmé ren-
« tre dans la compétence de votre ordre, vous pensez que
« certaines choses doivent être réformées par nous, certaines
« autres dans vos conférences privées; je pense de même,
« et je vous approuve. Notre autorité interdit donc les cho-
« ses que votre sagesse demande qu'on réprime ici; et cel-
« les sur lesquelles vous vous taisez en vous en réservant
« l'examen, nous laissons à vos jugements le soin de les
« réformer. » Après ces paroles, le synode se sépara. Dès
lors les moines se firent remarquer par une grande régularité,
parce que le métropolitain, qui connaissait parfaitement
leur règle, les exhortait et les amenait à s'y conformer. Enfin, pour répondre en tout à sa haute dignité, il s'occupa
de faire instruire dans les sciences les enfants de son
église.

XLIII. — Adventus Gerberti in Galliam*.

Cui etiam cum apud sese super hoc aliqua deliberaret, ab ipsa Divinitate directus est Gerbertus[1], magni ingenii ac miri eloquii vir, quo postmodum tota Gallia, acsi lucerna ardente, vibrabunda refulsit. Qui Aquitanus genere, in coenobio sancti confessoris Geroldi a puero alitus, et grammatica edoctus est. In quo utpote adolescens cum adhuc intentus moraretur, Borrellum, citerioris Hispaniæ ducem, orandi gratia ad idem coenobium contigit devenisse. Qui a loci abbate humanissime exceptus, post sermones quotlibet[2], an in artibus perfecti in Hispaniis habeantur, sciscitatur. Quod cum promptissime assereret, ei mox ab abbate persuasum est ut suorum aliquem susciperet, secumque in artibus docendum duceret. Dux itaque non abnuens, petenti liberaliter favit, ac fratrum consensu Gerbertum assumptum duxit, atque Hattoni episcopo instruendum commisit. Apud quem etiam in mathesi plurimum et efficaciter studuit. Sed cum Divinitas Galliam jam caligantem magno lumine relucere voluit, prædictis duci et episcopo mentem dedit, ut Romam oraturi peterent. Paratisque necessariis, iter carpunt, ac adolescentem commissum secum deducunt. Inde Urbem ingressi, post præces ante sanctos apostolos effusas, beatæ recordationis papam.... adeunt, ac sese ei indicant, quodque visum est de suo jocundissime impertiunt.

* Galliam *abscisum*.
[1] g^{us}. *codex*.
[2] mutuos *corr.* quotlibet.

XLIII. — Arrivée de Gerbert en Gaule [1].

Comme il roulait ce sujet dans sa tête, la divinité elle-même lui envoya Gerbert, homme d'un grand génie et d'une admirable éloquence, qui, dans la suite, brilla sur toute la Gaule comme une lumière ardente. Aquitain d'origine, il fut élevé dès l'enfance dans le monastère du saint confesseur Gerold [2], où il apprit la grammaire. Déjà il était parvenu à l'adolescence, toujours vivant dans le monastère, lorsque Borel, duc de l'Espagne citérieure [3], vint pour y prier. L'abbé l'accueillit parfaitement et, après quelques discours, lui demanda s'il y avait en Espagne des hommes éminents dans les sciences. Le duc répondit aussitôt affirmativement. L'abbé l'engagea alors à prendre un individu de la communauté et à l'emmener avec lui pour le faire instruire. Le duc accueillit la demande sans difficulté, et, du consentement des frères, emmena Gerbert, dont il confia l'instruction à l'évêque Hatton [4]. Gerbert se livra ardemment et avec succès, près d'Hatton, à l'étude des mathématiques. Mais, comme Dieu voulait rendre à la Gaule plongée dans les ténèbres, l'éclat d'une vive lumière, il inspira au duc et à l'évêque la pensée d'aller à Rome pour y prier. Les préparatifs étant faits, ils se mirent en route,

---

[1] Richer se place ici au moment où Gerbert rentra en Gaule au retour d'un voyage qu'il venait de faire en Italie avec Adalbéron, et dans les chapitres qui suivent il revient en arrière sur l'histoire de son maître. Voir plus bas chap. LXV.

[2] Gerbert naquit en Auvergne, et fut élevé à Aurillac dans le monastère de Saint-Gerauld, où il eut pour maître Remond, qui fut ensuite abbé du monastère. C'est au monastère d'Aurillac, fondé vers la fin du IXe siècle, que prit naissance le mouvement qui se fit dans les lettres pendant le siècle suivant.

[3] Borel, comte de Barcelone. Les biographes écrivent que les lumières de Gerbert et son mépris pour l'ignorance de ses frères ayant excité leur jalousie, il quitta le monastère et se retira en Espagne auprès du comte Borel, auquel son abbé le recommanda.

[4] Ou Haiton, ou Atton évêque de Vich en Catalogne. C'est une opinion généralement répandue que Gerbert apprit les mathématiques des Sarrasins d'Espagne ; il est plus probable qu'il se livra à l'étude de cette science sous la direction de l'évêque.

XLIV. — Quod Atto * Romæ moratus * decessit *.

Nec latuit papam adolescentis industria, simulque et discendi voluntas. Et quia musica et astronomia in Italia tunc penitus ignorabantur, mox papa Ottoni regi Germaniæ et Italiæ per legatum indicavit, illuc hujusmodi advenisse juvenem, qui mathesim optime nosset, suosque strenue docere valeret. Mox etiam ab rege papæ suggestum est, ut juvenem retineret, nullumque regrediendi aditum ei ullo modo præberet. Sed et duci atque episcopo qui ab Hispaniis convenerant, a papa modestissime indicitur, regem velle sibi juvenem ad tempus retinere, ac non multo post eum sese cum honore remissurum; insuper etiam gratias inde recompensaturum. Itaque duci ac episcopo id persuasum est, ut hoc pacto juvene dimisso, ipsi in Hispanias iter retorquerent. juvenis igitur apud papam relictus, ab eo regi oblatus est. Qui de arte sua [1] interrogatus, in mathesi se satis posse, logicæ vero scientiam se addiscere velle respondit. Ad quam quia pervenire moliebatur, non adeo in docendo ibi moratus est.

* tto, mora, s *abscisa*.
[1] *vox absc.*

emmenant avec eux le jeune homme confié à leurs soins. Ils arrivent dans la ville, et, après avoir fait leurs prières aux pieds des saints apôtres, ils vont trouver le pape [1].... d'heureuse mémoire. Ils s'annoncent à lui, et lui donnent toutes les nouvelles qu'ils pensent lui être agréables.

XLIV. — Hatton meurt pendant son séjour à Rome.

Le talent de Gerbert et son désir d'apprendre n'échappèrent point au pape. Et comme la musique et l'astronomie étaient entièrement ignorées alors dans la Péninsule, le pape envoya des députés dire à Otton, roi de Germanie et d'Italie, qu'il lui était arrivé un jeune homme connaissant parfaitement les mathématiques, et tout à fait capable de les enseigner à ses peuples. Le roi fit aussitôt dire au pape de retenir le jeune Gerbert, et de ne lui laisser aucun moyen de s'en retourner. Le pape fit entendre avec ménagements au duc et à l'évêque venus d'Espagne, que le roi voulait pour quelque temps retenir le jeune homme près de lui; que sous peu il le renverrait avec honneur; qu'il entendait de plus rémunérer ses services. Le duc et l'évêque consentirent à laisser Gerbert à ces conditions, et ils reprirent eux-mêmes la route de l'Espagne. Gerbert, laissé près du pape, fut par lui présenté au roi, qui l'interrogea sur son savoir. Il répondit qu'il connaissait assez les mathématiques, mais qu'il voulait étudier la logique; et comme il brûlait d'acquérir cette science, il ne passa que peu de temps à enseigner [2].

---

[1] Jean XIII, comme il a été dit ci-dessus.
[2] Vers l'an 968, Gerbert reçut d'Otton l'abbaye de Bobio en Italie; il eut beaucoup à souffrir dans cette nouvelle position. Les lettres qu'il écrivit à divers personnages le prouvent suffisamment : « Lorsque je vois « mes moines mourir de faim, écrit-il en 969 à l'empereur Otton, lorsque « je les vois manquer de vêtements pour se couvrir.... comment pourrais-« je me taire?.... Et que fais-je ici? Ne vaudrait-il pas mieux que je souf-« frisse seul du besoin dans les Gaules, que de mendier chez les Italiens « en faveur de tant d'indigents? » Il accuse les *renards* qui de près flattent l'empereur et le vilipendent à l'écart. Dans une autre lettre, il dit : « Quelle est la partie de l'Italie où mes ennemis ne soient pas? Je ne

XLV. — Quod ab * Ottone rege logico commissus * sit.

Quo tempore G., Remensium archidiaconus, in logica clarissimus habebatur. Qui etiam a Lothario Francorum rege, eadem tempestate, Ottoni regi Italiæ legatus directus est. Cujus adventu juvenis exhilaratus, regem adiit, atque ut G....o committeretur optinuit. Ei G....o per aliquot tempora hæsit, Remosque ab eo deductus est. A quo etiam logicæ scientiam accipiens, in brevi admodum profecit; G....s vero cum mathesi operam daret, artis difficultate victus, a musica rejectus est. Gerbertus interea studiorum nobilitate prædicto metropolitano commendatus, ejus gratiam præ omnibus promeruit. Unde et ab eo rogatus, discipulorum turmas artibus instruendas ei adhibuit.

XLVI. — Quem ordinem ** librorum ** in docendo ** servaverit **.

Dialecticam ergo ordine librorum percurrens, dilucidis sententiarum verbis enodavit. Inprimis enim Porphirii ysagogas, id est introductiones, secundum Victorini rhethoris translationem, inde etiam easdem secundum Manlium explanavit; cathegoriarum, id est prædicamentorum librum Aristotelis [1], consequenter enucleans; periermenias vero, id est de interpretatione librum, cujus laboris sit, aptissime monstravit. Inde etiam topica, id est argumentorum sedes, a Tullio de Greco in Latinum translata, et a Manlio consule sex commentariorum libris dilucidata, suis auditoribus intimavit.

* ab, mis *absc.*
** or, libr, do, ser, it *absc.*
[1] aristelis *cod.*

XLV. — Il est confié à un logicien par le roi Otton.

Dans ce temps-là, G., archidiacre de Reims, très-fort dans la logique, fut député par Lothaire, roi des Français, à Otton, roi d'Italie. Gerbert, réjoui de son arrivée, alla trouver Otton et obtint de lui d'être confié à G., auquel il s'attacha pendant quelque temps, et qui l'emmena à Reims. Il reçut de lui des leçons de logique, et fit dans cette science de grands et rapides progrès. G., en même temps, étudiait les mathématiques; mais il abandonna la musique, rebuté par la difficulté [1]. Pendant son séjour à Reims, Gerbert se recommanda au métropolitain par l'importance de ses travaux, et il entra dans les bonnes grâces du pontife plus avant que tout autre. A la demande de celui-ci, il réunit dans son école une foule de disciples qui vinrent s'y instruire dans les sciences [2].

XLVI. — Ordre des traités dans ses leçons.

Il parcourut la dialectique selon l'ordre des livres, et l'éclaircit par des explications nettes. Il commenta d'abord les

« puis lutter de force avec l'Italie entière. Il n'y a qu'un moyen d'avoir la
« paix : si je rampe, alors ils cessent de frapper, autrement ils me pour-
« suivent du glaive; et s'ils ne peuvent me frapper du glaive, ils m'at-
« teignent de leur langue, et parce que je ne veux plier, ils m'appellent
« perfide, cruel, tyran. » Il écrit au pape Jean XIII : « De quel côté me
« tournerai-je ? si j'en appelle au siége apostolique on se moque de moi;
« mes ennemis ne me permettent pas d'aller à vous, et je n'ai pas la li-
« berté de sortir d'Italie. Il est difficile d'y séjourner quand, soit dans
« le monastère, soit au dehors, il ne nous a rien été laissé, si ce n'est la
« verge pastorale et la bénédiction apostolique. » Il écrit l'année suivante
à Gérauld, abbé d'Aurillac, pour lui peindre sa triste position et lui
demander conseil. Il lui annonce du reste qu'il cède à la fortune, et qu'il
retourne à l'étude jusqu'à ce qu'il se rende à Rome. Les vexations qu'il
eut à supporter lui vinrent surtout de l'évêque de Pavie.
[1] La musique était alors considérée comme une branche des mathématiques ; et en effet, telle qu'elle était comprise, elle avait presque autant
de rapport avec la géométrie qu'avec la musique actuelle.
[2] On sait qu'il y avait alors des écoles attachées à presque toutes les
cathédrales; l'école de Reims fut très-célèbre, et Gerbert s'y appliqua
surtout à la philosophie.

XLVII. — Quid provehendis * rhethoricis * providerit *.

Necnon et quatuor de topicis differentiis libros, de sillogismis cathegoricis duos, de ypotheticis tres, diffinitionumque librum unum, divisionum æque unum, utiliter legit et expressit. Post quorum laborem, cum ad rhethoricam suos provehere vellet, id sibi suspectum erat, quod sine locutionum modis, qui in poetis discendi sunt, ad oratoriam artem ante perveniri non queat. Poetas igitur adhibuit, quibus assuescendos arbitrabatur. Legit itaque ac docuit Maronem et Statium Terentiumque poetas, Juvenalem quoque ac Persium Horatiumque satiricos, Lucanum etiam historiographum. Quibus assuefactos, locutionumque modis compositos, ad rhethoricam transduxit.

XLVIII. — Cur eis** sophistam** adhibuerit **.

Qua instructis sophistam adhibuit; apud quem in controversiis exercerentur, ac sic ex arte agerent, ut præter artem agere viderentur, quod oratoris maximum videtur.

* ve, icis, it *absc.*
** is, am, erit *absc.*

isagogues de Porphyre, c'est-à-dire ses introductions, d'après la traduction du rhéteur Victorin, et d'après Manlius [1] ; il expliqua aussi dans tous ses développements le livre des catégories ou des prédicaments d'Aristote; il démontra fort habilement en quoi consistent les herménies [2], c'est-à-dire le livre de l'interprétation. Il initia enfin ses auditeurs aux Topiques ou bases de l'argumentation, traduits du grec en latin par Cicéron, et éclaircis par six livres de commentaires du consul Manlius.

XLVII. — Comment il prépara ses élèves à passer à la rhétorique.

Il lut et expliqua utilement quatre livres sur les différences des raisonnements, deux sur les syllogismes catégoriques, trois sur les hypothétiques, un sur les définitions et un sur les divisions. Après ces études, il voulait faire passer ses élèves à la rhétorique ; mais il craignit que sans connaître les locutions qui doivent s'apprendre dans les poëtes, il leur fût impossible d'atteindre encore à l'art oratoire. Il aborda donc les poëtes avec lesquels il pensait qu'on devait se familiariser : il lut et commenta Virgile, Stace et Térence, ainsi que les satiriques Juvénal Perse et Horace, avec le poëte-historien Lucain. Lorsque ses disciples furent habitués à ces auteurs et au courant de leurs formes de style, il les fit passer à la rhétorique.

XLVIII. — Pourquoi il leur fit suivre un sophiste.

La rhétorique apprise, il leur fit suivre un sophiste, pour les exercer avec lui aux controverses et pour qu'ils apprissent l'art d'argumenter, au point de faire disparaître l'art, ce qui semble être le plus haut degré où l'orateur puisse atteindre.

---

[1] Ou plutôt Mallius; car ce doit être Flavius Mallius Theodorus, qui se trouve appelé aussi Manlius au titre du poëme que Claudien a composé sur son consulat. Il fut consul avec Eutrope en 399. Son ouvrage sur les mètres a été publié en 1755 par Heusinger.

[2] C'est le traité d'Aristote Περὶ ἑρμηνείας, que Richer appelle *Periermenias*.

XLIX. — Qui labor* ei in mathematicis* impensus sit*.

Sed hæc de logica. In mathesi vero quantus sudor expensus sit, non incongruum dicere videtur. Arithmeticam enim, quæ est matheseos prima, inprimis dispositis accommodavit. Inde etiam musicam, multo ante Galliis ignotam, notissimam effecit. Cujus genera in monocordo disponens, eorum consonantias sive simphonias in tonis ac semitoniis, ditonis quoque ac diesibus distinguens, tonosque in sonis rationabiliter distribuens, in plenissimam notitiam redegit.

L. — Speræ** solidæ** compositio**.

Ratio vero astronomiæ quanto sudore collecta sit, dicere inutile non est, ut et tanti viri sagacitas advertatur, et artis efficacia lector commodissime capiatur. Quæ cum pene intellectibilis sit, tamen non sine admiratione quibusdam instrumentis ad cognitionem adduxit. Inprimis enim mundi speram ex solido ac rotundo ligno argumentatus, minoris similitudine, majorem expressit. Quam cum duobus polis in orizonte obliquaret, signa septemtrionalia polo erectiori dedit, australia vero dejectiori adhibuit. Cujus positionem eo circulo rexit, qui a Græcis orizon, a Latinis limitans sive determinans appellatur, eo quod in eo signa quæ videntur ab his quæ non videntur distinguat ac limitet. Qua in orizonte sic collocata, ut et ortum et occasum signorum utiliter ac probabiliter demonstraret, rerum naturas dispositis insinuavit, instituitque in signorum

---

* bor, emati, it *absc.*
** s, so, comp *absc.*

XLIX. — Quel travail il appliqua aux mathématiques.

Voilà pour la logique. Mais il ne paraît pas hors de propos de dire quel mal il se donna en mathématiques. Il s'occupa d'abord de l'arithmétique, qui est la première partie de cette science. Il passa ensuite à la musique, longtemps inconnue dans les Gaules, et la mit en grand honneur. Il établit la génération des tons sur le monocorde, distinguant leurs consonnances ou unions symphoniques en tons et demi-tons, ainsi qu'en ditons et en dièses [1]; et classant convenablement les sons dans les différents tons, il répandit une parfaite connaissance de la musique.

L. — Composition d'une sphère pleine.

Il est utile de dire aussi, pour faire remarquer la sagacité d'un si grand homme, et pour convaincre le lecteur de son habileté, quels soins il se donna pour expliquer l'astronomie. Cette science à peine intelligible, il en donna la connaissance, à l'étonnement général, au moyen de certains instruments. Il exprima d'abord la forme du monde par une sphère pleine, en bois, exprimant ainsi une chose plus grande par une petite. Faisant obliquer cette sphère, par ses deux pôles sur l'horizon, il fit voir les astres du septentrion vers le pôle supérieur, et ceux du midi vers le pôle inférieur. Il régla cette position au moyen du cercle que les Grecs appellent *horizon*, les latins *limitans* ou *deter-*

---

[1] Le monocorde était un instrument au moyen duquel on mesurait géométriquement et par lignes la variété et la proportion des sons musicaux. Cet instrument se composait d'une règle divisée en plusieurs parties, sur laquelle on tendait une corde de boyau ou de métal dont les extrémités portaient sur deux chevalets. Il y avait un autre chevalet mobile qu'on promenait sur les différentes divisions de la règle pour trouver dans quel rapport les sons étaient avec les longueurs des cordes.—Le diton répondait à la tierce majeure. Le dièse valait un demi-diton. Du reste Gerbert ne fit que professer en fait de musique ce que d'autres avaient trouvé jusque-là, et il était réservé à Gui d'Arezzo de produire, un demi-siècle plus tard, une révolution musicale. — Nous avons déjà dit que la musique était, au temps de Gerbert, comprise dans les mathématiques.

comprehensione. Nam tempore nocturno ardentibus stellis operam dabat; agebatque ut eas in mundi regionibus diversis obliquatas, tam in ortu quam in occasu notarent.

LI. — Intellectilium* circulorum comprehensio*.

Circuli quoque qui a Græcis paralleli, a Latinis æquistantes dicuntur, quos etiam incorporales esse dubium non est, hac ab eo arte comprehensi noscuntur. Effecit semicirculum recta diametro divisum. Sed hanc diametrum fistulam constituit, in cujus cacuminibus duos polos boreum et austronothum notandos esse instituit. Semicirculum vero a polo ad polum triginta partibus divisit. Quarum sex a polo distinctis, fistulam adhibuit, per quam circularis linea arctici signaretur. Post quas etiam quinque diductis, fistulam quoque adjecit, quæ æstivalem circulationem indicaret. Abinde quoque quator divisis, fistulam identidem addidit, unde æquinoctialis rotunditas commendaretur. Reliquum vero spatium usque ad notium polum, eisdem dimensionibus distinxit. Cujus instrumenti ratio in tantum valuit, ut ad polum sua diametro directa, ac semicirculi productione superius versa, circulos visibus inexpertos, scientiæ daret, atque alta memoria reconderet [1].

* In, li, compre *abscisa*.
[1] r. Sed hoc ad circulos intellectibiles. Quanto etiam studio errantiumque siderum circulos aperuerit dicere non pigebit. Qui *jam deleta*.

minans, parce qu'il sépare ou limite les astres qu'on voit de ceux qu'on ne voit pas. Sur cette ligne d'horizon, placée de manière qu'il pût démontrer suffisamment le lever et le coucher des astres, il traça régulièrement les phénomènes naturels et les fit servir à la connaissance de ces mêmes astres. Pendant la nuit, lorsque brillaient les étoiles, il les étudiait, et faisait remarquer, tant à leur lever qu'à leur coucher, qu'elles obliquaient sur les divers pays du monde [1].

LI. — Connaissance des cercles conventionnels.

On sait qu'il comprit aussi dans cette science les cercles que les Grecs appellent parallèles, les latins équidistants, et qui, sans aucun doute, sont fictifs. Il établit un demi-cercle coupé par le diamètre dans le sens de la ligne droite. Il représenta ce diamètre par une baguette [2] aux extrémités de laquelle il fit marquer les deux pôles, nord et sud. Il divisa la demi-circonférence d'un pôle à l'autre en trente parties. Après la sixième de ces divisions à partir du pôle, il appliqua une baguette qui représenta le cercle polaire arctique; après cinq parties encore, il appliqua une autre baguette qui indiqua le tropique du Cancer [3]; quatre parties plus bas, il plaça aussi une baguette qui représenta le cercle équinoxial : le reste de l'espace jusqu'au pôle sud fut partagé de même. Cet instrument fut si bien combiné que son diamètre dirigé vers le pôle, et le demi-cercle tournant à l'entour, il enri-

---

[1] Toutes les sphères construites par Gerbert sont relatives à l'étude de l'astronomie; il ne paraît pas, d'après Richer, qu'il ait construit de sphère terrestre.

[2] Le mot *fistula*, ne peut être traduit ici par *tube*, et il semble signifier seulement une petite tringle ou ligne d'épaisseur, peut-être un roseau appliqué sur la sphère pour indiquer certaines démarcations. Un peu plus loin, cette baguette devient une tige.

[3] Chacune des trente parties de la demi-sphère de Gerbert équivalait à six degrés. Il plaçait donc les cercles polaires à trente-six degrés du pôle au lieu de 23° 28' environ; mais la position des tropiques était à peu près exacte à la onzième division ou au soixante-sixième degré du pôle, ou 21° de l'équateur. L'obliquité qui va diminuant progressivement est aujourd'hui de 23° 27' 50". L'équateur ou cercle équinoxial avait la position qui lui convient.

LII. — Speræ compositio planetis cognoscendis * aptissima *.

Errantiumque siderum circuli cum intra mundum ferantur, et contra contendant, quo tamen artificio viderentur scrutanti non defuit. Inprimis enim speram circularem effecit; hoc est ex solis circulis constantem. In qua circulos duos qui a Græcis coluri, a Latinis incidentes dicuntur, eo quod in sese incidant complicavit; in quorum extremitatibus polos fixit. Alios vero quinque circulos, qui **paralleli** [1] dicuntur, coluris transposuit, ita ut a polo ad polum triginta partes, speræ medietatem dividerent; idque non vulgo neque confuse. Nam de triginta dimidiæ speræ partibus a polo ad primum circulum, sex constituit; a primo ad secundum quinque; a secundo ad tertium, quator; a tertio ad quartum, itidem quator; a quarto ad quintum, quinque; a quinto usque ad polum, sex. Per hos quoque circulos eum circulum obliquavit, qui a Græcis loxos vel zoe, a Latinis obliquus vel vitalis dicitur, eo quod animalium figuras in stellis contineat. Intra hunc obliquum, errantium circulos miro artificio suspendit. Quorum absidas, et altitudines a sese etiam distantias, efficacissime suis demonstravit. Quod quemadmodum fuerit, ob prolixitatem hic ponere commodum non est, ne nimis a proposito discedere videamur.

* no, tis *abscisa*.
[1] qui a Græcis paralleli a Latinis æquistantes dicuntur *del*.

chissait la science de cercles que les yeux ne peuvent apercevoir, et la gravait profondément dans la mémoire.

LII. — Composition d'une sphère propre à faire connaître les planètes.

Il parvint également à montrer les cercles décrits par le cours des astres, lorsqu'ils se rapprochent ou s'éloignent de la terre. Il fit d'abord une sphère armillaire [1]. Il réunit les deux cercles appelés par les Grecs colures et par les latins incidents parce qu'ils tombent l'un sur l'autre, et à leurs extrémités il plaça des pôles. Il conduisit avec beaucoup d'art et de précision, en travers des colures, cinq autres cercles appelés parallèles, qui, d'un pôle à l'autre, divisaient en trente parties la moitié de la sphère. Il comprit six de ces trente parties de la demi-sphère entre le pôle et le premier cercle; cinq entre le premier et le second; du second au troisième, quatre; du troisième au quatrième, quatre encore; cinq du quatrième au cinquième, et du cinquième au pôle, six. Sur ces cinq cercles il plaça obliquement le cercle que les Grecs appellent *loxos* ou *zoé*, les latins *obliquus* ou *vitalis* [2] parce qu'il contient des figures d'animaux placées dans les planètes. En dedans de ce cercle oblique il figura avec un art extraordinaire les cercles parcourus par les astres [3], dont il démontra parfaitement à ses élèves la marche et les hauteurs, ainsi que les distances respectives. Il serait trop long de dire ici comment il procéda; cela nous détournerait trop de notre sujet.

[1] On sait que la sphère armillaire est une sphère composée de plusieurs cercles pour représenter la disposition du ciel et le mouvement des astres. Voir du reste, quant aux cercles composant cette sphère, les notes du chapitre précédent.
[2] C'est l'écliptique, ou plutôt le zodiaque, sur lequel sont représentées des figures d'animaux.
[3] On sait que les planètes se meuvent dans le zodiaque.

LIII. — Aliæ * speræ compositio * signis cognoscendis * idonea *.

Fecit præter hæc speram alteram circularem, intra quam circulos quidem non collocavit, sed desuper ferreis atque æreis filis signorum figuras complicavit. Axisque loco, fistulam trajecit, per quam polus cœlestis notaretur, ut eo perspecto, machina cœlo aptaretur. Unde et factum est, ut singulorum signorum stellæ, singulis hujus speræ signis clauderentur. Illud quoque in hac divinum fuit, quod cum aliquis artem ignoraret, si unum ei signum demonstratum foret, absque magistro cetera per speram cognosceret. Inde etiam suos liberaliter instruxit. Atque hæc actenus de astronomia.

LIV. — Confectio ** abaci **.

In geometria vero [1] non minor in docendo labor expensus est. Cujus introductioni, abacum, id est tabulam dimensionibus aptam, opere scutarii effecit. Cujus longitudini, in septem et viginti partibus diductæ, novem numero notas omnem numerum significantes disposuit. Ad quarum etiam similitudinem, mille corneos effecit caracteres, qui per septem et viginti abaci partes mutuati, cujusque numeri multiplicationem sive divisionem designarent; tanto compendio numerorum multitudinem dividentes vel multiplicantes, ut præ nimia numerositate potius intelligi quam verbis valerent ostendi. Quorum scientiam qui ad plenum scire desiderat, legat ejus librum quem scribit ad C.

* Alia, comp, cogn, ido *abscisa*.
** Confe, ci *abscisa*.
[1] vero cui nihil ante Galliæ scriptum habebant, quantus labor expensus sit, sermo impar dicere non sufficit *deleta*.

LIII. — Composition d'une autre sphère propre à faire connaître les astres.

Il fit encore une autre sphère composée de cercles, dans l'intérieur de laquelle il ne plaça pas d'autres cercles; mais il figura au-dessus, avec des fils de fer et de cuivre, la forme des astres. Pour axe, il lui donna une tige, qui devait indiquer le pôle céleste; en sorte que lorsqu'on apercevait ce pôle, la machine était conforme au ciel, et toutes les étoiles correspondaient aux signes de la sphère. Cette machine avait ceci de divin, que ceux mêmes qui ignoraient la science, si on leur faisait connaître sur la sphère un seul astre, connaissaient d'eux-mêmes les autres, et sans le secours d'un maître[1]. C'est ainsi qu'il prodigua le savoir à ses élèves. Voilà pour l'astronomie.

LIV. — Confection d'un abaque[2].

Il ne mit pas un moindre soin dans l'enseignement de la géométrie. Il fit préalablement construire par un ouvrier ciseleur un abaque, c'est-à-dire une planche propre à recevoir des compartiments. La longueur en fut partagée en vingt-sept parties, sur lesquelles[3] il disposa neuf signes

---

[1] Cette sphère était extrêmement ingénieuse en effet, et toutes celles dont vient de parler Richer, prouvent que depuis le temps de Gerbert il s'est fait peu de progrès dans la confection de ce genre de globes.

[2] Les données fournies ici par Richer sont insuffisantes pour nous faire connaître l'*abaque* de Gerbert, et c'est pour cela qu'à la fin du chapitre il nous renvoie au livre écrit par Gerbert sur ce sujet. Ce livre est devenu depuis peu l'objet d'une étude toute particulière de la part de M. Charles, professeur d'astronomie à l'école polytechnique, et nous renvoyons le lecteur qui voudra se faire une idée nette de l'abbaque de Gerbert, au mémoire que ce savant a fait imprimer dans les comptes rendus des séances de l'Académie des sciences, en 1843.

[3] Ce passage de Richer se trouve développé par ce que nous apprend Gerbert lui-même de son *abaque* dans l'ouvrage cité par Richer à la fin du chapitre, et par le savant commentaire qu'en a fait M. Charles. La première des vingt-sept colonnes était celle des unités, la seconde celle des dizaines, etc., et le chiffre qu'on y plaçait indiquait le nombre des unités, des dizaines, etc. C'était notre numération actuelle.

grammaticum; ibi enim hæc satis habundanterque tractata inveniet.

LV. — Fama Gerberti per Gallias et Italiam diffusa.

Fervebat studiis, numerusque discipulorum in dies accrescebat. Nomen etiam tanti doctoris ferebatur non solum per Gallias sed etiam per Germaniæ populos dilatabatur. Transiitque per Alpes, ac diffunditur in Italiam, usque Thirrenum et Adriaticum. Quo tempore, Otricus in Saxonia insignis habebatur. Hic cum philosophi famam audisset, adverteretque quod in omni disputatione, rata rerum divisione uteretur, agebat apud suos, ut aliquæ rerum divisarum figuræ, ab scolis philosophi sibi deferrentur, et maxime philosophiæ, eo quod in rata ejus divisione, perpendere ipse facilius posset, an recte is saperet, qui philosophari videbatur, utpote in eo quod divinarum et humanarum scientiam profitetur. Directus itaque est Remos Saxo quidam, qui ad hæc videbatur idoneus. Is cum scolis interesset, et caute generum divisiones a Gerberto dispositas colligeret, in ea tamen maxime divisione, quæ philosophiam ad plenum dividit, plurimum ordine abusus est.

exprimant tous les nombres. Il fit de même mille caractères en corne, qui, disposés dans les vingt-sept compartiments de l'abaque, donnaient la multiplication ou la division de chaque nombre, et divisaient ou multipliaient ces nombres infinis avec une telle célérité, que, eu égard à leur multiplicité, on les comprenait plus vite qu'on ne pouvait les exprimer. Celui qui désirera connaître pleinement ce moyen peut lire le livre qu'il écrivit à l'écolâtre C.[1] : on y trouvera tout cela amplement traité.

LV. — La renommée de Gerbert répandue dans les Gaules et dans l'Italie.

Il était tout entier à ses études, et le nombre de ses élèves croissait tous les jours; car le nom d'un si grand docteur s'étendait non-seulement dans les Gaules, mais encore parmi les peuples de la Germanie; il traversa même les Alpes et se répandit en Italie jusqu'à la mer de Toscane et au golfe Adriatique. Dans ce temps-là, Otric avait en Saxe une grande célébrité; il apprit quelle était la renommée de Gerbert, et remarqua que dans toute discussion il divisait son sujet avec méthode ; il tâcha d'obtenir des élèves du philosophe quelques-unes des divisions enseignées dans ses leçons, et surtout en philosophie, parce qu'il pourrait plus facilement juger, d'après la division méthodique de la science, si celui qui passait pour philosophe et faisait profession de science dans les choses divines et humaines était véritablement savant. Il envoya donc à Reims un certain

---

Comment se faisaient les multiplications et les divisions si promptes dont parle Richer? Il est difficile de le dire. Du reste le Mémoire de M. Charles traite les questions relatives à l'origine du système de numération appliqué par Gerbert, système dont il fait honneur non aux Arabes mais aux Romains qui le tenaient peut-être des Grecs.

[1] A Constantin; le titre de *grammaticus* ne désignait pas ce que nous appellerions aujourd'hui un grammairien, mais un homme lettré, un savant; et l'écolâtre était dans ces temps-là le savant par excellence; il était versé non-seulement dans les saintes Écritures, mais dans les mathématiques, l'astronomie, la rhétorique, la poésie, et dans toutes les sciences séculières. (Trithem., *Chron. Hirsaug. ad an.* 890.) Il y avait un écolâtre dans chaque monastère. (*Ibid., an.* 952.)

LVI. — Figura Gerberti philosophica per malivolos depravata, ab Otrico reprehenditur.

Etenim cum mathematicæ phisica par, atque coæva a Gerberto posita fuisset, ab hoc mathematicæ eadem phisica ut generi species subdita est; incertumque utrum industria an errore id factum sit. Sicque cum multiplici diversarum rerum distributione, Octrico figura delata est. Quam ipse diligentissime revolvens, Gerbertum male divisisse apud suos calumniabatur, eo quod duarum æqualium specierum, alteri alteram substitutam ut generi speciem figura mentiebatur. Ac per hoc nihil eum philosophiæ percepisse audacter astruebat. Illudque eum penitus ignorare dicebat, in quo divina et humana consistunt, sine quibus etiam nulli sit philosophandum. Tulit itaque ad palatium figuram eandem, et coram Ottone augusto iis qui sapientiores videbantur eam explicavit. Augustus vero cum et ipse talium studiosissimus haberetur, an Gerbertus erraverit admirabatur. Viderat etenim illum, et non semel disputantem audierat. Unde et ab eo prædictæ figure solutionem fieri nimium optabat. Nec defuit rei occasio.

LVII.

Nam venerandus Remorum metropolitanus Adalbero, post eundem annum Romam cum Gerberto petebat, ac Ticini augustum cum Otrico repperit. A quo etiam magnifice exceptus est, ductusque per Padum

Saxon propre à remplir ses vues. Celui-ci assista aux leçons, et recueillit avec adresse les divisions des genres posées par Gerbert; mais quant à la division qui embrasse généralement toute la philosophie, il se trompa gravement sur la méthode.

LVI. — Tableau des divisions philosophiques de Gerbert déprécié par des malveillants et critiqué par Otric.

Gerbert avait établi que la physique est égale aux mathématiques et aussi ancienne qu'elles. Ce Saxon la soumit aux mathématiques comme l'espèce l'est au genre; et il est incertain s'il le fit par calcul ou par erreur. Cette division fut portée à Otric avec beaucoup d'autres. Celui-ci l'examina très-attentivement, et répandit méchamment parmi ses élèves que Gerbert faisait mal ses divisions, parce qu'il disait faussement que de deux espèces égales, l'une est subordonnée à l'autre comme l'espèce au genre; et il en concluait hardiment que Gerbert n'avait rien compris à la philosophie; qu'il ignorait entièrement en quoi consistent les choses divines et humaines, connaissance sans laquelle il n'est permis à personne de philosopher. Il porta la division de Gerbert au palais, et l'expliqua, en présence de l'empereur Otton, à ceux qu'on regardait comme les plus savants. Mais l'empereur, qui lui-même passait pour très-curieux de ces matières, s'étonna que Gerbert eût erré, car il l'avait vu et l'avait plus d'une fois entendu discuter. Il voulut donc entendre de la bouche même du philosophe l'explication de sa division. L'occasion s'en présenta [1].

LVII.

(970.) L'année suivante, le vénérable archevêque de Reims, Adalbéron, allant à Rome avec Gerbert, rencontra

---

[1] Croirait-on, si un contemporain ne l'attestait, que dans un temps de troubles et de confusion, comme le xᵉ siècle, des distinctions philosophiques semblables à celles qui remplissent ce chapitre et les suivants fussent assez en faveur pour occuper les loisirs des plus grands princes?

classe Ravennam. Et tempore oportuno, imperatoris jussu, omnes sapientes qui convenerant intra palatium collecti sunt. Affuit prædictus reverendus metropolitanus; affuit et Adso abbas Dervensis, qui cum ipso metropolitano advenerat; sed et Otricus præsens erat, qui anno superiore Gerberti reprehensorem sese monstraverat. Numerus quoque scolasticorum non parvus confluxerat, qui [1] imminentem disputationis litem summopere præstolabantur. Hærebant etenim, an Otrico [2] quispiam resistere auderet. Necnon et augustus hujusmodi certamen habendum callide pertractabat. Nitebatur autem Gerbertum incautum Otrico opponere, ut si incautus appeteretur, majorem controversandi animum in contrarium moveret. Otricum vero, multa proponere, nihilve solvere hortabatur. Atque his omnibus ex ordine [3] considentibus, augustus, eorum medius, sic e sublimi cœpit :

LVIII. — Allocutio augusti Ottonis in conventu sapientium pro emendatione figuræ.

« Humanam » inquiens « ut arbitror scientiam, cre-
« bra meditatio vel exercitatio reddit meliorem, quo-
« tiens rerum materia competenter ordinata, sermo-
« nibus exquisitis, per quoslibet sapientes effertur. Nam
« cum per otium sepissime torpemus, si aliquorum
« pulsemur questionibus, ad utillimam mox medita-
« tionem incitamur. Hinc scientia rerum a doctissimis
« elicita est. Hinc est quod ab eis prolata, libris tradita
« sunt, nobisque ad boni exercicii gloriam, derelicta.

[1] qui id negotium perpenderant. et ob hoc *deleta*.
[2] eorum doctissimo *corr*. Otrico.
[3] jussi *corr*. ex ordine.

à Pavie l'empereur avec Otric : il fut magnifiquement reçu d'Otton, qui le conduisit par le Pô jusqu'à Ravenne[1]. En temps convenable, et par ordre de l'empereur, tous les savants qui s'étaient rendus là furent réunis dans le palais. Le vénérable métropolitain dont on vient de parler s'y trouva ainsi qu'Adson, abbé de Moutier-en-Der[2], venu avec lui ; il y avait de même Otric, qui, l'année précédente, s'était montré le détracteur de Gerbert. Un grand nombre d'hommes versés dans la scolastique s'étaient aussi rendus là, et attendaient ardemment la dispute philosophique qui allait s'ouvrir, car ils doutaient que quelqu'un osât se mesurer à Otric. De son côté, l'empereur s'arrangeait adroitement pour que la lutte s'engageât ; il tâchait même que Gerbert fût à l'improviste mis aux prises avec Otric, afin que, attaqué sans avoir pu se préparer à la défense, il développât une plus grande chaleur de discussion. Il exhortait d'un autre côté Otric à proposer un grand nombre de questions sans en résoudre aucune. Toutes les personnes présentes ayant pris séance selon leur rang, l'empereur, placé au milieu, parla ainsi du haut de son siége :

LVIII. — Allocution de l'empereur Otton dans l'assemblée des savants sur la rectification d'une division.

« Une fréquente méditation, une pratique habituelle
« améliore, je pense, la science humaine, lorsque des
« savants traitent en discours choisis une matière savam-
« ment disposée. Très-souvent nous nous engourdissons
« dans le repos ; mais si nous sommes pressés par des ar-
« guments, nous sommes aussitôt excités à une utile mé-
« ditation ; c'est un moyen de tirer des savants la connais-
« sance des choses ; c'est ainsi qu'elle est produite par
« eux ; qu'elle est confiée aux livres ; qu'elle nous est livrée,

---

[1] Otton, en janvier 970, était à Pavie ; il se rendit de là à Ravenne en mars de la même année ; et signa des diplômes le 22 de ce mois à Ferrare, et le 30 à Ravenne. P.

[2] Au diocèse de Châlons-sur-Marne.

« Afficiamur igitur et nos aliquibus objectis, quibus et
« animus excellentior, ad intelligentiæ certiora duca-
« tur. Et eia inquam, jam nunc revolvamus figuram
« illam de philosophiæ partibus, quæ nobis anno su-
« periore monstrata est. Omnes diligentissime eam ad-
« vertant ; dicantque singuli quid in ea aut contra
« eam sentiant. Si nullius extrinsecus indiget, vestra
« omnium roboretur approbatione ; si vero corrigenda
« videbitur, sapientium sententiis, aut improbetur, aut
« ad normam redigatur. Coramque deferatur jam nunc
« videnda. » Tunc Otricus eam in aperto proferens, a
Gerberto sic ordinatam, et a suis auditoribus excep-
tam scriptamque respondit ; et sic domno augusto
legendam porrexit. Quæ perlecta, ad Gerbertum delata est. Qui diligenter eam percurrens, in parte approbat, et in parte vituperat, simulque non sic eam
sese ordinasse asseruit.

LIX. — Divisio theoreticæ [*] philosophiæ in species.

Rogatus autem ab augusto corrigere, ait : « Quoniam,
« o magne cæsar auguste, te his omnibus potiorem
« video, tuis ut par est jussis parebo. Nec movebit
« me malivolorum livor, quorum instinctu id fac-
« tum est, ut rectissima philosophiæ divisio, probabi-
« liter dilucideque a me nuper ordinata, unius speciei
« suppositione vitiata sit [1]. Dico itaque mathematicam,
« phisicam, et theologicam, æquævas, eidem generi sub-
« esse. Earum autem genus, eis æqualiter participare.
« Nec fieri posse, unam eandemque speciem, una

---

[*] æ *abscisa*.

[1] sit. Non enim ignoro quemcumque bonum calumniis malivolorum assidue insectari *deleta*.

« à l'avantage commun. Et nous aussi livrons-nous donc à
« quelques objections qui conduiraient un esprit plus élevé
« à une plus grande certitude morale. Or donc, dérou-
« lons ici ce tableau des parties de la science philosophi-
« que qui nous fut montré l'année passée ; que chacun
« l'examine avec le plus grand soin, et dise ce qu'il pense
« pour ou contre : si rien n'y manque, qu'il soit sanctionné
« par votre approbation unanime ; si, au contraire, il paraît
« devoir être modifié, qu'il soit, au jugement des savants,
« ou improuvé ou ramené à la règle : qu'on le produise
« donc maintenant pour être examiné. » Otric alors, pro-
duisant la division de Gerbert, dit qu'elle avait été disposée ainsi par lui-même, ainsi recueillie et écrite par ses
auditeurs, et il la donna à lire à l'empereur. Lecture faite,
elle fut présentée à Gerbert. Celui-ci, la parcourant avec
attention, en approuva une partie, mais rejeta le reste,
déclarant qu'il ne l'avait pas dressée ainsi.

LIX. — Division de la philosophie théorique en espèces.

L'empereur l'engageant à la corriger, il dit : « Illustre
« César Auguste, puisque je te vois ici supérieur à tous,
« j'obéirai à tes ordres comme il convient; je ne m'in-
« quiéterai point de l'envie des malveillants, à l'instiga-
« tion desquels une division juste et claire de la philoso-
« phie, récemment établie par moi, a été dénaturée en
« supposant que je n'admettais qu'une espèce. Je dis donc
« que les mathématiques, la physique et la théologie,
« science d'une même ancienneté, doivent être classées
« sous le même genre, et que ce genre participe également
« de chacune ; je dis qu'il est impossible qu'une seule et
« même espèce, par une seule et même raison, soit égale
« à la même espèce, et lui soit subordonnée comme infé-
« rieure, de même que si elle l'était à un genre : tel est

« eademque ratione, eidem speciei et parem esse, et ut
« inferiorem acsi generi speciem subjacere. Et ego qui-
« dem de his ita sentio. Cæterum si quis contra hæc
« contendat, rationem inde affectet, faciatque nos in-
« telligere quod fortassis naturæ ipsius ratio nemini
« adhuc contulisse videtur. »

LX. — Philosophiæ divisio.

Ad hæc Otricus, innuente augusto, sic ait : « Quo-
« niam philosophiæ partes aliquot breviter attigisti, ad
« plenum oportet ut et dividas, et divisionem enodes.
« Sicque fieri poterit, ut ex probabili divisione, vitiosæ
« figuræ suspicio a te removeatur. » Tunc quoque Gerbertus: « Cum hoc » inquit « magni constet, utpote
« divinarum et humanarum rerum comprehensio ve-
« ritatis, tamen ut nec nos ignaviæ arguamur, et au-
« ditorum aliqui proficere possint, secundum Vitruvii
« atque Boetii divisionem dicere non pigebit. Est enim
« philosophia genus; cujus species sunt, practice et
« theoretice; practices vero species dico, dispensati-
« vam, distributivam, civilem. Sub theoretice vero non
« incongrue intelliguntur, phisica naturalis, mathema-
« tica intelligibilis, ac theologia intellectibilis. Rur-
« susque mathematicam sub phisica non præter ratio-
« nem collocamus. »

LXI. — Reprehensio divisionis ab Otrico inutilis, ac Gerberti responsio.

Nisusque quod reliquum erat prosequi, Otricus sub-
intulit : « Miror » inquiens « vehementissime, quod
« phisicæ mathematicam sic de propinquo subdidisti,
« cum inter utramque subalternum genus intelligi pos-
« sit phisiologia. Vitiosum etenim valde videtur, si ni-
« mis longe petita pars, ad generis conferatur divisio-

« mon sentiment là-dessus. Du reste, si quelqu'un y trouve
« à reprendre, qu'il expose ses arguments, et qu'il nous fasse
« comprendre ce que la raison naturelle n'a peut-être en-
« core montré à personne. »

LX. — Division de la philosophie.

Otric répondit, sur un signe de l'empereur : « Puisque tu
« as touché brièvement quelques-unes des parties de la
« philosophie, il faut que tu en établisses complétement les
« divisions et que tu les expliques : ce sera peut-être un
« moyen pour toi d'échapper, en établissant des distinc-
« tions raisonnables, au reproche d'avoir composé un ta-
« bleau vicieux. » Gerbert reprit alors : « C'est une grande
« affaire que de comprendre la vérité des choses divines et
« humaines ; cependant, pour ne pas encourir le reproche
« de paresse, et dans l'espoir aussi que les auditeurs pour-
« ront en retirer quelque profit, je ne refuse point d'en
« établir la division, suivant Vitruve et Boëce. La philoso-
« phie est le genre, dont les espèces sont la pratique et la
« théorie ; je dis de plus que les espèces de la pratique sont
« la dispensative, la distributive et la civile. Sous la théorie
« on comprendra très-bien la physique naturelle, les ma-
« thématiques intelligibles et la théologie intellectible : ce
« n'est donc pas sans raison que nous plaçons les mathé-
« matiques sous la physique. »

LXI. — Otric attaque sans raison la division ; réponse de Gerbert.

Otric, s'efforçant de poursuivre la discussion commencée,
reprit : « Je m'étonne grandement que tu aies ainsi subor-
« donné immédiatement les mathématiques à la physique,
« lorsque la physiologie peut être regardée comme un sous-
« genre entre les deux. Il paraît tout à fait vicieux, en effet,
« qu'on aille chercher si loin une partie pour en faire une

« nem. » Ad hæc Gerbertus : « Inde » inquit « vehe-
« mentius mirandum videtur, quod mathematicam
« phisicæ, suæ videlicet coevæ, ut speciem subdide-
« rim. Cum enim coevæ sub eodem genere habeantur,
« majore inquam admiratione dignum videtur, si al-
« teri altera subdatur. Sed dico phisiologiam phisicæ
« genus non esse quemadmodum proponis, nullamque
« earum differentiam aliam assero, nisi eam quam in-
« ter philosophiam et philologiam cognosco. Alioquin
« philologia philosophiæ genus conceditur. » Ad hæc
scolasticorum multitudo philosophiæ divisionem inter-
ruptam indignabatur, eamque repeti apud augustum
petebat. Otricus vero post paululum idem repetendum
dicebat, prius tamen habita ratione de causa ipsius
philosophiæ; intendensque in Gerbertum, quæ esset
causa philosophiæ sciscitabatur.

LXII. — Quæ sit causa conditi mundi.

Qui cum a Gerberto, ut apertius quid vellet edice-
ret, rogaretur, utrum videlicet causam qua inventa est,
an causam cui inventa debetur, ille mox : « Ipsam »
inquit « causam dico, propter quam inventa videtur. »
Tunc vero Gerbertus : « Quoniam » inquit « nunc pa-
« tet quid proponas, ideo inquam inventa est, ut ex ea
« cognoscamus divina et humana. » Et Otricus : « Cur »
inquit « unius rei causam, tot dictionibus nominasti?
« cum ex una fortassis nominari potuit, et philosopho-
« rum sit brevitati studere? »

« division du genre. » Gerbert répondit : « Il faudrait
« s'étonner plutôt si je subordonnais comme espèce les ma-
« thématiques à la physique, les deux sciences étant éga-
« lement anciennes [1]. Puisque, aussi anciennes l'une que
« l'autre, elles sont comprises sous le même genre, il pa-
« raîtrait, dis-je, plus étonnant que l'une fût subordonnée
« à l'autre; mais je dis que la physiologie n'est pas un
« genre de la physique, comme tu le veux, et j'affirme qu'il
« n'y a entre elles d'autre différence que celle que je recon-
« nais entre la philosophie et la philologie : autrement on
« accorderait que la philologie est un genre de la philo-
« sophie. » Alors la multitude des assistants versés dans la
scolastique se plaignit hautement qu'on laissât une lacune
dans le tableau de la philosophie, et demanda à l'empereur
qu'on revînt sur ce point. Otric dit qu'on y reviendrait
bientôt, mais qu'il fallait, avant, discuter sur la cause
même de la philosophie ; et s'adressant à Gerbert, il lui
demanda quelle était la cause de la philosophie.

LXII. — Quelle est la cause de la création du monde.

Gerbert l'ayant prié de formuler plus clairement sa question, et de dire s'il entendait parler de la cause qui l'a
produite, ou de la cause à laquelle elle doit d'avoir été
produite, il dit aussitôt : « Je demande pourquoi elle a été
« produite ? » Gerbert dit alors : « Maintenant qu'on peut
« voir clairement ce que tu proposes, je dirai qu'elle a été
« produite afin que par elle nous connaissions les choses
« divines et humaines. » Pourquoi, dit Otric, as-tu employé tant de mots pour exprimer la cause d'une même
chose, lorsqu'un seul aurait peut-être suffi, les philosophes
devant s'étudier à être brefs ?

[1] Il semble y avoir ici un malentendu, au moins de la part d'Otric.
Gerbert fait de la physique et des mathématiques deux sciences de même
degré, et en fixant seulement dans le même genre leur position respective.
C'est en ce sens qu'il place les mathématiques *sous* la physique. Otric relève cette expression comme si elle indiquait la subordination d'une
espèce à un genre ; ce que réfute Gerbert.

LXIII. — Quod non omnia nomina causarum singulis dictionibus efferuntur.

Gerbertus quoque : « Non omnes » inquit « causæ, « uno valent nomine proferri. Etenim cum a Platone « causa creati mundi non una sed tribus dictionibus, « bona Dei voluntas declarata sit, constat hanc creati « mundi causam, non aliter potuisse proferri. Nam si « dixisset voluntatem causam esse mundi, non id esset « consequens; quælibet enim voluntas, id esse videretur, quod non procedit. » Atque hic Otricus : « Si » inquit « Dei voluntatem causam conditi mundi dixis« set, brevius quidem et sufficienter dictum foret, cum « numquam nisi bona fuerit Dei voluntas. Non enim « est qui abnuat bonam esse Dei voluntatem. » Et Gerbertus : « In hoc » inquit « penitus non contradico. « Sed vide; quia constat Deum substantia solummodo « bonum, quamlibet vero creaturam participatione « bonam, ad ejus naturæ qualitatem exprimendam, « bona additum est, quod id ejus proprium sit, non « etiam cujuslibet creaturæ. Tandem quicquid illud « sit, id sine dubio constat, non omnia causarum « nomina una dictione proferri posse. Quæ enim tibi « umbræ causa videtur? an hæc una dictione indicari « valet? »

LXIV. — Quæ * sit * causa * umbræ *.

« Sed dico umbræ causam esse corpus luci objec« tum. Atque hæc brevius nullo modo dici valet. Si « enim corpus umbræ causam dixeris, nimis commune « protulisti. Quod si corpus objectum volueris, id quo-

---
* uæ, sit, a, umbr *abscisa*.

LXIII. — Que tous les noms des causes ne peuvent être compris dans un seul mot.

Gerbert répondit : « Toutes les causes ne peuvent pas
« être désignées par un seul mot : Platon exprime, non par
« un, mais par trois mots, la cause de la création du
« monde : — bonne volonté de Dieu, — et il est clair que
« cette cause de la création du monde ne pouvait être
« exprimée autrement. S'il eût dit que la volonté était la
« cause du monde, il ne se fût pas exprimé avec justesse ;
« car il eût semblé qu'il parlait d'une volonté quelconque,
« ce qui n'est pas exact. » A cela Otric répondit : « S'il eût
« dit que la volonté de Dieu était la cause de la création
« du monde, il aurait parlé plus brièvement et il eût dit
« assez, car la volonté de Dieu n'a jamais été que bonne :
« il n'est personne, en effet, qui mette en doute que la
« volonté divine ne soit bonne. — Je ne repousse pas en-
« tièrement cela, répondit Gerbert ; mais réfléchis : comme
« il est constant que Dieu seul est bon par substance
« et qu'une créature quelconque n'est bonne qu'en par-
« ticipation avec Dieu, pour exprimer la qualité de la
« nature divine on a ajouté *bonne* parce que c'est là son
« essence, et non celle d'une créature quelconque. Quoi
« qu'il en soit, il est constant, sans aucun doute, que
« tous les noms des causes ne peuvent être compris sous
« un seul mot. Quelle te paraît être, en effet, la cause
« de l'ombre ? Peut-elle être désignée par un seul mot ? »

LXIV. — Quelle est la cause de l'ombre.

« Je dis que la cause de l'ombre est un corps interposé
« et arrêtant la lumière, et cela ne peut, en aucune façon,
« être dit plus brièvement. Si en effet tu dis qu'un corps
« est la cause de l'ombre, tu émets une proposition trop
« générale ; si tu dis un corps interposé, cela n'exprime pas
« encore tout ce qui est nécessaire, car il y a certains corps
« qui, même placés devant d'autres corps, ne peuvent pro-

« que tantum non procedit, quantum ab hac parte re-
« linquitur. Sunt enim corpora nonnulla, atque etiam
« diversis objecta, quæ umbræ causa esse non possunt.
« Nec abnuo multarum rerum causas, singulis dictio-
« nibus efferri, veluti sunt genera quæ specierum cau-
« sas nemo ignorat, velut est **substantia, quantitas,
« qualitas.** Alia vero non simpliciter proferuntur, ut
« **rationale ad mortale.** »

LXV. — Quid continentius * sit, rationale * an * mortale *.

Tunc vehementius Otricus admirans, ait: « An mor-
« tale rationali supponis? Quis nesciat, quod rationale
« Deum et angelum hominemque concludat, mortale
« vero utpote majus et continentius omnia mortalia et
« per hoc infinita colligat? » Ad hæc Gerbertus : « Si »
inquit « secundum Porphirium atque Boetium, sub-
« stantiæ divisionem usque ad **individua** idonea parti-
« tione perpenderes, rationale continentius quam mor-
« tale sine dubio haberes; idque congruis rationibus
« enucleari in promptu est. Etenim cum constet sub-
« stantiam genus generalissimum, per subalterna posse
« **dividi** usque ad **individua**, videndum est an omnia
« subalterna singulis dictionibus proferantur. Sed li-
« quido patet alia de singulis, alia de pluribus nomen
« factum habere. De singulis, ut corpus, de pluribus,
« ut animatum sensibile. Eadem quoque ratione subal-
« ternum quod est animal rationale, prædicatur de
« subjecto quod est animal rationale mortale. Nec
« dico, quod rationale simplex, prædicetur de simplici
« mortali; id enim non procedit; sed rationale inquam
« animali conjunctum, prædicatur de mortali, con-

* conti, tius, atio, an, tale *abscisa*.

« duire d'ombre. Je ne nie pas que les causes d'un grand
« nombre de faits puissent être désignées par un seul mot,
« comme les genres, qui, ainsi que tout le monde le sait,
« sont les causes des espèces : telles sont la substance, la
« quantité, la qualité; mais il y en a d'autres qui ne se dé-
« signent pas ainsi, comme le passage du rationnel au mor-
« tel. »

LXV. — Quel est le plus grand du rationnel ou du mortel.

« Otric dit alors, tout étonné, : « Est-ce que tu subor-
« donnes le mortel au rationnel ? Qui ne sait que le rationnel
« embrasse Dieu, l'ange et l'homme ? et que le mortel,
« plus grand et plus étendu, comprend toutes les choses
« mortelles, c'est-à-dire l'infini ? » Gerbert répondit : « Si
« tu faisais, avec Porphyre et Boèce, une juste division de
« la substance jusqu'à l'indivisible, tu trouverais sans doute
« que le rationnel est plus étendu que le mortel : il est aisé
« de le prouver par des raisons concluantes. En effet, puis-
« qu'il est constant que la substance, qui est le genre le plus
« général, peut-être divisée en genres subordonnés jusqu'à
« l'indivisible, il faut voir si chaque genre subordonné
« peut être désigné par un seul mot; mais il est évident que
« les uns ont un nom d'un seul mot, les autres de plusieurs :
« d'un seul comme *corps*, de plusieurs comme *être animé*
« *sensible*. Par la même raison, le genre subordonné, qui
« est *animal raisonnable*, doit être dit du sujet qui est *animal*
« *raisonnable mortel*. Et je ne dis pas que le rationnel
« simple doit se dire du mortel simple, car cela n'est pas
« une conséquence; mais je dis que le rationnel joint à
« l'animal doit se dire du mortel joint à l'animal raison-
« nable. » Comme les discours et les sentences coulaient de
source, comme le philosophe se disposait même à parler
encore sur d'autres sujets, un signe de l'empereur mit fin à

« juncto animali rationali. » Cumque verbis et sententiis nimium flueret, et adhuc alia [1] dicere pararet [2], augusti nutu disputationi finis injectus est, eo quod et diem pene in his totum consumserant, et audientes prolixa atque continua disputatio jam fatigabat. Ab augusto itaque Gerbertus egregie donatus, cum suo metropolitano in Gallias clarus remeavit.

LXVI. — Sinodus apud sanctam Magram habita.

Eodem tempore Emma [3] regina et Adalbero Laudunensis episcopus infames stupri criminabantur; id tamen latenter intendebatur, nullius manifesto intentionis teste. Sed quia suppresse dictum ad omnium aures devenerat, episcopis visum est id esse discutiendum, ne frater et coepiscopus eorum infamiæ tantæ subderetur. A supradicto ergo metropolitano collecta est episcoporum sinodus apud sanctam Magram, locum Remorum diocesaneum. Considentesque et quæque utilia pertractantes, postquam metropolitanus [4]. . . . .
. . . .

LXVII. — Ottonis promotio in regem * per * Germanos * et Belgas *.

Post obitum domni Ottonis, Germanorum regis, ejus filius Otto, a Germanis Belgisque rex creatus [5], rem publicam strenue atque utiliter amministravit; vir magni ingenii, totiusque virtutis, liberalium litte-

* in regem, per, os, as, *absc.*
[1] nova *corr.* alia.
[2] omnes exspectarent *corr.* dicere pararet.
[3] E. R. et Ad L. *codex.*
[4] *hic pene una at aliæ plures fortasse lineæ excisæ sunt.*
[5] elevatus *corr.* creatus.

la discussion, car elle avait pris un jour presque entier, et sa longueur non interrompue fatiguait les auditeurs. Gerbert reçut de beaux présents de l'empereur, et revint triomphant dans les Gaules avec son métropolitain.

LXVI. — Synode tenu à Sainte-Macre [1].

Dans ce temps, la reine Emma et Adalbéron, évêque de Laon, furent accusés d'avoir ensemble des relations criminelles; mais cela ne se disait qu'en secret, car il n'y avait point de témoin du fait. Cependant le bruit en étant venu à toutes les oreilles, les évêques pensèrent qu'il convenait d'éclaircir la chose, afin qu'un de leurs frères, un coévêque, ne restât pas sous le soupçon d'une telle infamie. Le métropolitain de Reims rassembla donc un synode d'évêques à Sainte-Macre, lieu de son diocèse. Lorsqu'ils furent réunis et qu'ils eurent donné leurs soins à quelques affaires importantes, le métropolitain [2].....

LXVII. — Otton créé roi par les Germains et les Belges. 973.

Après la mort du seigneur Otton, roi des Germains, Otton, son fils, créé roi par les Germains et les Belges, administra les affaires publiques avec vigueur et succès [3]. C'était un homme d'un grand mérite et d'un courage

---

[1] A Fismes, dans l'église de Sainte-Macre.
[2] M. Pertz fait observer qu'une ligne et peut-être plusieurs ont été effacées dans le manuscrit (voir ci-contre); cette suppression est d'autant plus fâcheuse que plusieurs chroniqueurs ont affirmé positivement le fait, et qu'il eût été bon de savoir au juste ce qu'il en fallait penser.
[3] Otton Ier ou le Grand mourut en 973; Otton II, qui lui succéda, avait alors dix-huit ans.

rarum scientia clarus, adeo ut in disputando ex arte et proponeret, et probabiliter concluderet. Penes quem regnum Germaniæ cum Galliarum aliqua parte, usque ad diem vitæ ejus supremum, mansit, sed aliquando dubio statu. Nam inter ipsum et Lotharium Gallorum regem, quandoque [1] et odium immane, et anceps victoria fuit. Etenim cum ab Ottone Belgica teneretur, et a Lothario impeteretur, contra se dolos aut vires moliebantur, eo quod uterque et suum patrem eam tenuisse contenderet, et exercituum multitudine uterque eam se defensurum non diffideret. Nam et Ludovici patris Lotharii fuit, et ejus post dono, hujus Ottonis pater, Otto obtinuit. Horum ergo discordiæ incentivum principium Belgica fuit.

LXVIII. — Indignatio [*] Lotharii in Ottonem.

Igitur in Aquensi palatio Ottone commorante cum conjuge Teuphanu gravida, Lotharius illum propius accessisse acerrime motus indignabatur. Ergo Francorum ducem Hugonem reliquosque regni primates consilium petiturus Lauduni collegit. Dux itaque processit. Reliqui etiam quibus quoque consulendum erat, ante regem consequenter admissi sunt. Quibus residentibus rex duplicem injuriam sibi illatam esse commemorat, cum regni sui pars ab hoste usurpata fuerit, et ipse hostis ad fines suos temerarius accesserit; nec majori injuriæ esse quod tenuerit, quam quia tenens ad fines suos accedere non formidaverit; se etiam id multa aviditate ulcisci velle, si consilio suo velint cedere; nec posse se ab hoc animo temperari, si ad

---

[*] io *absc.*

[1] plerumque *corr.* quandoque.

éprouvé, et tellement remarquable par son savoir, que dans les discussions il posait les questions suivant les formes voulues et en tirait des conclusions bien déduites. Il conserva jusqu'à la fin de ses jours le royaume de Germanie avec quelque partie de la Gaule, mais non sans quelque vicissitude; car il y avait souvent entre lui et Lothaire, roi des Gaulois, des haines violentes et des combats indécis : la Belgique était possédée par Otton, et disputée par Lothaire; ils s'attaquèrent tantôt par ruse, tantôt à force ouverte, l'un et l'autre soutenant que leurs pères l'avaient possédée, et ne doutant pas d'être assez forts pour la défendre par les armes. Elle avait en effet appartenu à Louis, père de Lothaire[1], et le père d'Otton, de même nom que lui, l'avait ensuite reçue en don de Louis. La Belgique fut donc la cause des discordes qui éclatèrent entre eux.

LXVIII. — Indignation de Lothaire contre Otton.

Pendant qu'Otton habitait le palais d'Aix avec sa femme Théophanie, alors enceinte, Lothaire s'irrita de le voir tant se rapprocher : il convoqua à Laon, pour les consulter, Hugues, duc des Français, et les autres grands du royaume. (978.) Le duc s'y rendit; tous les autres appelés à donner leur avis furent aussi admis en présence du roi. Quand ils eurent pris place, le roi leur représenta qu'il avait reçu une double injure, puisqu'une partie de son royaume avait été usurpée par un ennemi, et que cet ennemi venait témérairement se fixer sur ses frontières; que l'injure consistait tout autant à venir sur ses frontières; qu'il avait fortement à cœur de se venger si ses amis voulaient y donner leur assentiment; qu'il resterait constamment attaché à ce dessein, à moins que les troupes ne lui man-

---

[1] M. Pertz a fait ici une note excessivement laconique : *Richer plaisante*, dit-il (*nugatur Richerus*). Il eût mieux valu, peut-être, discuter le fait. Voir ce que nous avons dit sur cette question dans notre *Notice sur Richer*, t. I, p. xxj et suiv.

id agendum copia militum non defecerit; gratias etiam sese quandoque redditurum, si id quod cupit æquo animo adoriantur.

LXIX. — Impetus Gallorum spontaneus* in Ottonem*.

Mox dux et alii primates, sine deliberandi consultatione, sententiam regiam attollunt. Sese sponte ituros cum rege, et Ottonem aut comprehensuros, aut interfecturos, aut fugaturos pollicentur. Hujus consilium negotii¹ dissimulatum ad paucorum tunc notitiam pervenire potuit, adeo ut euntes quorsum nescirent. Tandem collectus exercitus sic densus incedebat, ut erecta hastilia lucum potius quam arma portenderent. Ibat ergo per cuneos simbolo distinctos. Cum vero vada Mosæ transmisissent, centuriones constituti et dispositi per centurias Ottonem non sufficientem habere exercitum diligenter contemplati sunt². Itaque accedebant, multamque inopiam rei militaris apud hostem prædicabant.

LXX.

Quæ dum ad aures Ottonis referuntur, ille, utpote erat audaci animo, Lotharium nunquam hæc aggressum respondit. Nec vero in suas partes adventare potuisse, cum nec ei copia militum sufficeret, nec de suis satis spei haberet. At cum alii atque alii Lotharium jam adesse dicerent, et in eo perseverarent, Otto dixisse fertur se ad his credendum nullo modo posse allici, nisi ipse quoque videndo per sese addisceret.

---

* ontaneus, Ottonem *abscisa.*
¹ n. tractant atque ordinant Galli Celtæ. Quod *deleta.*
² s. Centuriati i. *deleta.*

quassent; qu'enfin il reconnaîtrait le service de ceux qui exécuteraient sans crainte sa volonté.

LXIX. — Les Gaulois tombent spontanément sur Otton.

Le duc et les autres grands, sans même délibérer, appuient l'avis du roi. Ils s'engagent à marcher à l'instant avec lui, et promettent de prendre ou de tuer Otton, ou de le mettre en fuite. Le projet, tenu secret, ne parvint à la connaissance que de peu de gens, en sorte qu'on marchait sans savoir où. Enfin l'armée, réunie, s'avançait à rangs si pressés, que les piques dressées se présentaient plutôt comme une forêt que comme des armes; on marchait par bataillons que distinguaient leurs enseignes; lorsqu'on eut traversé les gués de la Meuse, ceux qu'on avait faits centurions et distribués par centuries [1] s'assurèrent par une inspection attentive qu'Otton n'avait pas une armée capable de résister, et, en avançant, déclaraient que l'ennemi manquait tout à fait de ressources.

LXX.

Lorsqu'on rapporta ce qui se passait à Otton, comme il était d'un caractère fier, il répondit que jamais Lothaire n'avait pu entreprendre cela; que d'ailleurs il n'avait pu arriver sur ses terres, car il n'avait pas de forces suffisantes, et il ne pouvait pas assez compter sur les siens. Cependant, comme de toutes parts on venait lui dire que déjà Lothaire était là, et qu'on insistait sur cet avis, on rapporte qu'il répondit qu'on ne pourrait jamais l'amener à croire tant qu'il n'aurait pas vu de ses propres yeux. Ayant donc demandé des chevaux qui furent aussitôt amenés, Otton s'avança pour voir par lui-même : il s'aperçut en effet que Lothaire arrivait avec vingt mille hommes. Il

---

[1] Voir *Notes et dissertations*, sect. IV.

Equis ergo inclamatis et adductis, Otto ad videndum [1] processit. Lotharium cum viginti milibus [2] instare advertit. Cogitabat itaque nunc reniti, nunc quoque ad tempus recedere, et post cum exercitu copioso reverti meditabatur. Tandem quia Lotharius urgebat, stare non potuit. Abscessit ergo non sine lacrimis, cum uxore Teuphanu regnique principibus relicto palatio atque regio apparatu.

LXXI.

Lotharius cum exercitu affuit, Ottonem se capturum ratus. Et certe cœpisset, si in itinere sese exercitus angariis non impedisset. Nam si ante ejus discessum pridie advenisset, eum aut capere aut neci dare potuisset. Palatium igitur ab hostibus occupatur. Regiæ mensæ evertuntur. Ciborum apparatus per calones diripitur. Regia quoque insignia a penetralibus erepta, asportantur. Æream aquilam quæ in vertice palatii a Karolo magno acsi volans fixa erat, in vulturnum converterunt. Nam Germani eam in favonium [3] converterant, subtiliter significantes Gallos suo equitatu quandoque posse devinci. Lotharius frustra impetu facto, sine obside vel pace sequestra exercitum reduxit, postea se rediturum confidens.

LXXII.

Otto cui totum calamitatis pondus illatum fuerat, donis multiplicibus multisque favoribus suos sibi assciscebat. Et utpote vincendi cupidus, si quos leserat, revocabat aut reddito quod sustulerat, aut dato quod spoponderat. Pacatis autem omnibus atque sibi revo-

---

[1] v. cum principibus *deleta*.
[2] XX *cod*.
[3] in Gallos *deleta*.

pensait tantôt à résister, tantôt à s'éloigner pour un temps, et à revenir ensuite avec une formidable armée. Enfin, comme Lothaire le pressait, il ne put résister et s'éloigna, non sans pleurs, avec sa femme Théophanie et les grands de son royaume, abandonnant le palais et tous les ornements royaux.

LXXI.

Lothaire arriva avec ses forces croyant bien qu'il allait prendre Otton, et il l'eût pris en effet s'il n'eût pas embarrassé sa marche par les bagages de l'armée. S'il fût arrivé la veille en effet avant le départ d'Otton, il eût pu le prendre ou le tuer. Le palais donc fut occupé; les tables royales furent renversées; les provisions de vivres furent pillées par les valets de l'armée; les insignes royaux furent tirés de leurs armoires et enlevés : l'aigle de bronze que Charlemagne avait placée au sommet du palais les ailes déployées fut tournée vers le vent du sud-est. Les Germains l'avaient déjà dirigée vers le vent d'ouest, exprimant ingénieusement par là que les Gaulois pourraient quelque jour fuir devant leur cavalerie. Lothaire n'ayant tiré aucun parti de son expédition, ramena ses troupes sans avoir obtenu ni otages ni trêve, et se promettant de revenir plus tard.

LXXII.

Otton ayant essuyé tout le poids de l'adversité, s'attacha les siens par des dons multipliés et par de grandes faveurs. Et comme il avait à cœur de vaincre, il tâcha de ramener à lui ceux qu'il avait pu blesser, soit en leur rendant ce qu'il leur avait enlevé, soit en leur donnant ce qu'il leur avait promis. Ainsi chacun étant apaisé et ceux qui l'avaient

catis si qui forte ¹ abscesserant, regnorum principibus in unum collectis, coram sic locutus est :

LXXIII. — Oratio* Ottonis ad * suos.

« Non ab re, viri clari, huc vos convenisse volui. Vir-
« tus vestra suggessit a vobis consilium expetere, quos et
« ingenium decorat, et animi virtus informat. Nec dubi-
« tavi me suscepturum a vobis optimi consilii rationem,
« cum ab animo non excesserit, quanto animo, quanta
« virtute in fide hactenus perstitistis. Ante hac viri
« clarissimi, ingenti virtute pro egregiæ laudis honore
« et gloria sategistis, cum et consilio clari, et bello in-
« victi enituistis. Nunc quoque eadem virtute nitendum
« est, ne laudi egregiæ turpis infamia succedat. Eni-
« timini ergo pro viribus, et si quid dedecoris con-
« traxistis, a tanta claritudine amoveatis. Non vos
« latet, fugæ ignominiam a Lothario nuper nos per-
« tulisse. Quam non solum bello, sed etiam morte re-
« pellere, et vestram claritudinem decet, et tempus
« exposcit, facultas etiam persuadet. Si igitur magis
« imperare quam servire parati estis, dum ætas viget
« animusque valet, hoc facinus ne parvipendatis.
« Ingenti virtute efficite ut sitis formidini, quibus
« ignobiles et vulgus fuistis. » Hac sententia id fieri omnibus persuasum est.

LXXIV. — Equitatus ** in Galliam.

Interea Otto cum triginta milibus ² equitum in

---

* O, ad *abscisa*.
** E *al sc*.
¹ F. animo *deleta*.
² XXX.

abandonné s'étant ralliés à lui, il réunit les grands du royaume et leur parla ainsi :

LXXIII. — Discours d'Otton aux siens.

« Ce n'est pas sans motifs, hommes illustres [1], que j'ai
« voulu vous réunir ici. Votre valeur m'a suggéré l'idée de
« vous demander conseil, à vous que le mérite décore et que
« dirige le courage. Je n'ai point douté que je trouverais en
« vous d'excellents avis, car il n'est pas sorti de ma mémoire
« avec quelle constance vous m'avez jusqu'ici gardé votre
« foi. Jusqu'ici, hommes illustres, vous avez toujours été
« prêts à déployer un grand courage pour acquérir l'honneur
« et la gloire d'une belle action, et vous vous êtes montrés
« habiles dans le conseil et invincibles à la guerre. Il faut
« encore maintenant vous distinguer par cette même valeur,
« afin qu'à une belle gloire ne succède pas une honteuse in-
« famie ; faites donc tous les efforts dont vous êtes capables,
« mais si vous avez commis quelque lâcheté, n'aspirez pas
« à tant d'honneur. Vous n'ignorez pas que dernièrement
« nous avons fui honteusement devant Lothaire ; et cette
« honte il faut l'effacer non-seulement par la guerre, mais
« par la mort, s'il est nécessaire : cela convient à votre rang ;
« le temps le demande, la possibilité le conseille. Si donc
« vous êtes plus disposés à commander qu'à servir tandis
« que l'âge vous prête des forces, que votre courage est en-
« tier, ne supportez pas cette honte ; montrez-vous par vo-
« tre courage redoutables à ceux qui vous ont pris pour des
« hommes vils et sans valeur. » Ces paroles les disposèrent
tous à l'action.

LXXIV. — Cavalerie envoyée en Gaule.

Otton se prépara donc à marcher en Gaule avec trente
mille cavaliers, et sans perdre de temps il dépêcha ses cen-

---

[1] Voir *Notes et dissertations*, sect. III.

Gallias ire parabat. Nec moratus præmissis centurionibus ibat. Galliam celticam exercitu implevit. Quam partim combussit, partim depopulatus est. Sic etiam versa vice Lotharium adurgens, eo quod militum copiam non haberet, fluvium Sequanam transire compulit, et gemebundum ad ducem ire coegit. Turbati ergo repentino hostium adventu, rex Stampas adiit, dux vero ad colligendum exercitum Parisii resedit. Dum hæc aguntur, Otto cum exercitu properat, fiscumque regium Atiniacum diripit atque comburit; et per fines urbis Remorum transiens, sancto Remigio multum honorem exhibuit. Urbem quoque Suessorum prætergressus, et sanctum Medardum venerans, palatium Compendiense pene diripuit. Nec minus centuriones prævii eo ignorante sanctæ Baltildis monasterium apud Chelas penitus subruerunt atque combusserunt. Quod non mediocriter dolens, multa in ejus restaurationem delegavit. Tandem ad fluvium Sequanam accessit, ibique exercitus tentoria fixit, Parisium in prospectu habens, totamque pene regionem per triduum depopulatus est.

LXXV.

Ibant ergo equites cum lixis palantibus ad victum deferendum, stadiis centum et sexaginta circumquaque. Et quia Sequana interfluebat, neuter exercitus ad se accedebat. Dux enim in altera fluvii parte milites colligebat; at hoc triduum non sufficiebat ad colligendorum sufficientiam militum, nec fieri potuit copia unde congrederetur [1].

---

[1] *cod.* Nec prætermittendus videtur congressus duorum, quorum alter Germanus, alter vero Gallus fuit. Cum uterque *deleta*.

turions[1] et les suivit. Il remplit de son armée la Gaule celtique, qu'il brûla en partie, qu'en partie il ravagea. C'est ainsi qu'à son tour il pressa vigoureusement Lothaire, qui n'avait que peu de troupes, et l'obligea à traverser la Seine et à aller tristement implorer le duc. Tous deux furent étonnés de l'arrivée imprévue de l'ennemi : le roi se rendit à Étampes et le duc à Paris, pour y lever une armée. Pendant ce temps Otton s'avançait avec la sienne, pillait et brûlait le fisc royal d'Attigny. En passant près de la ville de Reims, il rendit de grands honneurs à saint Rémi. Il s'avança même au delà de Soissons où il honora saint Médard, et il pilla le palais de Compiègne. De même, les centurions placés en avant-garde ravagèrent et brûlèrent presque entièrement, à son insu, le monastère de Sainte-Batilde, à Chelles. Otton en fut vivement affligé, et consacra de grandes sommes à le réparer. Enfin il arriva au fleuve de Seine ; son armée y dressa ses tentes, en vue de Paris, et pendant trois jours dévasta presque tout le pays.

LXXV.

Les cavaliers et leurs valets couraient donc çà et là, jusqu'à cent soixante stades de distance, pour chercher des vivres, et les deux armées, séparées par la Seine, ne se rapprochaient point. Le duc rassemblait en effet des forces de l'autre côté du fleuve ; mais trois jours ne lui suffisant pas pour réunir un nombre convenable de soldats, il ne put en avoir assez pour combattre.

[1] Voir *Notes et dissertations*, sect. IV.

LXXVI. — Monomachia duorum.

Cum ergo uterque exercitus dubio esset statu, et de victoria altrinsecus tota mente quæreretur, Germanus quidam animo simul et viribus fidens, singularis ad dimicandum cum armis processit, seseque ad pontem, ubi portæ erant repagulis et clavis ferreis munitæ, congressurum solum cum solo obtulit. Hostem ut veniret singularis sæpenumero inclamavit. Et cum jam in Gallorum contemptum quædam maledicta effunderet, nec aliquis ei responderet, per custodes duci aliisque principibus qui jam pauci advenerant, relatum est, ad portas pontis hujusmodi esse hominem, qui sese ad dimicandum singulariter solum cum solo proponeret, illumque probris et contumeliis verborum principes lacessire, nec illum inde recessurum esse, nisi aut singulariter congrediatur, aut portis incisis totus exercitus intromittatur. Dux cum principibus hanc contumeliam non ferens, tirones [1] hortatur ut furentem [2] repellant, et a tanta ignominia purgati [3] nominis gloriam sibi affectent. Mox quam plures animo ardentes, ad resistendum sese obtulerunt. Ergo de pluribus unus electus, Ivo [4], congressurus procedit. Premium viri fortis propositum est; et ablatis repagulis, portæ patefactæ sunt. Procedit sibi obviam hostis uterque. Qui objectis clipeis, telisque obnitentes, mente furiata pauca admodum probra sibi objecerunt.

---

[1] milites *et supra* vel tirones *codex*.

[2] ut canem latrantem *corr.* furentem.

[3] i. non solum sese, sed et totam gentem suam emundent, ac per infinita tempora *deleta*.

[4] *vox littera majuscula scripta, linea subducta deleri videtur.*

LXXVI. — Combat singulier.

Tandis que les deux armées s'observaient, chacune brûlant de vaincre, un Germain, confiant dans son courage et dans ses forces, s'avance armé, demandant à combattre seul à seul; il vient sur le pont jusqu'à l'endroit où se trouvaient des portes munies de barres et de chevilles de fer : là il cria à plusieurs reprises qu'un adversaire se présentât; et comme il proférait déjà des paroles outrageantes contre les Gaulois sans que personne lui répondît, les gardiens rapportèrent au duc et aux autres princes venus en petit nombre, quelle espèce d'homme il y avait aux portes du pont, et comment il se proposait pour combattre seul à seul ; ils dirent qu'il accablait les chefs d'injures et de mépris, et qu'il ne s'éloignerait qu'après un combat singulier ou après avoir abattu les portes et fait passer toute l'armée. Le duc et les princes ne pouvant supporter cette offense, exhortent les jeunes gens à repousser ce furieux, à se laver d'une telle injure et à acquérir à leur nom quelque gloire. Aussitôt ils se présentent en foule, pleins d'ardeur pour lui tenir tête. Ives, choisi dans le nombre, s'avança pour combattre. On présenta la récompense de son courage; les barres furent enlevées et les portes ouvertes. Alors ils marchent l'un contre l'autre, s'opposent leurs boucliers, s'attaquent de leurs traits, et, la fureur dans le cœur, s'adressent quelques grosses injures. Enfin le Germain lance son javelot qui traverse par la force du coup le bouclier du Gaulois; puis, tirant son épée, il s'efforce d'en percer son adversaire ; mais celui-ci le perce lui-même de son trait lancé obliquement, et lui arrache la vie. Le Gaulois vainqueur s'empare des armes de son ennemi, les emporte et les présente au duc. Ainsi cet homme vaillant gagna et reçut le prix.

Germanus tandem telum jaculatus, Galli clipeum gravi ictu pertundit, gladioque educto cum urgere instaret, a Gallo mox telo obliquato confixus, atque vita ¹ privatus est. Gallus victoria potitus, ab hoste rapta arma asportavit, atque duci obtulit. Vir fortis præmium petiit et accepit.

LXXVII. — Ottonis a Gallia * digressio suorumque * fuga *.

Otto Gallorum exercitum sensim colligi non ignorans, suum etiam tam longo itinere quam hostium incursu posse minui sciens, redire disponit; et datis signis castra amoverunt. Angarias quoque accelerare moliti sunt; amotisque omnibus, ibant non segniter, nec sine metu. Axonæ fluvii vada festinantes alii transmiserant, alii vero ingrediebantur, cum exercitus a rege missus a tergo festinantibus affuit. Qui reperti fuere, mox gladiis hostium fusi sunt, plures quidem, at nullo nomine clari. Otto interea cum exercitu digressus, Belgicam petiit, ibique procinctum solvit; tanto favore et benivolentia apud suos usus, ut sicut imminenti periculo, ita quoque et omnibus capita sese objecturos pollicerentur.

LXXVIII.

Lotharius considerans Ottonem neque dolis falli, neque viribus posse devinci, sepe et multum apud se quærebat, utrum potius foret stare contra hostem an reconciliari hosti. Si staret contra, cogitabat possibile esse ducem opibus corrumpi, et in amiciciam Ottonis relabi. Si reconciliaretur hosti, id esse accelerandum,

---

* llia, o, su, ga *abscisa*.
¹ armis *corr.* vita.

LXXVII. — Otton quitte la Gaule ; fuite des siens.

Otton n'ignorant pas que l'armée des Gaulois se formait peu à peu, et sachant très-bien que la sienne pouvait être minée tant par la longueur du chemin que par l'attaque de l'ennemi, se disposa à s'en retourner, et donnant le signal il fit lever le camp ; on s'efforça aussi d'accélérer le transport des chariots ; tout se mit en mouvement, et la crainte fit hâter la marche. Les uns avaient passé à la hâte les gués de l'Aisne, les autres entraient seulement dans la rivière lorsque l'armée envoyée par le roi tomba sur les derrières de l'ennemi. Tous ceux qu'elle put joindre, et ils furent nombreux, tombèrent sous ses coups, mais aucun de nom célèbre. Pendant ce temps Otton gagnait la Belgique avec son armée, qu'il licencia après avoir comblé les siens de tant de faveurs et de bienveillance, qu'ils lui promirent d'exposer leur vie et contre tout péril et contre qui que ce fût.

LXXVIII.

(980.) Lothaire considérant qu'il était également impossible et de faire tomber Otton dans un piége et de le vaincre par la force, se demandait souvent lequel serait préférable ou de continuer le système d'hostilité ou d'en venir à une réconciliation. Si les hostilités continuaient, il était possible, pensait-il, que le duc se laissât corrompre par les présents d'Otton et rentrât en amitié avec lui ; si le parti de la réconciliation prévalait, il fallait se hâter, pour que le duc n'en eût aucun éveil, et ne cherchât, lui aussi, à se récon-

ne dux præsentiret, et ne ipse quoque vellet reconciliari. Talibus in dies afficiebatur, et exinde his duobus ducem suspectum habuit. A consultantibus tandem decretum [1] est Ottonem in amiciciam regis revocandum, eo quod ipse vir virtutis esset, et per illum non solum dux mansuesci posset, sed et aliarum gentium tiranni subjugari utiliter valerent. Legati igitur a Lothario directi, ab Ottone liberalissime suscepti, de habenda utriusque amicicia, duce ignorante, elaborant:

LXXIX. — Oratio [*] Gallorum ad [*] Ottonem.

« Hactenus, » inquiunt, « discordiæ, invidiæ, cædis
« amatores floruerunt, cum inter nobilissimos reges
« tantum locum habuerunt, quibus pro deliciis erat
« discordia, quia apud reges discordes se multa ad-
« quirere posse arbitrabantur. Enimvero de communi
« labe cogitabant, ut majoris gloriæ et honoris locum
« apud conturbatos vindicarent. Sed proderit pluri-
« mum rei publicæ, si malignitas pravorum jam dudum
« reprimatur, et virtus bonorum luce purius enitescat.
« Redeat ergo virtus et floreat inter gloriosissimos re-
« ges, ut et vestra virtute tantorum malorum auctores
« abinde conquiescant, et res publica vestra virtute
« potius gubernetur, quam cupidorum invidia dilaba-
« tur. Securius enim ambo regnabitis, cum in amici-
« cia conjuncti duos exercitus pro uno habebitis. Quod
« si ex vobis alter in ultimas suorum regnorum gentes
« ire disposuerit, alterum acsi fratrem, fidumque sua-
« rum rerum tutorem habebit. Placeat ergo serenissi-
« mis regibus pax et amicicia, quos conjunxit etiam

[*] o, d *abscisa*.
[*] deliberatum vel decretum *codex*.

cilier. Il était journellement tourmenté de ces pensées, qui le portaient à se défier du duc. Enfin ses conseillers décidèrent qu'il fallait rentrer en amitié avec Otton, qui était lui-même homme de courage, et qui par son entremise pourrait non-seulement apaiser Hugues, mais encore dompter efficacement les tyrans d'autres provinces. Lothaire envoya donc des députés à Otton ; celui-ci les reçut avec distinction ; et ils travaillèrent, à l'insu du duc, à établir entre les deux princes des rapports d'amitié.

LXXIX. — Discours des Gaulois à Otton.

« Jusqu'ici, » dirent-ils à Otton, « les fauteurs de dis-
« corde, de haine, de guerre, ont triomphé ; ceux en effet
« qui se complaisaient dans la discorde, parce qu'ils pen-
« saient que près de rois en désaccord il y avait pour eux à ga-
« gner, ont tenu une place élevée entre deux nobles princes.
« Ils désiraient le malheur commun, afin d'acquérir près de
« rois brouillés entre eux plus de gloire et plus d'honneur.
« Mais ce sera un avantage marqué pour la chose publique,
« si la malice des méchants est réprimée et la vertu des bons
« mise dans une plus vive lumière. Rappelez donc la con-
« corde, et qu'elle fleurisse entre deux rois très-glorieux,
« afin que par cette concorde les auteurs de tant de maux
« soient écartés ; que la chose publique soit plutôt gou-
« vernée par votre accord que ruinée par la haine des
« envieux. En effet, vous régnerez plus sûrement tous les
« deux, lorsque, unis par l'amitié, vous aurez chacun deux
« armées pour une. Que si l'un de vous se dispose à marcher
« contre les nations situées aux derniers confins de son
« royaume, il aura dans l'autre comme un frère et comme
« un fidèle défenseur de sa propriété. Que la paix et l'amitié
« soient donc dans les vues des sérénissimes rois que lie déjà
« l'affinité du sang. Qu'ils soient unis par l'amitié, ceux

« sanguinis affinitas. Vinciantur amicicia, quorum dis-
« sidentia rei publicæ labem infert, et concordia utili-
« tatem accommodat viresque ministrat. »

LXXX. — Responsio * Ottonis ad Gallos *.

Ad hæc Otto : « Novi, » inquit, « quantam labem rei
« publicæ discordia sepenumero intulit, cum regnorum
« principes contra se aliquando moliti sunt. Nec illud
« etiam ignoro, quanta salus per amiciciæ virtutem rei
« publicæ comparata sit. Fateor hactenus me plurimum
« coluisse pacem et concordiam; invidias atque dis-
« cordias malignantium odio semper habuisse. Com-
« ponantur ergo per vos animi dissidentium, nam huic
« rei vos video aptissimos, qui ante hac mutua lesione
« rei publicæ plurimum derogavimus. Consilii vestri
« rationem approbo. Dictis tandem facta consentiant. »
Legati persuasione habita redeunt, ambosque reges
alterutrius benivolentiam ad alterutrum referentes, in
amicicia componunt. Constituitur tempus colloquendi.
Locus utrique commodus deputatur. Et quia circa fluvium Mosam regna amborum conlimitabant, in locum
qui Margolius dicitur, eis sibi occurrere placuit.

LXXXI. — Lotharii et ** Ottonis regum conciliatio **.

Convenerunt ergo, datisque dextris, osculum sibi
sine aliqua disceptatione benignissime dederunt; amiciciam altrinsecus sacramento stabilierunt. Belgicæ
pars quæ in lite fuerat in jus Ottonis transiit. Otto
regni sui pace facta, Italiam petiit, Romamque devenit,
suos revisurus atque de regni statu quæsiturus; com-

* nsio, os *abscisa.*
** et, ia *abscisa.*

« dont la dissidence fait le malheur de la chose publique,
« dont l'accord lui est utile et lui donne des forces. »

LXXX. — Réponse d'Otton aux Gaulois.

Otton répondit : « Je sais quel mal les discordes firent
« souvent à la chose publique, quand les chefs des États [1]
« s'armèrent l'un contre l'autre. Je n'ignore pas non plus
« combien les liens de l'amitié lui sont avantageux. Je l'a-
« voue, jusqu'ici j'ai beaucoup chéri la paix et la concorde ;
« j'ai toujours eu en haine les rivalités et les discordes des
« méchants. Que nos différends soient donc réglés par
« vous, car je vous regarde comme très-propres à cela ; trop
« longtemps nous avons, l'un et l'autre, compromis la
« chose publique ; j'approuve votre avis, que l'effet ré-
« ponde donc aux paroles. » Les choses convenues, les envoyés quittent Otton et retournent vers Lothaire, et persua-
dant chacun des deux rois de la bienveillance de l'autre, ils
les remettent en bonne amitié. L'époque d'une entrevue est
fixée ; on choisit un lieu convenable à tous deux, et comme
les deux royaumes confinaient vers le fleuve de Meuse [2], on
convint qu'ils se réuniraient dans le lieu appelé la Marlée.

LXXXI. — Réconciliation des rois Lothaire et Otton.

Ils se réunirent en effet ; s'étant donné la main ils s'embrassèrent très-amicalement, et sans la moindre discussion
scellèrent leur amitié d'un serment réciproque. La partie
de la Belgique qui avait été en litige fut abandonnée à

---

[1] Voir *Notes et dissert.*, sect. III.
[2] Voir *Notes et dissertations*, sect. I, § 2. Le lieu de l'entrevue était resté inconnu jusqu'ici, les uns l'indiquant sur le Cher, les autres à Reims.

pressurus etiam si qui forte essent tumultus, et tumultuantes in pacem revocaturus si qui principum forte dissiderent. Lotharius vero Laudunum veniens, apud suos quæque congrua sibi pertractabat. Nec jam quicquam spei ex duce habebat, cum propter pacem dolo quæsitam, non mediocriter eum suspectum haberet. Cum jam hæc omnia vulgo prædicarentur, nonnulli quoque inde indignati pro duce fremerent, dux constanti animo tristitiam dissimulans omnia ferebat; et sicut moris ei erat consulto omnia deliberare, primatibus advocatis declamaturus resedit.

LXXXII. — Oratio * ducis * apud suos.

Quibus coram sic orsus cepit : « Non præter fruc-
« tum utilis et honesti consilium a doctis expetitur.
« Quibus solis et decenter acceditur, et ab eis fluc-
« tuanti rei consilii ratio aperitur. Vos in consulendo
« arbitror idoneos [1], cum ab animo non discedat,
« quanta virtute et ingenio vestri, sæpenumero ad-
« versariis prænituerim. Cumque vos mihi manibus et
« sacramento addictos, fidem quoque inviolabilem
« servaturos non dubitem, indubitanter a fidelibus
« consilium peto. Quod si mihi conceditur, vos etiam
« participabitis. Si non suggeritur, forte non aberit
« dispendium cui indecores succumbatis. Ergo quia
« pro vita agitur, consilium utile liberaliter expromite.

* O, d *abscisa*.
[1] i. quos et ingenium cogitandi et ratio dicendi reddidit clariores. Quos non dubito de pernitie bonorum dolere. quibus ingenti virtute propositum sit improbis displicere. Et *deleta*.

Otton[1]. Celui-ci, après avoir assuré la paix à son pays, se rendit en Italie, alla à Rome, afin de revoir ses sujets et de reconnaître l'état de son royaume, afin aussi de réprimer les troubles, s'il en existait, et de forcer les turbulents à la paix, si par hasard les princes vivaient en mésintelligence. Pour Lothaire, il vint à Laon, et s'occupa avec les siens de régler tout ce qui demandait ses soins. Il n'attendait alors rien du duc, et le tenait même pour très-suspect à cause de la ruse mise à cette paix. Déjà la chose se disait publiquement, et quelques amis du duc frémissaient d'indignation (981); mais le duc lui-même dissimulait son déplaisir et l'étouffait sous la fermeté de son caractère ; et comme il avait coutume de délibérer mûrement sur toutes choses, il convoqua les grands, et leur porta ses plaintes.

LXXXII. — *Discours du duc à ses partisans.*

Voici ce qu'il leur dit : « Ce n'est pas sans fruit qu'on
« demande aux sages un conseil utile et honnête. Dans une
« conjoncture incertaine eux seuls peuvent donner un con-
« seil, ouvrir un avis. Je vous crois propres à conseiller,
« car il n'est pas sorti de mon esprit combien votre valeur
« et vos avis m'ont fait souvent surmonter mes adversaires.
« Je ne doute pas qu'attachés à moi, et par les mains et par
« le serment[2], vous ne me conserviez une foi inviolable ;
« ainsi je n'hésite pas à vous demander un conseil comme
« à mes fidèles. Si vous me l'accordez, vous en profiterez
« comme moi; sinon, vous serez peut-être exposés à suc-
« comber honteusement. Puis donc qu'il s'agit de la vie,
« manifestez hautement un conseil utile. Vous n'ignorez pas
« par quel raffinement de ruse le roi Lothaire m'a trompé

---

[1] Lothaire céda la Lorraine à Otton, qui dut la tenir en fief de la couronne de France, selon Guillaume de Nangis. Sigebert de Gemblours dit au contraire que Lothaire renonça absolument à la Lorraine, *Lotharingiam abjurat*. Richer confirme cette dernière assertion, la seule qui concorde avec les événements postérieurs.

[2] Voir *Notes et dissertations*, sect. v.

« Non enim vos latet quanta subtilitate doli Lotha-
« rius rex incautum me fefellerit, cum absque me
« Ottoni reconciliari voluerit feceritque. Cui a mente
« penitus excessit, quam liberali animo quantum peri-
« culum aggressus sim, cum per me hostem nuper
« fugaverit, Belgicam quoque insignibus sublatis hosti-
« libus subaraverit. Quid ergo spei ulterius expectem,
« cum dolo fidem abruperit? »

LXXXIII. — Declamatio * qua * usi sunt apud ducem * sui.

Ad hæc primates : « Non solum novimus, » inquiunt,
« quantis periculis nobiscum pro Lothario rege caput
« objeceris, verum quoque quanto discrimine clari-
« tudo tua adhuc patens sit, si, ut fama est, duo reges
« contra te conspiraverint. Nam si contra alterum exer-
« citum pro defensione moliaris, ambos contra te mox
« stare invenies. Si contra ambos nisus fueris, plurima
« incommoda incurrere necesse est, equitatum intole-
« rabilem, insidias multiplices, incendia atque rapinas,
« et, quod pessimum est, nefarios infidi vulgi rumores,
« qui non contra adversarios nos exercere defensionem
« loquetur, at in rebellione contra regem temerarios
« atque perjuros stare calumniabitur. Sic etiam ad
« quoscumque accedere posse mencietur, ut sine de-
« licto, sine perjurii sacrilegio a dominis recedant, et
« contra illos arroganter cervices attollant. Hujus peri-
« culi extremum et utile consilium nobis videtur, ut cum
« duo contra nos conjuncti sint, alteri alterum subtra-
« hamus. Quod si alteri alter subtrahi nequit, saltem
« in amiciciam nobis eorum alterum devinciamus, ut

* De, qu, d *abscisa.*

« lorsque je m'y attendais le moins, en concevant et exécu-
« tant le dessein de se réconcilier avec Otton. Il a entière-
« ment perdu la mémoire du désintéressement avec lequel
« je m'exposai aux plus grands dangers, quand récemment,
« grâce à moi, il mit l'ennemi en fuite, et bouleversa la
« Belgique, après en avoir enlevé les enseignes de l'ennemi?
« Que dois-je enfin espérer encore, lorsqu'il a artificieuse-
« ment rompu sa foi? »

LXXXIII. — *Réponse des amis du duc.*

Les seigneurs répondirent : « Non-seulement nous savons
« quels périls tu courus avec nous pour le roi Lothaire,
« mais encore quels dangers menacent ta grandeur, si,
« comme le bruit en court, les deux rois ont conspiré con-
« tre toi ; car si pour ta défense tu pousses ton armée contre
« l'un d'entre eux, tu les verras bientôt se lever l'un et l'au-
« tre. Si tu les combats tous deux, il faut t'attendre néces-
« sairement à de grands maux : tu auras à lutter contre une
« cavalerie irrésistible, contre des embûches nombreuses,
« des incendies, des rapines, et, ce qui est pis encore, contre
« les clameurs criminelles d'un peuple infidèle, qui ne dira
« pas que nous nous mettons en défense contre des enne-
« mis, mais qui nous accusera de nous poser, téméraires
« parjures, en rébellion contre le roi. Ainsi l'on dira fausse-
« ment à chacun qu'on peut sans crime, sans parjure s'é-
« loigner de ses seigneurs, et lever contre eux un front ar-
« rogant. Dans le danger présent le seul conseil utile, le
« seul applicable, c'est, puisqu'ils sont ligués contre nous,
« de chercher à détacher l'un de l'autre. Que, si nous ne
« pouvons y parvenir, nous devons au moins nous assurer
« l'amitié de l'un des d'eux, afin que celui-ci, nous étant ac-
« quis, ne fournisse pas de forces à l'autre et ne soutienne
« pas son courage. La chose pourra s'effectuer si envoyant

« alter nobis addictus, alteri vires non præbeat ani-
« mumque ministret. Hoc quoque fieri possibile est, si
« Romæ nunc positum Ottonem legatis præmissis cau-
« tus et circumspectus adieris. Non enim sic parvi est
« ingenii Otto, ut te potiorem Lothario armis et opibus
« ignoret, cum sepe et id audierit et per sese expertus
« sit. Unde et facilius ejus amiciciam adipisceris; pro-
« derit etiam sanguinis vestri propinquitas, cum æque
« ut Lotharius ei in hoc conjungaris. »

LXXXIV.

Quæ sententia prolata favoraliter [1] duci habita est. Legatis igitur directs dux animum hujusmodi Ottoni Rome indicavit. Otto mira benivolentia legatos excepit; de amicicia quoque inter illos habenda, se paratissimum non negavit. Quod si ipse dux ad se veniret, ut amplius uterque amiciciæ vim experiretur, eum cum suis se decenter et cum honore excepturum. Legati reversi, duci mandata retulerunt. Dux igitur quosdam magnæ prudentiæ et astutiæ assumens, Arnulfum videlicet Aurelianensium episcopum, atque Burchardum necnon [2].... reliquos quoque admodum necessarios viros, Romam progreditur. Sanctos apostolos honorat, atque sic regem petit.

LXXXV. — Ottonis cum * Hugone sessio.

Otto gloriam sibi parare cupiens, ex industria egit, ut omnibus a cubiculo regio emissis, ejus gladius super sellam plectilem deponeretur, dux etiam solus cum

* is cum, essio *abscisa.*
[1] *ita codex.*
[2] *locus vacat in cod.*

« des députés à Otton, qui est présentement à Rome, tu vas
« le trouver en prenant toutes les précautions nécessaires;
« car Otton n'est pas homme d'un esprit assez borné pour
« ignorer que tu es autrement puissant que Lothaire et
« par tes armes et par tes richesses; il l'a souvent entendu
« dire et souvent éprouvé lui-même. Tu obtiendras donc
« facilement son amitié; les liens du sang te serviront même
« en cela, car sous ce rapport tu tiens à lui aussi bien que
« Lothaire [1]. »

LXXXIV.

Cet avis fut accueilli favorablement par le duc. Il envoya des députés à Rome et fit connaître ses dispositions à Otton. Celui-ci reçut les envoyés avec une grande affabilité et ne leur cacha point qu'il était tout porté à des sentiments d'amitié; que si le duc lui-même se rendait près de lui, il le recevrait honorablement, lui et les siens, afin de resserrer plus encore les liens de cette amitié. Les envoyés s'en retournèrent et rapportèrent au duc les paroles d'Otton. Le duc choisit quelques hommes connus par leur prudence et leur habileté, savoir Arnoul, évêque d'Orléans, Burchard, et....; il prit aussi quelques-uns de ses serviteurs particuliers, et partit pour Rome. Il y honora les saints apôtres et se rendit près du roi.

LXXXV. — Entrevue d'Otton et de Hugues.

Otton, voulant se préparer des honneurs, arrangea adroitement les choses, de manière qu'il ne restât personne dans sa chambre; son épée se trouvait placée sur un siège

---

[1] On sait que Lothaire et Hugues avaient épousé les deux sœurs. Lothaire la fille de Lothaire, roi d'Italie et de la reine Adélaïde, laquelle se remaria à l'empereur Otton Ier; Hugues une sœur d'Otton, que Raoul Glaber nomme Haduide. *Glab. Rodul.*, cap. IV.

solo episcopo introduceretur, ut rege latiariter loquente, episcopus latinitatis interpres, duci quicquid diceretur indicaret. Introgressi igitur, a rege ingenti favore excepti sunt. Rex injuriarum querelam deponit; et osculum dans, gratiam sui favoraliter amico impertit. Post multa colloquia de amicicia habenda, cum rex exiret, gladiumque respiciens peteret, dux paululum a se discedens se inclinavit ut gladium tolleret, ac post regem ferret; hac enim causa super sellam relictus fuit, ut dum dux cunctis [1] videntibus [1] gladium [1] ferret, in posterum [1] etiam se portaturum [1] indicaret [1]. Episcopus vero duci consulens, gladium ab ejus manu rapuit, et ipse deferens post regem incessit. Cujus prudentiam simul et astutiam rex admiratus, apud suos postea non sine laude sepius frequentavit. Ducem quoque in plurima amicicia susceptum, cum honore et pace pene usque ad Alpes deduci fecit.

LXXXVI. — Epistola Lotharii ad Chonradum.

Lotharius rex, necnon et Emma regina insidias ubique parabant; et ut in itinere redeuntem caperent, dolos prætendebant. Igitur Conrado Alemannorum regi epistolam legavit hunc modum habentem : « Lo« tharius Francorum gratia Dei rex, Conrado [2] Ale« mannorum regi quicquid sibi. Amiciciam inter nos a « multo tempore constitutam, inviolabiliter conservare « semper mihi gratum fuit. Cujus fructus cum a me « multiplex exire valeat, utile duxi quiddam vobis in-

[1] cunc, bus, gla, in post, e por, icaret *ex conject.*
[2] conrando *codex.*

pliant, et le duc fut seul introduit ; car comme le roi
parlait latin, il était nécessaire que l'évêque, faisant les
fonctions d'interprète, traduisît au duc tout ce qu'il disait [1]. Le duc et l'évêque entrèrent et le roi les reçut avec
la plus grande faveur ; il s'abstint de toute récrimination,
embrassa le duc et lui accorda ses bonnes grâces comme à
un ami. Lorsqu'ils se furent longtemps entretenus de la nécessité de vivre en bonne intelligence, le roi, prêt à sortir,
demanda son épée, sur laquelle ses yeux se portèrent ; le duc
s'éloigna quelque peu et s'inclina pour prendre l'épée et
pour la porter derrière le roi. C'est aussi dans cette vue
qu'elle avait été laissée sur le siége : le roi voulait que le duc,
la portant aux yeux de tous, prît par là l'engagement de la
porter encore dans la suite [2]. Mais l'évêque, qui assistait le
duc de ses conseils, la prit de ses mains et la porta lui-même
à la suite du roi. Otton admirant en même temps la prudence et l'adresse de l'évêque, lui donna souvent dans la
suite de grands éloges en présence des siens. Il fit aussi
reconduire avec honneur et en paix, jusqu'au pied des
Alpes, le duc, qu'il avait pris en grande amitié.

LXXXVI. — Lettre de Lothaire à Conrad.

Le roi Lothaire et la reine Emma préparaient des embûches de tous côtés et tendaient des piéges, afin de s'emparer du duc lors de son retour. Lothaire envoya à Conrad,
roi des Allemands, une lettre ainsi conçue : « Lothaire, par
« la grâce de Dieu, roi des Francs, à Conrad, roi des
« Allemands, son plus cher appui. J'ai toujours aimé à con-
« server inviolablement l'amitié depuis longtemps établie
« entre nous. Comme je puis procurer de mon côté plu-
« sieurs avantages, j'ai jugé à propos de vous donner quel-

---

[1] La langue latine n'était donc plus généralement parlée dans les Gaules
Richer en a donné d'autres preuves.
[2] Voir *Notes et dissertations*, sect. v.

« dicare, et ad votum mihi fieri id petere. Hugonem
« ducem sciatis me hactenus pro amico habuisse. Com-
« perto vero quod latenter hostis mihi esset, ab ejus
« familiaritate me remotiorem feci. Unde nunc Romam
« iens, Ottonem adiit, in mei contumeliam, regnique
« labem ei plurimum persuasurus. Quapropter summa
« ope, summo ingenio nitimini ne evadat. Vale [1]. »
Exploratores itaque circumquaque dispositi, per prærupta montium et scopulorum, per viarum exitus, ejus
adventum opperiebantur.

LXXXVII. — Item Epistola Emmæ * reginæ ad matrem *.

Nec minus Emma regina, matri suæ in hunc modum
epistolam direxit : « Adelaidi matri imperatrici semper
« augustæ, Emma Francorum regina salutem. Licet
« multo terrarum interstitio semota, tamen a matre
« auxilii rationem filia peto. Hugo dux insidiis non so-
« lum regni nostri principes a nostra fidelitate amovit,
« sed et fratrem meum Ottonem a nobis conatur aver-
« tere; unde et Romam illum adiit. Ne ergo penitus
« sui voti compos glorietur, peto supplex filia matrem,
« ut in revertendo tantus hostis impediatur. Et si fieri
« potest, aut captus teneatur, aut impunis non redeat.
« Sed ne vos suis dolis tergiversator evadat, totius for-
« mæ illius inseparabilia accidentia vobis indicari cu-
« ravi. » Tunc prosecuta oculorum, aurium, labiorum,
dentium quoque et nasi, necnon et reliquarum corporis partium accidentia, verborum quoque tenorem, sic
ignotum declaravit, ut his signis detegeret atque igno-
rantibus indicaret.

* mmæ, trem *abscisa*.
[1] VAL.

« ques indications et de vous demander de vouloir bien en
« tenir compte en ma faveur. Vous savez que jusqu'ici j'ai
« traité le duc Hugues comme un ami ; mais ayant décou-
« vert que j'avais en lui un adversaire secret, je m'en suis
« éloigné. Alors il est allé à Rome, s'est présenté à Otton,
« afin de l'indisposer contre moi et de l'engager à ruiner
« mon royaume ; c'est pourquoi nous devons, de tout notre
« pouvoir et par tous les moyens, faire qu'il ne puisse
« échapper. Adieu. » On plaça donc de tous côtés dans les
parties les plus escarpées des montagnes et à l'issue des
routes, des éclaireurs chargés d'épier l'arrivée du duc.

LXXXVII. — La reine Emma écrit également à sa mère.

La reine Emma envoya de même à sa mère une lettre
conçue en ces termes : « A sa mère Adélaïde, impératrice,
« toujours auguste[1], Emma, reine des Francs, salut. Quoi-
« que éloignée de sa mère par une grande étendue de pays,
« sa fille lui demande cependant du secours. Le duc Hu-
« gues non-seulement détourne, par ses manœuvres, les
« grands de notre royaume de la fidélité qu'ils nous doi-
« vent, mais encore il s'efforce de nous aliéner mon frère
« Otton, qu'il est allé trouver à Rome à cet effet. Afin donc
« qu'il ne puisse voir l'entier accomplissement de ses
« vœux, votre fille vous demande qu'un si fier ennemi soit
« arrêté à son retour, et, si cela se peut, ou qu'il reste en
« captivité, ou qu'il ne revienne pas impuni. Et afin qu'il
« ne puisse vous échapper au moyen des ruses qui lui sont
« familières, j'ai pris soin de vous faire connaître le signale-
« ment de toute sa personne. » Et elle donna tellement les
détails de ses yeux, de ses oreilles, de ses lèvres, de ses
dents, de son nez, ainsi que des autres parties de son corps,
et du ton même de sa voix, qu'ils pouvaient le faire découvrir et reconnaître par les personnes qui ne l'avaient jamais vu.

[1] Adélaïde, mère d'Otton II, et belle-mère de Lothaire.

LXXXVIII. — Hugo inmutato * habitu * insidias evadit.

Dux horum non nescius, reditum accelerat, dolisque præmetuens, vestem mutat, seseque unum de clientibus simulat. Equos onera ferentes ipse regit atque exagitat. Onera imponit et deponit, omnibus se serviturum accommodat. Tantaque industria in abjecta veste et inculto habitu se ducem dissimulavit, ut et per insidiarum loca transiret quæ nec vitare poterat, et insidiantes efficaciter falleret. Uno tantum [1] hospitio pene deprehensus fuit. Nam dum eundum esset cubitum, ei lectus cum diligenti apparatu compositus est; eique circumfusi se omnes ad serviendum obtulerunt. Alii enim genu flexo [2] caligas extrahebant, extractasque alii excipiebant; alii vero nudatos pedes sedentis, subsidendo confricabant, et giris vestium emundabant. Hæc hospes per ostii rimas contemplatus est. Deprehensusque explorasse, mox ne rem detegeret vocatus est et intromissus. Strictisque mucronibus postquam ei necem minati sunt si vocem emitteret, comprehensum ligatis manibus et pedibus in ergastulum detruserunt. Qui voce suppressa, ibi usque crepusculum convexus [3] jacuit. Post nocte abscendente, in ipso crepusculo surrexerunt. Hospitem assumptum et equo invectum, tandiu asportaverunt, donec loca suspecta transmitterent. Quibus transmissis, depositum dimiserunt, reliquumque itineris celeres confecerunt. Nec minus Conradi regis dolos sepe simulando et dissimulando evasit, cum

* mu, u *abscisa*.
[1] *sic codex*.
[2] flexu *corr.* flexo.
[3] conquexus *codex*.

LXXXVIII. — Hugues échappe aux embûches à la faveur d'un déguisement.

Le duc, n'ignorant pas ce qui se tramait, accélère son retour, et, pressentant les piéges, il change d'habit et se fait passer pour l'une des personnes de sa suite. Il soigne et conduit lui-même les chevaux qui portent les bagages, il les charge et les décharge, et se donne l'apparence d'un serviteur aux ordres de tous. Il sut cacher si bien le duc sous un habit commun et une tenue grossière, qu'il traversa les lieux dangereux qu'on ne pouvait éviter, mettant en défaut ceux qui étaient postés pour le surprendre. Une seule fois, dans une hôtellerie il courut risque d'être pris; comme il allait se coucher on s'empressa de lui préparer un lit avec les plus grands soins; tous ses serviteurs l'entourèrent et se présentèrent pour le servir; les uns, le genou en terre, lui ôtaient ses bottines que d'autres recevaient, ceux-ci s'abaissaient pour frictionner ses pieds nus et nettoyaient la bordure de ses habits. L'hôte aperçut tout cela par les fentes de la porte; mais on le surprit à guetter, on l'appela et on le fit entrer, afin qu'il ne pût rien divulguer; puis, tirant les épées, on le menaça de mort s'il poussait un cri, on lui lia les pieds et les mains, et on le retint prisonnier. Il resta là jusqu'au matin, courbé sur lui-même et sans articuler un son. La nuit passée, au point du jour on se leva, on prit l'hôte qu'on plaça sur un cheval, et on l'emporta jusqu'à ce qu'on eût passé les lieux suspects. Ensuite on le mit à terre, et l'ayant renvoyé, on fit à la hâte le reste du chemin. Hugues évita également par le déguisement et la fuite les piéges du roi Conrad, car ce roi aussi avait employé des hommes adroits à dresser des embûches. Enfin après avoir échappé à tant de périls, il arriva en Gaule.

in dolis componendis insidiatores studio et hic niterentur. Tandem tantorum malorum securus, Gallia receptus est.

LXXXIX.

Cognitis autem utrorumque dolis ab utroque, tanta crudelitate in se non armis sed insidiis latentibus debacchati sunt, ut aliquot annis res publica principibus dissidentibus multum lederetur. Tunc etiam multarum rerum usurpationes, miserorum quoque oppressiones, et circa minus potentes, calamitates nefariæ a quibusdam pravis exercitæ sunt. Cum utriusque sapientiores in unum consulturi convenientes, principes dissidere plurima commiseratione conquesti sunt.

XC. — Lotharii et Hugonis reconciliatio.

Statueruntque ut alterius fautores ad alterum suasuri de reconciliatione transirent, ut alteruter benivolentia alterutrius captus, facilius sibi condescenderet, eumque pro lesa amicicia utilius peniteret. Quod[1] consultum, non multo post effectum habuit. Nam et eis efficacissime persuasum est, ac plurima dilectione sibi annexi sunt. Sic etiam in utrisque vis amiciciæ firmata visa est.

XCI. — Promotio Ludovici in regnum Francorum.

Etenim cum rex filium suum Ludovicum in regno sibi succedere vellet, ipsum quoque a duce ordinandum quæreret, dux hanc ordinationem mox liberali animo se administraturum respondit. Et legatis directis, regnorum principes Compendii collegit; ibique a

---

[1] Q. senatus *delet.*

LXXXIX.

Le roi et le duc, connaissant leurs ruses réciproques, déployèrent l'un contre l'autre une telle cruauté, non au moyen des armes, mais par des machinations, que, durant quelques années, l'État eut grandement à souffrir des dissensions des princes. Alors on vit les propriétés usurpées, les malheureux opprimés, et les méchants accabler les faibles sous de cruelles calamités. Les plus sages des deux côtés se réunirent pour se concerter, et déplorèrent amèrement la dissidence des princes.

XC. — Réconciliation de Lothaire et de Hugues.

Ils établirent donc que, des deux côtés, des amis respectifs seraient envoyés aux deux princes, afin de les engager à la réconciliation, pensant que chacun alors, entraîné par les dispositions amicales de l'autre, se rendrait plus facilement à ses vœux et éprouverait un salutaire repentir d'avoir rompu les liens de l'amitié. Ce dessein fut peu après mis à exécution; les deux princes[1] se laissèrent tout à fait persuader, et s'unirent d'une grande affection. C'est ainsi que les liens de l'amitié parurent affermis chez tous les deux.

XCI. — Louis est promu au trône des Francs.

Comme le roi désirait que son fils Louis lui succédât sur le trône, il demanda que le duc l'y plaçât. Celui-ci répondit qu'il le ferait volontiers. On dépêcha donc des députés, et l'on rassembla à Compiègne les principaux du royaume. Louis en effet, proclamé roi par le duc et par les autres

---

[1] Voir *Notes et dissertations*, sect. III, § 1.

duce reliquisque principibus Ludovicus rex adclamatus per metropolitanum episcopum Remorum, dignæ videlicet memoriæ Adalberonem, sancta die pentecostes in regnum Francorum promotus est. Duobus ergo regnantibus dux multa affabilitate ac famulatu multiplici, per dies plures sese commendabat; adeo regiam dignitatem per omnia extollens, et sese [1] eis supplicem [2] monstrans; se etiam facturum pollicens, ut ambo gentibus jam domitis potenter imperarent, indomitas quoque efficaciter [3] mansuescerent. Id etiam meditabatur, ut in diversis regnis positi, regiam dominationem exercerent, ne unius regni angustia, duorum regum majestati nimium derogaret.

XCII. — Item promotio Ludovici in regnum Aquitaniæ ejusque uxoratio.

Dum hæc multo conatu disponeret, alii quidam nimis callidi hoc comperto, cum hujusmodi gloriam in sese transfundere vellent, Emmam reginam adeuntes, super maxima re se consulturos dixerunt. Qui suscepti a regina, id sibi videri optimum dixerunt, Ludovico regi assciscendam conjugem Adelaidem, Ragemundi nuper defuncti ducis Gothorum olim uxorem. Et non magis potentiam regnandi ex hoc posse augeri, quam sibi nonnulla commoda adquiri. Enimvero possibile fieri, totam Aquitaniam simulque et Gothiam suo imperio asstringi posse, postquam ex jure ductæ uxoris oppida munitissima ad suum jus retorqueret. Magnum etiam quiddam in hac re, et utile comparari, si patre

[1] s. per omnia *deleta*.
[2] supplicicem *cod*.
[3] efficatiter *cod*.

grands, fut promu au trône des Francs, le saint jour de la
Pentecôte [1], par l'évêque métropolitain de Reims, Adalbéron, de digne mémoire. Pendant plusieurs jours le duc se
rendit agréable aux deux rois régnants par une grande affabilité et par beaucoup de prévenances. Il releva de toutes manières la dignité royale, et se montra lui-même le client
des princes [2]; il promit même d'agir de façon à accroître
leur autorité sur les nations déjà soumises, et à disposer à la
soumission celles qui ne l'étaient pas. Il voulait aussi que les
deux rois s'établissent dans des royaumes divers pour y exercer leur pouvoir, afin que la majesté de deux rois ne fût pas
resserrée dans les étroites limites d'un seul royaume.

XCII. — Promotion de Louis au royaume d'Aquitaine. Son mariage.

Tandis qu'il mettait tous ses soins à ces dispositions,
quelques autres personnes très-rusées voulant attirer sur
elles-mêmes le mérite de cette affaire, allèrent trouver la
reine Emma et lui demandèrent à l'entretenir d'une chose
de la plus haute importance. La reine les ayant reçues, elles
lui dirent qu'il leur paraissait convenable de donner pour
femme au roi Louis, Adélaïde, veuve depuis peu de Raimond, duc des Goths [3]. Par là serait accru le pouvoir du

---

[1] Le 8 juin 979; ce qui semble indiquer une erreur dans Richer, à moins qu'on ne suppose que Louis fut non pas créé roi, mais confirmé dans ce titre l'an 981. P. — Lothaire associa son fils au trône le 2 juin 978, selon les auteurs de l'*Art de vérif. les dates*.

[2] Voir *Notes et dissertations*, sect. III.

[3] Plusieurs chroniques disent que Louis, très-jeune encore, épousa Blanche qui l'empoisonna dans la suite. Raoul Glaber entre dans beaucoup plus de détails. Selon cet auteur, Lothaire aurait amené d'Aquitaine une femme pour son fils, mais celle-ci trouvant que le fils valait moins que le père, pensa à divorcer. Elle engagea donc Louis à aller avec elle dans la province d'où elle était venue, et qui devait lui appartenir par droit héréditaire. Sans soupçonner la ruse de sa femme,

hinc posito, et illinc filio, dux ceterique hostes in medio conclusi, perpetuo urgeantur.

XCIII.

Hujus rationis consilium postquam regi suggestum est, apud Gozfredum comitem qui aderat ordinatum valuit. Hæc, duce ignorante, parabantur. Quæ cum post animadvertisset, ne regibus fieri videretur injurius, contumeliam dissimulans, nihil penitus refragratus est. Interea collectis regni principibus, equitatus regius disponitur, insignia regia invehuntur; cibi multiplices apparati vehiculis imponuntur. Quibus actis, reges utrique cum multo equitatu in Aquitaniam profecti sunt, castrumque Briddam quod vetus dicitur devenerunt.

XCIV. — Adelaidis * a Ludovico * reginæ in * Aquitania promotio * eorumque divortium *.

Quo a præfata Adelaide multo apparatu excepti sunt; et die constituta rationibus decentissime habitis, et ex jure datis dotalibus, Ludovicus rex eam sibi uxorem copulavit, atque secum coronatam per episcopos in regnum promovit. Non tamen regium nomen sic in eis valuit, ut ullatenus regnandi dominationem in prin-

* Ad, do, in, ti, vo *abscisa*.

roi, et en même temps elle-même y trouverait de grands avantages. Il pourrait même se faire que toute l'Aquitaine et la Gothie [1] seraient soumises sous son empire lorsque par droit nuptial les places les plus fortes auraient passé dans ses mains. Qu'il résulterait enfin de là de grands avantages, car le père établi d'un côté, le fils de l'autre, le duc et les autres seigneurs hostiles se trouveraient renfermés entre eux et continuellement tenus en respect.

XCIII.

On donna connaissance au roi de ce projet; les choses furent arrêtées avec le comte Gozfred qui était là présent, et on disposa tout sans que le duc en fût instruit. Lorsque plus tard il en eut connaissance, il dissimula son déplaisir et ne montra aucune opposition afin de ne paraître pas hostile aux rois. Cependant les grands du royaume furent rassemblés, on prépara la cavalerie royale, on emporta les insignes de la royauté, et des vivres considérables furent réunis et placés dans des voitures. Tous ces préparatifs terminés, les deux rois partirent pour l'Aquitaine avec une nombreuse cavalerie, et ils arrivèrent au château qu'on appelle Vieux-Brioude [2].

XCIV. — Louis fait reconnaître Adélaïde pour reine d'Aquitaine. — Leur divorce.

Ils y furent reçus par Adélaïde avec une grande solennité; au jour fixé des conférences eurent lieu avec toutes les convenances voulues, les présents dotaux furent faits conformément au droit, et le roi Louis épousa Adélaïde, la fit couron-

---

Louis se mit en route; mais lorsqu'ils furent arrivés, Blanche l'abandonna et se retira près des siens. Lothaire ayant appris tout cela, alla chercher son fils. Le récit de Richer réduit celui de Raoul Glaber au néant.

[1] Voir *Notes et dissertations*, sect. 1, § 2.
[2] Dans la basse Auvergne sur l'Allier.

cipibus exercere valerent. Amor quoque conjugalis, eis pene nullus fuit; nam cum ille adhuc pubesceret, illa vero anus foret, contrariis moribus dissentiebant. Cubiculum commune sibi non patiebantur. Requieturi quoque diversis hospitiis potiebantur. Si quando colloquendum erat, locum sub divo habebant. Pro sermonibus producendis, paucissima dicere sat erat. Et hoc apud eos fere erat per biennium. Quorum mores usque adeo discordes fuere, ut non multo post sequeretur et divortium.

XCV.

Ludovicus vero, quia morum informatorem non habebat, utpote adolescens levium rerum vanitatibus insistebat. Habitum [1] patriæ gentis, pro peregrinis, penitus deposuerat. Itaque in miserandam fortunam, res penitus dilapsa est, ut et moribus degener, et regnandi impotentia inglorius esset; et qui paulo ante rex genere, fama, atque copiis potens, nunc erumnosus et inops, rei familiaris simul et militaris calamitate squaleret. His Lotharius rex per multos cognitis, filium inde revocare cogitabat; non ignorans in pejus eum lapsurum, cum illic nullum dignitatis regiæ haberet honorem. Equitatum itaque parat filium repetiturus. Aquitaniam ingressus Briddam petiit. Filium repetit et reducit. Regina sese viduatam dolens, et verita majoris incommodi injuriam, Wilelmum Arelatensem adiit, eique nupsit. Et sic ex divortio, adulterium publicum operatum est.

[1] Vestes *corr.* habitum *codex.*

ner, conjointement avec lui, par les évêques, et l'éleva au trône. Mais l'autorité royale ne put aller chez eux jusqu'à assurer leur domination sur les grands. De même ils ne connurent guère l'amour conjugal : Louis entrait à peine en âge de puberté, tandis qu'Adélaïde était déjà vieille [1]; des habitudes différentes les mirent promptement en désaccord. Ils ne pouvaient souffrir une chambre commune; ils s'arrêtaient pour se reposer dans des hôtelleries différentes. Quand ils avaient à se parler, ils choisissaient un lieu en plein air; leurs conversations étaient les plus courtes possibles. Cet état de choses dura pendant près de deux ans. Leurs caractères devinrent si opposés, qu'au bout de peu de temps il s'ensuivit un divorce.

XCV.

Comme Louis n'avait pas de gouverneur, il se lançait en jeune homme dans des vanités puériles. Il avait entièrement abandonné l'habit national pour un habit étranger. Aussi ses biens furent totalement consumés, et il tomba dans une telle misère qu'il se trouva ignominieusement livré à la dissolution et incapable de régner. En sorte que lui, roi puissant naguère par sa famille, sa renommée et ses troupes, languissait maintenant dans la pauvreté et le besoin, privé des nécessités de la vie et de forces militaires. Le roi Lothaire, averti par plusieurs personnes, songea à faire revenir son fils, n'ignorant pas que ce fils tomberait dans un état pire encore lorsqu'il aurait perdu tous les honneurs de la royauté. Il dispose donc un corps de cavalerie, il entre en Aquitaine, arrive à Brioude, reprend et ramène son fils. La reine, désolée d'être réduite à l'état de veuve, et redoutant de plus grands outrages encore, alla trouver Guillaume d'Arles [2] et se maria avec lui. C'est ainsi qu'un divorce produisit un adultère public.

[1] En 981, Louis avait environ quinze ans.
[2] Voir *Notes et dissertations*, sect. II.

XCVI. — Obitus Ottonis.

Hac tempestate Otto cum Barbaris congressus, miserabili fortunæ succubuit. Nam et exercitum fusum amisit, et ipse captus ab hostibus, divina vero gratia reversus fuit. Post cum ex indigestione Romæ laboraret, et intestini squibalas ex melancolico humore pateretur, aloen ad pondus dragmarum quatuor sanitatis avidus sumpsit. Conturbatisque visceribus, diarria jugis prosecuta est. Cujus continuus fluxus, emorroides tumentes procreavit. Quæ etiam sanguinem immoderatum effundentes, mortem post dies non plures operatæ sunt.

XCVII.

Cui defuncto filius quinquennis Otto superstes erat. Quem patri succedere in regnum cum aliquot primates voluissent, id ab aliquibus contradictum est. Ingenti tamen virtute variaque fortuna ei regnum postea paraverunt. Nam Hezilo, regis paulo ante defuncti patruelis, qui adhuc in carcere vinctus ab eo tenebatur, eo quod adversus eum regnum appeteret, pravorum dolis in perniciem rei publicæ elapsus, et quorumdam munitionibus receptus est. Vir æque ut Otto nobilis, corpore eleganti ac valido, honoris cupidus ac factiosus; animo vasto, sed fallaci. Hic regnandi avidus, omnes sacrilegos, aut juditiis convictos, sive etiam pro factis juditium timentes, postremo omnes flagitiosos quos conscius animus exagitabat, sibi proximos ac familiares fecit. Talium dolis, regis defuncti superstitem filium Ottonem parvum rapuit, ejus loco sese regnaturum ratus. Regnum ergo sic in suum jus refundi ar-

XCVI. — Mort d'Otton.

Dans le même temps Otton en étant venu aux mains avec les Barbares (982), éprouva un sort malheureux ; il perdit son armée qui fut détruite, et lui-même, pris par l'ennemi, ne revit sa patrie que par une grâce de Dieu. Dans la suite étant malade à Rome par suite d'une indigestion (983), et tourmenté de douleurs d'intestins causées par une humeur noire, il prit, pour hâter sa guérison, jusqu'à quatre dragmes d'aloès. Ses entrailles en furent dérangées et il s'ensuivit une diarrhée continue. Cet écoulement incessant produisit de fortes hémorrhoïdes qui, répandant un sang excessif, occasionnèrent la mort au bout de peu de jours [1].

XCVII.

Il laissait en mourant un fils de cinq ans, nommé Otton [2]. Quelques-uns des grands voulaient placer ce fils sur le trône de son père, mais quelques autres s'y opposèrent ; cependant les efforts des premiers lui donnèrent le royaume après diverses vicissitudes. Hezilon, cousin germain paternel du roi défunt encore retenu dans une prison, parce qu'il avait voulu élever des prétentions au trône, parvint à s'échapper par les menées des méchants et au grand désavantage de la chose publique, et fut reçu dans des places fortes appartenant à ses partisans. C'était un homme d'une noblesse égale à celle d'Otton, robuste et bien fait de corps, avide d'honneurs et factieux ; il avait un génie vaste mais artificieux. Dans sa soif de régner, il attira vers lui et s'attacha tous les sacriléges, ceux qui avaient subi ou qui redoutaient

---

[1] Le 7 décembre 983 ; il avait alors vingt-huit ans environ. Il mourut suivant les uns d'une flèche empoisonnée, selon d'autres il fut empoisonné par sa femme.

[2] Otton III. Il n'avait que trois ans, étant né en 980. Voir *Notes et dissertations*, section II, § 2.

bitrans, sceptrum et coronam sibi paravit. Quod dum a Lothario expetendum cogitaret, eumque concessa Belgica sibi sotium et amicum facere moliretur, legatos præmisit, apud quos, sacramento commune negocium firmaretur. Quo etiam sacramento, utrique reges sibi pollicerentur, sese super Rhenum loco constituto sibi occursuros.

XCVIII.

Quibus per legatos juratis, Lotharius tempore statuto cum exercitu per Belgicam transiens, ne teneretur sacramenti obnoxius, ad locum Rheni condictum devenit. Hezilo sese metuens in suspitionem principum venire si Lothario occurreret, acsi eum in regnum recipere vellet, perjurii reus, occurrere distulit. Lotharius se illusum advertens rediit, non tamen sine difficilis laboris incommodo. Nam Belgæ per quorum medium cum equitatu transierat, indignati transisse, vias transpositis arboribus impediunt, aut fossis inmersis revertentes prohibent; non ut aperto campo comminus dimicent, sed ut his impedimentis cunctantes a tergo urgeant, aut montium jugis securi, per inferiora transeuntes missilibus figant. Et quia aperta fronte stare animo non fuit, sagittarii cum arcubus et balistis per montana dispositi sunt. Dum ergo exercitus subiret, illi a superioribus alios sagittis figebant, alios diversis missilibus sauciabant. At tirones sicubi ascensui pervium locum videbant, in hujusmodi hostes

les condamnations dues à leurs crimes, enfin tous les débauchés que tourmentait leur conscience [1]. Aidé de tels hommes il enleva le jeune Otton, fils du roi défunt, pensant régner à sa place. Convaincu donc qu'il ferait ainsi passer le royaume sous son autorité, il s'empara du sceptre et de la couronne. Et comme il pensait que Lothaire élèverait des prétentions, il chercha, en lui cédant la Belgique, à se faire de lui un allié et un ami. Il lui envoya donc des députés, pour que cette affaire fût réglée sous serment réciproque (984). Par le même serment les deux rois devaient se promettre de se réunir sur le Rhin dans un lieu convenu.

XCVIII.

Les envoyés ayant juré tout ce qui vient d'être dit, Lothaire, au temps fixé, traversa la Belgique avec une armée pour ne se pas montrer infidèle à son serment, et se rendit sur le Rhin, au lieu désigné. Mais Hezilon, craignant de devenir suspect aux grands s'il allait au-devant de Lothaire, comme pour le recevoir dans le royaume, se parjura et ne vint pas au rendez-vous. Lothaire, se voyant joué, s'en retourna, non toutefois sans de grandes difficultés; car les Belges, au milieu desquels il avait fait passer sa cavalerie, s'en indignèrent, lui fermèrent les routes au moyen d'arbres qu'ils y transportèrent, ou lui barrèrent le passage en remplissant d'eau les fossés; non afin de combattre de près en pleine campagne, mais afin de tomber, à la faveur des obstacles, sur les derrières de l'ennemi retardé dans sa marche, ou bien encore, afin de l'accabler de traits lorsqu'il passerait au pied des montagnes dont ils occuperaient eux-mêmes le sommet, hors de tout danger. N'osant donc attendre l'ennemi de front, ils placèrent sur les montagnes

[1] Celui que Richer désigne ici par le nom d'Hezilon, est Henri le Querelleur, duc de Bavière, qui en 984 se saisit du jeune prince sous prétexte de lui servir de tuteur. Mais les seigneurs allemands arrachèrent Otton de ses mains.

vertebantur; armisque efferati, quosdam vulnerabant, quosdam vero morte afficiebant. Tantum in eis ter debacchati, ut cæsorum cadaveribus aggerata moles, collibus assimilaretur. Alii vero descendentes aut vibratis gladiis frondium oppositarum densitatem metebant, aut trudibus adactis transpositam arborum molem amovebant, sibique [1] iter aperiebant. Tandem multo conatu, de medio hostium educti sunt.

XCIX.

Hac tempestate Germania [2] nullo regis imperio tenebatur, quippe cum et Ottonem infantem ætatis infirmitas regnare prohiberet, et Heziloni, regnandi cupido, a potioribus regnum contradiceretur. Unde Lotharius occasionem nactus, de Belgicæ pervasione iterum cogitabat, ut videlicet ad suæ dominationis jus eam retorqueret, cum Otto [3] non esset, principes dissiderent, regnique dignitas nullo regis administraretur imperio.

C.

Itaque Odonem atque Herbertum viros illustres et potentia claros advocans, eis sui voti secretum aperit. Et quia paulo ante eorum patrui, absque liberis defuncti, terra optima cum oppidis munitissimis illos liberaliter donaverat, ipsi mox domi militiæque sese paratissimos responderunt. Quibus faventibus cum

---

[1] et venienti exercitui *corr.* sibique.
[2] Belgica atque G. *deleta.*
[3] o. hostis *deleta.*

des soldats armés d'arcs et de balistes [1], et lorsque l'armée passait sous leurs pieds ils perçaient les uns de flèches, accablaient les autres sous divers projectiles. Cependant les soldats, trouvant un passage pour monter, coururent sur eux, et sans pitié blessèrent les uns et mirent les autres à mort ; à trois fois différentes ils les traitèrent avec une telle fureur que les cadavres réunis en monceau formèrent comme des collines. Les autres descendirent, abattant avec leurs épées les branches épaisses des arbres qu'on leur opposait, ou bien, au moyen de perches appuyées contre terre, écartant l'obstacle des arbres, et s'ouvrirent ainsi un chemin. Enfin, après beaucoup d'efforts, ils sortirent du milieu des ennemis.

XCIX.

Pendant ce temps la Germanie était sans roi, car l'enfance d'Otton l'empêchait de régner, et les grands du royaume refusaient le sceptre à Hezilon, avide de le saisir. Lothaire donc, profitant de l'occasion, songeait à envahir de nouveau la Belgique, afin de la remettre sous sa domination. Otton en effet comptait pour rien, les princes ne s'accordaient pas, et le gouvernement de l'État demandait l'autorité d'un roi.

C.

Lothaire appela donc près de lui Eudes et Herbert, hommes illustres [2] et très-puissants, et leur fit part de son désir secret. Et comme peu auparavant il leur avait donné libéralement la belle terre avec les châteaux forts de leur oncle paternel mort sans enfants, ils répondirent qu'ils étaient tout prêts à le servir, soit au palais soit à la guerre. Le roi, voyant leurs bonnes dispositions, leur annonça

---

[1] Espèce de grande arquebuse qu'on bandait au moyen de leviers et de rouages. On s'en servait pour lancer des flèches et autres projectiles.
[2] Voir *Notes et dissertations*, sect. II, § 1.

rex sibi in animo esse diceret ut Belgicam repeteret, eamque militaribus copiis expugnaret, ipsi hujus rei initium Virduni faciendum dicunt, eo quod ipsa propinquior civitas esset, et sese multa obsidione eam aggressuros, nec unquam ab ea nisi capta recessuros; qua capta, et sacramento atque obside regi annexa, ulterius processuros. Tandiu etiam moraturos in Belgica, donec aut armis expugnetur, aut victi Belgæ in deditionem omnes transeant. Quorum sponsione suscepta, rex cum ipsis exercitum mox Virdunum admovit.

CI. — Virduni expugnatio *.

Quæ civitas eo situ posita est, ut a fronte, planitie pervia meantibus accessum præbeat; a tergo [1] inaccessibilis sit. Ibi enim a summo in posteriora, profundo hiatu circumquaque distenditur; ab inferioribus vero ad summum, rupibus præruptis artatur; quæ non solum scatens fontibus, puteisque, incolis accommoda, sed et fluvio Mosa eam a prærupta parte abluente, nemorosa. Ubi ergo a fronte planitiem præfert pugnaturi machinas bellicas generis diversi aptavere. Nec minus qui in urbe erant, ad resistendum sese expediebant. Pugnatum est tandem octo ferme continuis diebus. At cives cum viderent nulla a suis extrinsecus suffragia mitti, nec jugis prælii pondus se tolerare posse [2], consilio inito indempnes et intacti hostibus cessere. Urbem aperuerunt, et sese Lothario victi obtulerunt.

* V, e *abscisa*.
[1] t. et latere utroque *deleta*.
[2] p. paucosque multitudini cedere *deleta*.

qu'il avait dessein de marcher en Belgique, et de s'emparer du pays à force ouverte; ils lui dirent qu'il fallait commencer par Verdun, parce que c'était la ville la plus proche; qu'ils l'assiégeraient avec des forces considérables et qu'ils ne s'en éloigneraient qu'après l'avoir prise; que Verdun pris et acquis au roi sous serment et moyennant otages, ils marcheraient plus avant; qu'enfin ils demeureraient dans la Belgique jusqu'à ce qu'elle fût soumise par leurs armes, ou que tous les Belges vaincus reconnussent la domination du roi. Le roi, acceptant leur offre, fit marcher avec eux une armée sur Verdun.

CI. — Siége de Verdun.

Cette ville est posée de manière qu'elle offre à ceux qui arrivent d'un côté un accès facile à travers une plaine ouverte, mais de l'autre elle est inaccessible. De ce dernier côté, en effet, elle s'élève de toute part sur un abîme profond, qui est, depuis le bas jusqu'en haut, hérissé de rochers escarpés; non-seulement elle est pourvue de fontaines et de puits à l'usage des habitants, mais encore la partie escarpée, baignée par la Meuse, est couverte de bois. Du côté de la plaine, les assiégeants appliquèrent des machines de guerre de divers genres. Ceux de la ville ne s'apprêtaient pas moins à résister; enfin on combattit pendant huit jours presque entiers; mais les citoyens, voyant qu'ils ne recevaient du dehors aucun secours des leurs, et qu'ils ne pouvaient soutenir les efforts d'un combat continuel, tinrent conseil, et décidèrent de se rendre à l'ennemi encore sains et saufs. Ils ouvrirent donc leur ville, et se rendirent à Lothaire.

CII.

Quibus peractis, rex ad urbem tuendam, reginam Emmam in ea reliquit. Ipse cum exercitu Laudunum rediit, suos etiam ad sua redire permisit, tantæ benivolentiæ favore apud eos usus, ut repetito itinere se ulterius ituros si juberet pollicerentur; et neglectis pro tempore domibus et natis, cum hoste comminus dimicaturos. Lotharius interea apud suos deliberabat, utrum potius foret sese ulterius ire, armisque et viribus totam Belgicam sibi subjugare, an residendo Virduni, per legatos, habitis suasionibus, mores hostium ad suum animum informare. Si enim eos ferro vinceret, cum id sine multo sanguine fieri non posset, cogitabat in posterum minus eis credendum, eo quod amicorum labem eis intulerit. Si vero per benivolentiam reversuros expectaret, cavendum putabat, ne in tanto otio, hostes insolentiores redderentur.

CIII. — Virduni * invasio * a Belgis.

Dum hæc multa consultatione ventilaret, Belgicæ dux Teodericus, necnon et vir nobilis ac strenuus Godefridus, Sigefridus quoque vir illustris, Bardo etiam et Gozilo fratres clarissimi et nominatissimi, aliique principes nonnulli latenter pertemptant Virdunum irrumpere, eamque a Gallis [1] evacuare. Factisque insidiis, negotiatorum claustrum, muro instar oppidi exstructum, ab urbe quidem Mosa interfluente sejunctum, sed pontibus duobus interstratis ei an-

---

* V, in *abscisa*.

[1] ab hostibus *corr.* a Gallis.

CII.

Ce succès obtenu, le roi laissa la reine Emma dans la ville, qu'il confia à sa garde, et s'en retourna à Laon avec son armée, à laquelle il permit de se dissoudre. Il était si aimé des siens qu'ils lui promirent de se remettre en route, d'aller encore plus loin s'il l'ordonnait, et d'abandonner pour un temps leurs maisons et leurs enfants pour en venir aux mains avec l'ennemi. Lothaire cependant examinait avec ses conseillers s'il valait mieux poursuivre ses succès et soumettre de vive force toute la Belgique ou rester à Verdun et envoyer aux Belges des députés pour les disposer à ce qu'il désirait. S'il les soumettait par le fer, ce qui ne pouvait se faire sans verser beaucoup de sang, il ne pourrait plus guère se fier à eux, pensait-il, parce qu'ils lui devraient la perte de leurs amis. S'il attendait qu'ils revinssent à lui de leur propre mouvement, il y avait à craindre qu'un si long repos n'augmentât leur insolence.

CIII. — Verdun envahi par les Belges.

(985?) Tandis qu'il éventait ses projets à force de délibérer, Théoderic, duc de Belgique [1], Godefroi, homme de cœur et de noblesse, Sigefroi, homme illustre [2], Bardon et Gozilon, frères célèbres de grand nom, avec quelques autres princes, essayaient secrètement de s'introduire dans Verdun et d'en chasser les Gaulois [3]. Ils dressèrent leur plan, et entrèrent avec des troupes choisies dans une halle

---

[1] Théodéric ou Thierri, duc de Lorraine et comte de Bar, depuis 984. Le nom de Godefroi pourrait désigner plusieurs seigneurs de ce temps-là, Godefroi, comte d'Ardennes, Godefroi, comte de Lorraine, Godefroi, comte de Verdun. Sigefroi nous est inconnu. Il en est de même de Gosilon et de Bardon.
[2] Voir *Notes et dissertations*, sect. III, § 2.
[3] Voir *Notes et dissertations*, sect. I.

nexum, cum electis militum copiis ingressi sunt. Annonam omnem circumquaque milites palantes advectare fecerunt. Negotiatorum quoque victus in usum bellicum acceperunt. Lignorum trabes ex Argonna aggregari jusserunt ut si ab hostibus extra machinæ muris applicarentur, ipsi quoque interius obtinentibus machinis obstare molirentur. Crates quoque viminibus et arborum frondibus validas intexuerunt, machinis erectis, si res exposceret, supersternendos [1]. Sudes ferro acuminatos, et igne subustos, ad hostes transfodiendos quamplures aptaverunt. Missilia varii generis per fabros expediere. Funium millena volumina ad usus diversos convexerunt. Clipeos quoque habendæ testudini ordinandos, instituerunt. Preterea centena mortis tormenta non defuere.

CIV. — Repetito * Virduno * a Lothario.

Nuntiantur hæc Lothario. Qui tantum facinus accidisse acerrime indignatus, exercitum dimissum revocavit; et sic cum decem milibus pugnatorum Virdunum petiit, atque adversarios repentinus aggressus est. Primo impetu, sagittarii [2] contra hostes ordinati sunt. Missæque sagittæ et arcobalistæ cum aliis missilibus tam densæ in aere discurrebant, ut a nubibus dilabi, terraque exsurgere viderentur. Horum contra impetum, testudinem ante se et super capita hostes muro aptavere; in quam relisa missilia, ictu

* R, Virduno *abscisa.*
[1] supersternendas 1.
[2] sagitarii 1.

que le mur qui l'entourait assimilait à une forteresse ; elle était séparée à la vérité de la ville par le cours de la Meuse, mais liée à elle par deux ponts. Les chefs ramassèrent çà et là tous les blés et les y firent porter ; ils s'emparèrent aussi, pour les besoins de l'armée, des vivres appartenant aux négociants. Ils donnèrent ordre de tirer des bois de construction de la forêt d'Argone [1], afin que si l'ennemi appliquait par dehors des machines aux murs, ils pussent aussi de leur côté fabriquer à l'intérieur des machines propres à leur être opposées. Ils formèrent avec des liens de bois et des branches d'arbres des claies très-fortes pour couvrir leurs machines s'il était nécessaire. Ils préparèrent pour en percer l'ennemi un grand nombre de pieux armés de fer aigu et durcis au feu. Ils firent confectionner par des forgerons des projectiles de divers genres. Ils firent porter des quantités immenses de cordes pour différents usages. Ils préparèrent aussi des boucliers pour former la tortue. Enfin ils n'oublièrent aucun instrument de mort.

CIV. — Verdun repris par Lothaire.

Tout cela fut annoncé à Lothaire qui, indigné d'un tel forfait, rappela l'armée qu'il venait de licencier, s'avança sur Verdun avec dix mille combattants, et tomba à l'improviste sur l'ennemi. Les archers ouvrirent l'attaque ; les flèches, les traits d'arbalètes [2] et autres projectiles volaient si épais dans les airs qu'on eût dit qu'ils tombaient des nuages et se relevaient de terre. Contre ce choc les ennemis formèrent devant eux au-dessus de leur tête, contre le mur, la tortue, sur laquelle venaient tomber les projectiles, qui manquaient ainsi leur effet. Après cette première attaque, les Gaulois disposèrent le siége de tous côtés et forti-

---

[1] Forêt située à l'ouest de Verdun P.
[2] Voir ce que nous avons dit sur l'arbalète. II, 92, *n*.

frustrato decidebant. Hoc impetu facto, Galli circumquaque obsidionem disposuere; fossisque præruptis, obfirmaverunt castra, ne si ad incautos adversarii prosilirent, accessum facilem invenirent.

CV. — Compositio * cujusdam machinæ * bellicæ.

Quercus proceras radicitus succisas ad machinam bellicam extruendam advexerunt. Ex quibus quatuor trabes tricenorum pedum straverunt solo, ita ut duæ in longum projectæ, et decem pedum intervallo distinctæ, duabus aliis per transversum eodem intervallo superjacentibus cohererent. Longitudinis et latitudinis spatium, quod intra commissuras earum tenebatur, decem pedum erat. Quicquid etiam a commissuris extra projectum erat, simili modo decem pedibus distendebatur. In harum trabium commissuris, quatuor sublicas quadragenorum pedum, quadrato quidem scemate, sed procero, æquo spatio a se distantes, adhibitis trocleis erexerunt. Transposueruntque bis per quatuor latera, festucas decem pedum, in medio scilicet et in summo, quæ traductæ, sublicas sibi fortiter annecterent. A capitibus vero trabium, quibus sublicæ nitebantur, quatuor trabes eductæ, et pene usque ad festucas superiores obliquatæ, sublicis jungebantur, ut sic ex eis machina extrinsecus firmata, non titubaret. Super festucas quoque quæ in medio et in summo machinam conectebant, tigna straverunt. Quæ etiam cratibus contexerunt, super quas dimicaturi stantes et eminentiores facti, adversarios deorsum jaculis et lapidibus obruerent. Hanc molem extructam

* Com. in *abscisa*.

fièrent leur camp de fossés creusés perpendiculairement, afin que l'ennemi ne pût venir les surprendre par quelque chemin facile.

CV. — Composition d'une machine de guerre.

Ils transportèrent de grands chênes, coupés à la racine, pour en construire une machine de guerre. Ils étendirent par terre quatre poutres de trente pieds, de manière que deux d'entre elles, placées en long, à dix pieds de distance, furent traversées par deux autres, laissant entre elles le même intervalle. L'espace, en long et en large, compris entre leur assemblage fut de dix pieds ; les parties qui le dépassaient étaient également de dix pieds. Sur les jointures mêmes de ces poutres, ils élevèrent en hauteur, carrément et à distances égales, au moyen de poulies, quatre pièces de bois de quarante pieds. Sur les quatre faces, formées par ces quatre pièces de bois, savoir au milieu et au sommet, ils posèrent des traverses de dix pieds qui lièrent fortement entre eux les bois debout. De l'extrémité des poutres qui supportaient ces bois, quatre autres poutres étaient conduites obliquement, presque jusqu'aux traverses supérieures, et attachées aux bois debout, de manière à consolider extérieurement la machine et à l'empêcher de vaciller. De plus ils étendirent des solives sur les traverses établies au milieu et au sommet de la machine, et les attachèrent aux montants. Sur ces solives ils formèrent une espèce de plancher où se placèrent les combattants, qui dominant ainsi l'ennemi, placé en bas, devaient l'accabler de javelots et de pierres. Leur machine construite, ils se proposaient de la conduire au lieu où se tenaient leurs adversaires. Mais comme ils redoutaient les archers, ils cherchèrent par où ils pourraient la faire avancer sans exposer

ad stationem hostium deducere cogitabant. Sed quia sagittarios suspectos habebant, rationem querebant, qua hostibus sine suorum lesione appropinquaret. Tandem ratione subtilius perscrutante, repertum est eam ad hostes optima arte detrudi posse.

CVI. — Deductio ad * hostes superioris * machinæ *.

Dictabant enim quatuor stipites multæ grossitudinis, terræ solidæ mandandos, decem pedibus in terra defossis, octo vero a terra ejectis. Qui etiam transpositis per quatuor latera repagulis vehementissimis solidarentur. Repagulis quoque transmissis funes inserendos. Sed funium capita ab hostibus abducta, superiora quidem machinæ, interiora vero bobus annecterentur. At interiora longius superioribus protenderentur. Superiora vero breviore ductu machinam implicitam haberent, ita ut inter hostes et boves machina staret. Unde et fieret, ut quanto boves ab hostibus trahendo discederent, tanto machina hostibus attracta propinquaret. Quo commento, chilindris suppositis, quibus facilius motum acciperet, machina hostibus nullo læso appulsa est.

CVII. — Victoria ** Lotharii **.

Adversarii quoque similem quidem machinam extruunt, sed altitudine et robore inferiorem. Utraque ergo exstructa ¹, a parte utraque ascensum est. Conflictumque ab utrisque promptissime, nec tamen ullo modo cedunt. Rex cum propior muris adesset, fundæ jaculo in labro superiore sauciatus est. Cujus injuria, sui ac-

---

* ad, ioris, æ *abscisa*.
** ria, rii *abscisa*.
¹ educta *superscripto* exstructa.

les leurs. Enfin, après avoir examiné toutes choses, on trouva que la machine pouvait être poussée sur l'ennemi par un excellent moyen.

CVI. — La machine est conduite contre l'ennemi.

On disait qu'il fallait planter sur un sol solide quatre énormes pieux, enfoncés en terre de dix pieds, et saillants de huit, les consolider par de fortes barres adaptées aux quatre côtés, et à d'autres barres transversales attacher des cordes, dont les extrémités retirées du côté opposé à l'ennemi, seraient attachées le bout supérieur à la machine, l'autre à des bœufs; les extrémités inférieures devaient s'étendre plus loin que les supérieures; les supérieures plus courtes tiendraient à la machine fortement enlacée, en sorte que cette machine se trouverait entre l'ennemi et les bœufs. Il devait arriver de là, qu'autant les bœufs en tirant s'éloigneraient de l'ennemi, autant la machine traînée s'en approcherait. Des cylindres ayant, en conséquence, été placés sous la machine pour qu'elle pût être mue plus facilement, elle s'approcha ainsi des ennemis sans que personne fût blessé.

CVII. — Victoire de Lothaire.

Les adversaires construisirent de leur côté une machine semblable, mais inférieure en hauteur et en force. Les deux machines achevées, on s'y élance des deux côtés, des deux côtés on combat avec ardeur, et ni les uns ni les autres ne veulent céder. Comme le roi se tenait trop près des murs il fut blessé à la lèvre supérieure d'un coup de fronde. Alors les siens irrités combattirent avec une nouvelle force; et comme l'ennemi, confiant dans sa machine et dans ses armes, ne pliait en aucune façon, le roi ordonna

censi, vehementius bello incubuere. Et quia hostes, machina et armis fortes, nullatenus cedebant, rex uncinos ferreos adhiberi præcepit. Qui funibus alligati cum hostium machinæ injecti essent, lignisque transversis admorsi, funes alii demittebant, alii demissos excipiebant; quibus adversariorum machina inclinata atque pene demersa est. Unde alii delabentes per lignorum commissuras descendebant; alii vero saltu sese ad terram demittebant; nonnulli quoque turpi formidine tacti, latibulis vitam sibi defendebant. Hostes mortis periculum urgere videntes, adversariis cedunt, vitamque supplices petunt. Jussi quoque, arma deponunt, et reddunt. Statimque a rege decretum exivit, hostes sine aliqua ultionis injuria comprehendendos, ac illesos sibi adducendos. Comprehensi itaque, inermes ac indempnes præter ictus quos in militari tumultu acceperant, ante regem admissi sunt. Qui regis pedibus advoluti, vitam petebant. Nam regiæ majestatis rei atque convicti, de vita diffidebant.

CVIII.

Rex victoria potitus, Belgicæ principes captos, suis custodiendos, sed et congruo tempore reddendos mandavit. Reliquam manum redire permisit. Ipse Laudunum cum exercitu rediit, ibique procinctum solvit. Urbem Virdunum usque in diem vitæ ejus supremum, absque ulla refragatione obtinuit. Disponebat præterea, quomodo ulterius procedendo regnum suum dilataret, cum res suæ successum optimum haberet, regnique fortuna per captos primates id persuaderet. Sed Divinitas res mundanas determinans, et Belgis requiem, et huic regnandi finem dedit.

d'employer des crochets de fer. Ces crochets, attachés à des cordes, furent lancés sur la machine ennemie, et se cramponnèrent aux traverses de bois ; les uns lançaient les cordes que les autres tiraient ensuite à eux, et par là la machine de l'ennemi fut inclinée et presque renversée. Les uns se laissant glisser, descendaient par les jointures des bois, les autres sautaient à terre, quelques-uns, saisis d'une honteuse frayeur, allèrent sauver leur vie dans des lieux cachés. L'ennemi, se voyant en danger de mort imminente, cède à ses adversaires et demande la vie en suppliant. Sur l'ordre qui leur en est donné, ils déposent et livrent leurs armes. Le roi ordonna aussitôt qu'on s'emparât des ennemis, mais sans exercer sur eux de vengeance et qu'on les lui amenât sains et saufs. Ceux dont on s'empara furent en effet admis devant le roi, sans armes, mais sans autres mauvais traitements que ceux qu'ils avaient reçus en combattant. Ils se précipitèrent aux pieds du roi et lui demandèrent la vie, car, coupables et convaincus de crimes envers la majesté royale, ils craignaient pour leurs jours.

CVIII.

Le roi, en possession de la victoire, confia à la garde des siens les princes belges prisonniers, avec ordre de les représenter en temps convenable. Les autres obtinrent la liberté. Lui-même s'en retourna à Laon avec son armée qu'il licencia. Il conserva sans aucune opposition la ville de Verdun jusqu'à la fin de sa vie. Il s'occupait toujours des moyens d'étendre son royaume, puisque ses affaires prenaient le meilleur train et que la captivité des chefs lui en fournissait l'heureuse occasion. Mais Dieu qui dispose des choses humaines donna le repos aux Belges et mit fin à son règne.

CIX. — Obitus Lotharii.

Nam cum vernalis clementia eodem anno rebus bruma afflictis rediret, pro rerum natura immutato aere, Lauduni egrotare cœpit. Unde vexatus ea passione quæ colica a phisicis dicitur, in lectum decidit. Cui dolor intolerabilis in parte dextra super verenda erat; ab umbilico quoque usque ad splenem, et inde usque ad inguen sinistrum, et sic ad anum, infestis doloribus pulsabatur. Ilium quoque ac renium injuria nonnulla erat; thenasmus assiduus; egestio sanguinea; vox aliquoties intercludebatur. Interdum frigore febrium rigebat. Rugitus intestinorum [1]. Fastidium juge. Ructus conationes sine effectu, ventris extensio, stomachi ardor, non deerant. Ingenti itaque luctu tota personat [2] domus. Fit sonitus diversus, clamor varius. Nemini enim eorum qui aderant, inlacrimabilis erat ea calamitas. Decem igitur annis Ottoni superstes, tricesimo et septimo anno, ex quo patre defuncto regno potitus est, quadragesimo vero et octavo quo a patre regnante coronam et sceptrum regnaturus accepit, a natu autem sexagesimo octavo deficiens naturæ concessit.

CX.

Interea magnifice funus regium multo divitiarum regalium ambitu accuratur. Fit ei lectus regalibus insignibus adornatus, corpus bissina [3] veste induitur,

---

[1] intestinorum *cod.*
[2] concrepitat *superposito* personat *cod.*
[3] purpurea *corr.* bissina.

CIX. — Mort de Lothaire.

(986.) Lorsqu'en effet, la même année, la douceur du printemps succéda aux tristes jours d'hiver, l'air changeant, conformément aux lois de la nature, il tomba malade à Laon. Attaqué de ce mal que les médecins appellent colique, il mourut dans son lit. Il éprouvait au côté droit au-dessus des parties naturelles une douleur intolérable. Il ressentait aussi des douleurs atroces depuis le nombril jusqu'à la rate, et de là jusqu'à l'aine gauche, et de même à l'anus. Les reins et les intestins étaient aussi quelque peu attaqués. Il avait un ténesme continuel et une évacuation sanguine; la voix était parfois complétement voilée, quelquefois il était glacé par le froid de la fièvre; ses intestins faisaient entendre des rugissements. Il éprouvait un dégoût continuel. Il faisait pour vomir des efforts sans effet, son ventre était tendu, son estomac brûlant. Toute la maison retentit d'une grande désolation; chacun pousse des cris et des gémissements divers, car aucune des personnes présentes n'était dans ce malheur sans verser des larmes. Il succomba donc et paya son tribut à la nature, dix ans après la mort d'Otton, trente-sept après avoir reçu le trône à la mort de son père, quarante-huit après avoir reçu de son père régnant la couronne et le sceptre qu'il devait porter dans la suite, et la soixante-huitième année de son âge [1].

CX.

On lui fit de magnifiques funérailles où l'on rassembla tout ce qu'on put trouver de richesses royales. On lui com-

---

[1] Il mourut le 2 mars 986, c'est-à-dire treize ans après la mort d'Otton, après trente-trois ans de règne, et la quarante-cinquième année de son âge. Richer a compté les années de Lothaire en partant, non de sa naissance, l'an 941, mais de celle de Louis IV. Voir II, 4, et III, 2. P.
Un grand nombre de chroniques ont dit que Lothaire mourut empoisonné par sa femme, coupable d'adultère, de complicité avec Adalbéron,

ac desuper palla purpurea gemmis ornata auroque intexta operitur. Lectum regnorum primates deferebant. Preibant episcopi et clerus, cum Evangeliis et crucibus; penes quos etiam qui ejus coronam ferebat, multo auro gemmisque pretiosis nitentem, cum aliis multis insignibus, ejulando incedebat. Funebre melos, lacrimis impedientibus, vix proferebatur. Milites etiam mesto vultu, suo ordine prosequebantur. Reliqua quoque manus cum lamentis succedebat. **Sepultus est Remis in cœnobio monachorum sancti Remigii, cum patre et matre, sicut ante jusserat suis; quod etiam abest 240 stadiis ab eo loco, in quo finem vitæ accepit;** multo obsequio universorum parique affectu per tantum spatii deductus.

posa un lit orné des insignes de la royauté, son corps fut enveloppé d'un vêtement de soie, recouvert d'une large robe de pourpre, ornée de pierres précieuses et tissue d'or. Le lit fut porté par les grands du royaume, précédés des évêques et du clergé avec Évangiles et croix. Au milieu d'eux marchait, en poussant des gémissements, celui qui portait la couronne brillante d'or et de pierres précieuses avec nombre d'autres insignes. Les chants funèbres étaient presque interrompus par les pleurs. Les chevaliers aussi suivaient, chacun à son rang, le visage défait : le reste de la troupe venait ensuite en pleurant. Il fut enterré à Reims, comme il l'avait ordonné, dans le monastère de Saint-Remi, où reposaient son père et sa mère, monastère éloigné de deux cent quarante stades du lieu où il était mort. Et dans tout le trajet il fut accompagné des marques d'un attachement et d'une affection universelle.

évêque de Laon. Le silence de Richer sur la première imputation, le doute qu'il laisse sur la seconde (ci-dessus, chap. LXVI), ne permettent pas de les admettre légèrement.

LIBER QUARTUS.

I.

Sepulto Lothario, Ludovicus filius a duce aliisque principibus in regnum subrogatur. Circumvallatur ergo ambitu universorum. Promittunt benivolentiam; spondent fidem; stipatores etiam vario cultu [1] facienda dictabant [1]. Alii enim in palatiis [2] ei residendum censebant, ut principes ad se confluentes, ejus imperio deservirent, ne regia dignitas vilesceret, si alias utpote inops, alieni suffragii peteret opes; in omni etiam dignitate id esse cavendum, ne in primordio suscepti honoris, segnities et ignavia virtutem habendam superent. Nam si id fit [3] totam etiam rem in contemptum et vilitatem perniciosissime deventuram. Alii quoque cum duce ei commorandum asserebant, eo quod adolescens tanti principis prudentia simul et virtute informari indigeret; sibi quoque utillimum fieri, si potentis dispositioni ad tempus cederet, cum sine eo nec regnandi potentiam habere ex integro posset, et per eum strenue atque utiliter omnia administrari valerent. Rex partibus auditis, sententiam distulit. Collato vero cum duce consilio, ei abinde tota mente addictus favit.

[1] cul, die *ex conject.*
[2] p. suarum urbium *deleta.*
[3] ita *cod.*

LIVRE QUATRIÈME.

I.

Après la sépulture de Lothaire, Louis son fils fut placé sur le trône par le duc et les autres grands du royaume, et chacun vint lui faire sa cour, lui promettant attachement, et lui engageant sa foi [1]. Ses familiers lui conseillèrent même, dans des vues diverses, ce qu'il lui conviendrait de faire. Les uns pensaient qu'il devait résider dans ses palais, afin que l'affluence des grands se pressant autour de lui relevât son pouvoir, car la dignité royale serait avilie, disaient-ils, si le prince allait, comme un homme abandonné de tous, mendier un appui étranger. En toute dignité, il faut prendre garde qu'au premier moment de l'élévation le caractère qu'on doit montrer ne soit remplacé par la timidité et la faiblesse; quand les choses vont ainsi, tout tombe malheureusement dans l'indifférence et le mépris. D'autres lui conseillaient fortement de s'attacher au duc, parce que sa jeunesse avait besoin des leçons de prudence et de valeur d'un si grand prince. Il serait pour lui très-utile de suivre pour un temps les vues de cet homme puissant; sans lui, il ne pourrait exercer pleinement le pouvoir royal, tandis que par son moyen tout serait bien et vigoureusement administré. Le roi, après avoir entendu tous les avis, évita de se prononcer; mais ayant conféré avec le duc il se donna à lui tout entier.

---

[1] Louis V fut couronné à Compiègne l'an 986. Il n'avait guère alors plus de dix-huit ans. On ne voit pas pourquoi l'histoire lui a donné le surnom de *Fainéant*, puisqu'il ne régna qu'un peu plus d'un an, et qu'il conduisit une armée contre la ville de Reims; à moins que cette qualification ne lui ait été infligée pour sa conduite antérieurement à son élévation au trône.

II. — Oratio * Ludovici * apud ducem, ceterosque * primates, in *
Adalberonem metropolitanum *.

Apud quem aliosque quam paucos, præteritorum non immemor, sic conquestus est: « Pater meus in egri- « tudinem qua et periit decidens, mihi præcepit, ut « vestro consilio, vestra dispositione, regni procura- « tionem haberem; vos etiam loco affinium, loco ami- « corum ¹ ducerem, nihilque præcipui præter vestram « scientiam adorirer. Si vestra fide potirer, sine dubio « divitias, exercitus, munimenta regni, asserebat me « habiturum. Quæ mens in me maxime valet ². Placeat « itaque consilium profuturum dare, cum a vobis pro- « posui me non discessurum ³. In vobis enim meum « consilium, animum, fortunas, sitos esse volui. Adal- « bero Remorum metropolitanus episcopus, homo om- « nium quos terra sustinet sceleratissimus, contempto « patris mei imperio, Ottoni Francorum hosti in omni- « bus favit. Eo cooperante Otto exercitum nobis in- « duxit. Ejus subtilitate Gallias depopulatus est. Eo « itineris duces præstante, indempnis cum exercitu re- « diit. Qui ut pœnas pro tanto commisso solvat, æquum « et utile videtur ⁴ quatinus pestilente compresso, me- « tus adoriendi talia, quibusque pravis inferatur. »

III.

Cujus oratio vim suadendi non habuit, eo quod sug- gestionibus malorum in summum pontificem efferatus,

---

¹ Or, vi, cet, in, m *ex conject.*
¹ cognatorum *corr.* amicorum.
² v. semperque dum in vita fuero potissimum vigebit *deleta.*
³ d. fore *deletum.*
⁴ v. Æquum namque ut pravus justo supplitio dampnetur, utile vero ut *deleta.*

II. — Discours de Louis au duc et aux autres princes contre l'archevêque Adalbéron.

Le roi, n'ayant point oublié le passé, dit au duc et à quelques autres en petit nombre : « Mon père, atteint de la « maladie à laquelle il a succombé, m'a recommandé de « gouverner le royaume par vos conseils et avec votre « concours ; de vous regarder comme des parents, comme « des amis, et de ne rien entreprendre d'important sans « vos avis. Il assurait que si j'avais votre adhésion, je « posséderais sans aucun doute les richesses, les armées, « les places fortes du royaume. J'adopte pleinement cette « pensée. Qu'il vous plaise donc de m'entourer dorénavant « de vos conseils, puisque je suis décidé à ne pas m'éloi- « gner de vous. J'ai voulu en effet placer en vous mes des- « seins, ma volonté, ma fortune. Adalbéron, archevêque de « Reims, l'homme le plus scélérat de tous ceux que la terre « supporte, méprisant l'autorité de mon père, favorisa en « toutes choses Otton, l'ennemi des Français ; il l'aida à « conduire une armée contre nous ; il l'aida à ravager les « Gaules, et, en lui fournissant des guides, il lui donna les « moyens de rentrer chez lui sain et sauf ainsi que son « armée [1]. Il me paraît juste et utile d'arrêter ce misérable, « pour lui infliger la peine d'un si grand crime, et pour « porter en même temps la crainte au cœur des méchants « qui voudraient suivre ses traces. »

III.

Ce discours n'eut pas la vertu de persuader, parce qu'il parut qu'à l'instigation des méchants le roi avait eu le tort de proférer des indignités contre le pontife. On y applaudit cependant en partie, mais en partie aussi on l'improuva ;

---

[1] Ceci se rapporte sans doute à la campagne de 978, qui conduisit Otton jusqu'aux portes de Paris.

præter justum aliqua indigna dixisse videretur. Pro parte tamen ei fautum est, pro parte vero suppressum; ita tamen, ut et regi injuria non fieret, et operi nefario dux non consentiens pareret. Rex tanto animo præceps, in metropolitanum, assumpto duce, cum exercitu fertur. Ipsam urbem appetit, atque irrumpere contendit. Primatum tamen consilio usus, legatos præmisit, per quos quæreret, an episcopus resisteret regi, an ex objectis purgari statuto tempore paratus esset. Si contra staret, sese mox obsidionem urbi adhibiturum dicerent, captamque urbem cum ipso hoste compressurum. Si vero objectis respondere non dubitaret, obsides ab eo sese accepturum ducturumque.

IV.

Ad hæc metropolitanus : « Cum constet, » inquit, « bonos quosque pravorum calumniis assidue dilace« rari, non miror huic injuriæ locum accidisse. Multo « amplius vero miror, egregios principes tam facile « posse illici, ut certissime esse credant, quod nec sub « judice sit discussum, et si in discutiendo conferatur, « nullis rationibus probabile fiat. Quod si credita discu« tere placuit, cur armis et exercitu id exigitur ? Nonne « ergo alia pro aliis nos cogitare faciunt ? Si de præter« itis agitur, regum salutem hactenus optavi. Eorum « genus colui. Principum quoque commoda, pro ra« tione amavi. Si de præsentibus, regis jussa exequi « non moror; obsides quos vult, trado; rationem con« tra objecta intendere non differo. » Factis ergo utrimque rationibus, obsides dedit, Ragenerum virum militarem, nobilitate et divitiis clarum, pluresque alios dum regi sufficeret.

en sorte qu'aucune atteinte ne fut portée à l'autorité du roi, et que le duc exécuta, sans en être complice, un acte condamnable. Le roi était poussé par une telle haine que, prenant le duc avec une armée, il se précipita sur le métropolitain ; il attaqua la ville, il fait effort pour s'en emparer ; mais ayant pris conseil des grands il envoya des députés pour demander à l'évêque s'il entendait résister à son roi, ou se purger en temps convenu des charges portées contre lui ; pour lui signifier que, s'il faisait résistance, le roi allait sur-le-champ faire le siége de la place, et qu'après l'avoir prise, il traiterait et la ville et l'évêque avec la dernière rigueur ; mais que si l'évêque consentait à répondre aux accusations, le roi accepterait de lui des otages et les emmènerait.

IV.

Le métropolitain répondit : « Comme les bons sont tou-
« jours déchirés par les calomnies des méchants, je m'étonne
« peu qu'on ait trouvé prétexte à cette accusation. Mais je
« m'étonne davantage que de grands princes puissent être
« assez facilement trompés pour donner pleine créance à
« des choses qui n'ont été discutées devant aucun juge et
« qui ne pourraient supporter en effet aucune discussion ;
« que si l'on veut s'éclairer sur ce qu'on a cru d'abord,
« pourquoi venir avec une armée et dans l'appareil des
« armes ? ne nous donne-t-on pas ainsi à penser une chose
« pour une autre ? S'il s'agit du passé, j'ai cherché jusqu'ici
« le salut des rois, j'ai honoré leur race ; j'ai de même
« désiré les avantages des grands autant que cela devait
« être. S'il s'agit du présent, je ne refuse pas de me sou-
« mettre aux ordres du roi, et les otages qu'il demande je
« les donne, ne redoutant nullement de discuter les charges
« qu'on m'oppose. » Des conférences eurent donc lieu et
l'évêque donna pour otages Rainier, homme de guerre dis-

V. — Obitus Ludovici.

Rex itaque exercitum amovit, Silvanectimque devenit. Ubi dum æstivam venationem exerceret, pedestri lapsu decidens, multo epatis dolore vexatus est. Nam quia in epate sanguinis sedem, phisici perhibent, ea sede concussa, sanguis in emathoicam redundavit. Cui sanguis copiosus per nares et gulam diffluebat. Mamillæ doloribus assiduis pulsabantur. Fervor totius corporis intolerabilis non deerat. Unde uno tantum anno patri superstes, 11 kal. Junii defitiens, naturæ debitum solvit. Cujus discessus, eo tempore accidit quo et metropolitani purgatio de objectis habenda erat. Aderat igitur purgandus, et regiæ majestati satisfacturus. Sed regii funeris calamitate, hac lite suppressa, nec controversia partes habuit, nec ex ea juditium promulgatum fuit. Plurima vero commiseratione ipse episcopus de morte regis conquestus est. Postquam autem regium funus curassent, principum decreto, Compendii tumulatus est, cum ipse vivens secus patrem tumulari petierit. Id autem consulto factum est, ne dum itineris longitudinem eorum quamplures vitarent, et a se divisi discederent, rei publicæ utillimum differretur consultum. Placuit itaque ante discessum convenire, et ex regni commodis consulere.

tingué par sa noblesse et ses richesses, et tous les autres que désira le roi.

V. — Mort de Louis.

Le roi éloigna donc son armée et se retira à Senlis. Pendant qu'il s'y livrait à la chasse d'été il tomba de sa hauteur et en éprouva une violente douleur au foie; et comme le sang, ainsi que l'assurent les médecins, a son siége dans le foie, la secousse éprouvée par le foie fit épancher le sang dans l'hématothèque [1]. Ce sang sortait en abondance par le nez et par la bouche. Les mamelles palpitaient de douleurs continues, et une chaleur intolérable régnait dans tout le corps; il survécut seulement un an à son père, car il succomba et paya sa dette à la nature le 22 du mois de mai [2]. Cette mort arriva dans le temps fixé au métropolitain pour se purger des accusations portées contre lui. Il était venu à cet effet et se trouvait là présent et prêt à donner satisfaction à la majesté royale. Mais le malheur de la mort du prince fit abandonner cette affaire, en sorte qu'il n'y eut à cet égard ni discussion ni jugement. L'évêque lui-même manifesta un vif chagrin de cette mort. Comme le roi avait demandé à être enterré près de son père, lorsque les funérailles furent achevées, les grands firent enterrer le corps à Compiègne, résolution à laquelle ils s'arrêtèrent d'autant plus volontiers qu'ils craignaient que la plupart d'entre eux, effrayés d'un chemin plus long, ne partissent, et que leur dispersion ne fît différer les délibérations que demandait la chose publique. Ils convinrent donc de se réunir en assemblée avant leur départ et de délibérer sur les intérêts du royaume.

[1] Le sens de la phrase indique la correction de *emathoicam* en *hematothecam*.
[2] Le 22 mai 987. Plusieurs chroniques veulent que Louis V soit mort empoisonné par sa femme Blanche. Le récit de Richer ne permet pas de s'arrêter à cette idée. Rapprochez du reste ce qu'il dit ici de ce qu'il a raconté ci-dessus, liv. III, ch. xcii et suiv.

VI. — Purgatio Adalberonis de objectis a Ludovico.

Quibus dispositis, dux sic orsus cœpit : « Huc ex locis
« diversis regio jussu vocati, ad discutiendum ea quæ
« summo pontifici Adalberoni objecta sunt, multa fide,
« ut puto, convenistis. Sed divæ memoriæ [1] rex qui in-
« tendebat, quoniam hac vita privatus est, controversiæ
« statum nobis discutiendum reliquit. Si ergo præter
« eum est qui intendere audeat, eoque animo valet, ut
« exsequendæ litis partem arripiat, adsit coram, quid
« sentiat edicat, nihil metuens criminato intendat. Si
« vera proferat, ejus verborum approbatores nos sine
« dubio habebit; quod si calumniator falsa confinxit,
« vocem supprimat, ne tanti facinoris argutus pœnas
« solvat. » Ter acclamatum est, ut delator procederet;
ter ab omnibus negatum est.

VII.

Dux itaque iterum locutus ait : « Si lis jam decidit,
« quia qui intendat non est, metropolitano, utpote viro
« nobili et multa sapientia inclito, cedendum est. Ab
« hac ergo suspitione penitus discedite, summumque
« præsulem multo honore excolite. Reveremini hunc
« talem virum, et quantæ virtutis, sapientiæ, nobilitatis
« sit, hactenus prædicate. Quid enim prodest suspi-
« tionem habere, cui in juditio non fuere vires quic-
« quam dicere? » Ergo [2] summo pontifici, dux reli-
quorum primatum consensu, exsequendæ rationis
honorem de utilitate regui attribuit, eo quod ipse divi-

[1] D. M. *codex*.
[2] Purgato e *deletum*.

VI. — Adalbéron est absous des accusations portées par Louis.

Toutes ces choses réglées, le duc parla en ces termes :
« Sur l'ordre du roi vous êtes venus ici de divers lieux pour
« discuter les accusations portées contre l'illustre pontife
« Adalbéron, et vous vous êtes réunis, je pense, dans de
« loyales dispositions. Le roi de sainte mémoire, qui pour-
« suivait cette affaire, étant mort, nous a laissé le soin de
« l'examiner. Si donc il est quelqu'un qui ne craigne pas
« de la poursuivre à sa place et qui soit décidé à soutenir
« l'accusation, qu'il se présente, qu'il dise son sentiment,
« et que sans crainte il attaque l'inculpé. S'il avance des
« choses vraies, sans aucun doute il nous trouvera prêts à
« approuver ses paroles ; mais s'il doit calomnier et sup-
« poser des faussetés, qu'il s'abstienne de parler pour ne
« pas s'exposer au châtiment d'un si grand crime [1]. » On
cria par trois fois qu'un délateur s'avançât, et trois fois
l'appel resta sans réponse.

VII.

Le duc reprenant donc la parole dit : « Si le procès est
« fini parce qu'il n'y a personne pour le soutenir, il faut
« reconnaître dans le métropolitain un homme noble et
« doué d'une haute sagesse. Écartez donc de lui tout soup-
« çon et rendez honneur au grand évêque ; révérez-le
« comme tel et proclamez hautement quelle est sa vertu,
« sa prudence et sa noblesse. Que sert en effet d'élever des
« soupçons contre celui auquel nul n'ose rien reprocher
« devant ses juges ? » Le duc, du consentement des autres
seigneurs, accorda donc au pontife l'honneur de délibérer

[1] Par ces paroles, le duc annonçait assez qu'il serait peu favorable à cette accusation. Adalbéron, de son côté, dans le chapitre VIII ci-dessous et dans les chapitres suivants, prend vivement en main les intérêts du duc, ce qui peut faire supposer, comme l'a dit M. Guérard, un accord secret entre le duc et l'archevêque.

narum et humanarum rerum scientia excelleret, atque facundiæ efficacitate plurimum valeret.

VIII.

Factus itaque cum duce omnium medius, ait : « Rege « nostro piissimo, inter intellectibilia translato, magni « ducis ceterorumque principum benivolentia ab ob- « jectis purgatus, rei publicæ consulturus consedi. Nec « sedet animo, ut quicquam nisi ad profectum rei pu- « blicæ edicam. Commune consilium quæro, quia om- « nibus prodesse cupio. Cum videam non omnes prin- « cipes adesse, quorum quoque prudentia et diligentia « res regni administrari valeant, ratio querendi regis, « ut mihi videtur, ad tempus differenda est, ut, statuto « tempore, et omnes in unum confluant, et uniuscujus- « que ratio elimata et in medium prolata suam utilita- « tem accommodet. Unde et vobis, qui hic consulturi « adestis, placeat vos mecum magno duci sacramento « alligari, et coram spondere de principe statuendo vos « nihil quesituros, nihil molituros, donec in unum re- « deamus, et sic de habendo principe agitemus. Plu- « rimum enim valet deliberationi dari spatium tempo- « ris; in quo quamcumque rem quisque discutiat, et « discussam multa diligentia poliat. » Hæc sententia ab omnibus suscepta laudatur. Sacramento itaque duci alligantur. Tempus redeundi et conveniendi constitui- tur. Sic quoque a se soluti sunt.

sur les affaires de l'État, parce qu'il excellait dans la connaissance des choses divines et humaines, et qu'il brillait par une grande éloquence.

VIII.

L'évêque se plaça donc avec le duc au milieu des seigneurs et il dit : « Notre roi très-pieux ayant été appelé
« parmi les êtres spirituels, je me suis vu, par la bienveil-
« lance de l'illustre duc et des autres princes, déchargé des
« inculpations portées contre moi, et je viens m'asseoir
« parmi vous pour traiter des affaires de l'État. Loin de moi
« le dessein de dire rien qui n'ait pour but l'avantage de
« la chose publique. Je cherche le vœu général parce que
« je désire servir tout le monde, et comme je ne vois pas
« ici tous les princes dont la sagesse et l'activité pourraient
« être utile au gouvernement du royaume, il me semble
« que le choix d'un roi doit être différé de quelque temps,
« afin qu'à une époque déterminée tous puissent se réunir
« en assemblée et que chaque avis discuté et exposé au
« grand jour, produise ainsi tout son effet. Qu'il plaise
« donc à vous tous qui êtes assemblés ici pour délibérer,
« de vous lier avec moi par serment à l'illustre duc, et de
« promettre entre ses mains de ne vous occuper en rien
« de l'élection d'un chef, de ne rien faire dans ce but,
« jusqu'à ce que nous soyons reformés ici en assemblée
« pour nous occuper de la création de ce chef. Il est impor-
« tant en effet de différer de quelque temps la délibération,
« afin que chacun mette le délai à profit pour discuter le
« pour et le contre et pour réfléchir avec soin. » Cet avis fut accueilli et approuvé par tous ; on prêta donc serment entre les mains du duc et on fixa le temps où on reviendrait se reformer en assemblée. C'est ainsi qu'ils se séparèrent.

IX. — Conquestio Karoli apud metropolitanum de regno.

Interea Karolus qui fuerat Lotharii frater, Ludovici patruus, Remis metropolitanum adiit, atque sic de regno eum convenit : « Omnibus notum est, pater ve-
« nerande, jure hereditario debere fratri et nepoti me
« succedere. Licet enim a fratre de regno pulsus sim,
« tamen natura nihil humanitatis mihi derogavit: cum
« omnibus membris natus sum, sine quibus quivis ad
« dignitatem quamlibet promoveri non potuit; his
« etiam non careo, quæ in regnaturis quibuslibet plu-
« rimum queri solent, genere, et ut audeam virtute.
« Cur ergo a finibus ejectus sum, quos a majoribus
« meis possessos nemo dubitat, cum frater non sit, ne-
« posque obierit, prolemque nullam reliquerint? Pater
« nos duos fratres superstites reliquit. Frater regnorum
« dominium totum possedit, nihilque mihi concessit.
« Ego fratri subditus, fideliter non minus aliis militavi.
« A quo tempore fateor, nihil mihi carius fuisse salute
« fratris. Abjectus ergo et infelix quo me potius vertam,
« cum etiam omnia generis mei præsidia extincta sint?
« Quos præter vos omnium honestarum rerum egens
« appellem? Per quos nisi per vos paternis honoribus
« restituar? Utinam mihi fortunisque meis honestus
« exitus accidisset. Quid enim abjectus spectantibus
« nisi spectaculum esse potero? Tangat vos aliqua hu-
« manitatis miseratio. Compatimini tantis injuriis fa-
« tigato. »

IX. — **Plaintes de Charles au métropolitain touchant la royauté.**

Sur ces entrefaites, Charles, qui était frère de Lothaire et oncle paternel de Louis, alla à Reims trouver le métropolitain et lui parla ainsi de ses droits au trône : « Tout le « monde sait, vénérable père, que, par droit héréditaire, « je dois succéder à mon frère et à mon neveu. Car bien que « j'aie été écarté du trône par mon frère [1], cependant la « nature ne m'a refusé rien de ce qui constitue l'homme ; « je suis né avec tous les membres sans lesquels on ne « saurait être promu à une dignité quelconque. Il ne me « manque rien de ce qu'on a coutume d'exiger avant tout « de ceux qui doivent régner, la naissance et le courage « qui fait oser. Pourquoi donc, puisque mon frère n'est plus, « puisque mon neveu est mort et qu'ils n'ont laissé aucune « descendance, pourquoi suis-je repoussé du territoire que « tout le monde sait avoir été possédé par mes ancêtres ? « Mon frère et moi avons survécu à notre père ; mon « frère posséda tout le royaume et ne me laissa rien. « Sujet de mon frère, je n'ai pas combattu avec moins de « fidélité que les autres ; je n'ai rien eu, je puis le dire, de « plus cher que son salut. Maintenant, repoussé et malheu- « reux, à qui puis-je mieux m'adresser qu'à vous lorsque « tous les appuis de ma race sont éteints ? A qui aurai-je « recours, privé d'une protection honorable, si ce n'est à « vous ? Par qui, sinon par vous, serai-je réintégré dans les « honneurs paternels ? Plaise au ciel que les choses se passent « d'une manière convenable pour moi et pour ma fortune ! « Repoussé, que pourrais-je être autre chose qu'un spectacle « pour ceux qui me verraient ? Laissez-vous toucher par « un sentiment d'humanité, soyez compatissant pour un « homme éprouvé par tant de revers. »

---

[1] Charles fait ici allusion au droit qu'avaient tous les enfants d'un roi, de partager entre eux le royaume possédé par leur père. Ce droit n'était pas encore tombé en désuétude.

X.

Postquam Karolus finem querimoniæ fecit, metropolitanus animo immobili[1] persistens, pauca admodum ei respondit : « Cum » inquiens « perjuris et « sacrilegis, aliisque nefariis hominibus ipse semper « deditus fueris, nec ab eis adhuc discedere velis, quo- « modo per tales et cum talibus ad principatum venire « moliris ? » Ad hæc Karolo respondente, non oportere sese suos deserere, sed potius alios adquirere, episcopus intra se recogitabat : « Cum » inquiens « om- « nium dignitatum nunc egens, pravis quibusque an- « nexus est, quorum sotietate nullo modo carere vult, « in quantam pernitiem bonorum esset, si electus pro- « cederet in fasces ! » Tandem sine principum consensu se super hoc nihil facturum respondens, ab eo dimotus est.

XI. — Oratio * metropolitani * pro duce.

Karolus spe regni decidens, animo turbato, in Belgicam iter dimovit. Preterea tempore constituto, Galliarum principes jurati, Silvanecti collecti sunt. Quibus in curia residentibus, duce annuente, metropolitanus sic locutus est : « Divæ memoriæ[2] Ludovico sine liberis « orbi[3] subtracto, querendum multa deliberatione « fuit qui ejus vices in regno suppleret, ne res publica, « absque gubernatore neglecta, labefactaretur. Unde « et hujusmodi negotium nuper diferri utile duximus,

---

* Or, po *abscisa*.

[1] obstinato *supra posito* vel immobili *codex*.

[2] D. M. *cod*.

[3] ab hac vita *corr*. orbi.

X.

Lorsque Charles eut terminé ses plaintes, le métropolitain, ferme dans sa résolution, lui répondit ce peu de mots : « Tu t'es toujours associé à des parjures, à des sacriléges, « à des méchants de toute espèce, et maintenant encore tu « ne veux pas t'en séparer ; comment peux-tu, avec de tels « hommes et par de tels hommes, chercher à arriver au « souverain pouvoir ? » Et comme Charles répondait qu'il ne fallait pas abandonner ses amis, mais plutôt en acquérir d'autres, l'évêque se dit en lui-même : « Maintenant qu'il « ne possède aucune dignité, il s'est lié avec des méchants « dont il ne veut en aucune façon abandonner la société ; « quel malheur ce serait pour les bons s'il était élu au « trône ! » Enfin, il répondit à Charles qu'il ne ferait rien sans le consentement des princes, et il le quitta.

XI. — Discours de l'archevêque en faveur du duc.

Charles perdant l'espoir de régner, s'en retourna en Belgique, en proie au découragement. Au temps fixé, les grands de la Gaule qui s'étaient liés par serment se réunirent à Senlis. Lorsqu'ils se furent formés en assemblée, l'archevêque, de l'assentiment du duc, leur parla ainsi : « Louis de divine « mémoire ayant été enlevé au monde sans laisser d'enfants, « il a fallu s'occuper sérieusement de chercher qui pourrait « le remplacer sur le trône pour que la chose publique ne « restât pas en péril, abandonnée et sans chef. Voilà pour- « quoi dernièrement nous avons cru utile de différer cette « affaire, afin que chacun de vous pût venir ici soumettre à « l'assemblée l'avis que Dieu lui aurait inspiré, et que de « tous ces sentiments divers on pût induire quelle est la « volonté générale. Nous voici réunis ; sachons éviter par « notre prudence, par notre bonne foi, que la haine

« ut unusquisque quod singularis a Deo datum haberet,
« hic coram consulens post effunderet; ut collectis
« singulorum sententiis, summa totius consilii, ex
« multitudinis massa deformaretur. Reductis ergo jam
« nunc nobis in unum, multa prudentia, multa fide,
« videndum est, ne aut odium rationem dissipet, aut
« amor veritatem enervet. Non ignoramus Karolum
« fautores suos habere, qui eum dignum regno ex
« parentum collatione contendant. Sed si de hoc agi-
« tur, nec regnum jure hereditario adquiritur, nec in
« regnum promovendus est nisi quem non solum cor-
« poris nobilitas, sed et animi sapientia illustrat, fides
« munit, magnanimitas firmat. Legimus in annalibus
« clarissimi generis imperatoribus ignavia ab dignitate
« præcipitatis, alios modo pares, modo impares suc-
« cessisse. Sed quid dignum Karolo conferri potest,
« quem fides non regit, torpor enervat, postremo qui
« tanta capitis imminutione hebuit, ut externo regi ser-
« vire non horruerit, et uxorem de militari ordine sibi
« imparem duxerit? Quomodo ergo magnus dux patie-
« tur de suis militibus feminam sumptam reginam fieri,
« sibique dominari? Quomodo capiti suo præponet,
« cujus pares et etiam majores sibi genua flectunt, pe-
« dibusque manus supponunt? Considerate rem dili-
« genter, et Karolum sua magis culpa præcipitatum
« quam aliena videte. Rei publicæ beatitudinem magis
« quam calamitatem optate : si eam infelicem fieri vul-
« tis, Karolum promovete; si fortunatam, egregium
« ducem Hugonem in regnum coronate. Ne ergo Karoli
« amor quemque illiciat, nec odium ducis ab utilitate
« communi quemlibet amoveat. Nam si bonum vitu-
« peretis, quomodo malum laudabitis? Si malum lau-

« n'étouffe la raison, que l'affection n'altère la vérité.
« Nous n'ignorons pas que Charles a ses partisans, lesquels
« soutiennent qu'il doit arriver au trône que lui trans-
« mettent ses parents. Mais si l'on examine cette question,
« le trône ne s'acquiert point par droit héréditaire, et
« l'on ne doit mettre à la tête du royaume que celui qui
« se distingue non-seulement par la noblesse corporelle, mais
« encore par les qualités de l'esprit; celui que l'honneur
« recommande, qu'appuie la magnanimité [1]. Nous lisons
« dans les annales, qu'à des empereurs de race illustre que
« leur lâcheté précipita du pouvoir, il en succéda d'autres
« tantôt semblables, tantôt différents; mais quelle dignité
« pouvons-nous conférer à Charles, que ne guide point
« l'honneur, que l'engourdissement énerve, enfin qui
« a perdu la tête au point de n'avoir plus honte de servir
« un roi étranger [2], et de se mésallier à une femme prise
« dans l'ordre des vassaux [3]? Comment le puissant duc
« souffrirait-il qu'une femme sortie d'une famille de ses
« vassaux devînt reine et dominât sur lui? Comment mar-
« cherait-il après celle dont les pères et même les supé-
« rieurs baissent le genou devant lui et posent les mains
« sous ses pieds [4]? Examinez soigneusement la chose et con-
« sidérez que Charles a été rejeté plus par sa faute que par
« celle des autres. Décidez-vous plutôt pour le bonheur
« que pour le malheur de la république. Si vous voulez son
« malheur, créez Charles souverain; si vous tenez à sa
« prospérité, couronnez Hugues, l'illustre duc. Que l'atta-
« chement pour Charles ne séduise personne, que la haine
« pour le duc ne détourne personne de l'utilité commune;

---

[1] Nous avons discuté dans notre *Notice sur Richer* la valeur de cette opinion exprimée par Adalbéron, que le royaume ne se transmettait pas par droit héréditaire.

[2] Charles tenait la Basse-Lorraine en fief de l'empereur Otton.

[3] C'est là ce que signifie *de militari ordine*. Le *miles* était un vassal. Voir *Notes et dissert.*, sect. III.

[4] Dans la cérémonie de foi et hommage. Voir *Notes et dissertations*, sect. v.

« detis, quomodo bonum contempnetis? Sed talibus
« quid interminatur ipsa Divinitas ? —Væ, inquit, qui
« dicitis malum bonum, bonum malum, ponentes
« lucem tenebras, et tenebras lucem. — Promovete
« igitur vobis ducem, actu, nobilitate, copiis clarissi-
« mum, quem non solum rei publicæ, sed et privata-
« rum rerum tutorem invenietis. Ipsa ejus benivolentia
« favente, eum pro patre habebitis. Quis enim ad eum
« confugit, et patrocinium non invenit? Quis suorum
« auxiliis destitutus, per eum suis non restitutus fuit? »

XII. — Promotio Hugonis in regnum.

Hac sententia promulgata et ab omnibus laudata, dux omnium consensu in regnum promovetur, et per metropolitanum aliosque episcopos Noviomi coronatus, Gallis, Brittannis, Dahis, Aquitanis, Gothis, Hispanis, Wasconibus, rex [1] Kalendis jun. prærogatur. Stipatus itaque regnorum principibus, more regio decreta fecit, legesque condidit, felici successu omnia ordinans, atque distribuens. Et ut beatitudini suæ responderet, multo successu rerum secundarum levatus, ad multam pietatem intendit. Utque post sui discessum a vita, heredem certum in regno relinqueret, sese consultum cum principibus contulit; et, collato cum eis consilio, Remorum metropolitanum Aurelianis de promotione filii sui Rotberti in regnum prius per legatos, post per sese convenit. Cui cum metropolitanus

[1] r. ab omnibus *delet.*

« car si vous avez des blâmes pour le bon, comment loue-
« rez-vous le méchant ? Si vous louez le méchant, comment
« mépriserez-vous le bon ? Eh ! quels sont ceux que menace
« la Divinité elle-même, par ces paroles : —Malheur à vous
« qui dites que le mal est bien, et que le bien est mal; qui
« donnez aux ténèbres le nom de lumière et à la lumière le
« nom de ténèbres [1].—Donnez-vous donc pour chef le duc,
« recommandable par ses actions, par sa noblesse et par
« ses troupes, le duc en qui vous trouverez un défenseur
« non-seulement de la chose publique, mais de vos intérêts
« privés. Grâce à sa bienveillance vous aurez en lui un père.
« Qui en effet a mis en lui son recours et n'y a point trouvé
« protection ? Qui, enlevé aux soins des siens, ne leur a
« pas été rendu par lui ? »

XII. — Promotion de Hugues à la royauté.

Cette opinion proclamée et accueillie, le duc fut, d'un consentement unanime, porté au trône, couronné à Noyon le 1er juin par le métropolitain et les autres évêques, et reconnu pour roi par les Gaulois [2], les Bretons, les Normands [3], les Aquitains, les Goths, les Espagnols et les Gascons. Entouré des grands du royaume, il fit des décrets et porta des lois selon la coutume royale, réglant avec succès et disposant toutes choses. Pour mériter tant de bonheur, et excité par tant d'événements prospères, il se livra à une grande piété. Voulant laisser avec certitude après sa mort un héritier au trône, il voulut se concerter avec les princes, et lorsqu'il eut tenu conseil avec eux, il envoya d'abord des députés au métropolitain de Reims, alors à Orléans, et lui-même alla le trouver ensuite pour faire associer au trône son fils Robert. L'archevêque lui ayant

---

[1] Isaïe, v, 20.
[2] M. Pertz conjecture que le mot *Dahis* est ici pour *Danis*, et nous partageons ce sentiment.
[3] Voir *Notes et dissertations*, sect. 1, § 2.

non recte posse creari¹ duos reges in eodem anno responderet, ille mox epistolam a duce citerioris Hispaniæ Borrello missam protulit, quæ ducem petentem suffragia contra barbaros indicabat. Jam etiam Hispaniæ partem hostibus pene expugnatam asserebat, et nisi intra menses decem copias a Gallis accipiat, barbaris totam in deditionem transituram. Petebat itaque alterum regem creari, ut si bellico tumultu² duorum alter decideret, de principe non diffideret exercitus. Fieri quoque asserebat posse, rege interempto, et patria desolata, primatum discordiam, pravorum contra bonos tirannidem, et inde totius gentis captivitatem.

XIII. — Promotio Rotberti in regnum.

Metropolitanus sic posse fieri intelligens, dictis regiis cessit. Et quia tunc in nativitate Domini regnorum principes convenerant ad celebrandum regiæ coronationis honorem, in basilica sanctæ Crucis ejus filium Rotbertum Francis laudantibus accepta purpura sollempniter coronavit, et a Mosa fluvio usque Oceanum occidentalibus regem præfecit et ordinavit; tanta industria atque sollertia clarum, ut et in rebus militaribus præcelleret, et divinis ac canonicis institutis clarissimus haberetur; liberalibus studiis incomberet³, episcoporum etiam sinodis interesset, et cum eis causas ecclesiasticas discuteret ac determinaret.

XIV. — Conquestio Karoli apud amicos de regno.

Interea Karolus apud amicos et cognatos motu gravissimo movebat querelam, atque in sui suffragium

---
¹ ordinari *corr.* creari.
² si in bello hispanico *deleta.*
³ *sic.*

dit qu'on ne pouvait régulièrement créer deux rois dans la même année, il montra aussitôt une lettre envoyée par Borel, duc de l'Espagne citérieure[1], prouvant que ce duc demandait du secours contre les Barbares. Il assurait que déjà une partie de l'Espagne était ravagée par l'ennemi, et que si dans l'espace de dix mois elle ne recevait des troupes de la Gaule, elle passerait tout entière sous la domination des Barbares. Il demandait donc qu'on créât un second roi, afin que si l'un des deux périssait en combattant, l'armée pût toujours compter sur un chef. Il disait encore que si le roi était tué et le pays ravagé, la division pourrait se mettre parmi les grands, les méchants opprimer les bons, et par suite la nation entière tomber en captivité.

XIII. — Robert promu au trône (988).

Le métropolitain comprenant que les choses pourraient tourner ainsi, se rendit aux raisons du roi. Et comme les grands étaient réunis aux fêtes de la Nativité du Seigneur pour célébrer le couronnement du roi, Hugues prit la pourpre et il couronna solennellement, dans la basilique de Sainte-Croix, Robert son fils, aux acclamations des Français, et l'établit roi des peuples occidentaux depuis le fleuve de Meuse jusqu'à l'Océan. Robert était remarquable par tant d'esprit et de talents qu'il excellait en même temps dans l'art militaire et qu'on le regardait comme très-versé dans les lois divines et canoniques; qu'il se livrait aux études libérales et qu'il prenait part aux synodes des évêques, discutant et réglant avec eux les affaires ecclésiastiques.

XIV. — Plaintes de Charles à ses amis touchant la royauté.

Cependant Charles se plaignait amèrement à ses amis et à ses parents, et les excitait à s'attacher à sa cause. Il leur

---

[1] Comte de Barcelone. Voir ci-dessus liv. III, ch. XLIII. Cette partie de l'Espagne était depuis le temps de Charlemagne restée sous la domination française.

querimoniis excitabat. Qui lacrimis suffusus : « Video »
inquit « ætatem meam procedere, et me ipsum in
« dies, patrimonii rebus exui. Unde nec sine lacrimis
« parvulos meos aspicere valeo, infelicis germina pa-
« tris. Quibus potius auctor sum futuri doloris, quam
« honoris. Satis infelix pater fui, qui natis adesse vix
« aliquando potui. Sed saltem vos amici consulite do-
« lenti patri, subvenite destituto parenti. Adestote
« natis in ætate tenerrima erumnas jam scientibus.
« Providete abjectis in casus, an inrevocabiles nescio,
« exituris. Suadeat vobis saltem sanguinis communis
« affinitas [1]. Suadeat et nobilitas non neglegenda. Sua-
« deat et recompensatio, quæ sit non sine multiplici
« fructu reditura. »

XV.

Mox omnes commoti [2], auxilium spondent, et sese
ad auxiliandum promptissime parant. Quorum consilio
usus, exploratores Karolus mittere cepit, qui sagaciter
perpenderent si qua oportunitas pateret, qua Laudunum ingredi valeret. Directi investigaverunt depre-
henderuntque nullum aditum patere. Cum quibusdam
tamen civibus secretum contulere, qui [3] effectum negotio quererent. Quo tempore Adalbero, ejusdem urbis
episcopus, suis civibus plus justo injurias de lege
agraria irrogabat. Unde quidam ab eo latenter animo
discedentes, benivolentiamque simulantes, explora-
toribus Karolum sese in urbem recepturos promittunt.

---

[1] a. aliquam misericordiam ostendere *deleta*.
[2] Qua o. c. conquestione *deleta*.
[3] q. et celare possent et *deleta*.

disait tout baigné de pleurs : « Je vois mon âge s'avancer,
« je me vois, avec les années, dépouillé de mon patri-
« moine, et je ne puis sans verser des larmes regarder mes
« jeunes enfants, rejetons d'un père infortuné. Ils me
« devront bien plutôt le malheur qu'une position hono-
« rable. Malheureux père, qui à peine ai pu quelquefois
« venir en aide à mes enfants. Ah! du moins, mes amis,
« conseillez un père affligé, venez au secours d'un parent
« dépouillé. Venez en aide à des enfants qui, dans l'âge le
« plus tendre, connaissent déjà l'adversité. Faites qu'ils
« puissent sortir des malheurs, peut-être, hélas! insurmon-
« tables, où ils sont plongés. Laissez-vous persuader par
« les liens du sang ; laissez-vous persuader par cette no-
« blesse qu'il ne faut jamais dédaigner; laissez-vous persua-
« der aussi par l'idée des nombreuses récompenses qui
« doivent vous en revenir. »

XV.

Tous furent émus, promirent du secours, et se préparèrent sans retard à le fournir. Par leur conseil, Charles
envoya des éclaireurs pour examiner adroitement s'il n'y
avait pas quelque moyen de s'introduire dans la ville de
Laon. Ceux-ci cherchèrent, en effet, mais ne découvrirent
aucune entrée. Cependant ils s'entendirent secrètement
avec quelques-uns des citoyens qui durent préparer les
moyens de faire réussir le projet. Dans ce temps l'évêque
de la ville, Adalbéron, exigeait avec dureté les redevances
qui lui étaient dues sur les terres [1]; en sorte que quelques-
uns des citoyens lui faisaient une opposition sourde. Aussi,
bien que feignant pour lui des sentiments bienveillants, ils
promirent aux émissaires de Charles de le recevoir dans la
ville.

---

[1] *Lex agraria* ne peut désigner autre chose, il nous semble, que l'*agra-
rium* ou tribut dû pour les terres, l'agrier, le champart, le terrage de nos
coutumes; redevance consistant en une certaine portion des fruits de la
terre pour laquelle elle était due.

XVI. — Qualiter Karolus Laudunum ingressus sit.

Mox etiam urbis proditionem, si Karolus veniat pollicentur, et si eis[1] sua dimittat, et insuper augeat. Exploratores, pacto sacramentis firmato, hæc Karolo reportant. Ille mox suis, quos superiore conquestione excitaverat, hoc mandatum aperuit. Qui unanimes oportuno tempore collecti, ei sese obtulere. Ille, copiis assumptis, Laudunum dum sol occideret tempestivus advenit, misitque exploratores ad transfugas, ut quid esset agendum referrent. Latebant itaque inter vinearum dumeta et sepes, parati urbem ingredi si fortuna admitteret, et armis obniti, si eventus id afferret. Qui missi fuerant ad insidias, per loca constituta et nota, proditoribus occurrunt, et Karolum cum multo equitatu advenisse nuntiant. Proditores gavisi, exploratores remittunt, et Karolo cito adesse mandant. Quibus cognitis, Karolus cum suis per montis devexa urbis portam aggressus est. Sed vigiles cum ex fremitu equorum et aliqua collisione armorum aliquos adesse persentirent, et quinam essent a muro inclamarent, lapidibusque jactis urgerent, proditores mox aliquos esse de civibus responderunt. Quo commento corruptis vigilibus, introrsum portam aperuerunt, atque exercitum ipso crepusculo exceperunt. Mox exercitus urbem implevit. Portæ etiam ne quis aufugeret, custodibus adhibitis, pervasæ sunt. Alii itaque personabant bucinis, alii vocibus fremebant, alii armorum sonitu tumultuabantur. Unde cives territi, utpote qui ignorabant quid esset, et de domibus ebullientes, profugio

---

[1] *c.* bona *s. deletum*.

XVI. — Comment Charles entra dans Laon.

Ils promirent donc de livrer la place, si Charles se présentait, s'il leur rendait leurs biens et y ajoutait. Les envoyés confirmèrent ce traité par des serments et rapportèrent à Charles ce qu'ils avaient fait. Charles en donna aussitôt avis à ceux de ses amis qu'il avait entraînés par le discours rapporté ci-dessus. Ceux-ci se réunirent tous en temps opportun, et se mirent à sa disposition. Charles avec ses troupes arriva à Laon au moment favorable où le soleil se couchait, et il envoya ses émissaires aux transfuges pour savoir d'eux ce qu'il fallait faire. Ses gens étaient cachés dans les vignes et derrière les haies, prêts à entrer dans la ville, si leur fortune le permettait, ou à se défendre à main armée si le sort le voulait ainsi. Ceux qui avaient été envoyés pour préparer les voies rencontrèrent les traîtres dans les lieux convenus et connus d'eux, et leur annoncèrent que Charles était arrivé avec une nombreuse cavalerie. Les traîtres, joyeux, renvoyèrent les émissaires pour dire à Charles d'arriver promptement. Dès que cet avis lui fut parvenu, Charles, à la tête des siens, vint par les détours de la montagne se présenter à la porte de la ville. Les sentinelles ayant compris au bruit des chevaux et au choc des armes qu'il y avait là du monde, crièrent du haut du mur : Qui vive ? et en même temps lancèrent des pierres. Les traîtres répondirent : Citoyens ; et les sentinelles, trompées par cette réponse, ouvrirent la porte en dedans et reçurent les troupes ; il était nuit tombante. Les ennemis remplirent la ville ; ils s'emparèrent même de la porte où ils placèrent des gardes afin que personne ne s'échappât. Les uns sonnaient de la trompette, d'autres poussaient des cris, d'autres faisaient retentir leurs armes, en sorte que les citoyens effrayés, car ils ignoraient ce qui se passait, se

se eripere conabantur. Quorum alii æcclesiarum secretis se occultabant, alii diversis latibulis se claudebant; alii vero saltu se de muris præcipitabant. Quorum unus episcopus, cum per declivia montis jam elapsus, et in vineis ab observatoribus repertus esset, Karolo deductus est, et ab eo carcere detrusus. Emmam quoque reginam, cujus instinctu sese repulsum a fratre arbitrabatur, ibi comprehendit, eique custodes adhibuit. Reliquam etiam urbis nobilitatem pene totam pervasit.

XVII.

Postquam sedatis tumultibus civitas tranquilla reddita est, Karolus de urbis munitione et militum victu deliberare atque ordinare cœpit. Deputavit ergo vigiles quingentenos, qui, noctibus singulis armati, excubias per urbem et mœnia exercerent. Annonam etiam ex toto pago Veromandensi advehi jussit. Et sic urbem ad resistendum munivit. Nam turrim quæ adhuc muris humilibus perstabat, pinnis eminentibus exstruxit, fossisque patentibus circumquaque vallavit. Machinas etiam hostibus effecit. Necnon et ligna [1] advectantur, machinis educendis idonea. Valli quoque exacuuntur, cratesque contexuntur. Nec minus fabri accersiuntur, qui missilia fabricent, ac quæque necessaria ferro instaurent. Nec defuere qui tanta subtilitatis arte balistas emittant, ut apothecam in recta diametro duplici foramine patentem, certo jactu trajiciant, aves quoque in aere volantes indubitato ictu impeterent, transfixasque de sublimi præcipitarent.

[1] millenæ trabes *corr.* ligna.

précipitaient de leurs maisons et cherchaient à s'enfuir. Les
uns se cachaient dans les parties les plus retirées des églises,
les autres se renfermaient partout où ils pouvaient se cacher, d'autres enfin se précipitaient en sautant du haut des
murs. L'évêque entre autres s'échappa seul et descendit la
montagne, mais ayant été découvert dans des vignes par
les gens envoyés en observation, il fut conduit à Charles
et emprisonné par lui. Charles s'empara aussi de la reine
Emma à l'instigation de laquelle il pensait avoir été repoussé par son frère, et il la confia à des gardes. Il s'empara aussi de presque toute la noblesse de la ville.

XVII.

Lorsque, le tumulte apaisé, la ville eut repris sa tran-
quillité, Charles commença à s'occuper de fortifier la place,
de procurer des vivres à ses troupes et de tout régler à cet
égard. Il arrêta que cinq cents sentinelles armées feraient
chaque nuit des patrouilles par la ville et garderaient les
murs ; il fit aussi apporter du blé de tout le Vermandois et
rendit ainsi la ville capable de résistance. Il surmonta de
hauts créneaux la tour, qui se composait de murs encore peu
élevés, et l'entoura de tous côtés de larges fossés. Il con-
struisit aussi des machines contre l'ennemi ; il fit apporter
en même temps des bois propres à la construction d'autres
machines. On aiguisa des pieux et on forma des palissades ;
on fit venir des forgerons pour fabriquer des projectiles
et pour regarnir de fer tout ce qui en exigeait. Il se trouvait même là de ces hommes qui employaient les balistes [1]
avec tant d'adresse qu'ils traversaient d'un coup assuré
deux ouvertures placées diamétralement aux deux côtés opposés d'une boutique, et qu'ils atteignaient avec certitude
les oiseaux au vol et les faisaient tomber transpercés du haut
des airs.

---

[1] Voir ce qui a été dit ci-dessus sur la baliste, t. I, p. 257, t. II, p. 123.

XVIII. — Impetus * Hugonis in * Karolum.

Quæ dum aguntur regum auribus delata sunt. Qui vehementissime moti, non tamen præcipiti impetu, sed, ut in omnibus solebant, super hoc diligentissime consultaverunt; utcumque etiam cordis dolorem dissimulabant. Legatos quaquaversum dirigunt. Gallos quos hinc Matrona, inde abluit Garunna, contra tirannum invitant. Quibus in unum coactis cum exercitum collegissent, deliberabant an urbem aggressi expugnarent antequam ab hostibus amplioribus copiis muniretur, et expugnata tirannum confoderent; eo quod si is solummodo captus aut occisus foret, mox sese regnum quiete habituros, an cum benivolentia susciperent supplicem, si forte is se supplicem conferret, et dono regum se posse tenere res pervasas exposceret. At qui acrioris animi et constantioris fuere, censebant fore obsidioni incombendum, hostes urgendos, regionem etiam quam pervaserant igne penitus consumendam. Collectis itaque sex milibus equitum, in hostem vadunt. Tempore statuto urbem appetunt; obsidionem disponunt; castrisque loca metati, fossis et aggeribus vallant.

XIX.

Ubi cum diebus multis resederint, nihil virium, nihil damnationis in hostes exerere valuerunt; tanta eminentia et laterum objectione urbs inexpugnabilis erat. Dies etiam autumnales breviore circulo ducti, his exercitiis non sufficiebant. Noctes quoque prolixæ, multo sui tempore vigiles afficiebant. Unde cum pri-

---

* I, in *abscisa*.

XVIII. — Hugues attaque Charles.

Cependant ce qui se passait revint aux oreilles des rois. Ils en furent vivement émus ; toutefois ils ne précipitèrent rien, mais, comme ils avaient coutume de le faire en tout, ils examinèrent les choses mûrement, dissimulant la douleur qu'ils éprouvaient. Ils envoyèrent des députés de tous côtés ; ils excitèrent à marcher contre le tyran les Gaulois qui habitaient de la Marne à la Garonne [1]. Lorsque leurs forces furent réunies et formèrent une armée, on délibéra s'il fallait assiéger la ville avant que l'ennemi pût y rassembler plus de troupes, et si après l'avoir prise il fallait tuer le tyran, car lui seul pris ou tué, les rois seraient bien vite paisibles possesseurs du royaume ; ou bien fallait-il avec bonté accueillir ses supplications s'il se présentait en suppliant et demandait à conserver par concession des rois ce qu'il avait envahi ? Les plus irrités et les plus fermes pensaient qu'il fallait faire le siége, presser l'ennemi, et livrer aux flammes tout le pays dont il s'était emparé. Six mille cavaliers sont donc rassemblés et l'on marche sur Laon. Au temps dit, on arrive devant la ville, on en fait le siége, et après avoir choisi l'emplacement du camp on l'entoure de fossés et de chaussées.

XIX.

Ils étaient là depuis plusieurs jours, et ni leurs efforts ni leurs menaces ne pouvaient rien sur l'ennemi, tant la hauteur et l'escarpement de la butte qui porte la ville la rendait inexpugnable. Enfin les jours d'automne déjà raccourcis ne suffisaient plus pour une telle entreprise ; et les nuits, devenues plus longues, fatiguaient les sentinelles par leur

[1] Voir *Notes et dissertations*, sect. 1.

matibus consilio habito, redeunt, post vernali tempore redituri. Quibus abductis, Karolus urbem circumquaque perambulat. Sicubi etiam hostibus facilis locus patet, explorat. Obstruit itaque portas hostium ingressui faciles. Obturat postica post domos latentia. Restaurat muros vetustate lapsos. Turrim quoque potioribus edificiis intra et extra dilatat ac firmat.

XX. — Profugium episcopi.

In quam episcopus detrusus, cum in conclavi teneretur, funibus per fenestram demissus, tempore nocturno equo vectus aufugit. Et ut se Karolo non favisse monstraret, ad reges sese contulit, et a tanta suspitione purgavit. Arbitrabatur enim quasdam conjecturas posse a calumniatoribus confingi, acsi ipse capiendi oportunitatem parasset. Qui susceptus a rege, utpote fidelitatis exsecutor, non minore gratia habitus est.

XXI.

Interea rigore hiemali elapso, cum aere puriori ver rebus arrideret, et prata atque campos virescere faceret, reges exercitu collecto urbem prædictam cum octo milibus aggressi sunt. Castra inprimis aggere et fossa muniunt. Inde exstruitur aries muris frangendis obnisurus.

XXII. — Compositio arietis.

Cujus machinam ex quatuor miræ grossitudinis et longitudinis trabibus longilatero scemate erexerunt,

durée. Les rois tinrent donc conseil avec les grands et ils s'éloignèrent pour revenir au printemps. Après leur départ, Charles parcourut tous les dehors de la ville, il examina tous les lieux qui pourraient donner un passage aisé à l'ennemi. Il boucha les portes qui pourraient leur livrer une facile entrée. Il ferma les ouvertures secrètes pratiquées sur les derrières des maisons; il restaura les murs tombés de vétusté, il agrandit et fortifia la tour par des constructions plus solides en dedans et en dehors.

XX. — Évasion de l'évêque.

L'évêque, qui avait été renfermé dans une chambre de cette tour, se laissa couler par la fenêtre au moyen de cordes, et s'enfuit à cheval pendant la nuit. Et, afin de montrer qu'il n'avait point favorisé Charles, il se retira près des rois, et par là fit tomber un si grave soupçon. Il pensait que des calomniateurs pouvaient inventer des circonstances telles qu'elles le représentassent comme ayant fourni à Charles l'occasion de s'emparer de la ville. Il fut reçu par le roi comme un homme fidèle, et ne perdit en rien ses bonnes grâces.

XXI.

(989.) Cependant la rigueur de l'hiver s'éloignait et le printemps vint par un air plus doux sourire à la nature et faire reverdir les prés et les champs; les rois rassemblèrent une armée et attaquèrent la ville avec huit mille hommes. Ils fortifièrent d'abord leur camp par des chaussées et des fossés; ils firent construire ensuite un bélier pour tâcher d'abattre les murs.

XXII. — Composition du bélier.

Ils composèrent cette machine de quatre poutres d'une grosseur et d'une longueur extraordinaire, qu'ils disposèrent

in cacumine et basi, per quatuor latera repagulis transverse annexis; in medio vero solummodo levum latus et dextrum ligna transmissa habuere. At super trabium erectarum superiores commissuras, longurios duos straverunt, inmotosque effecerunt, partem tertiam superioris spatii trabium in medio obtinentes. A quibus longuriis funes implicitos deposuerunt. Funibus quoque trabem cum ferrato capite multæ grossitudinis suspenderunt. Cui etiam trabi in medio et extremo funes alligatos adhibuerunt, qui, a multitudine tracti et remissi, ferratæ moli motum darent. Unde et hujusmodi machina quia more arietis retro tracta, ante cum impetu ruit, aries appellatur; cujuscumque soliditatis muris frangendis aptissimus. Quam etiam machinam super tres rotas triangulo scemate positam aptaverunt, quo facilius obliquata, quocumque oporteret verti valeret. At quia urbis situs accedere prohibuit, eo quod ipsa urbs in eminenti montis cacumine eminet, aries fabricatus cessit.

XXIII. — Digressio Hugonis cum exercitu a Lauduno.

Post hæc cum per dies plurimos in obsidione urbis vigiliis et curis pugnisque frequentibus laboravissent, die quadam custodibus castrorum vino somnoque aggravatis, urbani vino exhilarati cum armis ad castra pedestres venerunt. Equites vero consequenter armati subsecuti sunt, rei eventum præstolantes, ut si pugnæ locus adesset, prosperaque fortuna felicem annueret [1] eventum, cum hoste comminus confligerent. Cum ergo pedites jam castris propinquassent, custodesque

---

[1] sponderet *supra posito* annueret *codex.*

rectangulairement et dressèrent debout; ils les attachèrent entre elles à leur sommet et à leur base par quatre pièces de bois; dans le milieu il n'y eut de barres transversales que sur le côté droit et le côté gauche seulement; sur les jointures supérieures des poutres dressées ils étendirent deux longues solives qu'ils fixèrent et qui comprirent entre elles le tiers de l'espace qui séparait les poutres. A ces solives ils attachèrent des cordes entrelacées et ils y suspendirent une très-grosse pièce de bois ferrée par le bout. Ils attachèrent aussi au milieu et à l'extrémité de cette pièce de bois des cordes, qui alternativement tirées et lâchées par un grand nombre de bras, mettaient la masse ferrée en mouvement. Ces sortes de machines s'appellent des béliers, parce que, à la manière des béliers, elles se retirent en arrière pour se précipiter en avant avec force; elles sont très-propres à renverser les murs, même les plus solides. Ils posèrent cette machine sur trois roues disposées triangulairement, afin qu'elle pût obliquer plus aisément et être dirigée partout où il serait nécessaire. Mais comme l'assiette de la ville, bâtie au sommet d'une montagne élevée, empêchait la machine d'en approcher, elle ne put être employée.

XXIII. — Hugues et son armée s'éloignent de Laon.

Ils avaient déjà consumé au siége de la ville plusieurs jours en veilles, en soins, en combats fréquents, lorsque, saisissant le moment où les sentinelles des camps étaient appesanties par le vin et par le sommeil, les citoyens, échauffés par la boisson, arrivent en armes et à pied sur ces mêmes camps. Ils étaient suivis de cavaliers armés qui devaient attendre l'événement, et s'il y avait combat, et que le sort fût favorable, tomber sur l'ennemi. Lors donc que les fantassins se furent approchés des camps et eurent compris que les sentinelles étaient endormies, ils y lancèrent des torches; l'air fut tellement épaissi par la fumée que produisit l'incendie que non-seulement son opaque noirceur

consopitos intellexissent, faces castris immisere. Quorum incendii fumo aer densatus, non solum intuentium visibus tetra nigredine obstabat, at gravi vapore narium et faucium meatus intercludebat. Pedites mox vociferari, clangere milites cepere. Rex et qui cum eo erant elementorum confusione multoque virorum clamore et tubarum clangore turbati, ab urbe sedes mutavere. Nam castra cum cibis et rebus omnibus absumpta videbat. Unde exercitum ad tempus reducere disposuit, ut reditum amplioribus copiis post appararet. Quæ omnia augusti tempore patrata sunt.

XXIV. — Obitus Adalberonis * metropolitani *.

His ita gestis, non multo post metropolitanus in egritudinem decidens, quæ a Grecis causon a Latinis incendium dicitur, per legatos regi, tunc Parisii commoranti, indicavit, sese in gravem valitudinem decidisse; unde et ei maturandum, ne Karolus qui cetera Remos etiam pervaderet. Rex accitis qui aderant, mox ire disposuit. Quo in itinere aliquantisper tardante, cum metropolitanus insomnietate simulque et mentis alienatione nimium vexaretur, nullaque crisi omnes dies creticos huic egritudini commodos præteriret, dissolutis elementis debitum humanitatis 10 kal. febr. exsolvit. Qua die rex tempestivus adventans, urbe receptus est. In exsequiis etiam pontificis plurima commiseratione condoluit. Nec vero sine lacrimis aliquot de eo querimonias habuit; corpus quoque multo honore sepulturæ dedit. Cives domino destitutos mira benivolentia solatus est. Qui de fidelitate regi servanda

* albe, opo *abscisa*.

empêchait d'y voir, mais qu'une lourde vapeur obstruait les narines et la gorge. Bientôt les fantassins poussèrent des cris, et les cavaliers sonnèrent la trompette. Le roi et ceux qui l'entouraient, troublés par la confusion des éléments, par les bruyantes clameurs des hommes et par le son du clairon, s'éloignèrent de la ville, car ils voyaient les camps, les vivres et les bagages, entièrement détruits. Le roi résolut donc d'éloigner son armée pour un temps, mais afin de préparer son retour avec des troupes plus nombreuses. Tout cela se passa dans le mois d'août.

XXIV. — Mort de l'archevêque Adalbéron.

Peu de temps après, l'archevêque fut pris de la maladie que les Grecs appellent *causon*, les latins *incendium*[1], et il envoya des députés au roi qui demeurait alors à Paris, pour lui faire savoir son fâcheux état et l'engager à venir sans retard, de crainte que Charles ne s'emparât de Reims comme il s'était déjà emparé d'autres places. Le roi réunit ceux qu'il avait sous la main et partit aussitôt. Comme il cheminait assez lentement, le métropolitain qui était en même temps atteint d'insomnie et de transport au cerveau, et qui avait passé sans crise tous les jours critiques favorables à sa maladie, paya sa dette à l'humanité et mourut le 23 janvier (990). Le roi arriva très à propos le même jour et fut reçu dans la ville. Il montra de vifs regrets aux funérailles du pontife; et ce n'est pas sans verser des larmes qu'il exprima le chagrin qu'il ressentait. Il fit ensevelir le corps avec grande pompe. Il consola avec une extrême bonté les citoyens privés de leur seigneur. Ceux-ci, interrogés sur leurs dispositions à se montrer fidèles au roi

[1] Fièvre chaude.

et urbe tuenda interrogati, fidem jurant, urbis tuitionem pollicentur. Quibus sacramento astrictis, eisque libertate eligendi domini quem vellent ab rege concessa, rex ab eis dimotus Parisium devenit.

XXV. — Quomodo Arnulfus* archiepiscopatum* petiit.

Ubi cum de liberalitate et fide civium Remensium lætus moraretur, Arnulfus Lotharii filius per quosdam [1] regis stipatores ab rege episcopatum expetebat, Karolum quoque patruum sese deserturum mandat, fidem spondet; regisque injuriam ulturum; contra hostes etiam regis plurima nisurum: urbem Laudunum, ab hostibus pervasam, in brevi redditurum. Regii stipatores lætati, episcopatum petenti quam cito dari suadent, regi nil perditurum asserentes, si sibi militaturo et fidem servaturo quod petit largiatur. Multo etiam sibi profuturum, si id faciat, quod cum factum sit, omnium salutem affectet. Rex eorum suasionibus adquiescens, Remos devenit, civibus hanc petitionem ostensurus, ne malefidæ sponsionis teneretur obnoxius.

XXVI. — Oratio regis** ad cives Remenses.

Et omnibus accersitis, sic locutus ait: « Quoniam
« fidei exsecutores vos probavi, nec me a fide alienum
« experiemini. Cum enim sit fides, cum quod dicitur
« fit, quia vos id fecisse perspitio, et me penitus obser-
« vasse idem fateor. Arnulfus divæ memoriæ [2] Lotharii

---

* Arnulfus, archi, m *abscisa*.
** regis *abscisum*.
[1] per burch *deletum*.
[2] D. M.

et à lui conserver leur ville, jurèrent fidélité et s'engagèrent à la défense de leur place. Le roi, après se les être attachés par serment et leur avoir accordé la liberté de se choisir le seigneur qu'ils voudraient, prit congé d'eux et revint à Paris.

XXV. — Comment Arnoul demanda l'archevêché.

Pendant que le roi se félicitait à Reims de la loyauté et de la fidélité des citoyens, Arnoul, fils de Lothaire [1], lui fit demander par quelques-uns de ses familiers l'évêché de cette ville, lui promettant d'abandonner Charles son oncle paternel et de lui garder à lui-même fidélité. Il promit encore de venger l'injure du roi, de combattre ses ennemis et de lui rendre avant peu la ville de Laon, qu'on venait de lui enlever. Les familiers du roi, joyeux de cette proposition, lui persuadèrent de donner promptement l'évêché; le roi, disaient-ils, n'y perdra pas si le postulant combat pour lui et lui reste fidèle; il y trouvera au contraire un grand avantage, car il assurera par là le salut commun. Le roi se rendant à leurs raisons, vint à Reims pour donner aux citoyens connaissance de la demande, ne voulant pas paraître infidèle à sa promesse.

XXVI. — Discours du roi aux citoyens de Reims.

Et ayant rassemblé tout le monde il parla ainsi :
« Comme j'ai trouvé en vous des hommes fidèles à leur
« parole, de même vous me trouverez fidèle à la mienne.
« La fidélité consiste à faire ce qu'on dit; c'est ainsi, je le
« reconnais, que vous avez agi, et je ne crains pas de dire
« que j'ai fait absolument de même. Arnoul, fils de Lo-
« thaire, de sainte mémoire, et d'une concubine, m'a fait

---

[1] Lothaire eut quatre fils, dont deux seulement lui survécurent, Louis, qui lui succéda, et Arnoul, fils naturel.

« ex concubina filius, hujus sedis dignitatem per ali-
« quos qui mihi assistunt expetiit; quicquid nobis
« nuper derogatum est se restituturum pollicitus;
« necnon et contra hostes multa moliturum. Cujus
« promissiones et fidem, ad vestrum contuli exami-
« nanda juditium, ut aut vestro approbetur examine,
« aut improbetur. Ille petitionibus instat. Potestatis
« vestræ sit, utrum quod petit accipiat; nec vero in
« quoquam ei a me fautum est; nihil etiam delibera-
« tum. Quicquid id foret, utile duxi ad vestram deferri
« debere censuram, ut si honestum fiat, vobis utilita-
« tem et mihi gloriam comparet. Si autem pernitio-
« sum, ego quidem nullius perfidiæ, nullius doli,
« nullius fallatiæ penitus arguar. Vos vero aut suffecti
« doli falsam opinionem cum doloso subibitis, aut si
« non, in desertorem manus assidue exseretis. »

XXVII. — Responsio * civium ad regem *.

Ad hæc cives : « Cum » inquiunt « vestræ majestatis
« dono, eligendi domini optio nobis data sit, multa
« fide, multo ingenio enitendum est [1], ut et regiæ
« dignitatis derogatio nulla fiat, et nos falsæ crimina-
« tionis notam, casumque futuri incommodi vitemus.
« Arnulfus quem paulo ante memoratum audivimus, a
« nobis nuper idem expoposcit; plurima fide si hoc fiat
« regis commoda sese exsecuturum pollicens; erga
» cives non modicam benivolentiam habiturum. Sed
« quia ejus utpote adolescentis mores affectusque in-
« certos habemus, nostras solummodo rationes non
« sufficere ad hæc arbitramur. Adsint ergo qui vobis id

---

* io em *abscisa*.
[1] videtur *supra posito* est.

« demander par quelques-unes des personnes qui m'entou-
« rent le siége métropolitain de Reims. Il promet de me
« remettre en possession de tout ce qui nous a été récem-
« ment enlevé, et d'agir puissamment contre mes enne-
« mis. J'ai voulu vous faire juges de ces promesses et de
« la foi donnée, afin qu'après examen vous pussiez les
« accueillir ou les repousser. Ses demandes sont pressantes :
« décidez s'il doit obtenir ce qu'il sollicite. Je ne l'ai favo-
« risé en rien, je n'ai rien arrêté ; j'ai jugé utile de tout
« soumettre à votre discussion, afin que si nous faisons
« une chose bonne, vous en recueilliez le fruit et moi la
« gloire ; que si nous faisons mal, au contraire, on ne puisse
« en rien m'accuser de perfidie, de dol ou de fraude.
« Quant à vous, s'il trahit, ou bien vous vous laisserez
« dominer par lui, et alors vous participerez sans le méri-
« ter au reproche de trahison, ou bien vous aurez constam-
« ment la main sur le parjure. »

XXVII. — Réponse des citoyens au roi.

Les citoyens répondirent : « Votre majesté nous ayant
« accordé la faculté de choisir notre seigneur, nous devons
« fidèlement et soigneusement veiller à ce que la dignité
« royale ne souffre aucune atteinte, et à ce qu'il ne puisse
« résulter pour nous ni injuste reproche ni dommages à
« venir. Celui dont on vient de parler, Arnoul, nous a
« fait il y a peu de temps les mêmes demandes, promettant
« et engageant sa foi que si elles étaient accueillies il agi-
« rait dans les intérêts du roi et vouerait aux citoyens une
« entière affection. Mais comme nous ne faisons pas un
« grand fond sur le caractère et l'attachement d'un jeune
« homme, nous ne croyons pas devoir décider la question
« à nous seuls. Que ceux donc qui vous ont conseillé se
« présentent ; pesons les raisons de part et d'autre, que
« chacun dise son avis, que ce qui peut le plus nous éclai-

« suadent. Conferamus utrimque rationes. Dicat quid
« quisque potius cogitet; quid potissimum, ne abscon-
« dat; ut et ex honesto gloria sit communis, et ex per-
« nitie incommodum æque patiamur. »

XXVIII. — Promotio Arnulfi [*].

Rex civium sententiam approbat, ut coram delibe-
rent jubet. Rationes coram dispositæ sunt. Arnulfum
itaque si quod spondet faciat, dignum summo sacerdotio asserunt. Itaque vocatus, et ante regem admissus est. Qui de fide habenda erga regem sciscitatus,
ad omnium vota modestissime respondit. Ad cœnobium ergo monachorum sancti Remigii, quod ab urbe
uno miliario situm est, ubi ordinatio episcoporum ex
antiquo habenda est, a rege et primatibus deductus
est. Ubi rex cum suorum medius resideret, post consi-
lia apud suos secessim habita, liberali eloquio sic affatus est : « Divæ memoriæ [1] Ludovico Lotharii filio orbi
« subtracto, si proles superfuisset, eam sibi successisse
« dignum foret. Quia vero regiæ generationi successio
« nulla est, idque omnibus ita fore patet, vestri cæte-
« rorumque principum, eorum etiam qui in militari
« ordine potiores erant optione assumptus, præmineo.
« Nunc vero quoniam ex linea regali hic unde sermo
« est solus superfuit, ne tanti patris nomen adhuc obli-
« vione fuscetur, hunc superstitem alicujus dignitatis
« honore expoposcistis donari. Si ergo fidei servandæ
« jus polliceatur, urbis tuitionem spondeat, hostibus
« etiam in nullo sese communicaturum, immo illos
« impetiturum promittat, vestri juditii censura conce-

[*] Ar *abscisum*.
[1] D. M.

« rer ne nous reste pas caché, que la gloire d'avoir bien
« fait nous soit commune, ou que nous portions ensemble
« la responsabilité d'un mauvais choix. »

XXVIII. — Promotion d'Arnoul.

Le roi approuva l'avis des citoyens et ordonna qu'il fût délibéré publiquement. Chacun exposa ses raisons, et l'on décida qu'en supposant qu'il tînt ce qu'il promettait, Arnoul était digne de l'épiscopat. Il fut donc appelé et admis devant le roi. Interrogé s'il promettait de garder au roi fidélité, il répondit avec modestie à la satisfaction générale. Le roi et les grands le conduisirent donc au monastère des moines de Saint-Rémi, situé à un mille de Reims, où se faisait depuis longtemps l'ordination des évêques. Là le roi, entouré des siens, recueillit successivement leurs avis et prononça ensuite ces loyales paroles : « Si Louis
« de divine mémoire, fils de Lothaire, eût en mourant
« laissé une lignée, il eût été convenable qu'elle lui succé-
« dât; mais comme il n'existe aucun successeur direct de la
« race royale, ainsi que chacun le sait, j'ai été choisi par
« vous et par les autres princes ainsi que par les plus puis-
« sants d'entre les vassaux[1], et je marche à votre tête. Main-
« tenant, comme celui dont il s'agit est le seul rejeton de
« la race royale, vous demandez qu'il soit honoré de quel-
« que dignité, pour que le nom de son illustre père ne
« disparaisse pas dans l'oubli. Si donc il promet de conser-
« ver fidélité, s'il promet de défendre la ville, de n'avoir
« aucune communication avec nos ennemis, et même de
« les poursuivre, je ne refuse point de lui accorder l'épi-
« scopat, conformément au jugement que vous avez porté,

[1] Voir *Notes et dissertations*, sect. v.

« dere ei episcopatum non pigebit; ita tamen ut secun-
« dum prudentium ordinationem, sacramenti aucto-
« ritate mihi conexus sit. »

XXIX. — Cirographi * scriptum.

« Et ut penitus mentis conceptum aperiam, post
« jurationis sacramentum, cirographum ab eo scriben-
« dum puto, in quo maledictionis anathema habeatur
« hujusmodi, quod ei impraecetur pro felicibus contu-
« meliosa, pro salutaribus pernitiosa, pro honestis
« turpia, pro diuturnitate punctum, pro honore con-
« temptum, et, ut totum concludatur, pro omnibus
« bonis omnia mala. Quod etiam bipertitum fieri pla-
« cet; alterum mihi, sibi alterum concedatur. Quando-
« que etiam hoc illi calumnias ingeret, si turpiter a fide
« declinet. » Hac promulgata sententia, id ita faciendum ab omnibus laudatum est. Procedit itaque Arnulfus coram. Si id inventum laudet, consulitur. An sic
suscipiat quod petit, sciscitatur. Ille honoris cupidus,
inventum laudat, sese sic posse suscipere asseverat.
Jussus itaque cirographum bipertitum notavit. Regi
alterum, alterum sibi servavit.

XXX. — Eukaristia ** causa perditionis data.

Quod cum regi penitus sufficeret, episcopis tamen,
ut fertur, non satis id visum est, nisi illud etiam adde-
retur, ut in missarum celebratione eukaristiam a sacerdote sumeret, eamque perditionis causam sibi inpre-
cando coram optaret, si fidem violando umquam
desertor fieret. Quod et factum fuit. Nam sacerdos

---

* Cir *abscis*.
** E *abscis*.

« à condition toutefois que, selon la décision des sages,
« il se liera à moi par la foi du serment.

XXIX. — Déclaration signée d'Arnoul.

« Et pour exprimer entièrement ma pensée, je pense
« qu'après le serment, il devra signer une déclaration
« portant ces paroles d'imprécation : que toute félicité se
« change pour lui en outrage, toute prospérité en ruine,
« toute action honnête en acte honteux, que la durée ne
« soit plus qu'un instant, qu'au lieu d'honneurs il ne re-
« çoive que mépris et, pour tout dire enfin, que tous les
« maux remplacent tous les biens. Je veux de plus que cette
« déclaration soit faite en double, l'une pour moi, l'autre
« pour lui. Elle lui deviendra une censure si quelque jour
« il viole hautement sa foi. » Tous approuvèrent l'avis ouvert par le roi et demandèrent qu'il fût fait comme il était dit. Arnoul s'avance donc; on lui demande s'il accueille la proposition, s'il veut à ces conditions recevoir ce qu'il demande. Avide d'honneurs il approuve la proposition et dit qu'il peut à ces conditions recevoir l'épiscopat. Sur l'ordre du roi il écrivit la déclaration en double, donna au roi l'une des copies et garda l'autre.

XXX. — L'Eucharistie donnée pour produire damnation.

Ces garanties paraissaient au roi tout à fait suffisantes ; mais on dit que les évêques ne s'en contentèrent pas, et demandèrent qu'Arnoul se soumît encore à recevoir, à la messe, l'Eucharistie du prêtre célébrant, et déclarât en public qu'il voulait qu'elle devînt pour lui cause de damnation si jamais il violait traîtreusement sa promesse. Ce qui fut fait. Le prêtre, célébrant la messe, lui présenta l'Eucharistie, qu'il reçut en déclarant consentir qu'elle fût

inter celebrandum, eukaristiam optulit, et ille consequenter sumpsit, atque ad juditium sibi fieri optavit, si ullo modo fidei violator existeret. Quod tandem regi et primatibus fidem fecit.

XXXI. — Reprehensio [*] de eodem.

Nonnullis tamen quorum mens purgatior erat, nefarium et contra fidei jus id creditum est. Ejusmodi enim naturæ hominem esse aiebant, ut facile per sese corrumpatur in se, amplius vero inpulsionibus ad flagitium extrinsecus posse pertrahi. Asserebant quoque ex decretis patrum et [1] canonum scriptis, neque invitum ad eucaristiam impellendum, neque eucaristiam perditionis causa cuiquam offerendam, cum redemptionis gratia et petentibus offerendam, et invitis negandam credendum sit; indignum etiam videri, panem angelorum et hominum, temere indignis dari, cum ipsa Divinitas et inmundos abhorreat, et puros mira parcitate foveat, juxta quod scriptum est : « Spiritus sanctus disciplinæ effugiet fictum, et auferet « se a cogitationibus quæ sunt sine intellectu, et cor- « ripietur a superveniente iniquitate. » Ab episcopis ergo Remorum dioceseos ordinatus Arnulfus et sacerdotalibus infulis decenter insignitus est. Nec multo post, a papa Romano missum apostolicæ auctoritatis pallium sumpsit.

[*] R *abscis.*
[1] et et *codex.*

une condamnation pour lui s'il violait sa foi en aucune façon. Cela lui attira enfin la confiance du roi et des seigneurs [1].

XXXI. — Improbation de cet acte.

Quelques-uns cependant d'un esprit plus rassis, virent là un crime et une violence faite à la conscience. C'était un homme d'une nature telle, disaient-ils, qu'il pouvait aisément mal faire de lui-même, et plus facilement encore se laisser porter au crime par une impulsion étrangère. Ils assuraient aussi que, d'après les décrets des pères et les dispositions des canons, on ne pouvait ni forcer quelqu'un à recevoir malgré lui l'Eucharistie, ni la conférer comme cause de damnation; qu'il est de croyance qu'elle ne doit être donnée, et seulement à fin de rédemption, qu'à ceux qui la demandent, et qu'on doit la refuser à quiconque la recevrait à regret; qu'il leur semblait indécent qu'on donnât témérairement le pain des anges et des hommes à des personnes indignes, lorsque la divinité elle-même abhorre les immondes et accueille les purs avec une faveur toute particulière, selon ce qui est écrit : « L'esprit saint « fuira le semblant de la science, et il se retirera des pen- « sées qui sont sans intelligence, et il disparaîtra à l'ap- « proche de l'iniquité [2]. » Arnoul fut donc ordonné par les évêques du diocèse de Reims et honorablement revêtu des ornements sacerdotaux. Peu de temps après il reçut du pape de Rome le pallium apostolique.

[1] Il fallait pour que le roi exigeât de semblables garanties et qu'Arnoul consentît à les donner, que la politique ne permît pas à Hugues Capet de refuser le siège de Reims au fils naturel de Lothaire et que celui-ci eût un intérêt très-puissant à posséder cette éminente dignité.
[2] *Sapient.* I, 5.

XXXII. — *Quod amplius justo Karolum Arnulfus dilexerit.*

Qui cum ex tanta dignitate procederet insignis, illud tamen infortunii genus arbitrabatur, quod ipse superstes de patrio genere nullum præter Karolum habebat. Miserrimum quoque sibi videri, si is honore frustraretur, in quo solo spes restituendi genus paternum sita foret. Patruo itaque miserescebat; illum cogitabat, illum colebat, illum pro parentibus carissimum habebat. Apud quem collato consilio, querebat quonam modo in culmen honoris illum provehere posset, sic tamen ut ipse regis desertor non appareret.

XXXIII. — *Remorum captio.*

Cujus rei rationem sic fieri arbitrabatur, ut statueretur [1] tempus quo primates quot posset, in urbe acsi aliquid magnum ordinaturus ipse colligeret. Tunc etiam Karolus per noctis silentia cum exercitu ad portas urbis adveniret. Nec tunc deesset qui exercitui irruenti portas panderet, juratus secreti fidem [2]. Exercitus intromissus urbem invaderet, atque sese cum primatibus collectis comprehenderet, vim inferret, ac ergastulo [3] detruderet. Itaque factum foret, ut et regia potestas infirmaretur, et patruo virtus dominandi augesceret, nec ipse desertor videretur. Quod et effectum habuit.

XXXIV.

G. et V. comites, atque alios viros consulares [4] in-

[1] statuertur *codex*.
[2] secretum hoc numquam proditurum *deleta*.
[3] custodie *supra posito* ergastulo *codex*.
[4] .ue.

XXXII. — Qu'Arnoul eut pour Charles plus d'attachement qu'il ne convenait.

Bien qu'honoré d'une si haute dignité, Arnoul regardait cependant comme un malheur de n'avoir plus d'autre membre de sa famille que Charles, et il lui paraissait tout à fait triste que la seule personne en qui résidât l'espoir de voir revivre sa race fût privée de tout honneur. Il s'apitoyait donc sur son oncle, il pensait à lui, il l'aimait, il le chérissait comme le représentant de ses parents. Enfin il se concerta avec lui et chercha par quel moyen il pourrait l'élever au faîte de la grandeur, sans toutefois paraître trahir le roi.

XXXIII. — Prise de Reims.

Il pensait qu'il y réussirait s'il appelait dans la ville, à un jour fixé, tous les grands qu'il pourrait réunir sous prétexte de régler quelque affaire d'importance; Charles arriverait dans le silence de la nuit aux portes de la ville avec une armée; il se trouverait là quelqu'un envoyé en secret et sous serment, pour ouvrir les portes. L'armée une fois introduite, elle envahirait la ville et s'emparerait de lui-même et des grands réunis près de lui, les retiendrait de force et les jetterait en prison. Il arriverait de la sorte que le pouvoir royal serait affaibli et les moyens de domination de son oncle accrus, sans que lui-même parût avoir trahi. Les choses se firent ainsi.

XXXIV.

Il convoqua les comtes G. et V. et plusieurs autres personnes consulaires [1], leur mandant qu'il avait une affaire importante à régler; qu'ils devaient donc se hâter. Ils arri-

[1] Voir *Notes et dissertations*, III.

vitat. Quiddam magnum sese ordinaturum mandat; unde et multum eis maturandum. Illi sine dilatione advenerunt, in obsequio domini, paratissimos se demonstrantes. Arnulfus alia pro aliis dans, quod vere molitur penitus dissimulat. Ad quid potius intendat omnes ignorant. Uni tantum de cujus taciturnitate et fide non diffidebat, id totum credulus commisit. Qua nocte Karolus [1] intromitendus [2] esset aperuit; et ut tunc portarum claves a suo cervicali tolleret, urbemque armatis aperiret, jussit. Nec multo post nox cui hoc debebatur flagitium affuit. Karolus cum exercitu tempore deputato ad portas urbis nocturnus affuit. Algerus presbiter — sic enim vocabatur — introrsum cum clavibus se præsentem habuit. A quo mox portæ patefactæ sunt, exercitusque intromissus. Urbs quoque a prædonibus direpta et spoliata.

XXXV. — Arnulfi * suorumque captio *.

Unde cum clamor per urbem fieret, tumultusque discurrentium cives incautos excitaret, Arnulfus æque turbatum clamore sese simulat. Et fingens metum, turrim petiit atque conscendit. Quem comites [3] secuti, post se ostia observavere. Karolus Arnulfum perquirens nec reperiens, ubinam lateret scrutabatur. Cui cum proderetur in turris cacumine latere, ostio mox custodes adhibuit. Et quoniam nec cibum nec arma ante congesserant, Karolo cedunt, atque a turri egressi sunt.

* j, p *abscisa.*
[1] exercitus *supra posito* K. *codex.*
[2] ita *codex.*
[3] commites *codex.*

vèrent sans retard, se montrant empressés à servir leur
seigneur. Arnoul leur donna le change et dissimula entièrement son véritable projet. Tous ignorent ce qu'il se propose ; un seul dont il connaît la discrétion et la fidélité,
reçoit sa confidence entière : il lui apprend quelle nuit
Charles doit être introduit dans la ville ; il lui ordonne de
venir enlever de son chevet les clefs de la porte et de l'ouvrir aux troupes. Bientôt arriva la nuit qui devait voir
s'accomplir ce forfait. Charles vers le soir et à l'heure fixée
se trouva aux portes de la ville avec son armée. Le prêtre
Algérus, c'est ainsi qu'il se nommait, se trouva aussi à son
poste à l'intérieur avec les clefs ; il ouvrit bientôt les
portes, l'armée entra et la ville fut dévastée et saccagée
par ces pillards.

XXXV. — Capture d'Arnoul et des siens.

Comme il se faisait par la ville un grand bruit et comme
le tumulte causé par le mouvement des troupes se répandant çà et là excitait l'émotion des citoyens surpris, Arnoul feignit aussi d'être étonné du tumulte, et simulant la
peur, il courut à la tour et y monta ; les comtes l'y suivirent et fermèrent les portes sur eux. Charles ne pouvant trouver Arnoul, essaya de découvrir où il était caché.
Lorsqu'il sut qu'il était renfermé au haut de la tour, il
posta des gardes à la porte, et comme l'évêque et les
comtes n'avaient porté avec eux ni vivres, ni armes, ils
se rendirent à Charles et sortirent de la tour.

XXXVI.

Comprehensique et Laudunum ducti, custodibus deputati sunt. Karolo redeunte et fidem ab eis querente, unanimiter refragantur. Odium ergo utrimque simulant; pium affectum nullo modo produnt. Ab utroque querimonia nonnulla simulabatur, eo quod alter desertor, alter invasor alterius ab utroque enuntiaretur[1]. Tandem Arnulfus[2] sacramento fidem faciens, libertate potitus est et ad sua reversus. Karolo exinde in omnibus favit, jus quoque fidei, regi servandum, penitus abrupit. G. et V. per dies aliquot carcere detrusi, non multo post sacramento astricti, redire permissi sunt. Karolus ergo felici successu insignis, Remorum metropolim cum Lauduno, ac Suesionis, earumque oppidis optinuit.

XXXVII. — Inpetus* Hugonis*.

Nec defuit qui id ad regis[3] aures perferrent. Qua rex contumelia perstrictus, quid inde agendum foret sciscitabatur. Comperitque non precibus, non donis, sed viribus et armis invocata Divinitate hoc esse labefactandum. Sex milia itaque militum collegit, in tirannum ire disponens; obsidionem ei adhibere cupiens, si copiæ sibi sufficiant; et si ei felix adsit fortuna, tandiu id committere volens, donec aut armis aut inedia hostem præcipitet. Proficiscitur ergo magnanimis et per terram unde annonam hostes asportabant, exercitum

---

* tus, nis *abscisa*.
[1] prædicaretur *supra posito* enuntiaretur *codex*.
[2] episcopus *supra posito* Ar. *codex*.
[3] regum *supra posito* is *codex*.

XXXVI.

Ils furent pris, conduits à Laon et confiés à des gardes. A son retour, Charles exigea d'eux le serment de fidélité ; mais ils refusèrent unanimement. Des deux côtés on feint de se haïr ; on ne laisse percer en aucune façon la tendre affection qu'on éprouve. On se fait réciproquement des reproches simulés ; on se traite réciproquement de traître et d'usurpateur. Enfin Arnoul prêta serment de fidélité, recouvra sa liberté et revint dans sa ville. Dès lors il servit en tout le parti de Charles, et même il viola complétement la foi qu'il devait garder au roi. G. et V., retenus quelques jours en prison, prêtèrent bientôt le même serment, et reçurent la faculté de se retirer. Charles donc, favorisé par d'heureux succès, posséda la métropole de Reims avec Laon et Soissons et les places qui en dépendent.

XXXVII. — Hugues attaque Reims.

On ne manqua pas de porter tout cela aux oreilles du roi. Celui-ci, étourdi par cet outrage, se demanda ce qu'il y avait à faire et comprit que ce n'était pas à des prières, à des dons qu'il devait recourir, mais qu'après avoir invoqué la divinité, il fallait en appeler à la force des armes. Il rassembla donc six mille hommes pour marcher contre le tyran [1] et l'assiéger s'il avait assez de troupes. Si la fortune le favorise il s'attachera à la ville jusqu'à ce qu'il ait réduit son ennemi par les armes ou par la faim. Il part donc plein d'ardeur, et conduit son armée par les pays d'où l'ennemi tirait ses vivres, les ravage de fond en comble, et les livre aux flammes avec une telle furie qu'il n'y laissa pas même une

---

[1] Richer, qui jusqu'ici avait appliqué le titre de *tyran* aux compétiteurs des Carlovingiens, le transporte ici au compétiteur de Hugues Capet.

duxit. Quam etiam penitus depopulatus combussit; sic efferatus, ut nec tugurium saltem deliranti anui relinqueret. Post animo præcipiti exercitum in hostem retorquens, obsidionem adhibere nitebatur. Karolus cum ante sibi copias parasset, venienti resistere viriliter conabatur. Quatuor milia etenim pugnatorum Lauduni collegerat, animoque firmaverat, ut si non impeteretur, quiesceret; et resisteret, si urgeretur.

XXXVIII. — Exercitus * tripertito * ordinatur *.

Rex interea exercitum inducens, Karoli legionem ordinatam pugnatum videt. Exercitum ergo tripertito dividit, ne multus exercitus mole sui gravatus, propriis viribus frustraretur. Tres itaque acies constituit, primam belli primos impetus¹ inituram; secundam quæ labenti succurreret, viresque referret; tertiam vero spoliis eripiendis ordinavit. Quibus sic divisis et ordinatis, prima acies signis erectis congressura cum rege incedebat; reliquæ duæ locis constitutis paratæ succurrere opperiebantur.

XXXIX.

Karolus cum quatuor milibus obvius procedit, summam Divinitatem invocans ut ab innumeris paucos protegat; multitudini non fidendum, et paucitati non diffidendum demonstret. Quem incedentem Arnulfus comitabatur suos adhortans, ut animo forti starent. Ordinati et indivisi procederent. De victoria a Deo nullo modo diffiderent. Si viriliter invocato Deo starent, cum multa gloria et fama victoriam in brevi

---

* tus, o, tur *abscisa*.
¹ tumultus *corr.* impetus.

pauvre cabane à une vieille femme tombée en enfance. Ensuite, menant tête baissée son armée contre l'ennemi, il se disposa à l'assaillir. Charles, qui avait préparé ses troupes, se mit en devoir, de son côté, d'opposer une vive résistance. Il avait amené quatre mille hommes de Laon, et il était bien résolu, si on ne l'attaquait pas, à rester tranquille, mais à résister si on l'attaquait.

XXXVIII. — L'armée est partagée en trois corps.

Le roi arrivant avec son armée vit les troupes de Charles rangées en bataille ; il sépara les siennes en trois divisions, craignant d'être gêné par trop de monde et embarrassé de ses propres forces. Il forma donc trois corps d'armée : le premier qui dut engager le combat, le second destiné à secourir le premier s'il fléchissait, le troisième pour enlever le butin. Cette armée ainsi partagée et ordonnée, le premier corps ayant le roi en tête, s'avança au combat enseignes hautes ; les deux autres furent placés dans des lieux déterminés, prêts à porter secours.

XXXIX.

Charles s'avança avec ses quatre mille hommes, priant le Dieu suprême de protéger le petit nombre contre le grand, de montrer qu'on ne doit ni se fier au grand nombre, ni désespérer du petit. Il marchait, accompagné d'Arnoul, exhortant les siens à se montrer fermes, à s'avancer en bon ordre et en bataillons serrés, à ne désespérer en aucune façon que Dieu leur donnât la victoire ; si après avoir invoqué la Divinité ils se montraient résolus, ils seraient bientôt vainqueurs, riches de gloire et de renommée. Les deux armées s'avancent jusqu'à ce qu'elles soient en vue l'une de l'autre, puis s'arrêtent immobiles. Des deux

adepturos. Processit exercitus uterque, donec alter alterum in prospectu haberet; et sic uterque fixus herebat. Utrimque non mediocriter dubitatum est, cum Karolus rei militaris inopiam haberet; regem vero animus sui facinoris conscius contra jus agere [1] argueret, cum Karolum paterno honore spoliaverit, atque regni jura in sese transfuderit. His uterque herens persistebat. Tandem ratione congrua a primatibus regi suggestum est aliquantisper cum exercitu standum; si hostis adventaret, comminus congrediendum; si nullus lacessiret, cum exercitu redeundum. Nec minus a Karolo idem deliberatum fuit. Unde quia uterque constitit, uterque sibi cessit. Rex exercitum reduxit; Karolus vero Lauduni sese recepit.

XL.

O. interea Drocarum cupidus, de Lauduni captione sese plurimum diffidere apud regem simulate querebatur, cum aries cesserit, militesque viribus diffiderent, immo etiam urbs ipsa inaccessibili situ obnitentes contempnat. Rex merore confectus, ab O. subsidia petit; sese vicem recompensaturum, si copias suppeditet, et ad integrum urbem expugnet. Quod si inpræsentiarum aliquid quod largiendum sit petat, sine dubio sese liberaliter exhibiturum. O. Lauduni inpugnationem simulque et captionem in proximo pollicetur, si tantum a rege Drocas accipiat. Rex vincendi gloriam cupiens, petenti castrum accommodat. Palam omnibus cedit, promissionum de Lauduno credulus. O. quoque urbem amissam in brevi sese redditurum palam om-

---

[1] fecisse *supra posito* agere *codex.*

côtés on reste dans l'indécision, car Charles n'avait que peu de forces militaires, et le roi ne se dissimulait pas qu'il avait agi criminellement et contre tout droit, en dépouillant Charles du trône de ses pères pour s'en emparer lui-même. Ces considérations les retenaient l'un et l'autre : enfin les grands donnèrent au roi le conseil salutaire de faire halte quelques moments avec ses troupes. Si l'ennemi s'avançait on le combattrait ; s'il n'attaquait pas on s'en reviendrait avec l'armée. Charles, de son côté, prit la même résolution ; en sorte que chacun s'arrêtant, les deux partis ne cédèrent qu'à leur impulsion propre. Le roi ramena son armée, et Charles se retira à Laon [1].

XL.

Sur ces entrefaites (991), O.[2], qui convoitait Dreux, feignait près du roi de voir à regret que, selon toute apparence, Laon ne pourrait être pris ; car le bélier n'avait pu être employé et les troupes n'avaient pas confiance dans leurs propres forces. De plus, la ville, fière de sa position inaccessible, s'inquiétait peu de tous les efforts des assaillants. Le roi, vivement attristé, demande du secours à O. ; il lui promet, s'il fournit des troupes et s'empare de la ville, de reconnaître ce service ; s'il est quelque chose qui puisse lui être donné dès à présent, il peut le demander, et certainement cela lui sera libéralement accordé. O. promet qu'avant peu la ville sera assiégée et prise, si le roi lui donne Dreux seulement. Le roi, convoitant la gloire de vaincre, accorde le

[1] Ceci prouve que le principe de l'hérédité de la couronne avait encore alors beaucoup de force.
[2] M. Guérard pense que cette initiale désigne Eudes, (*Odo*) comte de Chartres, dont il est question plus bas, chap. LXXIV, LXXV, etc.

nibus spondet. Castrum ergo a rege concessum absque mora petit, castrenses sibi sacramenti jure annectens, eisque alios aliquot quorum fidei vigorem sciebat assotians, regia negotia exinde utiliter satagens. Cujus tamen voluntatis effectus nullus fuit, eo quod tempestiva ' urbis proditio vetaret, et casus repentini aliter fieri arguerent.

XLI. — Subtilis * machinatio * in Karolum et Arnulfum.

Ab hoc tempore Adalbero Laudunensium episcopus, qui ante a Karolo captus aufugerat, omni ingenio oportunitatem quærebat, qua versa vice et Laudunum caperet, et Karolum comprehenderet. Legatos itaque hujusmodi negotii officiosissimos, Arnulfo dirigens, amicitiam, fidem, suppetiarum subsidia mandat. Ei quoque, utpote suo metropolitano, sese velle reconciliari. Sibi etiam injuriæ esse quod transfuga et desertor diceretur, eo quod Karolo post fidem factam non obsecutus sit. Et si vacuum sibi esset, a se id dedecoris velle abjicere. Ad ejus celsitudinem redire velle, et Karoli amicitiam utpote domini sese optare. Unde et sibi quocumque libitum foret occurrendum mandaret. Arnulfus simulatam fidem nesciens, legatos fallentes excipit; et utpote boni alicujus nuntios humanissime honorat. Per hos itaque locum quo occursuri et sibi collocuturi forent, letabundus designat. Illi se dece-

* Sub, ma *abscisa*.
' intempestiva *corr*. tempestiva.

château ; il en fait la cession en présence de tous, confiant dans les promesses relatives à Laon. O. promet également devant tous qu'il rendra bientôt au roi la ville perdue. Il se rend sans retard au château concédé par le roi, s'attache par serment ceux qui s'y trouvent et leur associe quelques hommes dont il connaît l'entier dévouement à sa personne. Ensuite, il s'occupa activement des affaires du roi ; mais ses bonnes dispositions n'obtinrent aucun résultat parce que la ville fut avertie à propos, et que des circonstances imprévues firent tourner les choses autrement qu'on ne l'espérait.

XLI. — Adroit artifice employé contre Charles et Arnoul.

Dès ce temps-là, Adalbéron, évêque de Laon, qui était parvenu à échapper à Charles et à s'enfuir, cherchait par tous les moyens une occasion de prendre à son tour la ville de Laon et de s'emparer de Charles. Il envoie donc à Arnoul des députés, très-propres à de semblables missions, pour l'assurer de son attachement, de sa foi, et lui annoncer du secours. Il lui mande qu'il veut se réconcilier avec lui, son métropolitain, que c'est lui faire injure que de le regarder comme un déserteur et un traître, pour n'avoir pas tenu la foi donnée à Charles. S'il en avait la possibilité, il se purgerait de ce méfait. Il veut rentrer dans les bonnes grâces de Sa Grandeur et rechercher l'amitié de Charles, son seigneur ; qu'Arnoul lui mande donc où il pourra aller le trouver. Arnoul, ne soupçonnant pas sa bonne foi, reçut les envoyés du perfide, et leur rendit des honneurs comme aux émissaires d'un homme de bien. Il leur indiqua avec joie un lieu où l'on pourrait se réunir et avoir un entretien. Ceux-ci, fiers du succès de leur stratagème, rapportent la réponse à leur maître, qui, voyant que ce commencement de ruse a réussi, pense qu'il peut pousser plus loin ses entreprises astucieuses. Les deux prélats se rendent

pisse letati, hæc domino referunt. Qui fallatiæ seminarium utiliter positum considerans, alcioris machinamenti dolos prodire posse advertit. Post hæc in locum statutum sibi occurrunt; amplexibus pluribus atque osculis sibi congratulantes; tantos ibi demonstrantes affectus animi, ut nulla simulatio, nullus dolus videretur.

XLII. — Adalberonis * dolosa machinatio. *.

At postquam satis amplexationum, osculorum satis factum est, Adalbero penes quem simulationis color et doli onus erat, incautum sic prior alloquitur :
« Idem casus, eademque fortuna ambos nos male
« perstringit; unde et idem consilium eademque ratio
« nobis captanda videtur. Nuper enim ambo lapsi,
« vos ab gratia regis, ego a Karoli amicitia decidi.
« Unde et nunc vos Karolo, ego regi faveo. Ille vobis, iste
« mihi promptissime credit. Si itaque per vos Karoli
« amor mihi restituatur, regis gratia vobis non aberit.
« Quod et facto difficile non erit. Karolum igitur
« convenite, et pro me si forte concesserit orate. De
« fide erga eum habenda, multa dicere non inutile erit.
« De quibus si quid ei dubium visum fuerit, post dicite
« probandum sacramentis. Si his episcopatus reddi-
« derit sedem, adsint sanctorum reliquiæ, paratus sum
« fidem facere. Si hoc satis erit et reddiderit, de regis
« gratia plurimum confidite. In hac lingua et manu,
« pax sita est et dissidentia. Regem adibo. Commodum
« quoddam spondebo, quod non solum sibi sed et
« posteris sit profuturum. Dolos Karoli proferam.

* Adalberonis, machin *abscisa*.

donc dans le lieu dit, et se prodiguent embrassements et baisers ; ils se témoignèrent tant d'affection qu'on ne pouvait découvrir nulle feinte, nulle tromperie.

XLII. — Machination d'Adalbéron.

Mais après tous les baisers et les embrassements, Adalbéron, qui avait à cacher sa dissimulation et sa ruse, parla ainsi le premier à Arnoul, qui ne se défiait de rien : « Les « mêmes malheurs, le même sort ont pesé sur nous deux ; « il semble donc que nous devons nous conduire d'après le « même esprit et selon la même règle. Récemment nous « avons perdu tous les deux, vous les bonnes grâces du « roi, moi l'amitié de Charles, en sorte que vous servez « maintenant le parti de Charles et moi celui du roi ; l'un « a la plus grande confiance en vous, et l'autre en moi ; si « vous me faites rendre l'amour de Charles, les bonnes « grâces du roi ne vous manqueront pas ; il n'y aura en cela « nulle difficulté. Allez donc trouver Charles, et, si du moins « il le permet, sollicitez-le pour moi. Il ne sera pas inutile « de lui parler beaucoup de la fidélité que je lui vouerai, « et s'il concevait quelques doutes à cet égard, dites-lui « que je m'engagerai par serment. S'il consent alors à me « rendre mon siége épiscopal, qu'on apporte les reliques « des saints, je suis prêt à jurer sur elles. Si cela lui suffit, « et que le siége me soit rendu, comptez pleinement sur les « bonnes grâces du roi. Cette langue et cette main font la « paix ou la désunion. J'irai trouver le roi, je lui répondrai « que non-seulement lui, mais ses descendants y trouveront « du profit. Je lui parlerai de machinations de la part de

« Incauto nimis metropolitano, præjuditium factum
« asseram; et quod penitus hoc metropolitanum pe-
« niteat, nonnullis amplificationibus asseverabo. Rex
« suapte mihi credulus, hoc gratissimum accipiet. Et
« quia hæc ratio utrimque agitabitur, duo commoda
« gignentur. Ex quibus duobus tertium elucebit: Nam
« cum et vobis gratia regum, et mihi Karoli reddetur,
« per nos consequenter aliorum utilitas comparabitur.
« Sed hic jam verborum finis; jam nunc dicta factis
« probentur. » Datisque strictim osculis, promissa
polliciti ab se digressi sunt [1].

XLIII. — Arnulfus [*] per ignorantiam [*] Karolum patruum [*] seducit.

Arnulfus Karolum petens, Adalberonem magnificat
deceptorem nesciens, valde etiam profuturum asserit,
fidemque servaturum testatur. Tandem in eo nil dubi-
tandum seductus persuadet. Karolus nepoti favens,
sese id facturum spondet, episcopatum sic redditurum
non abnuit. Dum hæc apud Karolum fideliter ordina-
bantur, Adalbero apud regem de Karolo et Arnulfo
urbisque captione quærebat. Et cum tecnas superiores
effunderet [2], gratulatio inde spesque urbis repetendæ
non modica erat. Nec multo post Arnulfus Adalberoni
legatos dirigit, Karoli gratiam sibi indultam liberaliter
indicat, atque cum multa ambitione excipiendum in
urbem, honorem quoque absque mora recepturum.
Unde nec moras faceret, sed quantotius adveniret, lar-
gitatem pollicitam experturus.

[*] Arnulfus, ran, pa *abscisa*.
[1] abscesserunt *supra posito* ab se digressi sunt *codex*.
[2] aperiret *supra posito* effunderet. *codex*.

« Charles. Je lui assurerai qu'il a maltraité le trop confiant
« métropolitain ; j'affirmerai, en entrant dans quelques
« détails, que celui-ci en est tout à fait à se repentir. Le
« roi, qui ne demande qu'à me croire, accueillera cet avis
« avec bonheur ; et comme ce stratagème nous intéresse
« tous les deux, il en résultera un double avantage, d'où
« découlera un troisième ; car les bonnes grâces du roi
« vous étant rendues, et à moi celles de Charles, notre
« avantage respectif amènera celui des autres. Mais ici
« doivent se terminer les paroles, c'est maintenant aux faits
« à les confirmer. » Ils s'embrassèrent avec effusion, se
garantirent leurs promesses et se séparèrent.

XLIII. — Arnoul trompe involontairement son oncle Charles.

Arnoul va trouver Charles et lui vante Adalbéron dont
il ignore les dispositions fallacieuses ; il lui assure que
l'évêque lui sera d'une grande utilité ; il lui garantit qu'il
lui gardera fidélité ; enfin il lui persuade, séduit lui-même,
qu'il n'y a aucun soupçon à concevoir. Charles, se rendant
aux désirs de son neveu, promet de faire ce qu'il demande,
et ne refuse pas de rendre l'évêché. Tandis que les promesses étaient fidèlement exécutées près de Charles, Adalbéron combinait avec le roi les moyens de s'emparer du
prince, d'Arnoul et de leur ville. Il y employait toutes les
ressources de son esprit, et se livrait tout entier à la pensée
flatteuse et à l'espoir de reprendre la place. Bientôt après,
Arnoul lui envoie des députés pour lui annoncer que
Charles lui a loyalement rendu ses bonnes grâces et désire
ardemment le recevoir à Laon ; que sans retard il lui rendra
son poste. Qu'Adalbéron vienne donc tout de suite ; qu'il se
hâte d'arriver pour recevoir la faveur promise.

XLIV. — Adalbero * Karolum et Arnulfum sacramento * decipit *.

Adalbero sine dilatione in loco constituto Karolo et Arnulfo accitus occurrit. A quibus benigniter exceptus, non mediocrem letitiam repperit. Si quid discordiæ præcessit, levi et raro sermone tactum præterlere. Jus amicitiæ inter sese exinde amplius colendum, diversis rationibus extulere. Quanta etiam commoditas sit profutura si amicitia bene usi sint, sepenumero retulere. Quanta quoque gloria, quantus honor, quantum præsidium. Necnon et illud libatum est, in brevi fieri posse, et suæ partis provectionem, et hostium præcipitationem; nihilque his [1] obstare posse, si sola Divinitas non impediat. Si vota sua effectus consequatur, quandoque futurum, ut per sese res publica multo honore, multa gloria, cumuletur et floreat. His dictis sacramento sibi annexi sunt, atque a se digressi. Adalbero regi se contulit, quæ egerat explicans. Quibus rex auditis, negotium approbat, Arnulfum sese recepturum si veniat pollicetur, ejus purgationem de objectis, se sponte auditurum. Et si recte purgetur, non minori gratia quam ante habendum. Adalbero hæc Arnulfo refert. Regem benivolum, clementem sibi, asserit, eum etiam ejus purgationem sponte audire velle, suique gratiam sine mora reddere. Unde et ei esse maturandum, et quantotius id petendum; otius ergo regem adeundum, ne aliquorum dolus consilium abrumpat. Ad regem itaque ambo profecti sunt.

* A, sa, d, *abscisa.*
[1] *eis supra posito* his *codex.*

XLIV. — Adalbéron abuse Charles et Arnoul par un serment.

Adalbéron se rendit sans retard au lieu où l'appelaient Charles et Arnoul. Il fut reçu honorablement et avec une vive satisfaction. On ne parla que très-peu et très-légèrement des divisions passées ; on exposa les différentes raisons qui voulaient qu'on resserrât toujours davantage les liens de l'amitié ; ils répétèrent souvent qu'il y aurait pour eux un grand avantage à vivre en bon accord ; en même temps quelle gloire, quel honneur, quelle force ! On se flatta même que dans peu de temps on pourrait arriver à faire triompher le parti de Charles, à ruiner celui de l'ennemi ; que rien ne pourrait s'y opposer si Dieu n'y était contraire. Si leurs vœux se réalisaient, il arriverait un jour que par eux l'état serait florissant et comblé d'honneur et de gloire. Après ces discours, ils se lièrent par serment et se séparèrent. Adalbéron alla trouver le roi et lui fit connaître ce qu'il avait fait. Le roi approuva tout, promit de recevoir Arnoul s'il se présentait, et d'écouter volontiers sa justification ; s'il se justifie pleinement, il ne le tiendra pas moins en bonne grâce qu'auparavant. Adalbéron rapporte la chose à Arnoul, et lui assure que le roi est, à son égard, bienveillant et plein de clémence, qu'il est tout disposé à entendre sa justification et à lui rendre sans retard ses bonnes grâces ; qu'il se hâte donc et qu'il vienne au plus vite les réclamer ; qu'il se présente promptement au roi, de crainte que quelque envieux ne vienne changer ses dispositions. En conséquence, ils partent tous deux pour aller trouver le roi.

XLV. — Arnulfus ad regem* se contulit*, gratiam ab* eo* accepturus*.

Arnulfus admissus regi, ab eo osculum accepit; et cum de objectis aliquam purgationi operam dare vellet, rex sibi sufficere dixit, ut a præteritis quiesceret, et exinde sibi fidem inviolabiliter servaret; sese penitus non ignorare Karolum ei vim intulisse, et summa id necessitudine factum, ut ad tempus a se discederet, et Karolo etiam nolens faveret. Sed quia id factum erat, quod labefactari non poterat, multa ratione ei esse videndum, ut amissæ urbis dampnum aliquo modo suppleret. Si urbem habere ut ante non posset, saltem Karolum ad se transire faceret, ut se consentiente, quod pervaserat teneret. Hæc et ampliora Arnulfus sese facturum pollicetur, tantum ut regis gratia sibi reddatur, et ipse apud eum ut metropolitanus honoretur. Rex gratiam indulsit, et ut plurimum coram se honorem haberet concessit. Unde et factum est, ut in prandio die eadem regi dexter, Adalbero reginæ levus resideret. His ita sese habentibus Arnulfus ab rege dimotus est. Miram regis benivolentiam Karolo indicavit. Quanto quoque honore apud eum habitus sit explicans, de ejus gratia plurimum gloriabatur. A quo tempore regis et Karoli reconciliationem atque favorem quærebat.

XLVI. — Exceptio** Adalberonis a Karolo**.

Quæ dum sic sese haberent, Adalbero a rege digressus est, Karolumque petens, Lauduni multa ambitione exceptus est. Ad se sui redeunt, qui ante ab urbe

* Regem, it, b, eo, turus *abscisa.*
†* ptio, Karolo *abscisa.*

XLV. — Arnoul va trouver le roi afin d'en recevoir son pardon.

Arnoul, admis près du roi, en reçut le baiser ; et comme il s'apprêtait à présenter sa justification, le roi lui dit qu'il suffirait que le passé ne se reproduisît plus, et que dorénavant sa fidélité fût inviolable ; qu'il n'ignorait pas que Charles avait usé de violence et qu'il y avait eu pour l'évêque nécessité absolue de s'éloigner du roi pour un temps, et de servir Charles même à contre cœur. Mais comme ce qui est fait est fait, Arnoul doit s'appliquer à chercher les moyens de procurer au roi une compensation quelconque pour la perte de la ville. S'il ne peut comme autrefois posséder Laon, qu'il amène Charles du moins à reconnaître l'autorité du roi et à tenir par concession royale ce qu'il a envahi. Arnoul promet qu'il fera ce qu'on lui demande et beaucoup plus encore ; que les bonnes grâces du roi lui soient rendues seulement, et qu'il soit traité par lui comme un métropolitain. Le roi accorda sa grâce et il voulut qu'Arnoul reçût de grands honneurs à sa cour ; celui-ci fut, le même jour, à dîner, placé à la droite du roi, Adalbéron à la gauche de la reine. Les choses ainsi arrangées, Arnoul prit congé du roi. Il rapporta à Charles les excellentes dispositions de Hugues, lui dit quels honneurs il en avait reçus, et se félicita grandement de ses bonnes grâces. Dès lors, il chercha à amener la réconciliation du roi et de Charles, et à mériter leur faveur.

XLVI. — Adalbéron est reçu par Charles.

Pendant que cela se passait, Adalbéron quitta le roi et se rendit près de Charles. Il fut reçu à Laon avec grande satisfaction. Ses serviteurs, qui avaient été exilés de la ville, revinrent près de lui. Ils reprirent leur train de vie comme par le passé, n'ayant aucune défiance, et comptant sur

exulaverant. Rem familiarem ut ante disponunt, in nullo dubitantes, et pacem postmodum sperantes. Clerum quem amiserat revisit, eique compatitur, benivolentiam spondet, ut a se non deficiant hortatur. Postquam satis colloquii cum suis habuit, de securitate fidei et urbis, a Karolo convenitur. Qui sic orsus cœpit : « Quoniam Divinitas in omnibus misericors, etiam « dum punit, misericorditer operatur, justo ejus judi- « tio me et abjectum et receptum cognosco. Ejus æqui- « tate hac urbe me exceptum arbitror, ejus benignitate « quod superest præstolor. Ipsum etiam, vos et hanc « urbem mihi reddidisse opinor. A Deo itaque red- « ditum mihi adjungi quæro. Adsunt sancta, super- « ponite dexteram, fidem contra omnes spondete. « Exceptio nulla erit, si vultis mihi comes fieri. » Ille sui voti avidus, quicquid expetitur spondet. Super sancta dextram extendit, non veritus jurare quodcumque propositum fuit. Unde et cunctis credulus, nulli suspectus fuit. In nullo negotio a quoque vitatur. De urbe munienda, ipse querit et deliberat. Omnium causam sciscitatur. Pro omnibus consultat. Quare ignotus cunctos latuit.

XLVII. — Comprehensio * Karoli ab Adalberone.

Interea cum Karoli suorumque habitum penitus pervidisset, sese etiam nulli esse suspectum, dolos multifariam prætendebat, ut et urbem sibi redderet, et Karolum regi captum traderet. Karoli itaque colloquio utitur sæpius, benivolentiam profert amplius. Sese quoque si oporteat sacramentis magis stringendum offert ; tanta cautela calliditatis usus, ut omnino dolum

---

[1] hensio *abscisum*.

une paix durable. L'évêque revit le clergé qu'il avait perdu, il lui exprima son intérêt, lui promit sa bienveillance et l'exhorta à ne pas se séparer de lui. Lorsqu'il se fut suffisamment entretenu avec les siens, Charles lui demanda des gages de sa foi et de la défense de la ville, et lui parla ainsi : « Puisque la Divinité est misé-
« ricordieuse envers tous et que, lors même qu'elle punit,
« elle agit avec miséricorde, je reconnais que j'ai été re-
« jeté et rétabli par son juste jugement. Je dois à son
« équité, je le crois, d'avoir été reçu dans cette ville, et
« j'attends le reste de sa bonté. Je pense aussi que c'est elle
« qui m'a rendu et vous-même et vous tous et la ville, et je
« demande que ce que Dieu me rend, s'unisse à moi. Voilà
« les saintes reliques, posez dessus votre main, et engagez-
« moi votre foi envers et contre tous ; si vous voulez deve-
« nir mon comte, n'y faites nulle exception. » Adalbéron, avide d'arriver à ses fins, promet tout ce qu'on lui demande. Il étend la main sur les reliques et ne craint pas de jurer tout ce qu'on veut. Il inspira ainsi confiance à tous, et ne donna nul soupçon. Personne ne craignit d'avoir affaire à lui ; il s'occupa lui-même de fortifier la ville ; il s'enquit des affaires de chacun ; il pensa aux intérêts de tous : en sorte que nul ne put le pénétrer.

XLVII. — Arrestation de Charles par Adalbéron.

Lorsque Adalbéron connut parfaitement les habitudes de Charles et des siens, et qu'il fut sûr de n'être soupçonné de personne, il machina diverses ruses, et pour rentrer en possession de la ville et pour livrer au roi Charles captif. Il avait souvent des entretiens avec celui-ci, l'assurant toujours plus de son dévouement ; il offrit même de se lier par un serment plus formel, s'il le fallait. Il employa tant d'astuce et d'adresse qu'il jeta un voile épais sur sa dissimulation, au point qu'une nuit, dans un souper où il se mon-

simulationis colore obvelaret. Unde cum nocte quadam inter cenandum hilaris resideret, Karolus craterem aureum in quo panem infregerat vinoque temperaverat tenens, post multum cogitatum ei obtulit : « Quoniam » inquiens « ex patrum decretis palmas et frondes hodie « sanctificastis, atque plebem [1] sacris benedictionibus « consecrastis, nobisque eukaristiam porrexistis, ali- « quorum susurronum calumnias qui vobis fidendum « negant vilipendens, cum instet dies passionis « Domini et salvatoris nostri Jesu Christi, hoc vascu- « lum vestræ dignitati aptum, cum vino et pane in- « fracto vobis porrigo. Hoc poculum in signo habendæ « et servandæ fidei ebibite. Si vero fidem servare animo « non stat, poculo parcite, ne horrendam Judæ prodi- « toris speciem referatis. » Quo respondente : « Crate- « rem recipiam, et potum libere ebibam! » Karolus mox prosecutus, addendum dixit : « et fidem faciam. » Ille ebibens prosecutus est : « et fidem faciam; alioquin « cum Juda interream! » Et multa his similia anathematis verba cenantibus dedit. Nox futuri luctus et proditionis conscia instabat. Quietum ire constitutum est, dormitumque in mane. Adalbero sui doli conscius, dormientibus Karolo et Arnulfo, gladios et arma a capitibus eorum amovit, latibulisque mandavit. Hostiarium hujus doli ignarum accersiens, cursum accelerare, et quendam suorum accersire jubet; ostium sese servaturum interim pollicens. Quo digresso, Adalbero in ipso ostio sese medium fixit, gladium sub veste tenens. Cui mox sui assistentes, utpote hujus facinoris conscii, ab Adalberone omnes intromissi sunt. Karolus et Ar-

---

[1] populum *superposito* plebem.

trait très-gai, Charles, qui tenait une coupe d'or où il avait
fait tremper dans du vin, du pain coupé en morceaux, la lui
présenta après y avoir bien réfléchi, et lui dit : « Puisque,
« d'après les décrets des pères, vous avez sanctifié au-
« jourd'hui des rameaux verts ; puisque vous avez con-
« sacré le peuple par vos saintes bénédictions, que vous
« nous avez offert à nous-même l'eucharistie ; comme le
« jour de la passion de Notre-Seigneur et sauveur Jésus-
« Christ approche, je vous offre, méprisant les propos de
« ceux qui nient qu'on doive se fier à vous, ce vase conve-
« nable à votre dignité, avec le vin et le pain en morceaux.
« Buvez ce qu'il contient en signe de fidélité à ma per-
« sonne ; mais s'il n'est pas dans vos résolutions de garder
« votre foi, abstenez-vous, de crainte de rappeler l'horrible
« personnage du traître Judas. » Adalbéron répondit : « Je
« recevrai la coupe, et je boirai volontiers ce qu'elle con-
« tient ! » Charles poursuivit aussitôt, en disant : Vous devez
ajouter : « et je garderai fidélité. » Il but et ajouta : « Et je
» garderai fidélité ; qu'autrement je périsse avec Judas ! »
Il proféra encore devant les convives plusieurs autres imprécations semblables. La nuit approchait qui devait voir
les larmes et la trahison. On se disposa à aller prendre
du repos et à dormir pendant la matinée. Adalbéron, qui
nourrissait son projet, enleva du chevet de Charles et
d'Arnoul, pendant qu'ils dormaient, leurs épées et leurs
armes, et les cacha dans des lieux secrets ; puis appelant l'huissier, qui ignorait son stratagème, il lui ordonna
de courir vite chercher quelqu'un des siens, promettant
de garder la porte pendant ce temps. Lorsque l'huissier
fut sorti, Adalbéron se plaça lui-même sur le milieu de
la porte, tenant son épée sous son vêtement. Bientôt, aidé
des siens, complices de son crime, il fit entrer tout son
monde. Charles et Arnoul reposaient alourdis par le
sommeil du matin. Lorsqu'en se réveillant ils aperçurent

nulsus matutino somno oppressi, quiescebant. Coram quibus cum hostes facto agmine adessent, et illi expergefacti adversarios advertissent, a lectis prosilientes, et arma capessere nitentes, nec reperientes, querunt quidnam matutinus eorum afferat eventus. Adalbero vero : « Quoniam, » inquit, « arcem hanc mihi nuper « surripuistis, et ab ea exulem abire coegistis, et vos « hinc dissimili tamen fortuna pellemini. Ego enim « proprii juris remansi ; vos alieno subibitis. » Ad hec Karolus : « An, » inquit, « o episcope hesternæ cenæ « memor sis nimium miror. Non ergo ipsa Divinitatis « reverentia inhibebit? Nihilne jus sacramenti? Nihil « hesternæ cenæ imprecatio? » Et hec dicens, præceps in hostem fertur. Quem furentem armati circumdant, atque in lectum repulsum comprimunt. Nec minus Arnulfum pervadunt. Quos comprehensos, in eadem turri includunt. Turrim quoque clavibus et seris repagulisque custodibus adhibitis muniunt. Unde cum clamor feminarum, puerorumque simul et famulorum ululatus in cœlum ferretur, cives per urbem turbati et expergefacti sunt. Quicumque Karoli partibus favebant mox profugio sese liberaverunt. Quod etiam vix factum fuit. Nam cum pene adhuc fugerent, statim tota civitas obfirmari ab Adalberone jussa est, ut omnes quos sibi adversos putabat comprehenderet. Quæsiti fuere, nec reperti. Subductus est et Karoli filius biennis, patris vocabulum habens, et a captivitate liberatus. Adalbero regi Silvanectim legatos otius mittit; quondam amissam urbem jam receptam, Karolum cum uxore et natis captum, atque Arnulfum inter hostes inventum et comprehensum mandat. Unde et sine mora cum quotcumque possit veniat. Exercitui colligendo mo-

leurs ennemis réunis en troupe autour d'eux, ils sautent du lit et cherchent à se saisir de leurs armes, qu'ils ne trouvent pas. Ils se demandent ce que signifie cet événement matinal. Mais Adalbéron leur dit : « Vous m'avez récemment enlevé cette place, et m'avez forcé de m'en exiler; maintenant, nous vous chassons à votre tour, mais d'une autre manière, car je suis resté mon maître, mais vous, vous passerez au pouvoir d'autrui. » Charles répondit : « O évêque, je me demande avec étonnement si tu te souviens du souper d'hier! Est-ce que le respect pour la Divinité ne t'arrêtera pas? n'est-ce donc rien que la force du serment? n'est-ce rien que l'imprécation du souper d'hier? » Et disant cela, il se précipite sur l'évêque; mais les soldats armés enchaînent sa furie, le poussent sur son lit et l'y retiennent; ils s'emparent aussi d'Arnoul, et confinent les deux prisonniers dans la même tour qu'ils ferment avec des clous, des serrures et des barres de bois, et où ils placent des gardes. Les cris des femmes et des enfants, les gémissements des serviteurs, frappent le ciel, épouvantent et réveillent les citoyens dans toute la ville. Tous les partisans de Charles se hâtent de s'enfuir, ce qu'à peine même ils peuvent exécuter; car tout au plus étaient-ils sortis lorsque Adalbéron ordonna de s'assurer à l'instant de toute la ville, afin de saisir tous ceux qu'il regardait comme opposés à son parti. On les chercha, mais on ne put les trouver. Il fut fait une exception en faveur d'un fils de Charles, âgé de deux ans, de même nom que son père, lequel fut excepté de la captivité. Adalbéron envoya promptement des députés au roi, alors à Senlis, pour lui mander que la ville naguère perdue était reconquise, que Charles était pris avec sa femme et ses enfants [1], ainsi qu'Arnoul qui s'était trouvé

---

[1] Adalbéron s'empara de Laon le 30 mars 991, suivant M. Pertz; le 2 avril, suivant l'*Art de vérifier les dates*. Sur les enfants de Charles voir plus bas, chap. XLIX.

ram nullam intendat. Vicinis quibuscumque confidit, ut post se veniant, legatos mittat. Moxque etsi cum paucis veniat.

XLVIII. — Rex * captis Karolo * et * Arnulfo Laudunum * ingreditur *.

Rex quotcumque potest assumit, et sine dilatione Laudunum petit. Nactusque urbem, et regia dignitate exceptus, de salute fidelium, urbisque ereptione et hostium comprehensione quesivit, et addidicit. Die altera civibus accitis, de fide sibi habenda pertractat. Illi acsi qui capti erant, et qui jam in jus alterius cesserant, fidem faciunt et regi sacramento asciscuntur. Urbisque securitate facta, rex Silvanectim post cum captis hostibus rediit. Suos deinde sciscitans, deliberandi rationem querebat.

XLIX. — Deliberatio ** quorumdam ** apud regem super ** Karolo **.

Qua de re aliorum sententia erat, a Karolo viro claro [1], et regio genere inclito, ejus natos omnes cum natabus obsides accipiendos; petendum etiam ab eo sacramentum, quo regi fidem faciat, regnum Franciæ numquam sese repetiturum, contra natos quoque testamentum inde facturum; quo facto Karolum dimittendum censebant. Aliorum vero sententia hujusmodi

---

* Re, Karolo et, num i *abso*.
** Deli, quo, apu, super *absc*.
[1] cloro *codex*.

parmi les ennemis ; il l'engage à venir à l'instant avec tous ceux qu'il pourra réunir ; qu'il ne mette aucun retard à rassembler son armée, qu'il envoie des députés à tous ceux de ses voisins auxquels il a confiance, afin qu'ils viennent au plus tôt ; qu'il se hâte d'arriver même avec peu de monde.

XLVIII. — Après l'arrestation de Charles et d'Arnoul le roi entre dans Laon.

Le roi prit avec lui tout ce qu'il put trouver de monde, et se rendit à Laon sans retard. Il prit possession de la ville, où il fut reçu comme il convenait à sa dignité royale. Il s'y enquit et fut informé de tout ce qui touchait au sort de ses fidèles, à la prise de la ville et à la capture des ennemis. Le lendemain, il fit venir les citoyens et leur demanda la foi qui lui était due. Comme ceux-ci avaient passé sous une autre autorité par la prise de la ville, ils promirent fidélité et se lièrent au roi par serment. Le roi ayant assuré la place contre toute entreprise, s'en retourna à Senlis avec ses prisonniers. Il appela ensuite les siens et leur demanda conseil.

XLIX. — Délibération de quelques-uns des conseillers du roi au sujet de Charles.

Quelques-uns pensaient qu'on devait recevoir de Charles, homme illustre et issu de race royale [1], ses fils et ses filles comme otages, et lui demander de prêter serment de fidélité au roi, de jurer qu'il ne revendiquerait jamais le royaume de France, et même de faire un testament qui en exclurait ses enfants. Cela fait, ils pensaient que Charles devait être mis en liberté. D'autres étaient d'avis qu'un homme si illustre et d'une race si ancienne ne devait pas être relâché tout de suite, mais devait être retenu par le roi

---

[1] Voir *Notes et dissertations*, sect. III.

erat : Tam clarum et antiqui generis virum, non mox reddendum, sed apud regem tam diu habendum, donec qui ejus captionem indignaturi sint ¹ appareant; si eo numero et nomine atque duce præmineant, ut indigni non sint qui hostes regis Francorum dicantur, sive inferiores sint, attendendum; si ergo pauci et inferiores indignentur, tenendum censebant; si vero majores et quam plures, reddendum superiori ratione suadebant. Karolum ergo cum uxore Adelaide et filio Ludovico, et filiabus duabus, quarum altera Gerberga, altera Adelaidis dicebatur, necnon et Arnulfo nepote carceri dedit.

L. — De difficultate * sui itineris * ab * urbe * Remorum Carnotum *.

Ante horum captionem, diebus ferme quatuordecim, cum aviditate discendi logicam Yppocratis ² Choi, de studiis liberalibus sæpe et multum cogitarem, quadam die equitem Carnotinum in urbe Remorum positus offendi. Qui a me interrogatus, quis et cujus esset, cur et unde venisset, Heribrandi clerici Carnotensis legatum sese, et Richero sancti Remigii monacho se velle loqui respondit. Ergo mox amici nomen et legationis causam advertens, me quem querebat ³ indicavi, datoque ³ osculo semotim ³ secessimus ³. Ille mox epistolam protulit, hortatoriam ad aphorismorum lectionem. Unde et ego admodum lætatus, assumpto quodam puero cum Carnotino equite, iter Carnotum

* ultate, is, ab, ur, notum *absc.*
¹ st.
² yppacratis *codex.*
³ rebat, datoque, motim, us *abscisa.*

aussi longtemps qu'il se montrerait des gens dévoués aux intérêts du captif; qu'il fallait voir si ses partisans, par leur nombre, par leurs noms et par leur chef, méritaient d'être appelés adversaires du roi des Français [1], ou s'ils n'avaient que peu d'importance. Si, en effet, ils étaient faibles et en petit nombre, on conseillait de retenir le prisonnier; s'ils étaient, au contraire, nombreux et puissants, il convenait de céder aux circonstances et de le relâcher. Hugues confine donc dans une prison Charles, sa femme Adélaïde, son fils Louis et ses deux filles, appelées l'une Gerberge, l'autre Adélaïde, ainsi que son neveu Arnoul.

L. — Difficulté d'un voyage de l'auteur de Reims à Chartres.

Je m'occupais souvent et avec ardeur des études libérales, et j'avais un vif désir d'étudier la logique d'Hippocrate de Cos. Quatorze jours environ avant la capture de Charles [2], je rencontrai dans la ville de Reims un cavalier de Chartres. Je lui demandai qui il était et à qui il appartenait, pour quelle affaire et d'où il venait; il me répondit qu'il était envoyé par Heribrand, clerc de Chartres et qu'il voulait parler à Richer, moine de Saint-Rémi. Entendant le nom de mon ami et apprenant le sujet du message, je me fis connaître au cavalier pour celui qu'il cherchait; nous nous embrassâmes, et nous retirâmes à l'écart; alors il me présenta une lettre qui m'invitait à aller lire les aphorismes. Je fus enchanté, et prenant un domestique avec le cavalier, je me disposai à faire route vers Chartres. Je partis, en effet, après avoir reçu, pour tout secours, de mon

---

[1] Voir *Notes et dissertations*, sect. 1.
[2] C'est-à-dire dans le mois de mars.

arripere disposui. Digressus autem, ab abbate [1] meo unius tantum parvaredi solatium accepi. Nummis etiam, mutatoriis, ceterisque [2] necessariis vacuus, Orbatium perveni, locum multa caritate inclitum. Ibique domni abbatis D. colloquio recreatus, simulque et munificentia sustentatus, in crastino iter usque Meldim peragendum arripui. Ingressus vero cum duobus comitibus lucorum anfractus, non defuere infortunii casus. Nam fallentibus biviis, sex leugarum superfluitate exorbitavimus. Transmisso vero Teodorici castello, parvaredus ante visus Bucephalus, fieri coepit asello tardiusculus. Jam sol a mesembrino discesserat, totoque aere in pluvias dissoluto, in occasum vergebat, cum fortis ille Bucephalus supremo labore victus, inter femora insidentis pueri deficiens corruit, et velut fulgure trajectus, sexto [3] miliario ab urbe exspiravit. Quanta tunc fuit perturbatio, quanta anxietas, illi perpendere valent, qui casus similes aliquando perpessi sunt, et ex similibus similia colligant. Puer inexpertus tanti itineris difficultatem, fessus toto corpore equo amisso jacebat. Impedimenta sine vectore derant. Imbres nimia infusione ruebant. Coelum nubila prætendebat. Sol, jam in occasu, minabatur tenebras. Inter hæc omnia, dubitanti consilium a Deo non defuit. Puerum namque cum impedimentis ibi reliqui; dictatoque ei quid interrogatus a transeuntibus responderet, et ut somno imminenti resisteret, solo equite Carnotino comitatus, Meldim perveni. Pontem quoque vix de luce videns, ingredior. Et dum diligentius

[1] ã. m̃. *codex.*
[2] ceteriisque *codex.*
[3] tertio *corr.* VI^{to}.

abbé[1] un seul cheval de somme, et, sans argent, sans habit
de rechange ni autres objets de première nécessité, j'arrivai
à Orbais, lieu renommé pour son hospitalité. J'y fus ranimé
par le bon accueil de l'abbé D.[2], qui me donna aussi des
marques de sa munificence, et le lendemain je me remis
en route pour Meaux; mais m'étant engagé, avec mes deux
compagnons, dans les détours des bois, nous fûmes en butte
à toute espèce d'infortune. Trompés par l'embranchement
de deux routes, nous fîmes six lieues de plus qu'il ne fallait.
Ensuite, au delà de Château-Thierry, notre monture, qui
jusque-là semblait un Bucéphale, commença à marcher plus
lentement qu'un âne. Déjà le soleil était loin du méridien
et inclinait vers le couchant, et toute l'atmosphère n'était
que pluie, lorsque ce vaillant Bucéphale, épuisé de fatigue,
tomba sans force sous le domestique qui le montait, et
expira comme frappé de la foudre, à six milles de la ville.
Quel fut alors notre embarras, quelle fut notre anxiété!
ils peuvent le comprendre ceux qui se sont trouvés quelquefois dans des cas semblables; que par leur position,
ils jugent de la nôtre. Le domestique, qui n'avait jamais
éprouvé les difficultés d'un si long chemin, était étendu par
terre, le corps brisé, près de son cheval mort. Nos bagages
étaient là sans pouvoir être emportés; la pluie nous assaillait plus fortement, les nuages s'amoncelaient dans le ciel;
le soleil, déjà à l'horizon, nous menaçait de l'obscurité.
Dans ces conjonctures, Dieu vint lever mes irrésolutions. Je
laissai là le domestique avec les bagages, après lui avoir dicté
ce qu'il devait répondre aux questions des passants et lui
avoir recommandé de ne pas se laisser aller au sommeil qui

[1] L'abbé Arbod.
[2] Orbais près de la grande route qui conduit de Châlons à Meaux. Il
paraît donc qu'il passa la Marne le premier jour à Épernai, et le second
à Château-Thierry. P.

Le nom de l'abbé du monastère d'Orbais manque dans la *Gallia
Christiana*, comme l'a fait remarquer M. Guérard.

contemplarer, novis iterum infortuniis angebar. Tantis enim et tot hiatibus patebat, ut vix civium necessarii die eadem per eum transierint. Carnotinus inpiger, et in peragendo itinere satis providus, naviculam circumquaque inquirens et nullam inveniens, ad pontis pericula rediit, et ut equi incolumes transmitterentur e coelo emeruit. Nam in locis hiantibus equorum pedibus aliquando clipeum subdens, aliquando tabulas abjectas adjungens, modo incurvatus, modo erectus, modo accedens, modo recurrens, efficaciter cum equis me comitante pertransiit. Nox inhorruerat, mundumque tetra caligine obduxerat, cum basilicam sancti Pharonis introii, fratribus adhuc parantibus potum caritatis. Qua die sollempniter pranserant, recitato capitulo [1] de cellarario monasterii, quod fuit causa tam serae potationis. A quibus ut frater exceptus, dulcibus alloquiis, cibisque sufficientibus recreatus sum. Carnotinum equitem cum equis vitata pontis pericula iterum attemptaturum, puero relicto remisi. Arte praemissa pertransiit; et ad puerum secunda noctis vigilia errabundus pervenit. Vixque eum saepius inclamatum repperit. Quo assumpto cum ad urbem devenisset, suspectus pontis pericula, quae pernitiosa experimento didicerat, cum puero et equis in cujusdam tugurium declinavit; ibique, per totam diem incibati, nocte illa ad quiescendum non ad cenandum collecti sunt. Quam noctem ut insomnem duxerim, et quanto in ea cruciatu tortus [2] sim, perpendere possunt, qui cura carorum aliquando vigilasse coacti sunt.

---

[1] cap.

[2] vexatus *superposito* tortus *codex*.

l'assaillait, et, suivi du seul cavalier chartrain, j'arrivai à
Meaux. A peine le jour me permettait-il de voir le pont sur
lequel je m'avançais, et lorsque je l'examinai plus attenti-
vement, je vis que je touchais à de nouvelles calamités. Ce
pont était percé par tant et de si grandes ouvertures, qu'à
peine les personnes en relations habituelles avec les citoyens
avaient-elles pu y passer le jour même. Mon compagnon,
homme actif et voyageur fécond en ressources, après
avoir cherché de tous côtés une barque sans en trouver,
revint au dangereux passage du pont et il obtint du ciel
que les chevaux le traversassent sans accident. Sur les
endroits percés, il plaçait quelquefois son bouclier sous
leurs pieds, quelquefois il rapprochait les planches dis-
jointes, tantôt courbé, tantôt debout, tantôt s'avançant,
tantôt reculant sur ses pas, il traversa heureusement le pont
avec les chevaux, et je le suivis. La nuit était affreuse, et
le monde était plongé dans de profondes ténèbres lorsque
j'entrai dans la basilique de saint Pharon, et cependant les
frères préparaient encore alors le breuvage de charité. Ils
avaient ce jour même dîné solennellement, après avoir fait
lecture du chapitre relatif au cellérier du monastère, ce
qui avait retardé à ce point leur collation. Je fus reçu par
eux comme un frère, et gratifié de douces paroles et de
vivres suffisants [1]. J'envoyai le cavalier chartrain avec des
chevaux affronter de nouveau les périls du pont auxquels
nous avions échappé, pour qu'il allât rejoindre le domestique laissé sur la route. Il traversa le pont avec la même
adresse qu'il avait déjà déployée, et marchant à l'aventure,
il rejoignit le jeune homme à la seconde veille de la nuit [2].
Il l'appela longtemps et ne le retrouva qu'avec peine. Il le

---

[1] M. Guérard a traduit : « m'offrirent un bon repas. » *Sibi sufficientes*
pourrait signifier aussi des vivres pour la route.
[2] La seconde veille commençait à neuf heures et s'étendait jusqu'à minuit.

Post vero optata luce reddita, nimia esurie confecti, maturius affuerunt. Eis etiam cibi illati; annona quoque cum paleis, equis anteposita est. Dimittensque abbati Augustino [1] puerum peditem, solo Carnotino comitatus Carnotum raptim deveni. Unde mox equis remissis, ab urbe Meldensi puerum revocavi. Quo reducto et omni sollicitudine amota, in aphorismis [2] Yppocratis vigilanter studui [3], apud domnum Herbrandum magnæ liberalitatis atque scientiæ virum. In quibus cum tantum prognostica morborum accepissem, et simplex egritudinum cognitio cupienti non sufficeret, petii etiam ab eo lectionem ejus libri, qui inscribitur de concordia Yppocratis, Galieni [3] et Surani. Quod et obtinui; cum eum in arte peritissimum, dinamidia, farmaceutica, butanica, atque cirurgica non laterent.

LI. — Quod ex querela * reprehendentium * captionem * Arnulfi, regio * jussu * sinodus * habita * est *.

Sed ut jam superioris negotii seriem repetamus, cum de episcopi captione aliqui amicorum [4] indignarentur,

* uere, enden, tionem, gio, jus, us, ha, t. *ex conject.*

[1] aug c. uti et in necrologio S. Faronis Meldensis occurrere videtur; v. Galliam Christianam.

[2] mis, dui *abscisa.*

[3] ita cod.

[4] scolasticorum *corr.* amicorum.

ramena enfin ; mais arrivé près de la ville, redoutant les dangers du pont qu'il connaissait par expérience, il se retira avec lui et les chevaux dans une chaumière. Bien qu'ils eussent passé tout le jour sans manger, ils employèrent cette nuit-là à se reposer au lieu de souper. Ceux que tinrent quelquefois éveillés des inquiétudes pour des personnes chères, peuvent comprendre à quel point cette nuit fut pour moi sans sommeil, et quels tourments elle me donna. Enfin, revint le jour impatiemment attendu, et ils arrivèrent de très-bonne heure, mourant de faim. On les fit manger, on donna du grain et de la paille aux chevaux. Je laissai à l'abbé Augustin le domestique démonté, et accompagné du seul cavalier, j'arrivai promptement à Chartres. Bientôt après j'envoyai des chevaux à Meaux et j'en fis revenir le domestique. Lorsqu'il fut arrivé, et que toute sollicitude fut passée, j'étudiai avec ardeur les aphorismes d'Hippocrate près du seigneur Heribrand, homme d'une grande politesse et d'une science profonde ; mais comme je n'y puisais que la connaissance des pronostics des maladies, et comme cette simple connaissance des maladies ne satisfaisait pas mes désirs, je lui demandai aussi à lire le livre intitulé : *De l'accord d'Hippocrate, de Galien et de Suranus* ; ce que j'obtins, car il était très-habile dans son art, et n'ignorait rien dans la puissance des remèdes, la pharmaceutique, la botanique et la chirurgie.

LI. — Les plaintes de ceux qui improuvent la captivité d'Arnoul engagent le roi à ordonner la tenue d'un synode.

Mais reprenons la suite de notre narration. Quelques amis de l'évêque voyaient sa captivité avec indignation ; quelques écolâtres mêmes écrivirent pour sa défense et produisirent des textes de canons ; le roi en ayant été informé, ordonna par décret que tous les évêques valides de la Gaule et surtout les suffragants d'Arnoul eussent à se réunir ; que ceux qui ne pourraient assister en personne à l'assemblée, y

nonnulli etiam scolasticorum in ejus defensionem alia scriberent, alia scripta de canonibus proferrent, idque ad aures regum relatum esset, edicto [1] regio decretum est, ut episcopi Galliæ omnes qui valent et maxime qui comprovinciales sunt, in unum conveniant; qui autem adesse non possent, suam absentiam per legatos idoneos a suspitione purgarent. Ibique certis ac firmis decretorum rationibus aut convictum dampnarent, aut pristinæ sedis dignitati purgatum restituerent. Collecti sunt ergo in cœnobio monachorum sancti Basoli confessoris, Remorum diocesanei, Remensis quidem metropolitani comprovinciales, Guido Suesorum episcopus, Adalbero Laudunensis episcopus, Herivevus Belvacensis episcopus, Godesmannus Ambianensis episcopus, Ratbodus Noviomensis episcopus, Odo Silvanectensis episcopus; Daibertus Bituricensium metropolitanus; Lugdunensis metropolitani comprovinciales, Gualterus Augustudunensis episcopus, Bruno Lingonensis episcopus, Milo Matisconensis episcopus; Siguinus Senonensium metropolitanus, cum suis Arnulfo Aurelianensi episcopo, Herberto Autisiodorensi episcopo. Qui in unum considentes, diversorum locorum abbates qui aderant, post solitariam sui disputationem, secum consedere jusserunt.

LII. — Deliberatio* de dignitate* habendi* juditii et prælaturæ*.

De habenda igitur sinodo, ratione facta, ordinandum putabant, cui potestas judicandi de singulis conferretur; quem etiam habendarum rationum custodem

---

* ra, digni, ndi, præla *abscisa*.
[1] decreto *corr.* edicto.

envoyassent des députés autorisés par eux, afin de ne laisser planer aucun soupçon sur les motifs de leur absence, et que, conformément aux règles certaines et positives des canons, ou bien ils condamnassent l'évêque atteint et convaincu, ou qu'ils le rétablissent justifié dans les honneurs de son siége. Dans le monastère des moines du confesseur saint Basle se réunirent donc les évêques diocésains de Reims, suffragants de l'archevêque, savoir : Gui, évêque de Soissons, Adalbéron, évêque de Laon, Hervé, évêque de Beauvais, Godesman, évêque d'Amiens, Rathod, évêque de Noyon, Eudes, évêque de Senlis ; l'archevêque de Bourges, Daibert ; les suffragants de l'archevêque de Lyon, Gauthier, évêque d'Autun, Brunon, évêque de Langres, Milon, évêque de Mâcon ; Siguin, archevêque de Sens, avec ses évêques, Arnoul d'Orléans, Herbert d'Auxerre. Lorsqu'ils furent rassemblés, et après en avoir discuté secrètement, ils appelèrent à siéger avec eux les abbés de divers monastères qui se trouvaient là.

LII. — Délibération pour désigner qui dirigerait les jugements et qui présiderait l'assemblée.

La tenue du synode étant réglée, l'assemblée pensa qu'il convenait de décider à qui serait conféré le pouvoir de prononcer sur chaque question et à qui serait commis le soin de diriger et de résumer les discussions [1]. Le droit de pro-

[1] C'est-à-dire qui serait président et qui serait promoteur.

atque interpretem accommodarent. Judicandi itaque dignitas, Siguino Senonensium metropolitano commissa est, eo quod ætatis reverentia, et vitæ merito plurimum commendaretur. Ordinandi vero facultas ac magisterium interpretandi, Arnulfo Aurelianensi episcopo credita est, eo quod ipse inter Galliarum episcopos, eloquii virtute et efficatia dicendi florebat. His ergo sic habitis, post cleri ingressum, sententiis ad negotium facientibus recitatis, Arnulfus sic præfatus ait :

LIII. — Elocutio * Arnulfi * in * sinodo.

« Quoniam patres reverendi, serenissimorum regum
« jussu, necnon et sacræ religionis causa huc conveni-
« mus, multa fide, multo etiam studio cavendum
« videtur, ne nos qui gratia Sancti Spiritus hic collecti
« sumus, aut odium alicujus, aut amor, a rectitudinis
« norma exorbitare faciat. Et quia hic in nomine
« Domini collecti sumus, ante conspectum summæ
« Divinitatis, veridicis sententiis debemus omnia agi-
« tare; nulli loquendi locum surripere; veritati operam
« dare; pro veritate vivaciter stare; contra objecta,
« simplicibus ac puris sententiis et intendere et res-
« pondere. Unicuique debitus honor servetur; dicendi
« potestas omnibus sit. Intendendi etiam et refellendi
« libertas, omnibus concessa sit. Nunc deinde quoniam
« me ante omnes fari voluistis, causam hujus sinodi [1]
« coram edicendam arbitror, quatinus bene digesta,
« omnibus ut est videatur. Clarissima illa Remorum
« metropolis, proditione nuper pervasa ab hostibus

---

* El, Arnulfi in *abscisa*.
[1] sinoni *cod*.

noncer les jugements fut confié à Siguin, archevêque de Sens, parce qu'il était tout à fait recommandable et par le respect dû à son âge et par le mérite de sa vie. Le soin de diriger les débats et le droit d'interprétation fut conféré à Arnoul, évêque d'Orléans, parce qu'il brillait entre les évêques des Gaules par le mérite et le pouvoir de son éloquence. Ces points réglés, le clergé entra ; lecture fut faite des règles applicables à l'affaire, et Arnoul parla comme suit :

LIII. — Discours d'Arnoul dans le synode.

« Vénérables pères, puisque nous sommes rassemblés ici
« par l'ordre des rois sérénissimes et dans l'intérêt de la
« sainte religion, nous devons, étant unis dans la grâce
« du Saint-Esprit, employer toute notre foi, tous nos efforts
« pour que ni la haine, ni l'amour ne nous fassent dévier
« des règles de la droiture. Et, puisque nous sommes
« ici réunis au nom du Seigneur, c'est un devoir pour
« nous, en présence de la divinité suprême, de tout exa-
« miner avec justice, de n'enlever à personne l'occasion
« de parler, de rechercher la vérité, de la soutenir avec
« force, d'appuyer ou de repousser les accusations par des
« raisons simples et franches. Que l'honneur dû à chacun
« lui soit rendu, que tous aient la faculté de parler, que
« tous jouissent de la liberté d'accuser et de repousser l'at-
« taque. Maintenant, puisque vous avez voulu que je par-
« lasse devant vous tous, je pense devoir vous faire con-
« naître l'objet de ce synode, afin que, nettement exposé,
« il paraisse à tous tel qu'il est. La célèbre métropole de
« Reims fut récemment livrée par trahison à l'invasion des
« ennemis ; les reliques des saints ont été souillées par la
« violence, le sanctuaire de Dieu a été violé par toutes

« fuit. Sancta sanctorum hostium impetu contaminata
« sunt, sanctuarium Dei nefariis quibusque violatum,
« cives quoque a prædonibus direpti. Quorum malorum
« ille auctor esse criminatur, qui ab hostibus tutari
« debuit, Arnulfus ejusdem urbis episcopus. Hoc ei
« intenditur. Ad hoc discutiendum regalis dignitas hic
« nos collegit. Elaborate igitur, patres reverendi, ne,
« unius perfidia, dignitas sacerdotalis vilescat. »

LIV.

Contra hæc cum quidam residentium responderent hujusmodi hominem quantotius convincendum, et sic justo juditio puniendum, Siguinus episcopus non id sese permissurum respondit, ut is qui majestatis reus accusatur sub discutiendi censura ponatur, nisi ante ex jurejurando promissionem indulgentiæ, ab regibus et episcopis accipiat. Idque faciendum asserebat ex concilii Toletani capite 31. Quod, quia brevitati studemus, omisimus ponere.

LIV *. — Sermocinatio * Daiberti * pro * juditio ferendo *.

Daibertus, Bituricensium archiepiscopus, dixit :
« Cum constet factum, et de nomine facti dubitatio
« nulla sit, quantum quoque facinus perpendatur,
« quomodo ex necessitate reo sit indulgendum, penitus
« non adverto. Hic enim incurrere necessitas videtur,
« cum juditium promulgandum non sit, nisi prius
« supplicii indulgentia convincendo concessa fuerit.
« At si ad secularia jura respiciatur, quodcumque sce-
« lus quisque commiserit, secundum sceleris modum,
« pœnitentiæ severitati subjacebit. »

* Sermo, berti pro, fere *abscisa*.

« sortes de crimes, les citoyens enfin ont été dépouillés par
« les brigands. Celui qui aurait dû préserver la ville de ces
« maux, l'évêque Arnoul, est accusé d'en être l'auteur :
« voilà ce qu'on lui reproche. C'est pour discuter ce point
« que l'autorité royale nous a rassemblés ici. Veillez donc,
« vénérables pères, à ce que la perfidie d'un seul ne puisse
« porter atteinte à la dignité sacerdotale. »

LIV.

Quelques-uns des membres présents ayant répondu à ce discours qu'un homme de cette sorte devait être condamné au plus vite et frappé ainsi d'un juste châtiment, l'évêque Siguin répondit qu'il ne permettrait pas qu'une personne accusée de lèse-majesté fût mise en jugement avant d'avoir obtenu sous serment la promesse des rois et des évêques qu'ils useraient d'indulgence. Il prétendait que les choses devaient se faire ainsi d'après le trente et unième canon du concile de Tolède, que nous omettons de rapporter pour être plus brefs.

LIV (*bis*). — Discours de Daibert demandant qu'on procède au jugement.

Daibert, archevêque de Bourges, dit : « Puisque le fait
« est constant et qu'il n'y a aucun doute sur la qualifica-
« tion qu'il mérite, ainsi que sur la grandeur du crime qu'il
« constitue, je ne vois pas du tout comment il peut y avoir
« nécessité de ménager le coupable. On pense cependant
« qu'il y a nécessité, puisqu'on prétend que le jugement
« ne doit être prononcé que lorsque l'accusé aura obtenu
« grâce du supplice, en cas de condamnation. Mais si l'on
« interroge le droit séculier, quel que soit le crime qu'on ait
« commis, on est soumis à la rigueur de la peine, selon la
« nature du crime. »

LV.

Herivevus, Belvacensis episcopus, dixit: « Cavendum
« summopere est, ne leges divinas forensibus compa-
« remus. Plurimum enim a se differunt, cum divinarum
« sit de æcclesiasticis negotiis tractare, et secularium
« secularibus adhiberi. Quarum primæ tanto secundas
« superant, quanto secundæ primis inferiores sunt;
« unde et divinis per omnia suus honor servandus est.
« Si ergo frater et coepiscopus noster Arnulfus majes-
« tatis reus convictus fuerit, pro sacerdotali reverentia
« et sanguinis affinitate, a serenissimis regibus indul-
« gendum aliquatenus non abnuo. Juditii tamen sen-
« tentiam omnino non effugiet, si sua confessione in-
« dignus sacerdotali dignitate manifestabitur. »

LVI. — Indignatio* Brunonis* in Arnulfum*.

Bruno Lingonensis episcopus dixit : « Hunc unde
« hic sermo habetur in has miserias præcipitasse vi-
« deor, cum, contra multorum bonorum vota, ad ho-
« noris culmen provexi. Et hoc non solum propter
« carnis affinitatem effeci, sed etiam ut ad melioris vitæ
« statum illum attraherem, cum non ignorarem ipsum
« Laudunensis urbis pervasorem, atque nefariæ fac-
« tionis temerarium principem; sub jure cirographi,
« regibus fidem spopondisse, pro nullo præterito aut
« futuro sacramento fidem promissam sese umquam
« violaturum; regum hostes pro ingenio et viribus im-
« petiturum, illisque in nullo communicaturum. Sed

* Ind, Bru, Arnulfum *absc.*

LV.

Hervé, évêque de Beauvais, dit : « Il faut bien nous
« garder de comparer les lois divines avec les autres lois ;
« elles sont bien différentes en effet, puisque le propre des
« lois divines est de traiter des choses ecclésiastiques, et le
« propre des lois séculières de s'appliquer aux choses sécu-
« lières. Les premières de ces lois l'emportent autant sur
« les secondes, que les choses du monde sont inférieures
« aux choses de la religion. D'où il suit que la suprématie
« des lois divines doit en tout être maintenue. Si donc
« notre frère et co-évêque Arnoul est convaincu de lèse-
« majesté, je ne désapprouve point que, pour l'honneur
« du sacerdoce et par respect pour des liens de parenté, les
« sérénissimes rois se montrent jusqu'à un certain point
« indulgents envers lui. Cependant, si son aveu nous le
« montre indigne du pouvoir sacerdotal, il n'échappera
« point entièrement à son arrêt. »

LVI. — Indignation de Brunon contre Arnoul.

Brunon, évêque de Langres, dit : « Il semble que j'ai
« précipité dans ces malheurs, celui dont on parle, en l'éle-
« vant au faîte des honneurs, contre le vœu d'un grand
« nombre d'hommes de bien. Et cela, je ne l'ai pas fait
« uniquement parce qu'il était mon parent[1], mais aussi
« pour l'amener à une vie meilleure ; car je n'ignorais pas
« qu'il avait envahi la ville de Laon[2], et qu'il était le chef
« téméraire d'une indigne faction ; je n'ignorais pas qu'il
« s'était engagé par écrit, à rester fidèle aux rois, à ne ja-
« mais violer la foi promise pour accomplir un serment
« fait ou à faire ; à combattre de tout son esprit et de toutes

---

[1] Brunon était neveu de Lothaire et de Charles. Il était donc cousin germain naturel d'Arnoul.
[2] Il avait contribué sans doute à faire tomber la ville de Laon au pouvoir de Charles.

« quia Karolus avunculus meus, regum adversarius
« patet, cum ei is de quo loquimur communicavit,
« fidemque sacramento dedit, jus fidei promissæ pe-
« nitus abrupit. An Manasse [1] et Rotgerus regum adver-
« sarii dicendi non sunt, qui cum Karolo urbis Remo-
« rum pervasores fuere, et sanctæ Dei genitricis Mariæ
« basilicam cum armata manu ingressi sunt, sanc-
« tuariumque nefario ingressu violaverunt? Hos
« etiam iste sui consilii custodes, et amicorum præci-
« puos habebat. Quod quia evidentissimum est, dicat
« nunc ipse cujus impulsione aut suasione istud ag-
« gressus sit. Aut certe alii intendet, aut convictus testi-
« moniis labascet. Nullus consanguinitatis amor, nulla
« habitæ familiaritatis gratia a recti judicii forma me
« aliquo modo seducent. »

LVII. — Laus * Godesmanni * de magnanimitate * Brunonis et * ut * ab *
eo juditium constituatur * postulatio.

Godesmannus, Ambianensis episcopus, dixit : « No-
« vimus venerabilis Brunonis magnanimitatem, quem
« nullus affinitatis amor, nulla familiaritas a veritate
« sequestrat, at rigor animi, et morum probitas veri-
« dicum et cui credendum sit promptissime indicant.
« Ergo quia de examinatione reatus fratris et coepi-
« scopi nostri Arnulfi mentio superius facta est, ab eo
« quærendum videtur, quale ex hac re habendum sit
« **juditium**, eo quod ipsum oporteat juditii temperare
« censuram, cum ipse sic inter utrumque sit consti-

* Laus, man, nani, et ut a, constitu *abscisa*.
[1] Manus *codex*.

« ses forces, les ennemis des rois, à n'avoir aucune com-
« munication avec eux. Mais Charles, mon oncle, s'étant
« fait l'adversaire des rois, celui dont il est question après
« s'être mis en rapport avec lui et lui avoir juré fidélité,
« viola entièrement la foi promise au Roi. Est-ce que Ma-
« nassé et Roger ne doivent pas être regardés comme ad-
« versaires des rois, eux qui envahirent avec Charles la
« ville de Reims, entrèrent avec une troupe armée dans la
« basilique de sainte Marie, mère de Dieu, et violèrent son
« sanctuaire par cette coupable expédition ? C'étaient là
« les confidents et les amis particuliers de celui-ci. Puis-
« que la chose est de toute évidence, qu'il nous dise donc
« maintenant lui-même quelles suggestions, quels conseils
« l'ont fait agir. Ou il désignera un tiers, ou il succom-
« bera accablé par les témoignages. Il n'y a point de lien
« de consanguinité, il n'y a point de considération de
« familiarité habituelle qui puissent m'éloigner le moins
« du monde des formes d'un jugement légal. »

LVII. — Godesman loue le caractère de Brunon et demande que le soin
de prononcer le jugement lui soit confié.

Godesman, évêque d'Amiens, dit : « Nous connaissons
« la magnanimité du vénérable Brunon, que ne peuvent
« éloigner de la vérité ni l'affection du sang, ni les
« liaisons d'amitié, que la sévérité de son caractère et
« la probité de ses mœurs montrent tout d'abord comme
« véridique et digne de confiance. Ainsi, puisqu'on a déjà
« proposé de discuter la culpabilité de notre frère et co-
« évêque Arnoul, il semble qu'on devrait lui demander quel
« jugement il faut porter sur cette affaire ; il convient que
« ce soit lui qui arbitre la sentence, placé comme il est
« entre les deux parties, de manière qu'il doit fidélité au
« roi, et à Arnoul l'affection d'un parent. Il ne pourra en
« effet être suspect d'aucune fraude, celui que la fidélité

« tutus, ut et regi fidem, et Arnulfo ex consangui-
« nitate dilectionem debeat. Unde et nullius doli suspi-
« tione tenendus erit, quem fidelitas domini ad judi-
« tium incitabit, et caritas proximi a malivolentia pro-
« hibebit. »

LVIII. — Responsio Brunonis.

Ad hec Bruno episcopus : « Mentem, » inquit, « ves-
« tram satis plane intelligo. Hic qui reus majestatis
« accusatur carnis affinitate mihi conjungitur, utpote
« avunculi mei Lotharii regis filius. Unde et vestra
« benignitas mihi fieri injuriam metuit [1], si dignum de
« eo a vobis proferatur juditium. Sed absit, ut amo-
« rem consanguinitatis Christi amore præciosiorem
« habeam. Rem unde agitur sanctitas vestra subtili
« indagine mecum discutiat. De condemnatione con-
« victo inferenda nihil metuentes, cum æque justum
« sit, et reum majestatis damnari, et innocentem
« laxari. »

LIX. — Demonstratio Ratbodi [*], quod libellum [*] infidelitatis episcopi [*] Lothariensium [*] perperam [*] calumnientur.

Ratbodus, Noviomensis episcopus, dixit: « Si placet,
« patres reverendi, libellum fidelitatis, ab Arnulfo
« quondam regibus de habenda fide porrectum, a
« vobis nunc discutiendum puto. Videtur enim, quod
« solus in ejus dampnatione sufficiat, eo quod fidem
« jurejurando promissam, et manus scripto robora-
« tam, sacrilegio perjurii penitus violaverit. Sed est
« quiddam quod remordet, quod scilicet a Lotharien-

[*] Ratbo, bellum, episcopi L, perperam *abscisa*.
[1] metui *cod*.

« envers son seigneur engagera à prononcer un jugement,
« et que l'affection qu'il porte à un proche, écartera de
« toute malveillance. »

LVIII. — Réponse de Brunon.

A cela l'évêque Brunon répondit : « Je comprends
« suffisamment votre pensée. Celui qui est accusé de lèse-
« majesté m'est uni par les liens du sang, étant fils de mon
« oncle, le roi Lothaire; en sorte que votre bénignité a
« craint de me faire injure, si vous portiez sur lui un juge-
« ment mérité. Mais à Dieu ne plaise que je fasse passer
« les liens du sang avant l'amour du Christ. Que votre
« sainteté se livre donc avec moi à l'examen le plus scru-
« puleux de l'affaire dont il s'agit. Ne craignez en aucune
« façon de prononcer la condamnation d'un coupable, car
« il est également équitable, et que le criminel de lèse-
« majesté soit condamné, et que l'innocent soit absous. »

LIX. — Ratbot démontre que les évêques de Lorraine accusent à tort de fausseté la promesse écrite.

Ratbot, évêque de Noyon, dit : « Vénérables pères, il
« convient, je pense, si vous le trouvez bon, d'examiner
« maintenant la promesse de fidélité, donnée il y a quelque
« temps aux rois par Arnoul ; il semble que cette pièce
« seule suffit pour le faire condamner, car il a entière-
« ment violé en se parjurant, une promesse de fidélité
« faite sous serment, et garantie encore par un écrit de sa
« main. Mais il y a une chose fâcheuse, c'est que les évê-
« ques de Lorraine nient, dit-on, son authenticité. Ils
« prétendent faussement qu'elle a été écrite, lue, conservée
« contre les lois divines. En conséquence il faut, si vous le

« sium episcopis, ut fertur, contra illum disputatur.
« Calumniantur enim contra leges divinas scriptum,
« lectum, reconditum. Unde et, si placet, jam a vobis
« discutiendus in medium proferatur. » Sinodus dixit :
« Proferatur. »

LX. — Textus libelli * fidelitatis * Arnulfi.

Prolatus est itaque hanc textus seriem habens : « Ego
« Arnulfus, gratia Dei præveniente, Remorum archi-
« episcopus, promitto regibus Francorum Hugoni et
« Rotberto me fidem purissimam servaturum, consi-
« lium et auxilium eis secundum meum scire et posse
« in omnibus negotiis præbiturum, inimicis [1] eorum
« nec concilio nec auxilio ad eorum infidelitatem scien-
« ter adjuturum. Hæc in conspectu divinæ majestatis
« et beatorum spirituum et totius ecclesiæ assistens
« promitto, pro bene servatis laturus præmia æternæ
« beatitudinis, si vero, quod nolo et quod absit, ab
« his deviavero, omnis benedictio mea convertatur in
« maledictionem, et fiant dies mei pauci, et episcopa-
« tum meum accipiat alter, recedant a me amici mei,
« sintque perpetuo inimici. Huic ego cirographo a
« me edito, in testimonium benedictionis vel male-
« dictionis meæ, subscribo, fratresque et filios meos
« ut subscribant rogo. Ego Arnulfus archiepiscopus
« subscripsi. »

* elli fide *abscisa*.
[1] *ita codex*.

« jugez à propos, qu'elle vous soit produite et que vous la
« discutiez. » Le synode dit : « Qu'elle soit produite. »

LX. — Texte de la promesse de fidélité écrite par Arnoul.

On produisit donc le texte dont suit la teneur : « Moi,
« Arnoul, par la grâce de Dieu, venue sur moi, archevêque
« de Reims, je promets aux rois des Français, Hugues et
« Robert, de leur conserver une foi inaltérable, de leur ac-
« corder mes conseils et mon appui en toutes choses, selon
« ma science et mon pouvoir; de n'aider sciemment leurs
« ennemis ni de ces conseils, ni de cet appui, en violation de
« la fidélité que je leur voue. Je fais cette promesse en pré-
« sence de la majesté divine, et des esprits bienheureux et
« de toute l'Église, devant obtenir la récompense d'une
« béatitude éternelle, si je l'observe fidèlement, et consen-
« tant, si je m'en écarte (ce que je ne veux faire et ce qu'à
« Dieu ne plaise), que toute bénédiction que j'obtiendrai me
« devienne malédiction, que mes jours soient abrégés et
« qu'un autre reçoive mon évêché; que mes amis s'éloi-
« gnent de moi et deviennent à jamais mes ennemis. Je
« souscris, comme devant attirer sur moi bénédiction ou
« malédiction, cet écrit fait de ma main, et je prie mes
« frères et mes fils[1] de le souscrire. Moi, Arnoul, arche-
« vêque, j'ai signé. »

[1] Ceci doit s'entendre de ses frères et de ses fils en Dieu.

LXI. — Arnulfus * libellum * ex parte probat *, et ex parte vituperat *.

Quo recitato, a sinodo investigatur an alicujus reprehensionis aut defensionis vim habere videatur. Tunc venerabilis episcopus Arnulfus, eo quod officium interpretandi ei commissum erat. « Et pro se, » inquit, « ex
« parte defensionem continet, et vires ex parte repre-
« hensoribus accommodat. Causa namque ut scribe-
« retur, ejus auctor Arnulfus fuit, qui cum detestandæ
« cupiditatis morbo nimium laboraret, egit quod re-
« prehendi potest, cum juratus fidem non servavit.
« Hoc enim reprehensioni succumbit. Et quod sapientes
« et boni id effecerunt, quod dolis et astutiæ perditis-
« simi hominis contrairet, contra querulos defensioni
« firmitatem affectat, viresque ministrat; et quicquid
« illud sit, testimonio tamen roborandum est. Pro-
« cedat Adalgerus presbiter; adest namque qui rerum
« seriem proditionis conscius optime novit. Ille in-
« quam adsit, et vestræ claritudini inauditum scelus
« edicat, ut et ubi sit vituperatio habenda cognoscatis,
« et ubi laus concedenda videatis. »

LXII. — Admovetur ** Adalgerus ** accusationi **.

Adalgerus itaque accersitus adest. Super hac re interrogatus et nil moratus respondet: « Utinam, patres
« sancti, in hac vocatione concedatur mihi aliqua re-
« missionis indulgentia. Sed quia ad id deveni, ut si
« quid quod pro me faciat inveniri possit, id contra me
« stare videatur, verbis brevioribus quod quæritis edi-

---

* bellum, probat, vitu *abscisa* (sic *Pertz*).
** ovetur, rus, ac, ni, io *abscisa* (sic *Pertz*).

LXI. — Arnoul approuve l'écrit à certains égards, à d'autres il le blâme.

Cet écrit ayant été lu, le synode examina s'il contenait matière à réprimande, où s'il justifiait son auteur. Alors le vénérable évêque Arnoul, qui avait reçu la mission d'exposer les faits[1], dit : « D'une part, il contient en soi justi« fication, et de l'autre, il prête des armes à l'accusation ; en « effet Arnoul, son auteur, donna lieu à ce qu'il fût rédigé, « et, poussé par une excessive et détestable cupidité, il fit « une chose qu'on peut regarder comme répréhensible, il « jura fidélité et viola sa foi ; voilà ce qui mérite le blâme ; « mais comme il a, à l'instigation des sages et des gens de « bien, repoussé les fourberies et l'astuce d'un homme « perdu ; ce fait donne du poids et de la force à la défense « contre les accusations ; toutefois il doit être appuyé de « témoignages. Que le prêtre Adalger comparaisse, car « c'est lui qui connaît le mieux toutes les circonstances de « la trahison. Qu'il paraisse, dis-je, et raconte à vos gran« deurs ce crime inouï, afin que vous connaissiez où doit « être appliqué le blâme, où la louange doit être donnée. »

LXII. — Adalger fortifie l'accusation.

On fait donc venir Adalger ; on l'interroge, et il répond sans différer : « Saints pères, plût au ciel que ma comparu« tion devant vous me valût quelque pardon de votre in« dulgence. Mais comme je suis venu ici pour faire que si « quelque chose pouvait parler en ma faveur, cette même « chose soit tournée contre moi, je répondrai en très-peu « de mots à ce que vous demandez. Dudon, vassal de

---

[1] Arnoul, évêque d'Orléans. Voir ci-dessus chap. LI et LII.

« cam. Dudo, Karoli miles, hortatus est ut hanc unde
« hic quæritis proditionem aggrederer, sic domino
« meo placere juratus. Unde cum ei non crederem,
« dominum meum per me interrogavi. Sese id fieri
« velle respondit. Ut autem hoc dedecus specie honesti
« velaretur, Karolo manus dedi; ejusque factus, prodi-
« tionem per sacramentum spopondi. Et feci quidem,
« sed non injussus. Quod si vobis falsum videatur,
« paratus sum omnia juditiorum genera subire. »

LXIII. — Brevis et * dilucida * demonstratio * criminis * a Guidone episcopo *.

Guido, Suessionensis episcopus, dixit : « Ut hic ex ra-
« tione hujus intelligitur, unius reatus forte ambo
« teneantur. Nam cum hic sese effecisse asserat, non
« est immunis ejus dominus qui facinus perpetrandum
« suasit, eo quod sceleris causam se ipsum præbuerit.
« Quoniam ergo utriusque negotium juditiis evidentibus
« constat, cum alter facinus suaserit, alter effecerit,
« juditii censura vestram paternitatem non latet. Est
« etiam quod juditio habendo vires præbeat, quod cum
« ipse episcopus proditionis auctor exstiterit, ut suum
« flagitium melioris zeli fervore tegeret, multæ excom-
« municationis et maledictionis anathemate, a corpore
« et sanguine Domini separavit, atque ab ecclesia fide-
« lium suspendit, Remensium prædonum auctores,
« factores, cooperatores, fautores, et a propriis do-
« minis rerum, sub emptionis nomine, abalienatores.
« Sed cum tanti mali episcopus auctor existat, anathe-

* et di, mon, minis, piscopo *abscisa*.

« Charles, me sollicita d'effectuer la trahison sur laquelle
« vous délibérez ici, me jurant que je serais ainsi agréa-
« ble à mon seigneur. Et comme je ne me fiais pas à ses
« paroles, j'interrogeai moi-même mon seigneur. Il ré-
« pondit qu'il voulait que la chose se fît. Afin que ce
« crime fût couvert des apparences de l'honnêteté, je don-
« nai les mains à Charles [1], et étant devenu son homme, je
« m'engageai par serment à la trahison ; je trahis en effet,
« mais après en avoir reçu l'ordre. Que si ce témoignage
« vous paraît faux, je suis prêt à subir toute espèce de ju-
« gement. »

LXIII. — L'évêque Guy démontre le crime d'une manière brève et claire.

Guy, évêque de Soissons, dit : « De l'aveu de cet homme,
« il résulte qu'un même crime fournit deux coupables, car
« bien que celui-ci s'en déclare l'auteur, il n'innocente point
« son seigneur, qui l'a poussé à le commettre et qui s'en est
« de la sorte rendu l'instigateur. Ainsi la participation de
« tous les deux résulte d'indices évidents, l'un a excité au
« crime et l'autre l'a commis ; les motifs de condamnation
« sont donc patents pour votre paternité ; il y a même de
« fortes raisons pour porter jugement : c'est que l'évêque, le
« véritable auteur de la trahison, afin de couvrir son crime
« par la chaleur d'un zèle louable, a frappé de l'anathème de
« nombreuses excommunications et malédictions, séparé de
« la communion du corps et du sang de Notre-Seigneur, et
« retranché de l'Église des fidèles, les auteurs, les artisans,
« les complices, les fauteurs des brigandages de Reims et
« ceux qui, sous apparence d'achat, se sont emparés des
« effets de leurs propres maîtres. Mais comme l'évêque est
« l'auteur de tant de maux, il est incontestable qu'il doit

---

[1] Voir *Notes et dissertations*, sect. v.

« mate involutus manifestissime patet. Quod etiam ad
« ejus condempnationem non minimum valet. »

LXIV. — Indignatio Gualteri in Arnulfum.

Gualterus, Augustudunensis episcopus, dixit : « An
« male sanæ mentis hic episcopus non est qui pro se
« defensiones nititur, cum regibus et tot patribus ejus
« iniquitas dilucide pateat, et insuper presbiteri malo-
« rum conscii testimonio convincatur? An ipse mali
« inventor periculum anathematis evadere potuit,
« cum ipse mali inventor et fautor, inventores et facto-
« res fautoresque maledictionis telo perfodit? An ipsam
« Divinitatem hec perpendere non animadvertit, cum
« scriptum sit, quod oculi Domini in omni loco contem-
« plantur bonos et malos? Et certe arbitror, quia dixit
« insipiens in corde suo : Non est Deus. Animadvertite
« ergo patres, quam corrupti sunt et abominabiles facti
« sunt in studiis suis factor et fautor. »

LXV. — Odonis episcopi admonitio * de juditio * accelerando *.

Odo, Silvanectensis episcopus, dixit : « Quoniam reli-
« gionis causa, et jussu serenissimorum regum, hic
« collecti sumus, non est differendum habendi juditii
« examen; id enim reges præstolantur; clerus et plebs
« idem expectant. Nec est in diversissimis sententiarum
« rationibus diutius immorandum, cum res sit evidens,
« et juditii ratio in promptu sit. De quibus non solum
« patrum statuta legitis, verum etiam per conse-
« quentias rerum equitatis censuram proferre non igno-
« ratis. »

* admo, juditio, ndo *abscisa.*

« être enveloppé dans l'anathème. Et ce n'est pas ce qui
« doit le moins motiver sa condamnation. »

LXIV. — Indignation de Gaultier contre Arnoul.

Gaultier, évêque d'Autun, dit : « N'a-t-il pas perdu
« l'esprit, cet évêque qui s'efforce de se défendre, lorsque son
« iniquité est patente, et pour les rois et pour tant de Pères,
« lorsque, de plus, il est convaincu par le témoignage d'un
« prêtre, complice de ses forfaits ? Est-ce qu'il peut, lui,
« l'instigateur du mal, échapper aux coups de l'anathème,
« quand, instigateur et fauteur, il a percé du trait de la malé-
« diction les instigateurs, les auteurs et les fauteurs ? Est-ce
« qu'il ne s'aperçoit pas que la divinité elle-même en a
« jugé, puisqu'il est écrit que les yeux du Seigneur con-
« templent en tous lieux les bons et les méchants [1] ? Et certes
« je pense que l'insensé a dit dans son cœur : Il n'y a point
« de Dieu [2]. Considérez donc, mes Pères, combien l'au-
« teur et le fauteur sont corrompus, combien, par leurs
« machinations, ils sont devenus abominables. »

LXV. — Remontrances de l'évêque Eudes sur la nécessité d'accélérer le jugement.

Eudes, évêque de Senlis, dit : « Puisque nous sommes
« assemblés ici dans l'intérêt de la religion et par l'ordre
« des sérénissimes rois, nous ne devons pas différer l'exa-
« men du jugement. Les rois l'attendent, le clergé et le
« peuple l'attendent aussi. Il ne faut pas nous arrêter plus
« longtemps aux opinions si diverses émises jusqu'ici,
« puisque le fait est évident et la sentence à porter tout à
« fait claire. Non-seulement vous connaissez là-dessus
« les statuts des Pères, mais encore, d'après les faits, vous
« savez très-bien que votre censure sera équitable. »

[1] Prov. xv, 3.
[2] Psalm. xxi, 5.

LXVI. — Arnulfi persuasio* ad defensores* ut libere* disputent.

Arnulfus, Aurelianensis episcopus, dixit : « Licet, pa-
« tres venerandi, hec certissime se sic habeant, ut de
« Arnulfo prædicantur, plurimisque sententiis patrum,
« justo juditio damnari valeat, tamen ne videamur de
« fratris ruina letantes, et in ejus damnatione absque
« justo ardentes, statuendum communi decreto arbi-
« tror, ut quicumque in ejus defensione aliquid dicere
« nititur, locum defensandi habeat, revolvat volumina,
« proferat quot vult sententias, atque omnia quæ ad
« defensionem paravit, hic coram nil metuens effun-
« dat. Atque hoc constituendum reor, ut ultra eis
« defensandi locus non pateat. Hic tantum nunc co-
« gitata edicant. » Tunc Siguinus episcopus Arnulfi
statum approbat, ac decretalibus interdictis¹, violari
inhibet. Si quispiam ergo quid dicere habet, ut edicat
ammonet.

LXVII. — Defensio** scolasticorum** pro Arnulfo.

Et cum plures ibi assisterent, qui in defensione niterentur, maximi tamen defensores fuere abbates Abbo
Floriacensis, et Ramnulfus Senonensis, atque Johannes
scolasticus Autisiodorensis. Hi enim scientia simul et
eloquentia inter suos insignes habebantur. Et indicto
silentio, librorum multa volumina aperta sunt, multa
quoque ex patrum decretis prolata, nonnulla etiam ad

---

* per, defen, ere *abscisa*.
** Defensi, ticorum *abscisa*.
¹ inter interdictis *cod.* (*in duabus lineis*).

LXVI. — *Arnoul engage les défenseurs à parler librement.*

Arnoul, évêque d'Orléans, dit : « Vénérables Pères, bien
« que, de toute certitude, les choses soient telles qu'on les
« a annoncées, en ce qui touche Arnoul, et qu'il ait mérité
« d'être condamné par juste jugement, conformément à de
« nombreuses décisions des Pères, cependant, afin que
« nous ne paraissions pas nous réjouir de la ruine d'un
« frère, et désirer plus qu'il ne convient sa condamnation,
« je pense que nous devons régler par un décret que qui-
« conque désirera parler pour sa défense, ait la liberté de
« le faire ; qu'il puisse feuilleter les volumes, présenter
« toutes les autorités qu'il voudra, qu'enfin tout ce qu'il
« aura préparé pour la défense, il puisse sans crainte le
« dérouler devant nous. Et les choses doivent, à mon avis,
« être réglées ainsi, afin que désormais il n'y ait plus lieu
« à revenir sur la défense ; que chacun dise donc à pré-
« sent et pour n'y plus revenir, toute sa pensée. » L'évêque
Seguin approuva la proposition d'Arnoul, et défendit par
décret exprès de la violer, puis il invita à parler quiconque
aurait quelque chose à dire.

LXVII. — *Plaidoyer des écolâtres pour Arnoul.*

Plusieurs d'entre les assistants prirent hautement la défense d'Arnoul, cependant ses principaux avocats furent les
abbés Abbon de Fleury[1] et Ramulf de Sens[2], avec Jean, écolâtre d'Auxerre, qui tous étaient réputés pour leur savoir et
leur éloquence. Le silence fut réclamé ; plusieurs volumes
furent ouverts, on invoqua un grand nombre de décrets
des Pères, on déduisit enfin quelques raisons pour la défense. Ces raisons se réduisaient principalement aux quatre

---

[1] Abbon n'était encore alors que moine de Fleury.
[2] Il faudrait lire ici de *Senonnes* et non de *Sens*.

defensionem objecta. Inter quae quatuor principaliter objiciebant; aiebant enim, inprimis eum suae sedi restituendum; deinde legitimam ei vocationem adhibendam; tum quoque Romano pontifici id innotescendum; et postremo, pontificis Romani auctoritate, in generali sinodo totum facinus discutiendum. Hoc etiam secundum divinas et humanas leges, approbandum asserebant.

LXVIII. — Infirmatio* defensionis*.

Ab altera vero parte responsum est, eum sedi pristinae non restituendum, eo quod culpis evidentissimis a probabili accusatore convictus, ad flagicia magis praeceps quam ad religionis honorem et dominorum fidem commodus videretur; nec jam ultra esse vocandum, cum post proditionis nefas, per sex continuos menses vocatus fuerit, et ad rationem venire contempserit; romano vero pontifici notificari non posse, eo quod itineris difficultas, atque inimicorum minae id plurimum prohiberent; id vero sceleris jam non esse discutiendum, cum totum constaret, accusator crimen intenderet, ac firmamentum multiplex afferret; reus vero convictus nil contra valeret. His episcoporum sententiis multa ratione prolatis, defensores cedunt.

LXIX.

Quibus a defensione cessantibus, episcopi nihil aliud superesse, nisi Arnulfum in medium statuendum censebant, ut pro se quae vellet responderet. Vocatus itaque in ordine episcoporum consedit. Cui postquam ab

---

* ufir, defensio *abscisa*.

suivantes : on disait qu'Arnoul devait être d'abord rendu à son siége ; qu'ensuite il devait être légalement appelé à comparaître ; qu'avis devait en être donné au pontife de Rome ; et enfin que toute l'affaire devait être discutée dans un synode général, sous l'autorité du pape : les lois divines et humaines, assurait-on, le voulaient ainsi.

LXVIII. — Réfutation de la défense.

De l'autre côté, on répondit qu'il ne pouvait être rétabli dans son siége, parce qu'il avait été convaincu de méfaits évidents, par un accusateur digne de foi ; et qu'il était plus enclin à se livrer au crime qu'à honorer la religion, et à se montrer fidèle à ses seigneurs ; qu'il ne devait pas être assigné de nouveau à comparaître, puisque, après sa trahison, il avait été appelé pendant six mois entiers et n'avait pas daigné venir s'expliquer ; que l'affaire ne pouvait être notifiée au pontife de Rome, parce que la difficulté du voyage et les menaces des ennemis s'y opposaient absolument ; qu'il n'y avait plus lieu à discuter maintenant sur le crime, puisqu'il était constant, étant prouvé par un accusateur qui en fournissait des preuves nombreuses, et le coupable n'ayant rien à opposer à ces preuves. Devant ces raisons des évêques, appuyées de longs développements, les défenseurs se désistèrent.

LXIX.

La défense étant abandonnée, les évêques pensèrent qu'il n'y avait plus qu'à faire comparaître Arnoul, pour qu'il pût ajouter, dans son intérêt, ce qu'il jugerait utile. Ayant donc été appelé, il s'assit parmi les évêques. Ceux-ci lui firent plusieurs reproches, dont il ne put se disculper. Alors, il expliqua, comme il put, certaines choses, il en nia d'au-

episcopis multa illata fuere, quibus conclusus cessavit, et ille ut potuit alia intendit, alia reppulit, victus tamen, argumentorum rationibus succubuit, et sese reum ac sacerdotio indignum coram confessus est.

LXX. — Regum * ingressus * in sinodum.

Quod cum regibus suggestum est, ipsi cum primatibus sacro episcoporum conventui sese inferunt, gratias episcopis reddentes, eo quod pro se et salute principum diu deliberassent. Petunt quoque gestorum seriem sibi evolvi, et in quo constiterint rationum fine. Tunc etiam omnium gestorum series, regibus exposita est. Post auditum narrationis ordinem, jam tempus adesse juditii habendi asseverant. Tunc episcopi Arnulfum ut regum genibus provolvatur commonent, reatum quoque suum confiteatur, atque pro sui vita, et membrorum integritate supplicet. Ille mox dominorum pedibus prostratus, crimen confessus est; et sacerdotio se indignum asserens, pro vita et membris suffusus lacrimis postulabat. Unde et universam sinodum in lacrimas coegit. Reges multa pietate flexi, vitam et membrorum integritatem indulgent. Sub custodia sui, absque ferro et vinculis habendum decernunt.

LXXI. — Decretale **.

Et a terra erectus, interrogatur an abdicationem sui canonum auctoritate sollempniter velit celebrari. Quod cum episcoporum ordinationi totum committeret, mox decretum est, ut quia se indignum sacerdotio confite-

---

* Regum ing *abscisa*.
** Decret *absc*.

tres, cependant il succomba, vaincu sous le poids des arguments, et s'avoua publiquement coupable et indigne du sacerdoce.

LXX. — Entrée des rois dans le synode.

La chose ayant été annoncée aux rois, ils se transportèrent avec les grands dans le sacré synode des évêques [1], et les remercièrent d'avoir si longtemps délibéré dans leur intérêt et pour le salut des princes. Ils demandèrent aussi qu'on leur fît connaître la suite des affaires et la solution qu'elles avaient eue. La suite de toutes les affaires leur fut donc exposée. Après avoir entendu l'ordre des faits, ils dirent qu'il était temps de rendre le jugement. Alors les évêques engagèrent Arnoul à se jeter aux genoux des rois, à leur avouer son crime, et à demander à n'être privé ni de la vie ni de ses membres. Il se précipita en effet aux pieds de ses seigneurs et confessa son crime; il s'avoua indigne du sacerdoce, et sollicita, en fondant en larmes, la conservation de sa vie et de ses membres; il arracha par là des pleurs à tout le synode. Les rois, touchés de commisération, lui laissèrent la vie et les membres, ne lui imposèrent ni fers ni chaînes, et ne lui donnèrent d'autre garde que lui-même.

LXXI. — Décret.

Il fut alors relevé, et on lui demanda s'il voulait que son abdication fût prononcée solennellement par l'autorité des canons. Comme il remit la chose au jugement des évêques, ils décrétèrent aussitôt que, attendu qu'il s'avouait

---

[1] L'archevêque de Sens, Seguin, reprocha aux rois d'être venus pour influencer le jugement des évêques.

batur, scelusque non tegebat, sicut gradibus provectus fuit, ita gradibus deponeretur. Suasus ergo, regibus quæ ab eis acceperat reddidit, sacerdotales vero'infulas episcopis sine mora laxavit. Interrogatus etiam an abdicationis et repudii libellum faceret, ad votum episcoporum omnia sese facturum respondit. Et libellum mox scriptum et oblatum, coram regibus in concilio legit, atque subscripsit.

LXXII. — Textus libelli repudii * Arnulfi.

Textus autem libelli hujusmodi erat: « Ego Arnulfus,
« gratia Dei Remorum quondam episcopus, recogno-
« scens fragilitatem meam et pondera peccatorum
« meorum, testes confessores meos Siguinum archie-
« piscopum, Daibertum archiepiscopum, Arnulfum
« episcopum, Godesmannum episcopum, Heriveum
« episcopum, Ratbodum episcopum, Walterum epi-
« scopum, Brunonem episcopum, Milonem episcopum,
« Adalberonem episcopum, Odonem episcopum, Wi-
« donem episcopum, Heribertum episcopum, constitui
« mihi judices delictorum meorum, et puram ipsis
« confessionem dedi, quærens remedium penitendi
« et salutem animæ meæ, ut recederem ab officio et
« ministerio pontificali, quo me recognosco esse in-
« dignum, et alienum me reddens pro reatibus meis in
« quibus peccasse secreto ipsis ¹ confessus sum, et de
« quibus publice arguebar, eo scilicet modo ut ipsi
« sint testes, et potestatem habeant substituendi et
« consecrandi alium in loco meo, qui digne præesse

* repu *absc*.
† ipsi *cod*.

indigne du sacerdoce, et ne cachait pas son crime, comme il avait été élevé aux grades, de même il devait en être dépouillé. Sur l'avis qu'on lui donna, il se décida donc à rendre aux rois ce qu'il en avait reçu, et remit sans retard aux évêques ses insignes sacerdotaux. Interrogé s'il écrirait lui-même son abdication et sa déposition, il répondit qu'il ferait tout ce que désireraient les évêques. Il rédigea aussitôt et présenta un écrit qu'il lut dans le concile, en présence des rois, et qu'il signa.

LXXII. — Texte de l'écrit contenant la déposition d'Arnoul.

Le texte de cet écrit était comme suit : « Moi, Arnoul, « ex-évêque de Reims, par la grâce de Dieu, reconnais- « sant ma fragilité et le poids de mes péchés, j'ai établi « juges de mes fautes les archevêques Seguin et Daibert, « les évêques Arnoul, Godesman, Hervé, Gaultier, Bru- « non, Milon, Adalbéron, Eudes, Gui et Herbert, et je leur « ai fait une confession sincère, afin d'obtenir le remède « du repentir et le salut de mon âme au moment de m'éloi- « gner de la dignité et du ministère de pontife, dont je me « reconnais indigne, et auquel je me suis rendu étranger « par les fautes dans lesquelles je leur ai confessé en secret « être tombé, et dont j'étais publiquement repris, afin « qu'ils puissent rendre témoignage, et substituer et consa- « crer un autre à ma place, qui préside dignement et serve « utilement l'église à laquelle j'ai jusqu'ici présidé, moi « indigne. Et afin qu'à l'avenir je ne puisse plus faire au- « cune répétition ou réclamation par l'autorité des canons, « j'ai signé cet écrit de ma propre main ; tel il a été lu, tel « je l'ai souscrit. Moi Arnoul, ex-archevêque de Reims, j'ai « signé. » Et les évêques présents, invités par lui à sous- crire l'écrit, le signèrent en effet, et lui répondirent par ces mots : « En conséquence de ton aveu et de ta signa- « ture, cesse tes fonctions. » Ensuite il délia du serment

« et prodesse possit æcclesiæ cui actenus indignus præ-
« fui. Et ut inde ultra nullam repetitionem aut in-
« terpellationem, auctoritate canonica facere valeam,
« manu mea propria subscribens firmavi. Quo ita per-
« lecto, ita subscripsi. Ego Arnulfus quondam Remo-
« rum archiepiscopus subscripsi. » Necnon et adstantes
episcopi ab eo rogati ut subscriberent, subscripserunt,
atque sic ei responderunt : « Secundum professionem
« et subscriptionem tuam cessa ab officio. » Post hec
sacramenti jure hos qui sui fuerant absolvit, atque liber-
tatem transeundi in jus alterius victus concessit.

LXXIII. — Depositio * Adalgeri presbiteri a * gradibus *.

Dum hec multa consideratione gererentur, Adalgerus
presbiter eo quod communione privatus esset, regum
pedibus provolutus, multa conquestione querebatur,
communioni petens restitui, parcius sibi inferendam
censuram ratus, eo quod jussus domino obtempera-
visset. Quem Arnulfus, Aurelianensis episcopus, ador-
« sus : Num quidnam » inquit « juditii expertem te tua
« conficta hodie facient? Numquid tu es qui Karolo
« portas aperuisti, et hostiliter cum illo sancta sancto-
« rum ingressus es? Numquid tu es qui adolescentem
« cum tui similibus perdidisti? Confitere infandissime! »
Quo respondente : « Negare non possum, » ille mox
prosecutus : « An ideo » inquit « communioni resti-
« tuendus es, ut domino tuo lugente, tu nefandissime
« rideas? » Tandem decretum est duorum incommo-
dorum utrumlibet ab eo eligi, aut a gradibus deponi,
aut perpetuo anathemate teneri. Qui apud se plurima

* Dep, a gra *abscisa*.

ceux qui avaient été à lui, et leur accorda la liberté de passer en la possession d'un autre.

LXXIII. — Le prêtre Adalger est dégradé.

Tandis qu'on procédait mûrement à tout cela, le prêtre Adalger, qui avait été excommunié, se précipita aux pieds des rois, leur fit entendre des plaintes amères, et demanda à être réintégré dans la communion, prétendant qu'on ne devait pas le condamner avec tant de sévérité, puisqu'il avait obéi aux ordres de son seigneur. Arnoul, évêque d'Orléans, prenant alors la parole : « Est-ce que, lui dit-il, « quelque illusion t'enlève aujourd'hui le jugement ? N'est-« ce pas toi qui ouvris les portes à Charles, et qui entras « avec lui en ennemi jusque dans le sanctuaire ? N'est-ce « pas toi qui, avec tes semblables, as perdu un jeune « homme sans expérience ? Parle, misérable ! » Et comme il répondait : « Je ne puis le nier, » Arnoul reprit aussitôt : « Dois-tu donc être rétabli dans la communion, afin que, « pendant que ton seigneur gémira, tu puisses, toi, te ré-« jouir criminellement ? » Enfin il fut décrété qu'il aurait le choix entre deux châtiments, ou d'être dégradé ou de subir un éternel anathème. Il réfléchit longtemps ; enfin, il préféra la dégradation à l'anathème éternel. Bientôt, par l'ordre des évêques, il fut revêtu des vêtements sacerdo-

pertractans, tandem maluit gradibus privari, quam anathemate perpetuo teneri. Et mox, episcoporum jussu, indumentis sacerdotalibus vestitur. Quæ singula absque ulla miseratione detrahentes, ei singuli dicebant. « Cessa « ab officio tuo. » Laicorum ergo tantum communionem ei reddentes, illum penitentiæ subdunt, atque sic a sinodo soluti sunt. Si quis autem plenius scire voluerit, quid quisque eorum de canonibus et patrum decretis in concilio protulerit, quid quoque ab eis ibi sanccitum sit, quid etiam a regibus et episcopis Romano pontifici directum, quibus quoque causarum rationibus Arnulfi abdicatio roborata est, legat librum domni et incomparabilis viri Gerberti, hujus Arnulfi in episcopatu successoris, qui omnia hæc digesta continens, mira eloquentiæ suavitate Tulliano eloquio comparatur. Objectionibus namque et responsionibus, conquestionibus atque orationibus, invectivis, conjecturisque et diffinitionibus repletus, luculentissime ac rationabiliter proponit, assumit, atque concludit. Qui non solum sinodalibus causis, sed status rhetoricæ cognoscentibus utillimus habetur.

LXXIV. — Conquestio * Odonis * apud * suos de * Miliduni * ereptione *.

Interea Odo rerum suarum augmentum querebat. Unde et apud suos quorum fidem indubitatam sciebat, castrum Meledunum in suum jus transfundi parabat; sibi inquiens miserrimum fore, quod in Sequana fluvio transmittendis exercitibus nullus sibi transitus pateret; unde et id animo sibi incidisse, quatinus Milidunum, quod est circumfluente Sequana tutissimum, et duplici

* Con, Odonis a, de, ere *abscisa*.

taux, et chacun, les lui arrachant sans pitié, lui dit successivement : *Cesse tes fonctions*. On lui permit seulement la communion des laïques, puis on le soumit à une pénitence, et le synode se sépara. Que si l'on veut connaître plus au long ce que chacun des évêques produisit dans le synode de canons et de décrets des Pères, ce qu'ils décidèrent ensemble, les messages envoyés par les rois et par les évêques au pontife de Rome, et les raisons par lesquelles on appuya la déposition d'Arnoul, il faut lire le livre du seigneur Gerbert, homme incomparable, successeur dans l'épiscopat de ce même Arnoul, où le tout se trouve rassemblé, et où brille une admirable et suave éloquence, comparable à celle de Cicéron. Ce livre rapporte les accusations et les réponses, les plaintes et les prières, les invectives, les interprétations et les décisions, expose clairement et avec méthode, résume et conclut. Il est très-utile, non-seulement dans les questions synodales, mais comme modèle des règles de la rhétorique.

LXXIV. — Eudes se plaint aux siens d'être privé de Melun.

Dans ce même temps Eudes [1] cherchait à augmenter ses biens, et préparait auprès de ceux dont il connaissait l'inviolable fidélité, des moyens de se mettre en possession du château de Melun ; c'était pour lui, disait-il, une chose fâcheuse de n'avoir aucun passage par où il pût faire traverser le fleuve de Seine à ses armées; il lui était donc venu à l'esprit, tenant plusieurs ports sur la Loire, de ramener à son obéissance le château de Melun, que la Seine entoure

---

[1] Il s'agit ici de Eudes, comte de Chartres. Voir ci-dessus, chap. XL.

portu pervium, ad suam partem retorqueret, cum etiam in Ligeri plures sibi portus paterent. Nec de perjurii facinore formidandum, cum illud jam ab avo possessum sit, et nunc non regis sed alterius habeatur. Unde et omnibus qui fidem spondebant, accelerandum suadebat, ut, quacumque ratione valerent, ad sui dominium transferrent.

LXXV. — Inductio * ab * legato Odonis in * præsidem Miliduni *.

Tunc suorum unus, castri præsidem petens, firmissimam amicitiam simulat, fidemque multam pollicetur. Quod et utrimque sacramento mox firmatum fuit. Presidemque affatus, cujus ante hac castrum fuerit, quærit. Ille cujus fuerit non abnuit. Iste quoque: « Quo, » inquit « ordine ad regium jus accessit? » Ille quoque idem prosequitur. Et iste : « Cur, » inquit, « Odoni præjudi-« tium fit, cum sepenumero reddi sibi petierit, et se in-« ferior eo nunc potiatur?—Quoniam, » inquit, « id regi « sic visum est. » Et iste : « Putasne, » inquit, « ipsam « Divinitatem non offendi, cum mortuo patre pupillus « absque re patrimonio frustratur? » Et ille : « Ita, » inquit. « Et non solum id, sed et bonorum desperatio « fit. Quis enim inter primates Odone potentior? Quis « omni honore dignior? » Atque ad hæc iste : « Si, » inquit, « ad Odonem transverti velles, numquidnam « ampliori potentia tene sublimandum arbitrare? Si « ejus esses, ejus sine dubio gratiam, consilium, sup-« petias haberes. Pro uno castro, plurima possideres. « Unde et tui nominis gloria eo ulterius iret, quo « amplius honoris culmen adipiscereris. » Ille vero :

* In, ab, in, li *abscisa*.

et fortifie, et qui possède un double port. Il ne faut point craindre de se parjurer, ajoutait-il, car cette place avait déjà été tenue par son aïeul, et maintenant ce n'était pas le roi, mais un autre qui la tenait. Il exhortait donc tous ceux dont il avait reçu la foi, à mettre sans retard, et par tous les moyens possibles, cette place sous sa domination.

LXXV. — Un envoyé d'Eudes gagne le commandant de Melun.

Alors l'un des siens alla trouver le commandant du château, lui montra une grande amitié, et lui promit une foi inviolable, ce qui fut bientôt suivi d'un serment réciproque. Dans la conversation, l'envoyé demanda au commandant à qui avait précédemment appartenu le château. Celui-ci ne cacha pas à qui il avait appartenu. « Comment, reprit « l'envoyé, est-il venu dans les mains du roi ? » Le commandant le lui dit de même : « Pourquoi, » reprit l'en- « voyé, « Eudes en est-il frustré quand il a souvent demandé « qu'il lui fût rendu et quand le château est maintenant « tenu par plus petit que lui ? — Parce que, » dit l'autre, « il a plu ainsi au roi. — Penses-tu, » continua l'envoyé, « que la Divinité elle-même ne soit pas offensée, lorsqu'à la « mort d'un père l'orphelin est dépouillé de son patrimoine « et réduit à rien ? — Elle doit l'être, » reprit le commandant, « et de plus, les gens de bien en sont découragés ; entre « les seigneurs en est-il un en effet plus puissant que Eudes ? « en est-il de plus digne d'une concession royale ? » Alors l'envoyé lui dit : « Si tu voulais te donner à Eudes, penses-tu « que rien pût t'élever à une plus haute puissance ? Si tu étais « son homme tu jouirais, sans aucun doute, de ses bonnes « grâces, de ses conseils, de ses secours. Pour un seul châ- « teau, tu posséderais bien des choses, et la gloire de ton « nom s'étendrait d'autant plus loin que tu arriverais à de « plus grands honneurs. » Mais le commandant lui dit :

« Quomodo, » inquit, « absque peccato et dedecore hec
« fieri posse confidis? » Et iste inquit : « Si te cum
« castro Odoni confers, quicquid sceleris nasci putas,
« meum fiat, meum dicatur. Pœnas inde luam, et
« summæ Divinitati rationem reddam. Consule nobi-
« litati tuæ. Fac tuarum rerum augmentum. Instat
« tempus. Oportunitas id suadet, cum inpotentia re-
« gnandi rex sit inglorius, et Odonem prosperior sem-
« per sequatur successus. » Ille rerum promissarum
cupidus, sacramentum petit. Iste facit, et pro agendo
negotio obsides querit. Ille multum honorem sese habiturum arbitrans, obsides dare non distulit. Quos iste
receptos, domum duxit, et Odoni omnia hæc retulit.

LXXVI. — Pervasio * Miliduni * ab Odone *.

Odoni itaque ut cœptis instet suadet. Interea ab
Odone copiæ clam parantur, ut castrum ingrediatur et
optineat. Paratis autem, tempore statuto aggressus, appetit et ingreditur. Proditorem simulato furore invadit,
et carceri mancipat. Qui non multo post carcere emis-
sus, sacramento coram fidem facit, et exinde ad resistendum cum Odone sese parat. Quæ omnia ad regum
aures mox delata feruntur. Reges de castri amissione
commoti, in hostes milites parant; proponentes ab
obsidione non sese discessuros, donec aut expugnatum
recipiant, aut, si res exposcat, cum hoste comminus
vires et arma conferant.

LXXVII. — Accessus ** regum ad Milidunum **.

Paratis itaque copiis, expugnatum accedunt. Et
quia castrum circumfluente Sequana ambiebatur, ipsi

* vasio, ni, *abscisa*.
** sus, ad Mili *abscisa*.

« Comment espères-tu que la chose puisse se faire sans
« péché et sans déshonneur? » L'envoyé répondit : « Si tu
« passes à Eudes avec ton château, que tout le crime que
« tu y vois retombe sur moi, et me soit attribué. J'en por-
« terai la peine et j'en rendrai compte à la Divinité suprême.
« Prends soin de ta noblesse, agrandis ta fortune, le
« temps presse et l'opportunité le conseille, car, incapable
« de régner, le roi vit sans gloire, tandis que Eudes, au
« contraire, ne trouve partout que succès. » Le commandant, ébloui par ces promesses, demanda la garantie du
serment; l'envoyé jura et demanda des otages comme gages
d'exécution. Le commandant, comptant sur de grands honneurs, ne balança pas à donner ces otages. L'envoyé les
reçut, les emmena avec lui et alla tout rapporter à Eudes.

LXXVI. — Eudes envahit Melun.

Il conseille donc à Eudes de hâter son entreprise. Celui-ci
prépare en secret des troupes pour entrer dans le château
et s'en emparer. Ces troupes étant disposées, il se mit en
marche au temps dit, arriva devant la ville et s'introduisit
dans ses murs. Dans une feinte fureur il s'empara du traître
et le jeta en prison. Mais bientôt élargi, celui-ci jura publiquement fidélité et se prépara avec lui à faire résistance.
Tout cela fut rapporté aux oreilles des rois qui, vivement
émus de la perte du château, préparent des troupes, décidés
à assiéger la place jusqu'à ce qu'elle tombe en leurs mains,
ou, s'il est nécessaire, à livrer bataille à l'ennemi.

LXXVII. — Les rois arrivent à Melun.

Leurs troupes étant donc prêtes, ils vont faire le siége
du château; et comme il était entouré par la Seine, ils
établissent leur camp sur le bord du fleuve, et disposent
sur la rive opposée une armée de pirates qu'ils avaient fait

in litore primo castra disponunt; in ulteriore, accitas [1] piratarum acies ordinant. Et, ne quo intercideretur obsidio, classes armatas in fluvio circumquaque adhibent. Itaque factum fuit, ut fluviali superficie vecti, castrum navali pugna acriter urgerent. Castrenses non impares inpugnantibus obnituntur, pro viribus certant, adversariis nullo modo cedunt. Cumque diutius resistentes, comminus pugnarent, nec cederent, postico quod inferius latebat viribus cædentium eruto, piratæ admissi sunt; et a tergo in muro pugnantibus supervenientes, multa cæde in eis debaccati sunt. Sic quoque factum est, ut et reliquus exercitus in [2] litore adhuc persistens, classibus pedester intromitteretur, castrumque repentinus pervaderet.

LXXVIII. — Castrenses * capti libertati * dantur *.

A quibus castrenses capti et victi, mox regi oblati sunt. Pro quibus coram rege ab amicis oratione habita, facta regi fide, dimissi sunt, cum non tantum rei majestatis regiæ, quantum sui domini fideles dicendi essent; ad id etiam non perfidiæ vitio, sed multa virtute adductos asserebant. His ergo obsidum jure dimissis, et castro domino priori reddito, proditor cujus dolo hujusmodi infortunium accessit, mox comprehensus, suspendio secus castri portam defecit. Nec minus ejus uxor, inusitato ludibrii genere pedibus suspensa, exuviis circumquaque defluentibus nudata, atroci fine juxta virum interiit. Cum hæc agebantur, Odo cum exercitu haud procul rei eventum opperiebatur, ratus

* enses, i libertati, ntur *abscisa*.
[1] accitæ *corr.* accitu *codex, quod corrigendum erat*.
[2] in primo *deletum*.

venir. Et pour que le siége se fît de tous les côtés à la fois, ils postent çà et là sur le fleuve des flottes armées, en sorte que les eaux de ce fleuve même qui les portaient servirent à faire attaquer la place avec vigueur. Les assiégés résistent non moins vigoureusement aux coups des assaillants; ils combattent de toute leur force et ne cèdent en rien. Ils luttaient depuis longtemps avec opiniâtreté lorsque les pirates découvrirent une porte cachée, la brisèrent, s'introduisirent dans la ville, et prenant par derrière ceux qui combattaient sur le mur ils en firent un horrible carnage. Il arriva par là que tandis que le reste de l'armée était encore sur le rivage, la flotte introduisit dans la place l'infanterie qui envahit à l'instant le château.

LXXVIII. — La garnison du château est prise et remise en liberté.

La garnison du château prise et vaincue fut bientôt présentée au roi. Mais des amis parlèrent en sa faveur; elle rendit au roi la foi qui lui était due, elle fut considérée moins comme coupable de lèse-majesté que comme fidèle à son seigneur, et on la renvoya. Elle assura en effet qu'elle avait été guidée dans sa conduite, non par la perfidie mais par un grand attachement à son devoir. Ayant donc été renvoyée moyennant otages, et le château étant rentré dans les mains de son premier maître, le traître dont la fourberie avait attiré ces malheurs, fut pris et pendu près d'une porte du château. Sa femme fut exposée à un nouveau genre d'outrages: on la suspendit par les pieds de manière que ses vêtements, retombant tout autour d'elle, laissèrent voir son corps à nu, et elle expira d'une mort atroce près de son mari. Tandis que ces choses se passaient, Eudes était posté avec une armée non loin du lieu de l'événement, pensant que les siens pourraient défendre le château contre l'ennemi,

castrum a suis posse contra hostes defendi, insidias piratarum aliquantisper suspectas habens. Dum ergo herens de eventu nutaret, affuere nuntii, qui castrum captum, suosque comprehensos et inermes factos assererent. Quo audito, exercitum non æquo animo ad sua dimovit. Cui cum a querulis quibusdam intenderetur, propter eum virum consularem [1] suspendio interisse, Odo respondisse fertur, sese amplius lesum suorum comprehensione, quam proditoris suspendio.

LXXIX. — Rixa * Odonis et Fulconis * de Brittannia *.

Nec multo post bella civilia reparata sunt. Etenim Fulco qui regum partibus favebat, exercitum in Odonem parabat, quæsiturus ab eo Britanniæ partem, quam non multo ante ei abstulerat. Collegit itaque quatuor milia, qui non comminus confligerent, eo quod eorum vires Odonis potentiæ non sufficerent, sed ejus terram incendiis et rapinis afficerent. Et tandiu id faciendum arbitrabatur, donec Odo aut tedio victus redderet, aut pro ea aliam non inparem conferret [2]. Preceps itaque fertur, terramque prædis, manubiis, combustionibusque affecit [3]. Et cum apud Blesum [4] loca suburbana succenderet, incendiis aura flante circumquaque erumpentibus, in cœnobium monachorum sancti confessoris Laudomari ignis plurimus evolavit; quod mox combustum dirutum fuit; cibi quoque consumpti. Unde nec monachorum migratio defuit. His exemptis, in

* a, Fulconis, tan *abscisa*.
[1] VC *codex*.
[2] redderet *corr*. conferret.
[3] percutit *corr*. affecit.
[4] b. castrum *deletum*.

et comptant sur quelque trahison de la part des pirates. Tandis donc qu'il attendait avec anxiété l'issue de l'événement, des envoyés vinrent lui annoncer que le château était pris, que ses troupes étaient prisonnières et désarmées. A cette nouvelle, il ramena tristement son armée chez lui. Quelqu'un lui ayant fait entendre des regrets sur le sort de cet homme consulaire [1] mis à mort par la corde à cause de lui, il répondit, à ce qu'on rapporte, qu'il perdait plus à la captivité des siens qu'à la mort d'un traître.

LXXIX. — Guerre entre Eudes et Foulques au sujet de la Bretagne.

Peu de temps après recommencèrent les guerres civiles. Foulques [2], qui tenait le parti des rois, leva une armée pour reprendre à Eudes une partie de la Bretagne que celui-ci lui avait enlevée peu auparavant. Il réunit quatre mille hommes qui devaient non pas combattre contre Eudes, car ce n'étaient pas là des forces suffisantes, mais dévaster ses terres par l'incendie et le pillage, et continuer ainsi jusqu'à ce qu'il rendît, de guerre lasse, ce qu'il avait pris, ou un équivalent. Foulques se jette donc tête baissée sur les terres d'Eudes, qu'il pille, qu'il dévaste, qu'il brûle. Et comme il livrait aux flammes les faubourgs de Blois, le vent, qui soufflait et qui portait ces flammes de tous côtés, en fit voler une grande partie sur le monastère des moines du saint confesseur Lomer, qui fut bientôt consumé par le feu. Les vivres aussi furent détruits, en sorte que les moines se virent obligés d'émigrer. Foulques porta ensuite son armée et ses ravages sur d'autres points. Après son départ, Eudes conduisit à son tour une armée sur ses

---

[1] Voir *Notes et dissertations*, sect. III.
[2] Foulques III était comte d'Anjou. M. Guérard a dit que les événements de cette guerre étaient si obscurs jusqu'ici que Richer peut être considéré comme le seul historien qui nous les fasse connaître.

loca alia exercitum retorquet, et vastat. Post cujus digressum, Odo [1] in ejus terram versa vice exercitum induxit, sic in ea efferatus, ut nec tugurium vel gallum relinqueret, hostem provocans, et ut dimicaturus veniat invitans. Ille autem copias non sufficere sibi cognoscens, provocanti cessit, atque ad sua rediit. Atque hæc fere per biennium.

LXXX. — Oratio legatorum Odonis apud regem * de Miliduni pervasione *.

Odo interea castro amisso frustratus, etiam in hoc sese cautissimum habebat. Arbitrabatur etenim duplici calamitate se posse torqueri, cum de castri amissione plurimum doleret, et a rege irato non mediocriter valeret urgeri. Unde et regi legatos direxit, per quos sese optime ratiocinari posse de objectis quibuscumque suggereret : sese in nullo regiam majestatem lesisse ostensurum; si de Miliduno agatur, contra regem nil mali molitum, cum non regi sed suo commilitoni illud abstulisset; regi nihil derogatum fuisse, cum ipse regis æquè sit, ut ille cui abstulit, nihilque interesse quantum ad regiam dignitatem, quicumque teneat; sese etiam [2] justis causis id effecisse, cum illud a suis præcessoribus olim possessum, approbari possit; unde etiam videri posse, a se dignius teneri debere, quam ab alio quocumque; tandem si quid piaculi factum est, in sese pœnam dedecoris redundasse, tantumque scelus pari ignominia abstersum : unde et facilius sibi indulgendum, atque in tanta injuria amplius parcendum. Rex, orationis

---

* regem, one *abscisa*.
[1] O. *cod.*
[2] etiam id justis c. id c. *codex*.

terres et s'y livra à de tels excès, qu'il n'y laissa ni chaumière ni clocher, provoquant l'ennemi et l'appelant au combat. Mais celui-ci, sachant bien qu'il n'avait pas suffisamment de troupes, abandonna la place à son menaçant adversaire et s'en retourna chez lui. Cet état de choses dura près de deux ans.

LXXX. — *Discours des envoyés d'Eudes au roi touchant la prise de Melun.*

Cependant Eudes, bien que dépouillé de son château, se conduisait à ce sujet avec une grande prudence, car il sentait qu'il pourrait être en butte à un double malheur : il éprouvait une vive douleur de la perte de Melun et il pouvait être fortement maltraité par un roi irrité. Il envoya donc au roi des députés pour lui faire entendre qu'il pouvait parfaitement se laver de toute espèce de reproches, et prouver qu'il n'avait en rien blessé la majesté royale; que si l'on veut parler de Melun, il n'y a rien eu dans son fait contre le roi, puisque ce n'est pas au roi, mais à un vassal [1], son égal, qu'il l'a enlevé; que le roi n'avait rien perdu par là, car il est aussi bien l'homme du roi que celui qui tenait le fort, et il n'importe nullement à la dignité royale quel est celui qui le possède; que même il a eu de justes motifs d'agir comme il l'a fait, puisqu'il peut prouver que Melun appartint autrefois à ses prédécesseurs; d'où l'on peut conclure qu'il est plus digne de le posséder que tout autre. Enfin, s'il y a eu crime, la peine en est retombée sur lui, et une disgrâce pareille à la sienne doit avoir effacé la faute; il est donc tout naturel de le traiter avec indulgence et de lui pardonner, en considération du châtiment qu'il a reçu. Le roi, sentant la force de ce discours, donna

---

[1] Voir *Notes et dissertations*, sect. III.

vim advertens, legatis satisfacit, benivolentiamque petenti mandat. Hæc legati Odoni referunt. Odo itaque regem adiit. Coram quo oratione utiliter usus, ejus gratia potitus est; tanta affabilitate insignis, ut amicitiam pristinam renovarent, et in nullo suspectus regi haberetur.

LXXXI. — Bellum inter Odonem et * Fulconem * de Brittannia.

Hac tempestate itidem, civilia bella reparata sunt. Nam Fulco Britanniæ parte frustratus, insidias adhuc parare contendebat. Collectoque exercitu, in Brittanniam præceps fertur, Namtasque appetit. Cujus custodes alios auro corrupit, alios quibusdam pollicitationibus illexit. Eis quoque usque ad effectum suasit quo sibi satis facerent, ut scilicet urbis introitum panderent. Qui suasi, sacramento tempus constituunt, nec multo post et in urbem admittunt. Ingressusque pervadit, et a civibus, jure sacramenti, obsides accepit. Arcem solam expugnare non valuit, eo quod milites magnanimos haberet. Unde et cessit, sese recedere deliberans, ut copiis amplioribus congressurus rediret, arcemque expugnaret.

LXXXII.

Conanus in exterioribus Brittanniæ partibus, qui locus Bruerech dicitur, de rebus bellicis apud suos pertractabat, cum ad ejus aures hæc delata sunt. Magisque cœpto negotio insistens, exercitum congregat [1], bellumque fieri parat. Et quoniam obsidioni instandum tempus suadebat, collectum exercitum urbi inducit, ei-

---

* et Fulconem *abscisa*.
[1] parat *corr.* congregat.

satisfaction aux députés, et fit assurer de sa bienveillance celui qui la sollicitait. Les envoyés rapportèrent le tout à Eudes, qui alla trouver le roi, le disposa favorablement par ses discours et obtint ses bonnes grâces; le roi l'honora de tant d'affabilité, qu'ils renouèrent leur ancienne amitié et que le prince ne conserva plus aucune méfiance.

LXXXI. — *Guerre entre Eudes et Foulques au sujet de la Bretagne.*

Dans le même temps, les guerres civiles recommencèrent encore, car Foulques, dépouillé d'une partie de la Bretagne, s'efforçait toujours de surprendre son ennemi. Il lève donc une armée, se précipite sur la Bretagne et attaque la ville de Nantes. Il corrompt par de l'or quelques-uns de ses défenseurs, il en séduit d'autres par des promesses, et persuade à tous de seconder ses vues, c'est-à-dire, de lui ouvrir la ville. Ils y consentent, lui fixent un temps et s'engagent par serment. Peu après, en effet, ils le reçoivent dans la ville. Il s'y introduisit, s'en empara et reçut sous serment des otages des citoyens. La citadelle seule lui résista parce qu'elle était défendue par de braves guerriers. Il renonça donc à s'en emparer, et prit la résolution de s'éloigner, pour revenir au combat et assiéger le fort avec des troupes plus nombreuses.

LXXXII.

Conan était dans le fond de la Bretagne et dans le lieu nommé Bruerech [1], s'occupant avec les siens de dispositions militaires, lorsque tout cela lui fut rapporté. Il redoubla d'activité, rassembla une armée et se disposa à entrer en campagne; et comme il n'y avait pas de temps à perdre pour faire le siége de la ville, il y conduisit l'armée qu'il venait de former, et qu'il disposa de manière à ce qu'elle

---

[1] *Brueruh.*

que ad [1] unum latus obsidionem per terram ordinat; ad alterum vero per Ligerim classes piratarum adhibet [2]. Undique ergo obsidione disposita, a piratis per fluvium, a Brittannis per terram urbani vehementer urgentur. Nec minus qui in arce remanserant, a superioribus jaculorum diversa genera præcipitabant. Parique inpugnatione superiorum atque inferiorum qui medii erant vexabantur. Nam qui in arce et in obsidione certabant, Conani partes tuebantur. Urbani vero pro Fulconis victoria operam dabant. Nec minus Fulco copias parabat, et exercitum tam de suis quam conducticiis congregabat. Audito [3] vero Conanum urbi [3] obsidionem adhibuisse [3], mox legionem Brittanniæ infert.

LXXXIII. — Dolus* Fulconi* paratus.

Erat campus non valde procul, longitudine sui et latitudine vastus, filicetum in se maximum habens. Hic Conanus locum gerendi belli constituens, insidiarum dolos infodit. Nam fossas quam plures ibi inmergens, virgis et viminibus stipulisque earum hiatus desuper operuit, intus surculis defixis, qui superiora [4] continerent [4] et soliditatem superficiei simularent. Et ut simulata superficies penitus lateret, filicem collectam desuper respersit, insidiasque dissimulavit.

* Dol, ni *abscisa*.
[1] per *supra posito* ad *cod*.
[2] adhibuit *corr.* adhibet.
[3] Audito, urb, adh *abscisa*.
[4] supe, cont *abscisa*.

attaquât par terre un côté de la place, pendant que les flottes des pirates l'attaqueraient de l'autre côté par la Loire. Le siége étant donc organisé de toute part, les citoyens sont vivement pressés par les pirates du côté de la Loire, et du côté de la terre par les Bretons. De même ceux qui gardaient la citadelle faisaient pleuvoir de son sommet toute espèce de traits, en sorte que les citoyens, placés entre la garnison et les assaillants, recevaient également les coups d'en haut et d'en bas, car, et ceux qui étaient dans la tour et ceux qui faisaient le siége tenaient le parti de Conan; les citoyens, au contraire, combattaient pour donner la victoire à Foulques. De son côté celui-ci préparait des troupes et formait une armée soit des siens, soit de mercenaires [1]. Lorsqu'il apprit que Conan assiégeait la ville, il fit entrer aussitôt une légion [2] en Bretagne.

LXXXIII. — Ruse imaginée contre Foulques.

Il y avait près de la ville un champ d'une grande étendue en longueur et en largeur et où croissait beaucoup de fougère. Conan le choisit pour champ de bataille et y cacha des piéges sous terre : car il remplit d'eau un grand nombre de fosses et couvrit leur ouverture de branchages, de broussailles et de chaume que de longues perches supportaient par-dessous, de manière à donner au tout l'apparence de la solidité. Et, afin que cette surface factice ne pût être reconnue, il ramassa de la fougère, la répandit dessus, et dissimula ainsi son stratagème.

[1] *Conducticii*, gens qu'on loue, qu'on prend à loyer. C'est peut-être le premier exemple d'une semblable milice depuis les Romains.
[2] Voir *Notes et dissertations*, sect. IV.

LXXXIV. — Dolus * Conani * contra hostes *.

Post insidias ipse acies ordinans, sic fraude usus est, ut diceret se ibi mansurum, nec ulterius hostes quæsiturum; si hostes urgerent, ibi tantum vitam defensurum, nec ob metum id facturum, at ut hostes, si sese querant et impetant, contra jus id faciant; sic enim eorum ruina facilius provenire possit, cum sua temeritate quietos et innoxios aggrediantur. Ibi itaque acies ordinavit, insidias in prospectu habens. Herebat ergo, hostesque excepturus opperiebatur. Fulco Conanum herentem videns, nec ab eo loco exiturum [1], cum insidias nesciret, suos multo hortatu suadebat, quatinus vehementi conamine impetum facerent, hostesque aggredi non dubitarent; de victoria non diffiderent, cum virium spes optima non desit, si Divinitas aversa non sit. Dato itaque signo irruunt. Arbitrati quoque solidum iter, fossis indubitate propinquant.

LXXXV. — Præcipitatio ** hostium a ** Conano **.

Cumque Brittannos metu herentes arbitrarentur, telis obnitentes ad fossas irruunt; precipitatique cum equis inmerguntur, ac cæca ruina confusi, ad viginti milia [2] inmersi atque compressi sunt. At posterior exercitus, priori precipitato, terga dedit. Unde et Fulco vitæ tantum consulens, profugio eripi conabatur.

---

* Dol, na, ho *abscisa*.
** Præ, ti a, C *abscisa*.
[1] c. advertens *delet*.
[2] $\overline{XX}$ *codex*.

LXXXIV. — Ruse de Conan contre ses ennemis.

Après avoir préparé ses embûches, il disposa son armée en bataille, et par ruse annonça qu'il resterait là et ne marcherait pas plus avant sur l'ennemi ; que si ceux-ci l'attaquaient, il défendrait là sa vie et voilà tout ; que ce n'était point la crainte qui le faisait agir ainsi, mais il voulait que l'ennemi venant le chercher et l'assaillir, le droit fût contre eux ; qu'ils trouveraient plutôt leur ruine, en effet, attaquant témérairement des hommes tranquilles et inoffensifs. Il plaça donc son armée de manière qu'elle eût devant elle les embuscades, puis il resta dans l'inaction et attendit les ennemis. Foulques, voyant Conan immobile et décidé à ne pas sortir du lieu où il était, ignorant du reste la ruse, encourageait les siens, les exhortant à se porter vigoureusement sur lui et à ne pas craindre de l'attaquer. Il n'y a pas, leur disait-il, à douter de la victoire, ayant tout lieu d'espérer dans nos forces, si la Divinité ne combat contre nous. Au signal donné ils se précipitent donc. Ils comptent sur une terre ferme et ils vont indubitablement arriver aux fosses.

LXXXV. — Conan fait choir ses ennemis.

Lorsqu'ils croyaient les Bretons enchaînés par la crainte et s'efforçaient de les accabler de leurs traits, ils se précipitent dans les fosses, y roulent avec leurs chevaux, et vingt mille d'entre eux, enveloppés dans une fatale ruine, sont submergés et foulés aux pieds. Le second corps d'armée, voyant disparaître le premier, tourne le dos, et Foulques, ne songeant qu'à sa vie, tâche de s'échapper par la fuite.

LXXXVI. — Interfectio * Conani *.

Quem cum fuga exagitaret, Conanus interim in dumetum cum tribus sese recepit, armisque depositis, corporis fervorem ad auram mitigabat. Quem quidam adversariorum intuitus, facto impetu illum adorsus, gladio transfixit, Fulconisque victoriam extulit. Fulco animo resumpto, Namtas repetit, atque ingreditur, qui in arce erant acriter vexans. Qui principe destituti, pene exanimes, impugnanti cedunt, fidemque postulati faciunt.

LXXXVII. — Repudium ** reginæ ** Susannæ a ** rege ** Rotberto **.

His ita sese habentibus, Rotbertus rex cum in undevicesimo ætatis anno juventutis flore vernaret, Susannam uxorem, genere Italicam, eo quod anus esset, facto divortio repudiavit. Quæ repudiata, cum ea quæ ex dote acceperat repetere vellet, nec ei rex adquiesceret, aliorsum animum transvertit. A qua etiam die, sua quærens, regi insidias moliebatur. Nam Monasteriolum castrum quod in dote acceperat, ad suum jus refundere cupiens, cum id efficere non posset, secus eum aliud nomine ¹... extruxit; rege interim occupato circa Odonis et Fulconis facinora. Ex cujus munitione arbitrabatur posse omnem navium convectationem prohiberi, cum sibi advenientes sese prius offerrent, unde et eis transitum ulterius inhibere valeret.

* In, Co *abscisa*.
** Ro, re, a, r, berto *abscisa*.
¹ *locus vacuus*.

LXXXVI. — Mort de Conan.

Pendant que Foulques fuyait, Conan, avec trois des siens, se retira dans des broussailles, posa ses armes, et rafraîchit son corps à l'air; l'un des ennemis l'ayant vu, se précipita sur lui, le perça de son épée, et procura la victoire à Foulques. Celui-ci, reprenant courage, marcha sur Nantes, y entra, et attaqua vigoureusement ceux qui étaient dans le fort. Privés de chef et à demi morts, ils se rendent à lui, et, à sa demande, lui jurent fidélité.

LXXXVII. — La reine Susanne est répudiée par le roi Robert.

Pendant que tout cela se passait, le roi Robert, arrivé à sa dix-neuvième année, dans la fleur de sa jeunesse, répudia, parce qu'elle était vieille, sa femme Susanne, italienne de nation. Cette reine répudiée, voulant reprendre ce qu'elle avait reçu en dot, et le roi s'y refusant, employa d'autres moyens; et, dès ce jour, elle chercha à rentrer dans son bien, en suscitant des tracasseries au roi. Ne pouvant remettre en sa possession le château de Montreuil qu'elle avait reçu en dot, elle en éleva un autre tout près, sous le nom de...., pendant que le roi était occupé des déportements d'Eudes et de Foulques. Elle pensait, au moyen de ce fort, pouvoir empêcher tout transport par navires, car ces navires devaient arriver d'abord sous les murs du fort, et il pourrait les empêcher d'aller plus loin.

LXXXVIII. — Reprehensio* repudii*.

Hujus repudii scelus, a¹ nonnullis, qui intelligentiæ purioris fuere, satis laceratum eo tempore fuit, clam tamen, nec patenti refragratione culpatum.

LXXXIX. — Sinodus Chelæ habita.

Hujus temporis diebus cum a papa romano B...... abdicatio Arnulfi et promotio Gerberti plurimis epistolarum scriptis calumniarentur, episcopi quoque rei hujusmodi auctores, simulque et alii cooperatores, diversis reprehensionibus redarguerentur, placuit episcopis Galliæ in unum convenire, et super hac reprehensione consulere. Quibus Chelæ collectis, sinodus habita est. Cui rex Rotbertus præsedit, considentibus metropolitanis, Gerberto Remensi, cui tota sinodalium causarum ratio discutienda commissa fuit, Siguino quoque Senonensi, Erchembaldo Turonico, Daiberto Bituricensi, aliisque horum comprovintialibus nonnullis. In qua postquam ex Patrum decretis rationes de statu sanctæ æcclesiæ promulgarunt, inter nonnulla utilia, constitui et roborari placuit, ut ab ea die, idem sentirent, idem vellent, idem cooperarentur, secundum id quod scriptum est: *Erat eis cor unum et anima una.* Decerni et illud voluere, ut si in qualibet æcclesia, quæcumque tirannis emergeret, quæ telo anathematis ferienda² videretur, id inprimis ab omnibus consulendum, et sic communi decreto agitandum; et qui anathemate relaxandi forent, decreto communi similiter

---

* Re, *re abscisa.*
¹ an *codex.*
² jugulanda *corr.* ferienda.

LXXXVIII. — Cette répudiation est blâmée.

Cet acte criminel de répudiation fut censuré alors par quelques hommes d'un esprit très-sage, mais en secret cependant, et il n'éprouva pas d'opposition ouverte.

LXXXIX. — Synode tenu à Chelles.

Dans ce temps-là, le pape de Rome B..... [1], ayant, dans un grand nombre de lettres, attaqué la déposition d'Arnoul et la promotion de Gerbert; de même, les évêques, auteurs de ces mesures, ainsi que les autres personnes qui y avaient pris part, ayant eu à essuyer diverses réprimandes, il plut aux évêques des Gaules, de se réunir et de s'entendre au sujet de ces réprimandes. Ils se rassemblèrent à Chelles, et tinrent un synode qui fut présidé par le roi Robert, et où siégèrent les archevêques Gerbert de Reims, auquel fut commis le soin d'exposer toutes les affaires synodales, Seguin de Sens, Archambault de Tours, Daibert de Bourges et quelques-uns de leurs suffragants. Ils promulguèrent d'abord des règles tirées des décrets des Pères, touchant l'état de la sainte église; puis, ensuite, entre autres résolutions utiles, ils prirent celle de n'avoir, à partir de ce jour, qu'une pensée, qu'une volonté, qu'une action, selon ce qui est écrit : *Ils n'avaient qu'un cœur et qu'une âme* [2]. Ils voulurent aussi qu'il fût ordonné que si dans une église quelconque il s'élevait quelque tyrannie que ce fût, qui parût devoir être frappée des traits de l'anathème, tous fussent d'abord appelés à examiner l'affaire, et à se prononcer par un décret collectif; que, de même, ceux qui devraient être déliés de l'anathème, le fussent également par un commun décret, selon ce qui est écrit : *Demandez*

---

[1] Le pape Jean XVI, car Benoist VII était mort depuis 983. P.
[2] Act. iv, 32.

relaxandos, juxta quod scriptum est : *Consilium a sapiente perquire.* Placuit quoque sanciri, si quid a papa Romano contra patrum decreta suggereretur, cassum et irritum fieri, juxta quod apostolus ait : *Hereticum hominem et ab ecclesia dissentientem, penitus devita.* Nec minus abdicationem Arnulfi et promotionem Gerberti, prout ab eis ordinatæ et peractæ essent, perpetuo placuit sanciri, juxta quod in canonibus scriptum habetur : *Sinodo provinciali statutum, a nullo temere labefactandum.*

XC. — Impetus * Odonis et Fulconis * inter se *.

Hac tempestate bella civilia reparata sunt. Cum enim tirannorum insidiis Odonis et Fulconis de Brittaniæ principatu rixa resurgeret, illis dissidentibus reliqui etiam regnorum principes moti dissensere. Rex Fulconis partes tutabat, Odo suorum necnon et piratarum qui, rege deserto, ad se transierant, Aquitanorumque copiis fretus incedebat. Unde Fulco in Odonem præceps, ejus terram depopulatur, et post in ea non procul ab urbe Turonica oppidum [1] exstruit atque munit; copias ponit; militibus implet; et quia ad hoc diruendum Odonem adventurum sperabat, regem petiit, auxilia imploraturus. Cui cum rex auxilium polliceretur, obstinatiore animo ferebatur. Itaque copias contra hostem congressurus parat; exercitum colligit; bellumque Odoni indicit. Odo, pudore tactus, a Gallis Belgis subsidia petit. Si adsint, gratiam sese recompensaturum spondet. Illi liberaliter annuunt, fidemque

---

* petus , in , se *abscisa*. (*Sic Pertz.*)
[1] castrum *supra posito* oppidum *codex*.

conseil au sage [1]. Il leur plut encore de régler que si le pape de Rome suggérait quelque chose de contraire aux décrets des Pères, cela fût annulé et déclaré sans effet, selon ces paroles de l'apôtre : *Évitez celui qui est hérétique, et qui se sépare de l'Église* [2]. Il leur plut de même que la déposition d'Arnoul et la promotion de Gerbert, telles qu'elles avaient été réglées et accomplies par eux, fussent sanctionnées irrévocablement, selon ce qui est écrit dans les Canons : *Que ce qui a été statué par un synode provincial ne soit témérairement détruit par personne.*

XC. — Attaques réciproques d'Eudes et de Foulques.

Dans le même temps, les guerres civiles se renouvelèrent. Les actes insidieux des tyrans Eudes et Foulques, au sujet de la domination de la Bretagne, ayant donné lieu à de nouvelles guerres, leurs dissensions émurent et divisèrent les autres princes du royaume. Le roi soutenait le parti de Foulques, et Eudes marchait appuyé par les siens, par les pirates qui avaient rompu avec le roi et s'étaient attachés à lui, et enfin par les troupes des Aquitains. Foulques se jeta sur Eudes, ravagea ses terres, sur lesquelles il bâtit et fortifia non loin de Tours un château, où il plaça des troupes. Il le remplit de soldats ; et comme il pensait que Eudes viendrait pour le détruire, il alla trouver le roi, et lui demanda du secours. Le roi lui en ayant promis, il en devint plus obstiné. Il prépara donc des forces pour aller attaquer l'ennemi ; il rassembla son armée, et déclara la guerre à Eudes. Celui-ci, sensible à cet outrage, demande du secours aux Belges, leur promettant que s'ils viennent il saura reconnaître ce service. Les Belges consentent volontiers, et lui jurent fidélité. Il appela aussi des Flamands,

---

[1] Tob. IV, 19.
[2] *Tit.* III, 10.

faciunt. Nec minus Flandrenses [1] accersit, ab eisque tutelam petiit, vicem pollicens, si quod petit non abnuant. Illi quoque animo liberali quesita accommodant. Piratis etiam legatos dirigens, copias sibi non negari deposcit. Tempus et locus omnibus constituitur, quo collecti sese conferant. Odo interim suos placat, colligit et incitat, ratusque Belgas et piratas tempestivos, cum suorum paucis tanta celeritate in Fulconem fertur, ut in certamine plus quatuor milibus pugnatorum non haberet. Castro tamen obsidionem adhibet, armiferosque disponit, castrenses multo conatu adurget.

XCI. — Fulconis supplicatio* Odoni per legatos*.

Fulco regem morantem non auxiliaturum, et Odonis exercitum intolerabilem ratus, remissiori mox animo habitus est. Itaque per legatos Odonis amicitiam expetit; pro Conani interitu centum pondo [2] argenti sese impensurum mandat; loco militis interfecti, filium suum pro eo militaturum offert; castrum exstructum in ejus honore sese eversurum, atque a suis evacuaturum; sese quoque ei sponte militaturum, si id regi injuriosum non foret. Quod quia absque regis injuria fieri non poterat, ejus filio manus per sacramentum daret; itaque fieret, ut ipse cum nato militaret, cum filium suum Odoni pro Conano daret, et sese Odonis filio militaturos committeret. Daturum se etiam fidem sacramento contra omnium causam, præter regis et horum quibus speciali consanguinitate carius addictus

---

* suppli, egatos *abscisa*.
[1] frandrenses *corr.* flandrenses *codex*.
[2] c̄ p̄ *codex*.

et leur demanda protection, leur promettant du retour s'ils lui accordent ce qu'il sollicite. Ceux-ci encore lui accordent volontiers sa demande; enfin il envoya des députés aux pirates, les priant de ne pas lui refuser des troupes. A tous il fixe le temps et le lieu où ils devront se réunir. Pendant ce temps, il s'attache les siens, les réunit, les excite; et, pensant que les Belges et les pirates arriveront à propos, il se porte si précipitamment sur Foulques avec une poignée des siens, qu'il ne menait pas plus de quatre mille hommes au combat. Il met cependant le siége devant le château, place ses guerriers, et presse de toutes ses forces ceux de l'intérieur.

CXI. — Foulques demande grâce à Eudes par députés.

Foulques, voyant que le roi se faisait attendre, et n'espérant plus d'en recevoir du secours, croyant d'ailleurs qu'il était impossible de résister à l'armée d'Eudes, conçut des sentiments plus pacifiques, et envoya des députés à son adversaire pour lui demander son amitié, lui faisant dire qu'il paiera, pour le meurtre de Conan, cent livres pesant d'argent; et lui offrant de lui faire rendre le service militaire par son fils, à la place du guerrier tué; de détruire le fort édifié sur ses terres, et de le faire évacuer par les siens : il combattrait lui-même volontiers pour Eudes, si cela pouvait se faire sans injure pour le roi; mais, comme il n'en saurait être ainsi, il prêtera serment entre les mains du fils d'Eudes; en sorte que son fils et lui combattront, puisqu'il donnera son fils à Eudes pour remplacer Conan, et lui-même se donnera au fils d'Eudes; qu'il lui engagera sa foi par serment envers et contre tous, excepté le roi et ceux auxquels il est le plus particulièrement attaché par les liens du sang, savoir son fils, son frère et ses neveux. Eudes consulta les siens, et fit dire qu'il acceptait très-volontiers

est, utpote nati, fratris ac nepotum. His Odo perceptis, suorum usus consilio, hæc sese excepturum optime mandat, si Namtas, Brittanniæ urbem, dolo captam reddat, et a suis evacuet. Injuriosum enim id videri, si ablata prius non repetat, et non redditis, cum hoste pacem faciat.

XCII. — Abjectio* supplicationis* ab Fulcone*.

Hæc dum exagitarentur, et Odo exercitum suum paulatim augeri arbitraretur, priusquam copias congrediendi haberet, rex cum duodecim milibus affuit, cum Fulconem sex milia suorum stiparent. Quibus mixtis, exercitus armatorum densatus est. Unde et Fulco insolentior factus, quæ ante supplex obtulerat spernit. Ut bellum fiat, fervidus instat; et ut vada Ligeris qui eis interfluebat pertranseant, hostemque impetant, hortatur atque suadet. Odo suos ut spoponderant non venisse advertens, eo quod exercitibus colligendis hujus temporis brevitas non sufficeret, animo nimis turba o ferebatur. Attamen cum quatuor milibus refragratus, vada Ligeris prohibebat.

XCIII.

Rex vadi incessu prohibitus, ad Ambatiam castrum retorquet exercitum, quod non procul in eodem litore fluminis inter rupes eminebat, ut ibi transiens et post obliquatus, hostibus a tergo improvisus adsistat, eosque adurgeat. Odo regis exercitum non sustinens, legatos ei dirigit: hostem suum, non regem sese impetiisse mandans; nec contra regem quicquam molitu-

---

* ectio, lica, is, Fulcone *abscisa*.

ces propositions, à condition que Foulques lui rendrait Nantes, ville de Bretagne, enlevée par surprise, et la ferait évacuer par les siens; qu'il paraîtrait injurieux pour lui de faire la paix avec l'ennemi, sans réclamer d'abord, et sans se faire rendre ce qu'on lui avait enlevé.

XCII. — Foulques oublie ses supplications.

Sur ces entrefaites, Eudes, qui n'avait pas encore assez de troupes pour combattre, attendait que son armée s'accrût de jour en jour. Le roi arriva avec douze mille hommes, lorsque Foulques avait déjà réuni autour de lui six mille des siens; et ces nouvelles forces réunies aux premières accrurent son armée. Il en devint plus insolent, et affecta de mépriser ce qu'il avait d'abord offert en suppliant; il poussa avec ardeur à la guerre; il demanda et persuada qu'on traversât les gués de la Loire, qui coulait entre les deux camps, et qu'on tombât sur l'ennemi. Eudes, voyant que les siens n'arrivaient pas, comme ils l'avaient promis, parce que le temps n'avait pas suffi pour lever des armées, en éprouvait une vive inquiétude. Cependant il défendait les gués de la Loire avec ses quatre mille hommes.

XCIII.

Le roi, ne pouvant trouver le gué, replia son armée sur le château d'Amboise, qui s'élevait près de là, au milieu des rochers, sur la même rive du fleuve, pensant traverser en cet endroit, puis obliquer sa marche, et tomber à l'improviste sur les derrières de l'ennemi, qu'il écraserait. Eudes, ne pouvant résister à l'armée du roi, envoya des députés, pour dire que c'était son ennemi et non le roi qu'il poursuivait; qu'il ne ferait rien contre le roi, mais seulement contre son ennemi. Si le roi l'ordonne, il ira le trouver à

rum, at contra inimicum ; si rex jubeat, se mox ulterius iturum, et sibi de omnibus satisfacturum. Rex rationis consequentiam advertens, tantum virum absque causa a se læsum, suspectum habebat. Unde et ne penitus a se deficeret, ab eo obsides sub pace sequestra accepit; de omnibus quæ ei intenderet, post rationem ab eo auditurus. Unde et exercitum reducens, Parisium devenit. Odo quoque nihil amittens, indempnis Meldim cum suis devenit. Inde etiam post dies non multos, castrum quod Dunum dicitur, sua dispositurus petiit.

XCIV. — Obitus * Odonis*.

Unde cum de suis quos sub pace sequestra regi delegaverat, plurima consultatione deliberaret, humorum [1] superfluitate pro temporis immutatione vexatus, in egritudinem quæ a phisicis synantica dicitur decidit. Quæ cum intra gulæ interiora sedem habeat, ex fleumatis reumatismo progressa, tamen aliquando ad maxillas et genas, aliquando ad toracem et pulmones tumorem cum dolore gravi immittit. Quibus tumentibus atque ferventibus excepta initii die, post diatritum, patientem perimit. In hanc igitur Odo lapsus, infestis gulæ doloribus circumquaque pulsabatur; arteriarum quoque fervor, sermonis intercisionem operabatur. Nec petiit hujusmodi dolor capitis superiora, at præcordia pertemptans, pulmonem et epar peracuto dolore stimulabat. Fuit itaque militum luctus, famulorum clamor, feminarum frequens exclamatio, eo quod dominum inconsultum amittebant, et natis dominandi

---

* Obi, Odo *abscisa.*
[1] homorum *codex.*

l'instant, et lui fera toutes les satisfactions possibles. Le roi, calculant les suites de cette affaire, n'osait se fier à un homme de ce mérite, qu'il avait blessé sans motif, en sorte que, de crainte que Eudes ne se séparât tout à fait de lui, il en reçut des otages, et accorda une trêve; s'engageant à accueillir ses explications sur tous les reproches qu'il lui faisait. Il emmena donc son armée, et revint à Paris. Eudes, de son côté, vint à Meaux sain et sauf avec les siens, sans faire aucune perte. Bientôt après il en repartit, et se rendit, pour régler ses affaires, dans Châteaudun [1].

XCIV. — Mort de Eudes.

Il s'occupait avec sollicitude de ceux des siens qu'il avait livrés aux rois, comme garants de la trêve, lorsque le changement de temps lui ayant causé une superfluité d'humeurs, il fut pris de la maladie que les médecins nomment esquinancie. Cette maladie a son siége dans l'intérieur de la gorge, et provient d'humeurs catarrhales; cependant elle occasionne quelquefois aux mâchoires et aux joues, quelquefois à la poitrine et aux poumons une tumeur très-douloureuse; ces parties, enflant et devenant brûlantes dès le premier jour, emportent le patient après le troisième. Eudes fut donc attaqué de cette maladie; il éprouva dans toute la gorge des douleurs insupportables, son sang était brûlant, sa parole entrecoupée. Le haut de la tête fut exempt de douleurs semblables, mais elles envahirent les entrailles, et se firent sentir avec violence au poumon et au foie. Les guerriers pleuraient, les serviteurs gémissaient, les femmes poussaient des cris répétés, car tous perdaient leur seigneur à l'improviste, et il n'y avait aucun espoir que ses fils pus-

---

[1] Le latin porte *dans le château qu'on appelle Dun*, et M. Pertz se demande quel est ce Dun. Nous ne croyons pas qu'il puisse y avoir de doute à cet égard.

spes nulla relinqueretur, cum reges patri adhuc animo irato perstarent, et Fulco insolentiæ spiritu, pacem multifariam turbaret. Et tamen in brevi victurus, regibus legatos celeres misit, qui pro se supplices suasorie rogarent, et pro injuriis illatis justissimam [1] recompensationem sponderent. Rex veteranus malorum correctionem ab legatis excipere volens, a filio indignante inhibitus est. Unde et legatorum allegationem penitus sprevit, atque illos immunes redire coegit. Quibus in itinere moram agentibus, antequam redissent die quarta natæ synanticæ facta, Odo monachus factus defecit, atque sic vitæ finem habuit; ad sanctum Martinum delatus, et in loco quod Majus-monasterium dicitur, cum multo suorum obsequio sepultus.

XCV. — Johannes* papa Leonem* abbatem in* Gallias* mittit* ut* Arnulfi abdicationem* dissolvat.

Per idem tempus cum a Germanorum episcopis domno Johanni papæ per epistolas sæpenumero suggestum foret, ut Gerberti Remorum metropolitani promotionem abdicaret, et Arnulfi abdicationem præter jus factam indignaretur, a papa in Germaniam tunc directus est Leo monachus et abbas, qui vicibus papæ potitus, cum episcopis Germaniæ atque Galliarum hujus negotii et indaginem faceret, et juditium diligens inde proferret. Qui humanissime ab episcopis [2] exceptus, de habenda sinodo super hoc negotio cum eis tractabat. A quibus Gallorum regibus, Hugoni videli-

* Johannes, Leon, in Gal, tit u, dicati, solva *abscisa*.
[1] æquissimam *supra posito* justissimam *codex*.
[2] c. germaniæ *deletum*.

sent hériter de son rang, car les rois étaient encore irrités contre le père, et Foulques, animé d'un esprit d'insolence, troublait la paix de plusieurs façons. Cependant Eudes, près de mourir, dépêcha aux rois des envoyés diligents, chargés de leur porter ses instantes supplications, et de leur promettre les plus justes réparations pour les torts qu'ils avaient soufferts. Le vieux roi consentait à recevoir réparation des envoyés, mais son fils, indigné, l'en empêcha; il repoussa donc absolument les propositions des députés, et les força à se retirer, sans avoir rien obtenu. Ils se retardèrent en route, et ils n'étaient pas encore de retour lorsque, le quatrième jour de la maladie étant arrivé, Eudes trépassa, après s'être fait moine; telle fut la fin de sa vie. On le porta à Saint-Martin, et il fut par les siens enterré avec grande pompe dans le lieu appelé Marmoutiers.

XCV. — Le pape Jean envoie dans les Gaules l'abbé Léon pour annuler la déposition d'Arnoul.

Dans le même temps (995), le pape Jean, que les évêques des Germains avaient souvent engagé par lettres à casser la promotion de Gerbert, archevêque de Reims, et à révoquer la déposition d'Arnoul, prononcée contre toute espèce de droits, envoya alors en Germanie, Léon, moine et abbé, muni de ses pleins pouvoirs, pour examiner l'affaire avec les évêques de Germanie et des Gaules, et porter sur elle un jugement réfléchi. L'envoyé fut parfaitement reçu par les évêques, et il se concerta avec eux sur la tenue d'un synode, au sujet de cette affaire. Les évêques députèrent des envoyés aux rois des Gaulois, c'est-à-dire à Hugues et à son fils Robert, pour leur annoncer quel était, à cet égard, l'ordre du pape et la volonté des prélats, et, pour les engager comme il convenait, à se rendre au synode avec leurs évêques, leur demandant, du reste, le lieu et le temps où ils désiraient

cet ejusque filio Rotberto, legati directi sunt, qui papæ mandatum, necnon et episcoporum voluntatem super hoc aperiant, eisque ut cum suis episcopis conveniant, rationabiliter suadeant; locum etiam tempusque quo et quando conveniendum esset a regibus discerent, eorumque animum ex hoc sibi referrent.

XCVI. — Quod* regibus nuntiatum* sit, episcopos Germaniæ* in sinodum* convenire.

Legati igitur directi sunt. Legatio quoque prolata. Quam etiam reges serenissima mente excipientes, papæ et episcoporum mandatis in nullo tunc refragati sunt; sese consilium super hoc quæsituros respondentes, atque æquitatem de omnibus facturos. Legatis itaque abductis, per quosdam regibus indicatum est Adalberonem, Laudunensem episcopum, hæc dolo ordinasse; omnino etiam apud Odonem illud pridem pertractasse; eorum utrumque in voto habuisse, ut Ottonem regem Galliis inducerent, et reges ingenio et viribus foras expungerent; episcopos quoque Germaniæ ideo convenire, ut dolum quæsitum expleant. Reges itaque fraude percepta, episcopis jam ad locum designatum¹ convenientibus per legatos indicavere sese illuc non ituros, eo quod suorum præcipuos penes se non haberent, sine quorum consilio nihil agendum vel omittendum videbatur; indignum etiam sibi videri, si correctioni episcoporum Germaniæ suos subdat, cum isti non minus nobiles, non minus potentes, æque etiam aut amplius sapientes sint. Ipsi ergo si indigent, in Gal-

---

* Quod, nuntiat, germ, sinodum *abscisa*.
¹ quem reges designaverant 1.

qu'on se réunît; les envoyés devaient venir rapporter aux évêques le sentiment des rois là-dessus.

XCVI. — *Qu'il fût annoncé aux rois que les évêques de Germanie se réunissaient en synode.*

Des députés furent donc envoyés aux rois, et ils leur exposèrent leur mission. Les rois les reçurent avec le plus grand calme, et n'opposèrent alors aucune objection aux volontés du pape et des évêques; ils répondirent qu'ils prendraient conseil sur cela, et qu'ils feraient raison équitable sur tout. Après le départ des envoyés, quelques personnes firent dire aux rois que toute cette affaire avait été menée perfidement par Adalbéron, évêque de Laon; et qu'il l'avait d'abord combinée en tout point avec Eudes; que l'un et l'autre avaient formé le dessein d'introduire en Gaule le roi Otton, et d'en chasser les rois et par adresse et de force; que les évêques de Germanie se rassemblaient pour mener à fin les machinations projetées. Les rois, convaincus de la fraude, signifièrent par députés aux évêques, déjà réunis dans le lieu désigné, qu'ils ne s'y rendraient point, parce qu'ils n'avaient pas auprès d'eux leurs principaux adhérents, sans lesquels ils ne voulaient ni rien accepter, ni rien rejeter; qu'il leur paraissait même indigne de soumettre leurs évêques au contrôle de ceux de Germanie, quand les premiers n'étaient ni moins nobles, ni moins puissants, quand ils étaient, pour le moins, aussi savants que les seconds, sinon davantage. Si donc ils ont quelque chose à réclamer, qu'ils viennent dans les Gaules, et qu'ils exposent leurs demandes; qu'autrement, ils s'éloi-

lias properent, unde volunt edicant. Alioquin, redeant, et sua ut libet curent. Horum ergo res in contrarium relapsa est. Adalbero enim qui horum ministrum sese præbuerat, cum delationis [1] nescius reges moneret ut occurrentibus obveniret, rex veteranus fraudium non ignarus, Ludovicum Karoli filium ab eo reposcit, quem in captione Lauduni captum, ei custodiendum commiserat. Repoposcit etiam ejusdem urbis arcem, quam similiter commiserat.

XCVII. — Adalbero * totius fraudis * causa reprehenditur *.

Quo credita reddere reniso, regii stipatores, animo indignante, subinferunt : « Cum tu, o episcope, in perni-
« ciem regum et principum, apud Ottonem regem et
« Odonem tirannum plurima quæsieris, quomodo hic
« ante dominos tuos reges tam magnifica confingere
« non vereris? Quid Ludovicum et arcem reddere me-
« tuis, si fidem regibus te servasse non dubitas? Quid
« ergo est credita nolle reddere, nisi contra reges in-
« fausta moliri? Evidentissime fidem abrupisti, cum
« apud Ottonem de regum interitu tractasti, eorumque
« honorem subruere temptasti. Unde et perjurii reatu
« detineris. Legationem etiam, tamquam ab eis missam,
« Ottoni regi pertulisti, ac apud eum dolose ordinasti,
« ut ipse cum paucis [2] adveniret, et militum multitudi-
« nem non longe expeditam haberet. Regibus quoque
« nostris adversario cum paucis occurrere suasisti, at-
« que nihil mali ex hoc proventurum spopondisti.

* Adalbero, fraudis, repreh *abscisa*.
[1] proditionis 1.
[2] p. ad locum quod Mosomum appellatur *deleta*.

gnent, et règlent leurs affaires comme ils l'entendront. La chose tourna donc tout à fait contre leur gré. Adalbéron, le moteur de tout cela, ignorant qu'il était découvert, fit dire aux rois qu'il se rendrait au devant d'eux; mais le vieux roi, qui connaissait ses menées, lui redemanda Louis, fils de Charles, dont il lui avait commis la garde après la prise de Laon. Il lui redemanda aussi la forteresse de la ville, qu'il lui avait également confiée.

XCVII. — *Adalbéron, instigateur des menées, est réprimandé.*

Adalbéron, refusant de rendre le dépôt qui lui avait été confié, les partisans des rois lui dirent, indignés : « Comment, ô évêque, après avoir tramé tant de machinations auprès du roi Otton et du tyran Eudes contre les rois et les princes, comment ne crains-tu pas de dissimuler à ce point avec les rois tes seigneurs? Pourquoi balancer à rendre Louis et la citadelle, si tu es certain d'avoir gardé fidélité aux rois? Qu'est-ce donc que refuser de rendre ce qui te fut confié, sinon machiner contre les rois? Évidemment, tu as violé ta foi, lorsque tu as médité, avec Otton, la mort des rois, et que tu as tenté de leur enlever leur royaume. Tu es donc coupable du crime de parjure. Tu as même envoyé au roi Otton des députés, comme s'ils venaient d'eux, et tu t'es entendu traîtreusement avec lui pour qu'il arrivât avec peu de forces, mais qu'il tînt près de là une multitude de soldats prêts à marcher. De même tu as conseillé à nos rois de venir presque seuls à la rencontre de leur ennemi, leur promettant qu'il ne leur arriverait aucun mal; tu leur disais que ce colloque tournerait à la plus grande utilité de tous; car, assurais-tu, ils s'entretiendraient ensemble familièrement d'affaires générales et d'affaires privées. Mais tu pensais autrement,

« Hanc etiam collocutionem, utrimque utillimam fieri
« dicebas, cum hos et illum de communibus et privatis
« familiariter collocuturos simulabas. Verum aliter tibi
« visum erat, cum hoc ideo prætendebas [1], ut ab Ot-
« tone rege dominos tuos reges comprehendi faceres,
« regnumque Francorum in jus illius transfunderes,
« ut tu videlicet Remorum metropolitanus, Odo vero
« Francorum dux haberetur. Idque tunc nobis omnino
« patuit, sed ad tempus suppressum fuit. Et, o summæ
« Divinitatis miserationem inestimabilem! quantis mi-
« seriis erepti, quanto ludibrio subtracti sumus! Instat
« tempus quo paratæ insidiæ effectum promittunt. Epi-
« scopi etenim, sub specie religionis acsi de promotione
« et abdicatione Gerberti atque Arnulfi episcoporum
« quæsituri, præmissis legatis adveniunt. Otto quoque
« rex Metti adest; a quo non longe exercitus collectus
« prædicatur. Si vero imus, aut pugnabimus, aut ca-
« piemur. Si vero non imus, perjurii arguemur. Sed
« ire reges non expedit, eo quod militum copia suffi-
« ciens eis non sit. Perjurii vero reatus in te redunda-
« bit, cum tu solus, regibus nesciis, juratus sis. »

XCVIII.

Ad hæc episcopus erubescens, obmutuit. Quem cum
unus suorum his exterritum vidit, contra hæc responsurus surrexit, et sic oblocutorem adorsus est : « Ho-
« rum omnium objector mihi loquatur. Adsum qui
« pro criminato rationem reddo. Unus tantum hæc
« proferat. Caput quoque suum meo objiciat, arma
« quoque armis comparet. Necnon et vires viribus con-

---

[1] prætudebas *codex*.

« car tu travaillais pour faire tomber les rois, tes seigneurs,
« aux mains du roi Otton, et pour faire passer le royaume
« sous sa domination, espérant que tu serais fait toi-même
« archevêque de Reims, et que Eudes deviendrait duc des
« Francs. Mais tout nous a été découvert à temps, et il
« a été pourvu à tout. O ineffable commisération de la
« Providence! à quel malheur nous avons échappé, à quelle
« honte nous avons été enlevés! Le temps approche où
« les artifices préparés par toi devaient porter leur fruit.
« Les évêques qu'annonçaient leurs députés arrivent main-
« tenant sous couleur de religion, comme pour discuter sur
« la promotion de Gerbert et la déposition d'Arnoul; le
« roi Otton aussi est à Metz, et près de là il convoque,
« dit-on, son armée. Si nous y allons, ou il faudra com-
« battre ou se laisser prendre; si nous nous abstenons, on
« nous accusera de parjure. Mais il ne convient pas aux
« rois d'y aller, parce qu'ils n'ont pas pour cela de troupes
« suffisantes. Le crime de parjure retombera sur toi, car
« toi seul tu as juré à l'insu des rois. »

XCVIII.

L'évêque rougit et resta muet; mais un des siens, le voyant atterré par ce discours, se leva pour y répondre, et apostropha ainsi l'orateur: « Que celui qui profère toutes
« ces accusations s'adresse à moi, je suis prêt à rendre rai-
« son pour l'inculpé; qu'un seul les profère, dis-je; qu'il
« joue sa tête contre la mienne, qu'à mes armes il oppose
« ses armes, et sa force à ma force. » Le comte Landri répond à cet insensé, qui s'enflamme pour son seigneur:
» O généreux guerrier, ces fourberies, je le vois, te sont tota-

« ferat. » Hunc pro domino suo insanientem et fervidum, Landricus comes sic alloquitur : « O optime
« miles, harum ut video fraudium penitus es ignarus.
« Quæ, licet te ignorante, tamen ut prædicantur quæ-
« sitæ sunt. Unde et tempera animum, mitiga fervo-
« rem; belli necessitatem non tibi imponas; non te
« impellas, unde ingressus redire non poteris; sed
« nunc meo usus consilio, paululum hinc secede; do-
« minumque tuum de his an vera sint, interroga. Si
« te ad pugnam hortatur, congredere; si dicit ces-
« sandum, furori parce. » Secessit ergo, dominumque vocatum an sic res habeatur interrogat. Episcopus, utpote a conscio convictus, rem ita esse quærenti confessus est; unde et pugnam inhibuit. Sedato itaque tanto fervore militis, res penitus innotuit. Detentus ergo regum jussu, utpote desertor custodibus datur. Cujus milites mox regibus sacramento alligati sunt.

XCIX. — Synodus quæ pro Arnulfo Mosomi habita est.

Dum hæc agerentur [1], cum Galliarum episcopi ab regibus prohibiti essent ut ad sinodum statutam non venissent, episcopi tamen Germaniæ ne doli arguerentur si non accederent, statuto tempore Mosomum conveniunt, domni papæ legatum secum habentes. Collecti ergo in basilica sanctæ Dei genitricis Mariæ ordinatim more ecclesiastico consedere, scilicet Sugerus Mimagardvurdensis, Leodulfus Treverensis, Nocherus Leodicensis, et Haimo Virdunensis. Horum medius abbas Leo resedit, vicesque domni papæ ob-

[1] aye *abscisum*.

« lement inconnues ; mais, bien que tu les ignores, elles ont
« cependant eu lieu comme on vient de le dire. Apaise
« donc tes esprits, tempère ta chaleur; ne t'impose pas
« l'obligation de combattre; ne t'avance pas au point de
« ne pouvoir plus reculer, mais profite de mon conseil ;
« éloigne-toi quelque peu, et demande à ton seigneur si
« tout cela est vrai; s'il t'engage à combattre, combats; s'il
« te dit de t'abstenir, apaise ta fureur. » Il s'éloigne donc,
appelle son seigneur et lui demande si les choses sont
comme on le dit. L'évêque, convaincu par un homme
instruit du fait, avoua que les choses étaient ainsi, et défendit le combat. La chaleur du guerrier s'apaisa, et la
chose fut dès lors complétement avérée. L'évêque fut
arrêté par ordre des rois, et confié à des gardes comme
un déserteur; ses vassaux se lièrent bientôt aux rois par
serment.

XCIX. — Synode tenu à Mouzon pour l'affaire d'Arnoul.

Pendant ce temps et tandis que les rois empêchaient les
évêques des Gaules de se rendre au synode projeté, ceux de
Germanie, craignant d'encourir l'accusation de perfidie
s'ils ne s'y rendaient, se réunirent à Mouzon au temps
fixé [1], ayant avec eux le légat du seigneur pape. Réunis
tous dans la basilique de Sainte-Marie, mère de Dieu, ils
prirent place selon leur rang, conformément à l'usage ecclésiastique, savoir, Suger de Memmingen, Léodulf de Trèves, Nocher de Liége et Haimon de Verdun. L'abbé Léon
siégea au milieu d'eux et y représenta le seigneur pape. Du
côté opposé et prêt à leur répondre se plaça Gerbert, arche-

[1] Le 2 juin 995.

tinuit. Contra quos etiam Gerbertus, Remorum metropolitanus, qui solus ex Galliarum episcopis, regibus etiam interdicentibus, advenerat, pro se responsurus ex adverso resedit. Consederunt quoque diversorum locorum abbates, ac clerici nonnulli. Laici etiam Godefridus comes cum duobus filiis suis, atque Ragenerus Remensium vicedominus.

C. — Prælocutio* Haimonis Virdunensis* episcopi de causa* sinodi*.

Quibus circumquaque silentibus, episcopus Virdunensis, eo quod linguam Gallicam norat, causam sinodi prolaturus surrexit: « Quoniam, » inquiens, « ad aures
« domni papæ sepissime perlatum est, Remorum me-
« tropolim pervasam, et, præter jus et æquum, proprio
« pastore frustratam, non semel et bis litteris sug-
« gessit, quatinus nobis in unum collectis, tantum fa-
« cinus justa lance utrimque pensaremus, et sua auc-
« toritate per nos correctum ad normam reduceremus.
« Sed quoniam impediente rerum diversitate id facere
« distulimus, nunc post tot ammonitiones domnum
« hunc abbatem Leonem et monachum mittere voluit,
« qui vices suas teneat, et rem memoratam nobis oboe-
« dientibus discuciat. Per quem etiam scriptum suæ
« voluntatis allegavit, ut si quid oblivio derogaret,
« scripto commendatum haberetur. Quod et inpræ-
« sentiarum audire utile est. » Et statim protulit scriptum, atque in aures considentium recitavit, quod quia brevitati studemus, et nobis minus fuit accommodum, nostris scriptis inserere vitavimus.

* tio, du, e, di *abscisa*. (*Sic Pertz.*)

vêque de Reims, le seul des évêques des Gaules qui s'y était rendu, nonobstant la défense des rois. Siégèrent aussi les abbés de divers monastères et quelques clercs; il y eut aussi des laïques, le comte Godefroy, avec ses deux fils, et Rainier, vidame de Reims [1].

C. — Discours d'ouverture d'Haimon, évêque de Verdun, sur le motif du synode.

Au milieu d'un profond silence, l'évêque de Verdun, qui connaissait la langue des Gaules [2], se leva pour expliquer le motif du synode. « Comme il est souvent venu aux « oreilles du seigneur pape, dit-il, que la métropole de « Reims avait été envahie et privée, contre le droit et la « justice, de son véritable pasteur, il nous a plusieurs fois « engagés, par ses lettres, à nous réunir ensemble, à exa- « miner un si grand crime avec impartialité, et, usant de « son autorité, à le réparer et à faire rentrer les choses « dans la règle. Mais, attendu que nous n'en avons rien « fait, occupés que nous étions d'autres affaires, il s'est dé- « cidé, après tant d'admonitions, à envoyer le seigneur « abbé et moine Léon, ici présent, chargé de le repré- « senter, et d'examiner avec notre concours l'affaire sus- « dite. Il l'a chargé aussi de nous faire connaître un écrit « contenant sa volonté, afin que ce que le légat pourrait « omettre par oubli se retrouvât dans cet écrit, qu'il est « bon que vous connaissiez dès à présent. » Et aussitôt il montra l'écrit, qu'il lut aux assistants, mais que, pour être plus bref et aussi parce qu'il nous convient peu [3], nous nous sommes abstenus d'insérer dans notre Histoire.

[1] Voir *Notes et dissertations*, sect. II, § 1.
[2] Les évêques des Gaules ne parlaient donc pas le latin mais la langue vulgaire, à la fin du Xe siècle; ils n'entendaient même pas, à ce qu'il paraît, la langue parlée par les évêques de Germanie.
[3] Sans doute à cause du grand attachement de Richer pour son maître Gerbert.

CI. — Oratio Gerberti * pro se in concilio * recitata.

Post cujus recitationem, Gerbertus surrexit, atque orationem pro se scriptam in concilio mox recitavit, satisque apud illos luculenter peroravit. Sed hanc addere hic placuit, quod plena rationibus plurimam lectori utilitatem comparat. Cujus textus hujusmodi est [1]:

CII. — Exordium.

« Semper quidem, reverentissimi patres, hanc diem
« præ oculis habui, spe ac voto ad eam intendi, ex
« quo a fratribus meis admonitus, onus hoc sacerdotii
« non sine periculo capitis mei subii. Tanti erat apud
« me pereuntis populi salus, tanti vestra auctoritas,
« qua me tutum fore existimabam. Recordabar præter-
« itorum beneficiorum, dulcis atque affabilis benivo-
« lentiæ vestræ, qua sæpenumero cum multa laude
« prestantium usus fueram, cum ecce subitus [2] rumor
« vos offensos insinuat, vitioque dare laborat, quod
« magna paratum virtute inter alios constabat. Horrui,
« fateor; et quos ante formidabam gladios, præ in-
« dignatione vestra posthabui. Nunc quia propitia
« Divinitas coram contulit, quibus salutem meam
« semper commisi, pauca super innocentiam meam
« referam, et quonam consilio urbi Remorum præ-
« latus sim edisseram. Ego quippe post obitum divi

---

* Gerberti, io *abscisa*.
[1] *Folium assutum, cui oratio inscripta erat, periit; at insero eam ex codice Lugdunensi inter codd. Vossianos N. 54. ubi multo emendatior, quam apud Centuriatores legebatur, extat.* P.
[2] subito contrarius *ed.*

CI. — Discours prononcé par Gerbert en synode dans l'intérêt de sa cause.

Après cette lecture, Gerbert se leva et lut aussitôt dans le concile un discours écrit en faveur de sa cause. Il pérora au milieu des évêques d'une manière tout à fait brillante, et j'ai voulu rapporter ici son allocution, parce que, pleine de raisons comme elle est, il sera utile au lecteur de la connaître; la voici textuellement :

CII. — Exorde.

« Révérends Pères, j'ai toujours eu devant les yeux, je
« me suis toujours rappelé avec bonheur le jour où, à la
« sollicitation de mes frères, j'assumai sur moi, non sans
« quelque danger pour ma tête, le poids de l'épiscopat. Le
« salut d'un peuple qui périssait et en même temps votre
« autorité étaient pour moi d'une telle considération que je
« croyais ne devoir rien craindre. Je me rappelais vos
« bienfaits passés, la bienveillance douce et affable que vous
« m'aviez souvent témoignée, en l'accompagnant de fré-
« quents éloges, lorsque tout à coup une rumeur subite
« m'annonça que vous étiez offensés et s'efforça d'incri-
« miner cela même que d'autres regardaient comme un
« grand acte de vertu. Je frémis, je l'avoue, et les glaives
« que je redoutais d'abord m'émurent moins que votre in-
« dignation. Maintenant que la Divinité propice m'a amené
« devant ceux à qui j'ai toujours confié mon sort, je dirai
« quelques paroles sur mon innocence, et j'expliquerai par
« le conseil de qui j'ai été fait évêque de la ville de Reims.
« Après la mort de l'empereur Otton, de sainte mémoire,
« ayant pris la résolution de ne pas m'éloigner des clients de
« mon père, le bienheureux Adalbéron, je fus par lui-
« même, et à mon insu, élu au sacerdoce; et lorsqu'il
« alla joindre le Seigneur, je fus désigné, en présence

« Otthonis augusti, cum statuissem non discedere a
« clientela patris mei beati Adalberonis, ab eodem
« ignorans ad sacerdotium præelectus sum; atque in
« ejus discessu ad Dominum, coram illustribus viris
« futurus ecclesiæ pastor designatus. Sed simoniaca
« hæresis in Petri soliditate me stantem inveniens,
« reppulit, Arnulfum prætulit. Cui tamen plus quam
« oportuerit, fidum obsequium præbui, donec eum
« per multos et per me apostatare palam intelligens,
« dato repudii libello, cum omnibus suis apostaticis
« dereliqui; non spe, nec pactione capessendi ejus ho-
« noris, ut mei æmuli dicunt, sed monstruosis ope-
« ribus territus [1], in effigie hominis latitantis. Non in-
« quam ideo illum dereliqui, sed ne illud propheticum
« incurrerem : *Impio præbes auxilium, et iis qui ode-*
« *runt me amicitia jungeris, et idcirco iram quidem*
« *Domini merebaris.* Deinde sanctionibus ecclesias-
« ticis, per longa temporum spatia peractis, legeque
« perhemptoria consummata, cum nihil aliud restaret,
« nisi ut judiciaria principis potestate coherceretur,
« et tanquam seditiosus ac rebellis a principali ca-
« thedra removeretur, lege Africani concilii, iterum a
« fratribus meis et regni primatibus conventus et com-
« monitus sum, ut excluso apostata curam discissi et
« dilaniati susciperem populi. Quod quidem et diu dis-
« tuli, et postea non satis sponte acquievi, quoniam
« quæ tormentorum genera me comitarentur, omni-
« modis intellexi. Hæc est viarum mearum simplicitas,
« hæc innocentiæ puritas, et coram Domino et vobis
« sacerdotibus in his omnibus munda conscientia. »

[1] o. diaboli virtutis in *ed.*

« d'hommes illustres, pour le futur pasteur de l'Église.
« Mais l'hérésie simoniaque, me trouvant fermement attaché
« P ierre, me repoussa et présenta Arnoul. Je lui rendis
« cependant plus qu'il n'aurait fallu de fidèles et bons of-
« fices, jusqu'au moment où comprenant, soit par d'autres,
« soit par moi-même, qu'il apostasiait publiquement ayant
« écrit son abdication, je l'abandonnai, lui et tous ses
« apostats, non dans l'espoir d'obtenir son siége, non que
« promesse m'en eût été faite, comme le répandent mes en-
« nemis, mais parce que j'étais effrayé des monstrueuses
« machinations d'un homme qui agissait dans l'ombre. Ce
« n'est pas, dis-je, pour le supplanter que je l'ai abandonné,
« mais pour ne pas mériter l'application de cette prophétie :
« *Vous donnez du secours à un impie, et vous faites al-*
« *liance avec ceux qui haïssent le Seigneur; vous vous*
« *étiez rendu digne pour ce sujet de la colère de Dieu*[1].
« Ensuite, la sanction ecclésiastique ayant pendant long-
« temps couvert tout cela et la décision étant devenue dé-
« finitive, comme il ne restait plus qu'à le forcer, par l'au-
« torité judiciaire du prince, à s'éloigner de la chaire
« pontificale comme séditieux et rebelle, conformément
« aux dispositions du concile d'Afrique, je fus de nouveau
« circonvenu et sollicité par mes frères et par les grands du
« royaume de me charger après l'exclusion de l'apostat du
« soin d'un peuple tourmenté, déchiré en factions. Long-
« temps je m'y refusai, et plus tard ce n'est pas sans difficulté
« que j'y consentis, parce que je compris quels tourments de
« toute espèce je me préparais. Tel est le simple exposé de
« ma conduite, telle est la pureté de mon innocence, telle
« est la netteté, en tous points, de ma conscience, que je
« présente au Seigneur, et à vous, qui êtes ses prêtres. »

[1] II Paralip. xix, 2.

CIII. — Particio.

« Sed ecce, ex adverso occurrit calumpniator; vo-
« cum novitatibus, ut major fiat invidia, delectatus
« obloquitur. *Dominum tuum tradidisti, carceri man-
« cipasti, sponsam ejus rapuisti, sedem pervasisti.* »

CIV. — Confirmatio et reprehensio alternatim digestæ.

« Itane ego dominum, cujus numquam servus fue-
« rim, cui etiam nullum sacramenti genus umquam
« præstiterim? Etsi enim ad tempus famulatus sum,
« fecit hoc imperium patris mei Adalberonis, qui me
« in Remensi ecclesia commorari præcepit, quoad-
« usque pontificis in ea sacrati mores actusque di-
« noscerem. Quod dum operior, hostium præda factus
« sum, et quæ vestra munificentia magnorumque du-
« cum largitas clara et præcipua contulerat, violenta
« prædonum manus abstulit, meque pene nudum gla-
« diis suis ereptum doluit. Denique postquam illum
« apostatam dereliqui, vias et itinera ejus non obser-
« vavi, nec quolibet modo ei communicavi. Quomodo
« ergo eum tradidi, qui, ubi tunc temporis fuerit,
« nescivi? Sed neque eum carceri mancipavi, qui nunc
« nuper sub præsentia fidelium testium seniorem
« meum conveni, ut propter me nec ad momentum [1]
« ulla detineretur custodia. Si enim auctoritas vestra
« pro me staret, in tantum Arnulfus vilesceret, ut mihi
« minimum valeret obesse. Quod si contraria mihi,
« quod absit, sententia vestra decerneret, quid mea
« interesset, utrum Arnulfus, an alius Remorum con-

---

[1] ad monitum *ed.*

CIII. — Division.

« Mais voilà qu'il s'élève contre moi un calomniateur « qui, pour exciter plus fortement la haine, se complaît « dans un langage étrange : *Tu as livré ton Seigneur, tu « l'as confiné dans une prison, tu as enlevé son épouse* [1], « *tu as envahi son siége !* »

CIV. — Défense et accusation produites alternativement.

« Ai-je, en effet, agi ainsi envers mon seigneur? envers « celui dont je ne fus jamais le serviteur, à qui je ne prêtai « jamais aucune espèce de serment? Si je le servis quelque « temps, c'est par l'ordre de mon père Adalbéron, qui me « commanda de rester dans l'église de Reims jusqu'à ce que « je connusse et les mœurs et les actes du pontife qui lui « serait donné. Tandis que j'exécutais cet ordre, je suis « devenu la proie de mes ennemis, et les choses que je te-« nais de votre munificence et de la noble et spéciale lar-« gesse de puissants ducs me furent violemment enlevées par « une troupe de brigands, qui me vit même avec regret « échapper presque nu à ses glaives. Enfin, lorsque je me « fus éloigné de cet apostat, je n'épiai ni ses actes, ni ses dé-« marches, et je n'eus avec lui aucune espèce de communi-« cations. Comment donc ai-je pu le livrer, quand j'igno-« rais où il était? Je ne l'ai pas davantage tenu en prison, « moi qui récemment, en présence de témoins dignes de « foi, me rendis près de mon seigneur, afin d'obtenir qu'à « cause de moi il ne lui fût pas donné de gardes un seul « instant. Si vous m'étiez favorables, Arnoul tomberait si « bas qu'il ne pourrait me nuire en rien; si votre décision « m'était contraire, ce qu'à Dieu ne plaise, que m'impor-« terait qu'Arnoul ou tout autre fût fait évêque de Reims? « Quant à ce qui est dit du rapt de son épouse et de son « siége envahi, cela est ridicule ; car je dis d'abord qu'elle

[1] Façon de parler mystique.

« stitueretur episcopus? Jam de sponsa rapta sedeque
« pervasa quod dicitur, ridiculosum est. Dico enim
« primum, numquam illius fuisse sponsam, quam, pro
« legitima donatione spiritualis dotis, collatis ante be-
« neficiis expoliavit, proscidit ac dilaniavit. Necdum
« sacerdotali anulo insignitus erat, et jam omnia quæ
« denominatæ sponsæ fuisse videbantur, satellites Sy-
« monis vastaverant. Dico etiam, si concederetur quo-
« libet modo illius sponsa fuisse, utique esse desiit,
« postquam eam pollutam et violatam, et, ut ita di-
« cam, adulteratam suis predonibus prostravit. Num
« igitur eam, aut quam non habuit, aut quam suo
« scelere perdidit, illius sponsam rapui? Sedem autem
« populorum multitudine refertam, advena et pere-
« grinus, nullis fretus opibus, pervadere qui potui?
« Sed forte apostolica sedes nobis opponitur, tamquam
« ea inconsulta summum hoc negocium discussum
« sit, vel ignorantia, vel contumacia. Certe nihil ac-
« tum vel agendum fuit, quod apostolicæ sedi relatum
« non fuerit, ejusque per decem et octo menses ex-
« pectata sententia. Sed dum ab hominibus consilium
« non capitur, ad filii Dei supereminens eloquium
« recurritur : *Si oculus*, inquit, *tuus scandalizat te
« et reliqua* [1]. Et fratrem peccantem, coram testibus
« coramque ecclesia commonitum, et non obaudien-
« tem, decernit habendum tamquam ethnicum [2] et
« publicanum. Conventus ergo Arnulfus, et commo-
« nitus litteris et legatis episcoporum Galliæ, ut a
« cœpto furore desisteret, et, si valeret, quoquo modo

---

[1] te erue eum, et projice illum abs te *ed.*
[2] hetnicum *c. constanter.*

« ne fut jamais son épouse celle qu'en échange du don lé-
« gitime d'une dot spirituelle il dépouilla des bénéfices
« qu'elle avait précédemment reçus, qu'il déchira, qu'il
« mit en pièces. Il n'avait pas encore été honoré de l'an-
« neau épiscopal que déjà les suppôts de Simon[1] avaient
« saccagé tout ce que possédait cette épouse dont on parle.
« Je dis, de plus, que, si l'on accordait qu'elle ait été en
« quelque sorte son épouse, elle a cessé de l'être depuis qu'il
« l'a laissé polluer, violer, et, pour ainsi dire, prostituer
« par des brigands. Ai-je donc pu lui ravir une épouse ou
« qu'il n'eut jamais, ou qu'il perdit par le crime? Quant à
« son siége, comment ai-je pu l'envahir, entouré qu'il était
« d'un peuple innombrable, moi étranger, inconnu, sans ri-
« chesse aucune? Mais peut-être m'opposera-t-on que cette
« affaire capitale a été discutée sans consulter le siége
« apostolique, soit par ignorance, soit de dessein prémé-
« dité. Certes, il ne s'est rien fait, rien n'a dû se faire qu'il
« n'en ait été référé au siége apostolique, et pendant dix-
« huit mois on a attendu sa décision. Mais quand les hommes
« ne se décident pas, on a recours aux paroles plus puis-
« santes du Fils de Dieu : *Si*, dit-il, *votre œil vous scan-
« dalise*, et cætera[2]. Il veut qu'un frère qui pèche, et qui,
« averti devant témoins et devant l'Église, ne se corrige
« pas, soit tenu pour païen et publicain. Arnoul donc, sol-
« licité et averti par les lettres et les envoyés des évêques des
« Gaules de déposer ses fureurs, et, s'il le pouvait, de se
« purger en quelque manière d'un crime de perdition, et
« ayant méprisé ces avertissements salutaires, fut tenu pour
« païen et publicain. Il n'a pas, toutefois, été jugé comme
« un païen, à cause du respect dû au siége apostolique et
« des priviléges du saint sacerdoce, mais la sentence de

---

[1] Simon le magicien; de là, simonie.
[2] Si votre œil droit vous scandalise, arrachez-le. (S. Matth., v, 20.)

« se a perditionis scelere purgaret, dum monita salu-
« bria contemnit, habitus est tamquam ethnicus et
« publicanus. Nec tamen idcirco dijudicatus ut ethni-
« cus, ob reverentiam sedis apostolicæ sacerdotiique
« sacri privilegia, sed a se ipso in se ipsum damna-
« tionis sententia prolata, hoc solum eum in omni
« vita sua preclare egisse dijudicatum est; quia ni-
« mirum, si eum, se ipso damnante, episcopi absol-
« verent, pœnam sceleris ejus incurrerent. *Si*, inquit
« magnus Leo papa, *omnes sacerdotes et mundus as-*
« *sentiat damnandis, damnatio consentientes involvit,*
« *non prævaricationem consensus absolvit. Hoc enim*
« *Deus omnium indicavit, qui peccantem mundum*
« *generali diluvio interemit.* Et papa Gelasius : *Error*
« *qui semel est cum suo auctore damnatus, in participe*
« *quolibet pravæ communionis effecto execrationem*
« *sui gestat et pœnam.* Excluso itaque illo a Remensi
« ecclesia, mihi reluctanti, multumque ea quæ passus
« sum et adhuc patior formidanti, a fratribus meis
« Galliarum episcopis hoc honus sacerdotii sub divini
« nominis obtestatione impositum est. Quod si forte a
« sacris legibus quippiam deviatum est, non id ma-
« licia, sed temporis importavit necessitas. Alioquin
« tempore hostili omne jus, omneque licitum cavere,
« quid est aliud quam patriam perdere, et necem
« inferre? Silent equidem leges inter arma quibus ille
« feralis bestia O.[1] ita[2] abusus est, ut reverendis-
« simos sacerdotes Dei, quasi vilia mancipia caperet,
« nec ab ipsis sacrosanctis altaribus temperaret, com-
« meatus publicos intercluderet. »

[1] Otto *ed.*
[2] ita hoc tempore a *ed.*

« condamnation portée par lui sur lui-même a manifesté
« que c'est là la seule chose digne d'éloges qu'il ait faite
« dans sa vie ; et certainement, si les évêques l'absolvaient
« lorsqu'il se condamne lui-même, ils encourraient la
« peine de son crime. *Si*, dit le grand pape Léon, *tous les*
« *prêtres et le monde approuvaient ceux qui méritent*
« *d'être condamnés, la condamnation envelopperait les*
« *complices ; l'approbation ne détruit pas la prévarica-*
« *tion. C'est ce qu'a fait connaître le Dieu de tous les*
« *hommes lorsqu'il a fait périr un monde pécheur par un*
« *déluge universel.* Et le pape Gélase : *Une erreur qui a*
« *été une fois condamnée avec son auteur fait tomber son*
« *exécration et son châtiment sur quiconque y devient*
« *participant par une détestable communauté.* Lors donc
« qu'Arnoul eut été exclu de l'église de Reims, ses fonc-
« tions sacerdotales me furent imposées, au nom de la Di-
« vinité, par mes frères les évêques des Gaules, malgré ma
« résistance et la grande appréhension que j'avais de ce
« que j'ai souffert et de ce que je souffre encore. Que s'il
« s'est fait quelque chose de contraire aux lois sacrées, ce
« n'est point méchamment, mais parce que la nécessité l'a
« voulu ; car, en temps de troubles, s'attacher au droit et à
« la règle, qu'est-ce autre chose que perdre la patrie et
« consommer sa ruine ? Les lois se taisent, en effet, au
« milieu des armes, dont cette bête féroce E.[1] a abusé au
« point de se saisir des révérendissimes prêtres de Dieu
« comme de vils esclaves, de n'épargner pas même les saints
« autels, d'intercepter toutes les voies publiques. »

[1] Il semble que ceci se rapporte à Eudes, comte de Meaux et de Troyes. P. voir ci-dessus.

CV. — Epilogus.

« Redeo ad me, reverentissimi patres, cui specia-
« liter ob salutem pereuntis populi totiusque rei pu-
« blicæ curam mors furibunda cum omnibus suis in-
« cubuit copiis. Hinc dira egestas horreas et apothecas
« armata manu sibi vindicat, illinc foris gladius et
« intus pavor, dies ac noctes reddiderunt insomnes [1].
« Sola vestra auctoritas, ut tantorum malorum leva-
« men fieret, expectata est, quæ tantam vim habere
« creditur, ut non solum Remensi, sed etiam omni
« ecclesiæ Gallorum desolatæ, et pene ad nihilum
« redactæ, subsidio esse valeat; quod Divinitate pro-
« pitia expectamus, et ut fiat, omnes in commune
« oramus. »

CVI.

Quam perlectam, legato papæ mox legendam porrexit. Tunc episcopi omnes cum Godefrido comite
qui eis intererat simul surgentes, orsumque seducti,
quid agendum inde esset deliberabant. Et post paululum ipsum Gerbertum invitant. Cui cum post aliquot
sermones a domno papa corpus et sanguinem Domini,
ac sacerdotale officium sub præsentia legati prohibere
vellent, ille mox ex canonibus et decretis confidenter
astruxit, nulli hoc imponendum, nisi aut ex crimine
convicto, aut post vocationem venire ad concilium
vel rationem contempnenti. Huic penæ non sese esse
obnoxium, cum ipse etiam prohibitus accesserit, et
cum nullo adhuc crimine convictus sit. Simulque hoc

---

[1] illinc f. g. et i. p. d. ac n. v. insomnes *desunt in cod.*

CV. — Épilogue.

« Je reviens à moi, très-révérends Pères, à moi qui me
« suis exposé à une mort furieuse et à tous ses tourments
« pour sauver un peuple qui allait périr et secourir la chose
« publique. Ici une misère affreuse s'empare à main armée
« des magasins et des boutiques, là le glaive au dehors et la
« frayeur au dedans, me font des jours et des nuits sans
« sommeil. Pour apaiser tant de maux, on n'espère qu'en
« votre autorité seule, qu'on regarde comme assez puis-
« sante pour venir au secours, non-seulement de l'Église
« de Reims, mais de toute l'Église des Gaules, désolée et
« presque réduite à rien. Nous attendons ce bienfait de la
« Divinité propice, et nous la prions en commun de nous
« l'accorder. »

CVI.

Après avoir lu ce discours, il le donna à lire au légat du
pape. Alors tous les évêques, ainsi que le comte Godefroi,
qui était avec eux, se levèrent à la fois, et, retirés à l'écart,
se mirent à délibérer sur ce qu'il y avait à faire. Ils appelèrent bientôt à eux Gerbert lui-même; et comme ils
voulaient, d'après quelques paroles du pape, lui interdire,
en présence du légat, le corps et le sang de notre Seigneur
et les fonctions sacerdotales, il objecta hardiment, appuyé
sur les canons et les décrets, que ces peines ne pouvaient
être imposées à quiconque n'a pas été convaincu de crime
ou n'a pas refusé de venir répondre devant un concile;
qu'il ne pouvait être soumis à une telle peine, lui qui était
venu au synode, même malgré défense, et qui n'avait encore
été convaincu d'aucun crime. Il appuyait en même temps
cette opinion sur les deux conciles d'Afrique et du Tolède;
mais, pour ne paraître pas résister entièrement au pape, il

ex Africano et Toletano conciliis asserebat. Sed ne domno papæ omnino reniti videretur, a missarum celebratione sese cessaturum usque in alteram [1] sinodum spopondit. Et statim his dictis sessum reversi sunt.

CVII.

Quibus considentibus Virdunensis episcopus iterum surgens; eo quod sinodi interpres habebatur, ad alios qui episcoporum consilio non interfuere, sic concionatus ait : « Quoniam, » inquiens, « hoc unde hic agi-
« tur, diffiniri nunc non potest, eo quod controversiæ
« pars altera deficit, placet his domnis episcopis ut
« vobis demonstretur, presentis rationis causam in
« aliud tempus transferendam, ut ibi qui intendat,
« et qui refellat ante judicem consistant, ut singulorum
« partibus discussis, recti judicii proferatur censura. »
Ab omnibus conceditur et laudatur. Destinatur ergo locus Remis apud coenobium monachorum sancti Remigii, tempus quoque die 8. post natale sancti Johannis baptistæ. Quibus constitutis et dictis, sinodus soluta est.

Historiæ finis in summa pagina 88'. In pagina 86' alia manu duæ Silvestri II. epistolæ, pagina 87' demum notitiæ aliquot manu Richeri scriptæ leguntur, quæ pro fundamento operis exigendi habendæ esse videntur: sunt autem hæ :

Tempore statuto, Silvanecti sinodus episcoporum collecta est, ubi etiam inter Gerbertum et Arnulfum

---

[1] alteram *cod.*

promit qu'il s'abstiendrait de célébrer la messe jusqu'à la tenue d'un autre synode. Ces choses dites, ils allèrent aussitôt se rasseoir.

CVII.

Pendant qu'ils siégeaient, l'évêque de Verdun se leva de nouveau, parce qu'il faisait fonction d'interprète, et il parla ainsi à ceux qui n'avaient pas assisté à la délibération des évêques : « Comme l'affaire dont il s'agit ici ne peut être « terminée maintenant, parce que l'une des deux parties « adverses est absente, les seigneurs évêques ici présents « désirent qu'il vous soit démontré que l'examen de la cause « doit être remis à un autre temps, pour que accusateur « et accusé puissent comparaître devant le juge, afin que « les raisons de chacun étant discutées on puisse arriver à « une juste sentence. » Cette proposition fut approuvée et louée par tous. Le lieu désigné fut la ville de Reims et le monastère des moines de Saint-Rémy ; le temps fixé fut le huitième jour après la fête de saint Jean Baptiste. Ces choses réglées et dites, le synode se sépara.

Ici finit le manuscrit de l'Histoire de Richer. A la suite on lit d'une autre écriture deux lettres de Silvestre II, et enfin, après ces deux lettres, quelques notes écrites de la main de notre auteur, qui semblent avoir été destinées par lui à former le fond de ce qu'il se proposait d'écrire encore. Voici ce que portent ces notes :

Au temps convenu, l'assemblée des évêques se tint à Senlis ; l'affaire pendante entre Gerbert et Arnoul, y fut examinée en présence du légat Léon, abbé et moine, et de plusieurs autres personnes. Berthe, femme d'Otton, reçut le

præsentaliter ratio discussa est sub præsentia Leonis abbatis et monachi legati aliorumque quam plurium. Berta, Odonis[1] uxor, suarum rerum defensorem atque advocatum Rotbertum regem accepit. Richardus pyratarum dux apoplexia minore periit, Hilduinus quoque vinolentia.

Sinodus quinque episcoporum in monte sanctæ Mariæ habita est. [Heinricus quoque dux obiit[2].] Alia item sinodus apud Engleheim indicta est sanctæ Agathes festivitate habenda, quæ et suo tempore habita est[3].

Berta Rotberto nubere volens, Gerbertum consulit, ac ab eo confutatur.

Gerbertus Romam ratiocinaturus vadit, ac ibi, ratione papæ data, cum nullus accusaret, alia sinodus indicitur[4].

Hugo rex papulis toto corpore confectus, in oppido Hugonis Judeis extinctus est.

Rotbertus rex patri succedens, suorum consilio Bertam duxit uxorem, ea usus ratione, quod melius sit parvum aggredi malum, ut maximum evitetur.

Rotbertus rex, ducta Berta uxore, in Fulconem, qui Odonis adversarius fuerat, fertur, et ab eo urbem Turonicam et alia quæ pervaserat vim recipit.

Rotbertus rex in Aquitania ob nepotem suum Wilelmum obsidione Hildebertum premit.

---

[1] O. codex.
[2] iterum deleta.
[3] vox obtecta.
[4] Hucusque atramento fusco quo folia codicis 1—28 exarata sunt; reliqua atramentum nigrum foliorum 28—88' præferunt.

roi Robert pour défenseur et avocat de ses intérêts. Richard, duc des pirates, mourut d'apoplexie, et Hilduin d'ivrognerie.

Il se tint au mont Sainte-Marie un synode de cinq évêques. (Le duc Henri meurt [1].) Il est réglé qu'un autre synode se tiendra à Engelheim, à la fête de sainte Agathe [2], et il a lieu en effet au temps dit.

Berthe, voulant épouser Robert, consulte Gerbert, qui cherche à l'en détourner.

(996). Gerbert va à Rome pour exposer sa cause, il donne ses raisons au pape, et comme personne ne l'accuse, un autre synode est indiqué.

Le roi Hugues, le corps tout couvert de boutons, est tué par les Juifs [3], dans la place qui porte son nom.

Le roi Robert, succédant à son père [4], épouse Berthe par le conseil des siens, en application de ce principe qu'il faut affronter un petit mal pour en éviter un très-grand.

(997). Le roi Robert, après avoir épousé Berthe, marche contre Foulques, l'ancien adversaire de Eudes, et lui reprend de force la ville de Tours et tout ce qu'il avait envahi.

Le roi Robert assiége Hildebert en Aquitaine à cause de son neveu Guillaume.

---

[1] Henri duc des Bavarois; il mourut le 27 août 995. P.
[2] Le 5 février 996. P.
[3] Probablement par les médecins, conformément à ce qui est écrit par Hincmar, de Charles le Chauve. P.
[4] Le 23 octobre 996.

Gerbertus iterum Romam adit, ibique cum moram faceret, Arnulfus a Rotberto rege dimittitur.

Gerbertus cum Rotberti regis perfidiam dinosceret, Ottonem regem frequentat, et patefacta sui ingenii peritia, episcopatum Ravennatem ab eo accipit.

Gregorius papa tandiu permittit Arnulfo officium sacerdotale, donec in temporibus racionabiliter aut legibus adquirat aut legibus amittat [1].

---

[1] *Hic notitiarum finis. Reliqua pagina vacua remansit, excepta probatione pennæ, et hac sententia inferius Richeri manu adjecta :* Libellum quem hoc anno præstitistis, de medicina, et de speciebus metallorum, quando in armario simul fuimus, mihi transmittite.

FINIS.

Gerbert va une seconde fois à Rome, et comme il y prolonge son séjour, Arnoul est installé par le roi Robert.

Gerbert, ayant connu la perfidie du roi Robert, fréquente le roi Otton, qui, ayant reconnu l'étendue de son génie, lui donne l'évêché de Ravenne (998).

Le pape Grégoire [1] permet enfin à Arnoul de remplir les fonctions épiscopales jusqu'à ce qu'il en ait légalement acquis ou perdu le droit.

---

[1] Il mourut le 18 février 999, et le 2 avril suivant Gerbert obtient la papauté. P.

FIN DE L'HISTOIRE DE RICHER.

NOTES ET DISSERTATIONS

SUR QUELQUES POINTS

DE L'HISTOIRE DE RICHER.

Richer appartient à une époque de transition, à l'une de ces époques où tout est, pour ainsi dire, en question ; ce qui fut disparaît progressivement, et ce qui sera ne s'offre encore que confusément. Faisons-nous pour un moment contemporains de notre auteur et cherchons à fixer certains points relatifs à l'histoire de son temps.

Nous traiterons : 1° des divisions géographiques de la Gaule en usage pendant le x° siècle ; 2° de la généalogie des rois, ducs, comtes du x° siècle, afin de jeter quelque lumière sur les personnages cités par Richer ; 3° de la valeur des titres les plus usités au x° siècle comme ceux de *rois*, *ducs*, *principes*, *magnates*, etc.; 4° de la composition des armées et de l'art militaire ; 5° de certains usages, de certaines cérémonies de ces temps-là.

SECTION PREMIÈRE.

DES DIVISIONS GÉOGRAPHIQUES DE LA GAULE EN USAGE AU X° SIÈCLE.

Richer emploie deux systèmes géographiques tout à fait différents l'un de l'autre : un système appartenant à l'antiquité, système de tradition et d'emprunt ; et un système appartenant au moyen âge et fondé sur l'état présent des choses.

§ 1ᵉʳ. *Système géographique ancien.*

Richer conserve invariablement au pays compris entre le Rhin, les Alpes, les Pyrénées et les deux mers le nom de *Gaule*, aux habitants de ce pays le nom de *Gaulois* ; cent passages de son livre en font foi.

Il n'y a rien là, du reste, de particulier à notre auteur : tous ceux qui l'ont précédé ont fait comme lui, ceux qui le suivirent agirent de même longtemps encore.

César, faisant abstraction de la province romaine, c'est-à-dire de la partie du pays qui s'étend depuis les Alpes jusqu'à Toulouse, et depuis la mer jusqu'à Genève, disait : « Toute la Gaule est divisée en « trois parties : l'une est occupée par les Belges ; l'autre par les Aqui- « tains ; la troisième par des peuples qui, dans leur langue, s'appellent « Celtes, que nous nommons Gaulois. » César ajoute : « Les Gaulois « sont séparés des Aquitains par la Garonne, des Belges par la Marne « et la Seine [1]. » Bientôt Auguste, afin de distribuer plus également les peuples de la Gaule entre les quatre provinces existantes, en détacha un grand nombre de la Celtique qu'il fit entrer dans la Belgique et dans l'Aquitaine ; la Belgique s'agrandit alors vers le sud-est des pays situés entre la Saône et le Rhône ; l'Aquitaine fut étendue vers le nord jusqu'à la Loire.

Richer divise la Gaule en trois parties à la manière de César : Belgique, Celtique, Aquitaine, mais sans tenir compte de la province romaine. Dans les limites données à chacune de ces trois provinces, il s'éloigne beaucoup du général romain, ou plutôt, après avoir à peu près répété ce que dit César, il l'obscurcit singulièrement par les détails qu'il ajoute : « La Belgique, dit-il, s'étend des bords du Rhin « jusqu'à la Marne ; elle est bornée sur les deux côtés, ici par les Alpes « pennines, là par la mer, au milieu de laquelle se trouve l'île Britan- « nique.—La Celtique s'étend en largeur, de la Marne à la Garonne ; « sur les flancs elle a pour limites l'Océan et l'île Britannique.—Tout « ce qui s'étend de la Garonne aux Pyrénées prend le nom d'Aqui- « taine, pays qui touche d'un côté au Rhône et à la Saône et de « l'autre à la Méditerranée [2]. »

Pour que la Belgique s'étendît jusqu'aux Alpes pennines, il faudrait y comprendre le pays des Séquaniens et des Helvétiens, qui n'y furent réunis que par Auguste ; d'un autre côté, après les changements apportés par Auguste dans la distribution de la Gaule, l'Aquitaine s'étendait jusqu'à la Loire, tandis que Richer donne à l'Aquitaine la Garonne pour limite septentrionale, ce qui ramène à la division de César. Mais il faut dire que dans tout le cours de son livre Richer étend l'Aquitaine au nord jusqu'à la Loire, ce qui nous reporte encore au temps d'Auguste.

---

[1] Comment. de Bell. Gall., I, 1.
[2] Richer, I, 1.

Richer nous dit que la Celtique s'étend en longueur de la Marne à la Garonne : il suit ici la division de César, car depuis Auguste la Celtique ne s'étendit au midi que jusqu'à la Loire.

Lorsqu'il dit que l'Aquitaine touche d'un côté au Rhône et à la Saône, et de l'autre à la Méditerranée, il est en dehors de toute division connue.

La conclusion à tirer de tout cela, c'est évidemment que Richer n'avait sur les divisions géographiques de l'ancienne Gaule que des notions très-confuses; c'est cependant ce système de géographie qu'il emploie le plus souvent et celui auquel il semble le plus se complaire, ce qui, soit dit en passant, en ce qui touche surtout à la Belgique et aux Belges, jette souvent un peu de confusion dans son récit.

§ 2. *Système géographique nouveau.*

Dans le nouveau système, il n'y a point de dénomination générale applicable à tout le pays qui forma l'ancienne Gaule ou à l'ensemble des peuples qui l'habitaient, mais seulement des dénominations particulières. Ainsi nous trouvons en Gaule au xe siècle les dénominations de France, d'Aquitaine, de Bourgogne, de Bretagne, de Gothie, etc. Nous y trouvons des Francs, des Aquitains, des Bourguignons, des Bretons, des Goths; c'est pour ainsi dire une géographie de fait; nous y trouvons aussi la Neustrie et les Neustriens, dénomination véritablement géographique.

Richer n'a point agi à l'égard de ces divisions nouvelles comme il avait agi à l'égard des anciennes; il n'a point assigné leurs limites; les auteurs anciens avaient décrit les provinces de la Gaule d'une manière générale, et Richer les a copiés tant bien que mal, mais l'esprit du moyen âge n'était pas systématique, et Richer nous a seulement laissé des données éparses sur les provinces de la Gaule au xe siècle, nous laissant le soin de réduire ces données en systèmes géographiques.

De la France. — De la Bourgogne. — De l'Aquitaine.

Il y eut un moment où les trois peuples Germains, les Francs, les Bourguignons et les Visigoths, se partageaient la Gaule, de manière que les Francs s'étendaient entre le Rhin et la Loire, les Visigoths de la Loire aux Pyrénées et à la Méditerranée, les Bourguignons des Alpes à la Loire et des Vosges à la Durance. Les provinces soumises aux Francs prirent le nom de France, celles qui obéirent aux Bourguignons s'appelèrent Bourgogne. Les Visigoths n'ayant conservé leurs possessions que peu de temps, ne communiquèrent pas leur nom au pays qui conserva celui d'Aquitaine.

Tous les auteurs contemporains de Richer distinguent dans la Gaule ces trois grandes portions de territoire : la France, l'Aquitaine et la Bourgogne, et Richer lui-même distingue plus d'une fois la France de l'Aquitaine ou de la Bourgogne.

Flodoard fournit plusieurs exemples de cette distinction ; ainsi en 944 Louis d'Outre-Mer va en Aquitaine et revient en France, *in Aquitaniam proficiscitur.... revertitur in Franciam*; l'an 958 une armée de Lorrains passe en France, dit-il, pour se rendre en Bourgogne, *per Franciam proficiscitur in Burgundiam*. Lothaire, fils de Louis, fut, l'an 954, sacré roi par les évêques et les seigneurs de France, de Bourgogne et d'Aquitaine, *Franciæ, Burgundiæ atque Aquitaniæ*.

Or, qu'était la *France* au temps de Richer ? Le nom de France s'appliqua d'abord aux pays possédés par les Francs au delà du Rhin ; mais lorsque les Francs eurent donné leur nom à la partie de la Gaule située au nord de la Loire et des Vosges, on distingua alors la France orientale ou germanique de la France occidentale ou France nouvelle.

Plus tard, la dénomination de France se perdit au delà du Rhin et ne fut conservée qu'en Gaule. C'est ainsi que l'Astronome nous dit dans la Vie de Louis le Débonnaire, que les peuples de France, de Bourgogne, d'Aquitaine et même de Germanie s'affligeaient ensemble des malheurs de l'empereur. De même, dans le partage fait entre les fils de Louis le Débonnaire, la partie de la France échue à Lothaire, et qui fut plus tard la Lorraine, est appelée *pars Franciæ orientalis*, et celle qui échut à Charles le Chauve, *medietas Franciæ ab occidente*.

Plus tard encore le nom de France fut restreint à la France échue à Charles le Chauve et ne comprit plus la Lorraine, et tel était l'état des choses au temps de Richer. Ainsi Flodoard nous dit que des guerres éclatent parmi les Lorrains, et il ajoute : *Item in Francia inter Balduinum... et Rotgarium* (ann. 957).

Plusieurs écrits de la fin du xie siècle et du commencement du xiie répètent cette phrase qu'ils ont évidemment puisée à une source commune : *Normanni, adjunctis sibi Danis, Franciam et Lotharingiam pervagantur* [1].

Nous rapprochons ce que nous avons à dire de la *Neustrie* et de l'*Austrasie* de ce que nous venons de dire sur la France, parce que ces

---

[1] *Breve Chron. Tornac.*—*Vita S. Rumaldi*, etc., ap. Bouq., t. VIII, p. 285, t. IX, p. 40 et 150.

dénominations désignèrent d'abord et d'une manière vague les parties occidentale et orientale de la France, ou, si l'on veut, la France gauloise et la France germanique. Mais quelle fut la limite des deux provinces? Il serait très-difficile de le dire, et peut-être n'y en eut-il jamais pour les contemporains, qui ne virent là que des dénominations générales et vagues, indiquant le pays à l'ouest et le pays à l'est. Quoi qu'il en soit, la Neustrie, dont nous voulons parler plus particulièrement, parce que son nom persista plus longtemps (la dénomination d'Austrasie ne se trouvant plus dans Richer, tandis que celle de Neustrie revient très-souvent sous sa plume), la Neustrie, qui s'étendait d'abord de l'Escaut et de la partie supérieure du cours de la Meuse jusqu'à la Loire et à l'Océan, ne comprenait plus au temps de Richer, c'est lui-même qui nous le dit, que le pays compris entre la Seine et la Loire (I, 4). La dénomination de Neustrie s'applique toujours, dans notre auteur, à une même étendue de pays. (III, 3, etc.) C'est, du reste, dans les mêmes limites qu'on la trouve désignée dans quelques auteurs postérieurs; ainsi les *Gesta consulum Andegavensium* nous disent: *Quo nomine* (Neustria) *continetur quidquid a Parisius et Aurelianis interjacet inter Ligerim et Sequanam inferius usque in Oceanum* (*Histor. de France*, t. IX, p. 29 c.). La Neustrie alors était distinguée de la France, et la dénomination de France ne comprenait plus la Neustrie, qui fut enfin réduite à la Normandie.

Aquitaine. Les limites de l'Aquitaine ne varièrent pas; ce qu'elles étaient au temps des Visigoths, elles le furent encore au temps de Richer. Dans Richer, cette province s'étend des Pyrénées à la Loire et de l'Océan au Rhône. Mais dans cette étendue se trouve ce que notre auteur appelle la terre des Goths, qui allait depuis Toulouse jusqu'au Rhône, comprenant Toulouse et Nîmes (I, 7). C'est l'ancienne Septimanie; l'Auvergne en faisait partie (III, 4).

Par *Bourgogne*, il ne faut pas entendre dans Richer l'étendue de pays qui forma le royaume des Bourguignons et qui eut pour limite la Durance et les Vosges du sud au nord et les Alpes et la Loire de l'est à l'ouest, mais seulement la partie de cet ancien royaume située à l'ouest de la Saône, partie qui entra seule dans le partage de Charles le Chauve lors du démembrement de l'empire de Charlemagne. Les autres parties du royaume des Bourguignons, celles qui se trouvaient à l'orient de la Saône et du Rhône, prennent chez lui d'autres noms (II, 17, 98). Ainsi, dans la Bourgogne de Richer on trouve Langres (II, 6), Mâcon (II, 98), Dijon (III, 11); et en dehors de cette Bourgogne étaient les royaumes de Bourgogne cisjurane et de Bourgogne transjurane.

Du reste on trouve à chaque instant dans Richer le nom de *Bretagne*, appelée quelquefois petite Bretagne, *Britannia minor*, province à peu près indépendante et qu'il dit contiguë à la Gaule et tenue envers elle au service militaire (I, 4). On y trouve les noms de *Provence* (I, 7), de *Champagne* (I, 167, II, 24), de *Gothie* (I, 7, etc.). On n'y trouve, pour ainsi dire, pas ceux de *Lorraine*, d'*Alsace*, de *Normandie*. Pour Richer, l'Alsace et la Lorraine sont comprises sous la dénomination générale de Belgique. La dénomination de Normandie n'était guère usitée encore.

§ 3. *Géographie politique de la Gaule.*

A la mort de Louis le Débonnaire, l'empire des Francs s'étendait du Rubricatus ou Lobregat, en Espagne, jusqu'à l'embouchure de l'Elbe; et de l'Océan jusqu'à Bénévent, en Italie, et jusqu'aux frontières extérieures de la Pannonie.

Les trois fils de Louis le Débonnaire partagèrent entre eux ce vaste empire, et formèrent ainsi trois États distincts et indépendants les uns des autres, au moins de fait, s'ils ne le furent pas absolument de droit comme quelques auteurs l'ont voulu. Ce furent l'Empire, le royaume de Germanie, le royaume des Francs. Quelques mots sur chacun de ces États.

Royaume de Germanie.—Ce royaume comprit tous les pays situés au delà du Rhin, et, de ce côté-ci du fleuve, les cantons de Worms, de Spire et de Mayence. Ce fait est exprimé nettement par les auteurs du temps : *Hludowicus ultra Rhenum omnia*, disent les *Annales* de Saint-Bertin, *citra Rhenum vero Nemetum, Vangium et Moguntiam civitates pagosque sortitus est* (ann. 843). La *Chronique* de Saint-Bertin, en confirmant le contenu des *Annales*, énumère les pays qui composaient ce royaume : c'étaient la Bavière, l'Alémanie, la Thuringe, la Saxe et la Hongrie. *Ludovicus habuit Noricam, Alemanniam, Thoringiam, Saxoniam atque Hungariam*. Il faudrait y joindre peut-être les deux Pannonies et la Dacie que Éginhard comprend dans les limites de l'empire des Francs (*Vita Karol. Magn.*, c. xv).

Empire. — L'Empire se composa, selon la *Chronique* de St-Bertin, de l'Italie, de la partie orientale de la France et de toute la Provence. *Lotharius accepit imperium Romanorum et totam Provinciam atque Italiam et orientalem partem Franciæ*. Les *Annales* disent que

Lothaire reçut ce qui est compris entre l'Escaut et le Rhin, vers la mer, et, en revenant, le Cambraisis, le Hainaut, Lootz, Châtres, et les comtés contigus à la rive droite de la Meuse jusqu'à la Saône, qui tombe dans le Rhône, et le long du Rhône jusqu'à la mer, ainsi que les comtés contigus des deux côtés de ces fleuves. *Lotharius inter Rhenum et Scaldem in mare decurrentem, et rursus per Cameracensem, Hainnoum, Lomensem, Castritium, et eos comitatus qui Mosæ citra contigui habentur, usque ad Ararem Rodano influentem, et per deflexum Rodani in mare, cum comitatibus similiter sibi utrimque adhærentibus.* C'est-à-dire que vers l'Occident les limites de l'Empire furent en général l'Escaut, la Meuse, la Saône et le Rhône, comme, du reste, le confirmera ce qui sera dit plus bas.

Royaume des Francs. — Après avoir fait connaître l'étendue du royaume de Germanie et celle de l'Empire, les *Annales* de Saint-Bertin ajoutent que le royaume des Francs comprit tout le reste. La *Chronique* est plus explicite, elle dit : « Charles eut la France occidentale, la Neustrie, la Bretagne et la plus grande partie de la Bourgogne, la Gothie, l'Aquitaine, la Gascogne. *Carolus vero habuit occidentalem Franciam, Neustriam, Britanniam, maximam partem Burgundiæ, Gotiam, Aquitaniam atque Vasconiam.* » Ce royaume des Francs était donc compris entre l'Océan, les Pyrénées, la Méditerranée, le Rhône, la Saône, la Meuse et l'Escaut.

Le royaume de Germanie et le royaume des Francs restèrent à peu près ce qu'ils étaient, mais l'Empire, ou plutôt la partie de l'Empire comprise dans les limites de l'ancienne Gaule, subit de nombreuses modifications dont nous devons dire quelques mots pour l'intelligence de plusieurs passages de Richer.

L'an 855, l'empereur Lothaire partagea ses États comme il suit entre ses trois fils : 1° Louis eut toute l'Italie avec le titre d'empereur; 2° Charles fut roi de Bourgogne et de Provence ; 3° Lothaire eut le pays compris entre l'Escaut, la Meuse et Rhin qui fut appelé *Lotharii regnum*, puis Lotharingie, d'où est venu Lorraine. Les trois princes figurent avec ces titres dans un traité de l'an 860 : *Louis, empereur des Romains et roi de Lombardie*; *Lothaire, roi de Lorraine*; *Charles, roi de Bourgogne et de Provence* (Dum., *Corp. diplom.*).

L'an 859, Lothaire céda à Louis, empereur d'Italie, ce qu'il possédait au delà du mont Jura, c'est-à-dire les villes de Genève, Lausanne et Sion, avec leurs évêchés et leurs comtés (*Annal. Bertin.* ann. 859). L'année suivante, il donna à son oncle, Louis de Germanie, la province d'Alsace (*ibid.*, ann. 860). Son royaume se trouva donc réduit à ce qui forma depuis la Lorraine et la Franche-Comté.

D'un autre côté, ce même Lothaire, l'an 863, hérita de son frère Charles, roi de Bourgogne et de Provence, mort sans enfants (*ibid.*, ann. 863), et l'an 865, il prêta serment devant ses évêques, qui sont, outre ceux de Lorraine, ceux de Lyon, Vienne, Arles, Advence.

Lothaire mourut lui-même sans laisser d'enfants, et, au mépris des droits de Louis, empereur d'Italie, Charles le Chauve et Louis de Germanie se partagèrent ses États l'an 870. Le traité fait à cette occasion entre les deux frères nous fait connaître tous les lieux compris dans les États de Lothaire. Voici ceux qui confinaient au royaume de Charles le Chauve, et qui entrèrent dans son partage : Toul, Verdun, Cambrai, Montfaucon, Maroille, Honcourt, le Brabant, le Cambraisis, le Hainaut, le pays de la Meuse supérieure ; de ce côté-ci de la rivière, le Verdunois, le pays de Mouzon le Barois, le Pertois, le Semurois : tout cela appartenait au royaume primitif de Lothaire. Charles le Chauve eut encore le Lyonnais, le Viennois, le Vivarais, le pays d'Uzès, démembré du royaume de Bourgogne et de Provence. Il est évident, d'après cela, qu'en effet le royaume de Charles le Chauve ne s'étendit pas d'abord jusqu'au Rhône, à la Saône, à la Meuse ; mais le partage dont il est question ici l'étendit au delà de ces fleuves ; les villes suivantes devinrent la limite orientale de ce royaume, comme l'indique le même traité : Besançon, Tongres, Malines, Liers, le comté de Toxandrie ; dans le Brabant, quatre comtés ; dans le Harbaigne, quatre comtés, le pays de la Meuse inférieure, la partie du pays de Liége qui est de ce côté-ci de la Meuse, la partie des Ardennes depuis la source de l'Ourthe jusqu'à la Meuse, et en suivant en ligne droite jusqu'à Bidbourg. C'est-à-dire que le royaume de Charles fut porté réellement jusqu'au Rhône, à la Saône et à la Meuse, dans toute l'étendue de son cours, et eut quelques villes au delà de ces fleuves, comme Vienne, Lyon, Besançon, Verdun, Toul, Bidbourg ; c'est dans cette étendue que Charles le Chauve conserva son royaume jusqu'à sa mort. Le roi de Germanie conserva Aix, Maëstricht et toute la rive droite de la Meuse inférieure, le pays des Ripuaires, la Sarre supérieure, le Bassigny, Metz, etc., c'est-à-dire toute la Lorraine qui, dans la main des rois de Germanie, continua à faire un royaume particulier.

L'an 878, les fils et successeurs de Charles le Chauve et de Louis de Germanie conclurent un traité portant : « Nous voulons que le partage du royaume de Lothaire demeure tel qu'il a été fait entre mon père Charles et votre père Louis ; et si depuis le règne de notre père quelqu'un en a usurpé quelque chose, il doit, sur notre injonction, s'en dessaisir (*Annal. Metens.*, ann. 878).

Quant à la partie de l'ancien royaume de Bourgogne comprise entre le Jura et la Durance, entre les Alpes, le Rhône et la Saône, royaume auquel vint s'incorporer la Provence, il forma deux royaumes : 1° le royaume de Bourgogne, transjurane, c'est-à-dire au delà ou à l'est du Jura, lequel excédait peu les limites de la Suisse actuelle ; 2° le royaume de Bourgogne, cisjurane, qui comprenait tout le reste de l'ancien royaume de Bourgogne avec la Provence.

SECTION II.

Tableau généalogique des rois, ducs, comtes, etc., de la Gaule, et des souverains de Germanie, d'Italie et d'Angleterre, depuis le milieu du IX° siècle jusqu'à la fin du X°.

Nous prendrons pour guide, dans ce travail, l'*Art de vérifier les dates*, et nous y ajouterons quand il y aura lieu. Il nous sera impossible de rattacher à une famille ou à un parti tous les individus cités par notre historien, quelques-uns étant tout à fait ignorés avant lui et lui-même ne fournissant aucun détail sur leur compte ; nous ferons ce que nous pourrons.

Nous remonterons à la dissolution de l'empire après la mort de Louis le Débonnaire, c'est-à-dire à quarante ans environ au delà du temps où Richer fait commencer son Histoire, parce que de là date, pour ainsi dire, une nouvelle Europe occidentale, de nouvelles souverainetés, de nouvelles familles.

§ 1er. *Rois, Ducs, Comtes du royaume des Francs.*

Article premier. — Rois des Francs de la famille de Charlemagne.

840. *Charles le Chauve.* — Dans le partage de l'empire des Francs avec ses frères Louis de Germanie et Lothaire, il obtient la plus grande partie de la Gaule.

Il est fait empereur en 875.

877. *Louis II (le Bègue)*, fils de Charles le Chauve.

879. *Louis III et Carloman*, fils de Louis II ou le Bègue.

Louis règne sur la Neustrie et sur tous les pays situés en deçà de la Meuse. Il meurt en 882.

Carloman reçoit le royaume de Bourgogne, l'Aquitaine, la Septimanie. A la mort de Louis, en 882, il devient possesseur de tout le royaume. Il meurt en 884.

884. *Charles II ou le Gros*, fils de Louis le Germanique, neveu par

conséquent de Charles le Chauve, succède à Carloman. Il avait déjà reçu la couronne de Souabe en 876, celle d'Italie en 879, et avait été couronné empereur en 884.

(Lacune de 888 à 893. — *Eudes* roi.)

893. *Charles III* (*le Simple*), fils posthume de Louis II ou le Bègue, est reconnu roi des Francs par une partie des seigneurs, les autres tenant pour le roi Eudes. A la mort de celui-ci, l'an 898, Charles devient unique souverain. Il a Robert pour compétiteur à la couronne de 922 à 923, où il cesse de régner. Il vit jusqu'en 929.

(Lacune de 923 à 936. — *Raoul* roi.)

936. *Louis IV* (*d'Outre-mer*), fils de Charles le Simple, est mis sur le trône par les seigneurs français. Il s'associe son fils Lothaire, l'an 952.

954. *Lothaire*, fils de Louis d'Outre-mer. Il s'associe, l'an 978, son fils Louis.

986. *Louis V* (*le Fainéant*), fils de Lothaire. Il meurt sans enfants le 21 mai 987. La couronne qui appartenait de droit à Charles, duc de basse Lorraine, fils de Louis d'Outre-mer et frère de Lothaire, passe dans une autre famille, et ainsi finit la dynastie de Charlemagne.

ARTICLE II. — Ducs de France. Rois de France.

(Dynastie Capétienne.)

861. *Robert* (*le Fort* ou *l'Angevin*), selon l'opinion commune, arrière-petit-fils de Childebrand, frère de Charles Martel (*Art de vérif. les dates*), selon Richer, fils du Saxon Witichin (Rich. I, 5), est fait duc et marquis de France; il se signale plusieurs fois contre les Normands.

866. *Eudes*, fils aîné de Robert le Fort, lui succède au duché de France, quoique les contemporains ne lui donnent que le titre de comte de Paris, titre qu'il avait du vivant de son père.

Il est élu roi des Francs l'an 888, après la déposition de Charles le Gros et au préjudice de Charles le Simple. Il mourut sans enfants en 898.

898. *Robert II*, second fils de Robert le Fort, succède à Eudes, son frère, dans le duché de France, et fait hommage à Charles le Simple.

Il est proclamé roi l'an 922, en concurrence avec Charles le

Simple. Il est tué en 923, en combattant contre les troupes de Charles.

923. *Hugues* (*le Grand, le Blanc* ou *l'Abbé*), fils de Robert II, succède à son père dans le duché de France, et fait proclamer roi son beau-frère Raoul, duc de Bourgogne.

L'an 936 il fait proclamer roi Louis d'Outre-mer, fils de Charles.

L'an 943 il obtient la totalité du duché de Bourgogne, dont il possédait une partie.

Il fait placer sur le trône des Francs, Lothaire, fils de Louis, l'an 954. Il meurt en 956.

956. *Hugues* (*Capet*), fils aîné de Hugues le Grand. Il fut, l'an 960, investi par le roi Lothaire du duché de France, des comtés de Paris et d'Orléans. Lothaire étant mort en 986 ne laissant qu'un fils qui mourut l'année suivante, et son frère Charles ayant accepté du roi Otton, sous la condition de l'hommage, la province de Lorraine, le trône fut, l'an 987, déclaré vacant, et Hugues Capet reconnu pour roi de France.

996. *Robert II*, fils de Hugues Capet, succède à son père au royaume de France. Il règne jusqu'en 1031.

Comtes de Rethel.

*Manassès I*er vivait en 974. Il suivit, de même que Roger son frère, comte de Porcien, le parti de Charles de Lorraine contre Hugues Capet.

Manassès II, fils du précédent.

Comtes de Corbeil.

Aymon reçoit son comté de Hugues le Grand, duc de France. Il vivait en 946 et 950.

*Bouchard I*er, comte de Vendôme, ayant épousé la veuve d'Aymon, devint comte de Corbeil.

Comtes de Dreux.

Landri vivait vers le milieu du xe siècle.

*Gauthier I*er, comte de Vexin, gendre de Landri.

Geoffroi, troisième fils de Gauthier Ier.

*Richard I*er, duc de Normandie.

Comtes du Vexin.

Nebelon ou *Nivelong* était comte de Vexin en 853.

878. *Aledran* ou *Aletran*, successeur de Nivelong, parent de Louis le Bègue.

Hugues le Grand, père de Hugues Capet.

956. *Waleran*, ou *Galeran*, ou *Garnier*. Il acquit, par mariage, les comtés d'Amiens et de Crépi en Valois.

Gauthier Ier, fils de Waleran, comte du Vexin et de Valois.

Gauthier II, fils de Gauthier Ier.

Comtes de Champagne ou de Troyes.

Herbert ou *Héribert*, comte de Vermandois, premier comte héréditaire de Troyes.

943. *Robert*, troisième fils d'Herbert, comte de Troyes.

968. *Herbert* ou *Héribert II*, frère de Robert, comte de Champagne.

993. *Étienne Ier*, fils d'Herbert II, comte de Champagne.

Barons de Montmorenci.

Bouchard Ier vivait encore en 978.

Bouchard II, fils aîné du précédent.

Comtes de Meulent.

Waleran Ier, comte de Vexin et de Meulent, mourut vers 965.

Robert Ier, comte de Meulent.

Robert II, fils du précédent, jouissait déjà du comté en 990.

997. *Hugues Ier* vécut jusque vers 1045.

Comtes de Soissons.

Gui, fils d'Herbert III, comte de Vermandois, est le premier comte feudataire de Soissons. On ignore l'année de sa mort.

Comtes de Rouci et de Reims.

Renaud ou *Ragenold*, gendre de Louis d'Outre-mer, comte de Reims, possédait le comté de Rouci en 940. Il vécut jusqu'à 973.

973. *Gilbert* ou *Gislebert*, fils du précédent, joignit au comté de Rouci la seigneurie de Marle. Il vivait encore en 990. Ce fut le premier laïque qui prit le titre de comte de Reims depuis l'établissement des fiefs.

Ebles Ier, fils aîné de Gilbert, lui succède dans les comtes de Reims et de Rouci.

Comtes d'Anjou.

860. *Robert le Fort* reçoit de Charles le Chauve, pour la défendre contre les Normands, la Marche Angevine, autrement dit le comté d'Outre-Maine. Il fut aussi duc de France.

866. *Eudes*, fils de Robert, eut le duché de France, qui comprenait le comté d'Anjou, lequel fut éteint; il devint roi des Francs.

870 environ. *Ingelger*, petit-fils de Hugues l'Abbé, par sa mère, et fils de Conrad comte d'Auxerre, reçoit de Charles le Chauve le comté d'Anjou de deçà le Maine. Il épousa l'héritière du comté de Gatinais.

888. *Foulques Ier*, fils d'Ingelger. Il réunit les deux comtés de deçà et de delà le Maine.

938. *Foulques II*, fils de Foulques Ier.

958. *Geoffroi Ier*, *Grisegonelle*, fils de Foulques II. Il rendit de grands services au roi Lothaire, et en reçut le titre de sénéchal de France. Il mourut l'année où Hugues Capet monta sur le trône. Il fut beau-père de Conan le Tort, comte de Rennes.

987. *Foulques III*, fils de Geoffroi Ier. Il vécut jusqu'en 1040.

Comtes de Vendôme.

Bouchard Ier, fils de Foulques le Bon, comte d'Anjou. Il vécut jusqu'en 1012.

Comtes du Maine.

841 ou environ. *Gauzbert*. Il est fait comte du Maine par Charles le Chauve.

853. *Roricon II*, fils de Roricon Ier prédécesseur de Gauzbert. Il eut de plus une partie de l'Anjou.

866. *Gotfrid*, frère de Roricon II, lui succède par la volonté de Charles le Chauve.

(Lacune.)

955 ou environ. *Hugues Ier* est fait comte du Maine par Hugues le Grand. Il vécut jusqu'en 1015.

Seigneurs de Bellême et Comtes du Perche ou d'Alençon.

940. *Yves* ou *Ives de Creil*, plus connu sous le nom de *Bellême*, est en possession de cette ville et d'une partie du Perche.

997 au plus tôt. *Guillaume Ier*, fils d'Yves, lui succéda dans la seigneurie de Bellême, à laquelle il joignit le comté du Perche et le château d'Alençon. Il rendit de grands services à Hugues Capet contre Charles de Lorraine son compétiteur.

Comtes de Blois.

Eudes, comte de Blois, vécut jusqu'en 865.

865. *Robert le Fort*, cousin de Eudes, lui succéda au comté de Blois. Il ne vécut que jusqu'en 866.

(Lacune.)

*Thibaut I*er ou *le Tricheur*, comte de Blois et de Chartres. Il eut une grande part à tous les démêlés de son temps.

978 au plus tard. *Eudes*, fils de Thibaut, comte de Blois, de Chartres et de Tours.

995. *Thibaut II*, fils aîné d'Eudes.

Comtes de Tours.

Thibault ou *Thiébold*, gendre de Robert le Fort, Normand de naissance, se fait donner le comté de Tours par les rois Louis et Carloman. Il acquit du fameux Hasting la ville de Chartres et joignit le Chartrain à son comté. Il fut père de Thibaut Ier, comte de Blois (voir ci-dessus).

Comtes de Flandre.

862. *Baudouin I*er dit *Bras de fer*, gendre de Charles le Chauve.
879. *Baudouin II* ou *le Chauve*, fils de Baudouin Ier.
918. *Arnoul I*er, fils aîné de Baudouin II.
965. *Arnoul II*, petit-fils d'Arnoul Ier.
989. *Baudouin IV*, fils d'Arnoul II.

Comtes de Hainaut.

Rainier Long-Cou. Il reçut du roi Charles le Simple, l'an 914, le duché de Lorraine. Il laissa deux fils, Giselbert qui lui succéda au duché de Lorraine, et Rainier, qui suit.

916. *Rainier II*, fils de Rainier Ier.
932 au plus tôt. *Rainier III*, fils de Rainier II.
958. Rainier est mis en possession du comté de Hainaut. Il y fut remplacé par

Garnier et *Renaud*, qui gouvernèrent le comté jusqu'en 973, où ils furent remplacés eux-mêmes par

Godefroi et *Arnoul*.

998. *Rainier IV*, fils de Rainier III, premier comte propriétaire.

Comtes de Ponthieu et de Montreuil.

Nithard, l'historien, gouverne le comté ou duché de Ponthieu jusqu'en 853.

853. *Rodolphe*, oncle maternel de Charles le Chauve, succède à Nithard. Il mourut avant l'an 859.

859 au plus tard. *Helgaud I*ᵉʳ. Il ne vivait plus en 864.

864 au plus tard. *Herluin I*ᵉʳ, fils d'Helgaud.

878 au plus tard. *Helgaud II*, successeur et peut-être fils d'Herluin.

Depuis Helgaud II, les comtes de Ponthieu sont plus ordinairement appelés comtes de *Montreuil* dans les anciennes chroniques.

926. *Herluin II*, fils aîné d'Helgaud, comte de Montreuil.

945. *Roger* ou *Rotgaire*, fils d'Herluin, comte de Montreuil.

957 au plus tôt. *Guillaume I*ᵉʳ qu'on croit fils de Roger.

Hilduin ou *Hauduin*, appelé aussi Gilduin et Guilain, fils aîné de Guillaume, vivait encore en 984.

*Hugues I*ᵉʳ, fils d'Hilduin, fut gendre de Hugues Capet.

Comtes de Boulogne.

Le Boulonnais fut compris dans le Ponthieu jusque après le milieu du IXᵉ siècle, où Helgaud Iᵉʳ, comte de Ponthieu, l'en détacha en faveur de son gendre *Hernequin*, neveu de Baudouin le Chauve, comte de Flandre.

882. *Regnier* ou *Raginaire*, fils d'Hernequin. Il mourut avant l'an 900.

Erkenger qu'on a dit fils de Regnier. On ignore l'année de sa mort.

Baudouin le Chauve, comte de Flandre, administre par lui-même le comté de Boulogne jusqu'à sa mort en 918.

918. *Adolphe* ou *Adalolphe*, second fils de Baudouin le Chauve. Il mourut sans enfants l'an 933.

933. *Arnoul*, comte de Flandre. Il mourut en 965.

965. *Ernicule* est mis en possession par Guillaume comte de Ponthieu, son père, du comté de Boulogne. On le retrouve encore en 972.

Gui succéda à Ernicule dont il était peut-être fils.

Comtes de Guines.

965. *Sifrid* ou *Sifroid*, prince danois, fut beau-père d'Arnoul II, comte de Flandre.

Adolphe ou *Ardolphe*, fils de Sifrid. Il vivait encore en 996.

*Ramel I*ᵉʳ, fils d'Adolphe.

Comtes de Vermandois. Comtes de Valois.

Les comtes de Vermandois et ceux de Valois ayant la même origine, puisque les généalogistes font descendre les uns et les autres de Bernard, roi d'Italie, et par conséquent de Charlemagne, nous réunissons ici, à l'imitation des auteurs de l'*Art de vérifier les dates*, ce que nous avons à dire des uns et des autres.

Herbert Ier ou *Héribert*, petit-fils de Bernard, fut, à proprement parler, le premier comte de Vermandois.

902. *Herbert II*, fils d'Herbert Ier.

943. *Albert I*^{er} (le Pieux), second fils d'Herbert II, lui succède au comté de Vermandois.

988. *Herbert III*, fils d'Albert Ier et de Gerberge fille de Louis d'Outre-mer, succède au comté de Vermandois. Il meurt en l'an 1000.

Pépin, frère d'Herbert Ier, comte de Vermandois, est regardé comme le premier comte de Valois.

Bernard, fils ou proche parent de Pépin. Il meurt au plus tard l'an 956.

Waleran ou *Garnier*, Gauthier Ier et Gauthier II.

Kaou II, quatrième fils de Gauthier II.

Sires de Coucy.

950. Le château et la terre de Coucy appartinrent à l'archevêché de Reims. *Thibaut*, comte de Blois, s'en empara.

Eudes, fils de Thibaut.

ARTICLE III. — Ducs de Bourgogne.

877. *Richard* (*le Justicier*), duc bénéficiaire de Bourgogne, petit-fils de Childebrand II, et frère de Boson, roi de Provence, et de Richilde, femme de Charles le Chauve. Il fut, l'an 877, fait duc de Bourgogne par la faveur de son beau-frère.

921. *Raoul*, fils aîné de Richard. Il fut créé roi des Francs l'an 923.

923. *Gislebert* ou *Gislebert*, gendre de Richard le Justicier, est fait duc de Bourgogne par Raoul, son beau-frère.

Hugues le Noir, fils de Richard le Justicier, et Hugues le Grand, comte de Paris, l'an 936, disputent à Gislebert la Bourgogne, que les trois prétendants partagent entre eux l'an 938, prenant tous les trois le titre de ducs de Bourgogne.

943. *Hugues le Grand* devient seul duc de Bourgogne.

956. *Otton*, second fils de Hugues le Grand et gendre de Giselbert.

965. *Henri* (*le Grand*), fils de Hugues le Grand, premier duc propriétaire de la Bourgogne. Il vécut jusqu'à la fin du xe siècle.

Comtes de Bourgogne.

915 au plus tard. *Hugues le Noir*, fils puîné de Richard le Justicier, duc de Bourgogne. Il mourut en 952.

Létalde Ier ou *Léotalde* (*Létold* selon Richer), comte de Mâcon, devint comte de Bourgogne en 954 au plus tard. Il mourut avant 974.

Giselbert, duc de Bourgogne, devient, en 952, comte de la haute Bourgogne. Il mourut en 956.

971 au plus tard. *Albéric*, fils de Létalde, comte de Mâcon et de Bourgogne. Il mourut en 975.

975. *Létalde II*, fils d'Albéric, comte de Bourgogne et de Mâcon.

979. *Albéric II*, fils de Létalde II.

995. *Otton* ou *Otte-Guillaume*, arrière petit-fils par sa mère de Giselbert, duc et comte de Bourgogne.

Comtes de Châlons-sur-Saône.

Warin, ou *Guérin*, comte d'Auvergne, fut aussi comte de Châlons et de Mâcon ; il vécut au moins jusqu'en 850.

Thierri, fils de Warin, lui succéda au comté de Châlons. Il mourut en 880 ou 881.

881 au plus tard. *Raculfe* paraît avoir été le successeur de Thierri.

886 au plus tôt. *Manassès*, seigneur de Vergy, qu'on croit fils de Thierri, fut comte de Châlons, etc.

Giselbert, fils de Manassès. Il devint duc de Bourgogne en 923.

956. *Robert de Vermandois*, comte de Troyes, gendre de Giselbert.

968. *Lambert*, premier comte héréditaire.

978. *Adélaïde*, veuve de Lambert, porte à son second mari, *Geoffroi Grisegonelle*, comte d'Anjou, le comté de Châlons.

987. *Hugues*, fils de Lambert.

Sires de Salins.

920. *Albéric*, comte de Mâcon.

945. *Humbert Ier*, second fils d'Albéric. Il était mort en 957.

Humbert II, fils de Humbert Ier. Il vécut jusqu'à la fin du xe siècle.

Comtes de Mâcon.

Warin Ier ou *Guérin*. Il vécut jusqu'en 850 au moins.

Warin II, fils de Warin Ier.

Wilbert.

Bernard, comte d'Auvergne.

886. *Létalde* ou *Leutalde* gouverne encore le comté en 905.

Raculfe, vicomte de Mâcon sous Létalde, lui succède dans le comté. Il vivait encore en 920.

Comtes héréditaires.

920 au plus tard. *Albéric Ier*, fils de Mayeul, vicomte de Narbonne, gendre de Raculfe.

942 au plus tard. *Létalde* (ou *Létold* selon Richer, II, 98), comte de Bourgogne.

971. *Albéric II*, associé à Létalde, son père, dès 952, lui succède dans ses titres.

975. *Létalde II*, fils d'Albéric, associé à son père dès 971, lui succède dans ses titres.

979. *Albéric III*, fils de Létalde II, lui succède au comté de Mâcon.

995 au plus tard. *Otte-Guillaume*, comte de Bourgogne, épouse la veuve d'Albéric II après la mort d'Albéric III, et met le Mâconnais sous sa main.

Comtes d'Auxerre.

Conrad, beau-frère de Louis le Débonnaire, administra le comté d'Auxerre jusqu'en 866.

Conrad II administra le comté d'Auxerre conjointement avec son père. Il fut fait comte de la Bourgogne transjurane.

Hugues, frère de Conrad, lui fut substitué dans le comté d'Auxerre, qu'il administra jusqu'en 877 au plus tard.

Girbold ou *Gerbold*, nommé comte d'Auxerre par Charles le Chauve.

Richard le Justicier, duc de Bourgogne. Il eut Rainard pour vicomte à Auxerre.

921. *Raoul* ou *Rodolphe*, fils aîné de Richard. Il devint roi de France.

936. *Hugues le Blanc*, fils du roi Robert, paraît avoir été comte d'Auxerre après la mort du roi Raoul.

938. *Hugues le Noir*, fils puîné de Richard le Justicier.

952. *Giselbert*, duc et comte de Bourgogne.

956. *Otton*, frère de Hugues Capet, duc de Bourgogne.

965. *Henri le Grand*, duc de Bourgogne.

Comtes de Nevers.

Rathier, premier comte de Nevers, tint le comté sous la dépendance de Richard le Justicier, duc de Bourgogne, qui l'en priva dans la suite.

918 au plus tard. *Séguin*. Il mourut en 966, et Otton, duc de Bourgogne, reprit le comté qu'il transmit à Henri le Grand, duc de Bourgogne, son frère, lequel en disposa en faveur d'Otton qui suit.

987 au plus tard. *Otton* ou *Otte-Guillaume*, fils d'Adalbert, roi d'Italie.

992. *Landri*, neveu d'Otte-Guillaume, reçoit le comté de Nevers en dot.

Comtes de Tonnerre.

Milon Ier fut, à ce qu'il paraît, le premier comte propriétaire de Tonnerre. Il gouverna le comté jusque vers l'an 987.

987. *Gui*, fils de Milon.

992 au plus tard. *Milon II*, fils de Gui.

Comtes de Sens.

Donat était comte de Sens en 845.

Gilbert gouvernait le comté en 884.

Garnier prit le parti de Eudes contre Charles le Simple. Il fut chassé de son comté par Richard le Justicier, duc de Bourgogne en 895.

Richard, fils de Garnier, gouvernait le comté en 931.

Comtes héréditaires.

941. *Fromond Ier*, qu'on croit fils de Garnier, fut fait ou confirmé comte de Sens par Hugues le Grand, duc de Bourgogne en 941.

954. *Renaud Ier* ou *Renard*, fils de Fromond.

996. *Fromond II*, fils aîné de Renaud.

Article IV. — Ducs de Normandie.

911. *Rollon, Raoul, Rou* ou même *Robert*, chef des Normands, reçoit de Charles le Simple la partie de la Neustrie située au nord de la Seine depuis l'Andelle jusqu'à l'Océan, à titre de duché relevant de la couronne.

927. *Guillaume Ier*, dit *Longue-Épée*, fils de Rollon, qui abdiqua en sa faveur.

943. *Richard Ier*, fils de Guillaume.

996. *Richard II*, fils de Richard Ier. Il gouverne le duché jusqu'en 1026 ou 1027.

Comtes d'Eu.

996. *Geoffroi*, fils naturel de Richard Ier, duc de Normandie, est créé comte d'Eu par Richard II, son frère.

Comtes d'Évreux.

989. *Robert*, fils de Richard Ier, duc de Normandie, est fait comte d'Évreux par son père.

Article V. — Comtes et ducs de Bretagne.

Noménoé, établi gouverneur ou duc de Bretagne par Louis le Débonnaire, vécut jusqu'en 851.

854. *Érispoé*, fils et successeur de Noménoé, obtient de Charles le Chauve l'investiture du comté de Nantes, la confirmation de la propriété des conquêtes faites par son père et la permission de porter en public les marques de la royauté. Il fut fait plus tard, par le même prince, duc du Maine.

857. *Salomon III*, cousin d'Érispoé, l'assassine et s'empare de la Bretagne. Il reçut du roi des Francs la permission de porter les ornements royaux.

874. *Pasquiten* et *Gurvand*, gendres de Salomon III et d'Érispoé, partagent la Bretagne. Le premier prend le titre de comte de Vannes, le second celui de comte de Rennes.

877. *Alain III*, frère de Pasquiten, lui succède au comté de Vannes. Plus tard, il réunit toute la Bretagne sous son gouvernement et se qualifie tantôt duc, tantôt roi. Cependant il laisse le comté de Rennes aux enfants de Judicaël.

907. *Gurmhaillon* ou *Wrmealon* succède à Alain III.

Alain IV, dit Barbe torte, petit-fils par sa mère d'Alain III, comte de Vannes, puis de Nantes.

952. *Drogon*, fils d'Alain IV.

953. *Hoël IV*, fils naturel d'Alain IV, comte de Nantes.

980 environ. *Guerech*, fils naturel d'Alain IV, comte de Nantes. Il meurt en 987, laissant un fils, Alain V, qui lui survécut peu.

Judicaël II, fils de Gurvand, lui succède au comté de Rennes. Il meurt en 888.

930 environ. *Juhel Berenger*, fils de Judicaël. Il vécut jusque vers la fin du règne d'Alain IV.

952 environ. *Conan I*[er], dit le Tort, fils de Juhel Berenger, comte de Rennes.

987. *Conan I*[er], comte de Rennes, règne sur toute la Bretagne; mais Foulques Nerra, comte d'Anjou, prend parti pour les enfants de Hoël IV, lui livre une guerre cruelle et fait rentrer l'un de ces fils Judicaël en possession de Nantes. (Voir Richer, IV, 79 et suiv.)

992. *Geoffroi I*[er], l'aîné des fils de Conan, lui succède et prend le titre de duc de Bretagne qu'ont toujours porté depuis les comtes de Rennes.

Barons de Fougères.

972 environ. *Meen Ier*, fils puîné de Juhel Berenger, comte de Rennes, frère de Conan Ier, reçoit en apanage la baronnie de Fougères.

Article VI. — Comtes de Poitiers. Ducs d'Aquitaine.

Rainulfe Ier, fils de Gérard, comte d'Auvergne, fut fait comte de Poitiers l'an 839, et l'an 845 il acquit le titre de duc d'Aquitaine. Il vécut jusqu'en 867.

867. *Bernard II*, marquis de Gothie, fils de Bernard Ier, prédécesseur de Rainulfe, fut dépouillé de son comté et proscrit par Louis le Bègue.

880. *Rainulfe II*, fils de Bernard II, comte de Poitiers et duc d'Aquitaine. Il se révolta contre le roi Eudes. Après sa mort, Eudes donna le duché d'Aquitaine à Guillaume le Pieux, comte d'Auvergne.

893. *Adémar* ou *Aymar*, comte de Poitiers seulement. Il fut obligé l'an 902 de céder le comté à Ebles, fils naturel de Rainulfe II.

902. *Ebles* dit *Manzer* ou *le Bâtard*, fils de Rainulfe II. Il fut gendre d'Édouard Ier, roi d'Angleterre; il reçut le duché d'Aquitaine et les comtés d'Auvergne et de Limousin, mais il en fut dépouillé l'an 932, par le roi Raoul qui les donna à Raymond Pons, comte de Toulouse.

932. *Guillaume Ier*, dit *Tête d'étoupe*, fils d'Ebles, fut comte de Poitiers sous le roi Raoul; mais le roi Louis d'Outre-mer adjugea ce comté à Hugues le Grand. Les deux comtes gouvernèrent pendant quelque temps, à ce qu'il paraît, le Poitou, d'un commun accord, jusqu'au moment où le titre de comte de Poitiers fut retiré à Hugues par le roi.

L'an 951, après la mort de Raymond, Guillaume fut fait comte d'Auvergne et duc d'Aquitaine.

En 956, le roi Lothaire donne le duché d'Aquitaine à Hugues Capet, mais celui-ci ne peut s'en mettre en possession.

963. *Guillaume II*, dit *Fier-à-Bras*, comte de Poitiers, duc d'Aquitaine, fils de Guillaume Ier, attaché au parti de Charles de Lorraine; il refusa soumission à Hugues Capet. Il abdiqua en 990.

990. *Guillaume III*, comte de Poitiers, duc d'Aquitaine, fils de Guillaume II. Il recueillit les deux fils de Charles de Lorraine.

Comtes d'Auvergne. Ducs d'Aquitaine.

Guillaume Ier fut comte d'Auvergne de 841 à 846, au plus tard.

846. *Bernard Ier*.

858. *Guillaume II.*

862. *Étienne.* Il fut tué vers la fin de 863 en combattant contre les Normands.

864 au plus tard. *Bernard II.* Il vécut jusqu'en 886.

886. *Guillaume III*, fils de Bernard II, premier comte héréditaire d'Auvergne et duc d'Aquitaine dès 893. Il vécut jusqu'en 918.

918. *Guillaume IV*, comte d'Auvergne et duc d'Aquitaine, neveu du précédent par sa mère, cousin de Raymond Pons, duc de Toulouse. L'an 923 il battit les Normands qui étaient entrés en Aquitaine ; il eut plusieurs démêlés avec le roi Raoul.

926. *Acfred*, comte d'Auvergne et duc d'Aquitaine, frère du précédent. Il refusa toujours de reconnaître le roi Raoul.

928. *Ebles*, comte de Poitiers, reçoit le comté d'Auvergne et le duché d'Aquitaine.

932. *Raymond Pons*, comte de Toulouse, succède à Ebles dans le duché d'Aquitaine et le comté particulier d'Auvergne. Il vécut jusqu'en 950.

951. *Guillaume V*, comte de Poitiers, comte d'Auvergne et duc d'Aquitaine.

963. *Guillaume VI*, comte de Toulouse, paraît s'être emparé du comté d'Auvergne après la mort de Guillaume V.

979. *Gui Ier*, fils de Robert II, vicomte d'Auvergne, est pourvu du comté d'Auvergne par Guillaume VI qui s'en réserve la suzeraineté.

989. *Guillaume VII*, frère de Gui. Il vécut jusqu'en 1016 environ.

Comtes d'Angoulême.

Turpion, frère de Bernard, comte de Poitiers, premier comte connu d'Angoulême, vécut jusqu'en 863.

863. *Éménon, Iminon* ou *Imon*, frère du précédent, fut comte d'Auvergne et de Périgord.

866. *Wulgrin*, comte de Périgord et d'Angoulême, établi par Charles le Chauve dont il était parent. Il livre plusieurs combats aux Normands.

886. *Alduin Ier*, fils de Wulgrin. Prit comme son père le parti de Eudes contre Charles le Simple.

916. *Guillaume Ier*, fils d'Alduin. Il combattit les Normands avec avantage.

962. *Arnaud*, fils aîné de Bernard, comte de Périgord, lui succéda dans ce comté et acquit celui d'Angoulême.

975. *Arnaud Manzer*, fils naturel de Guillaume Ier, reprend le comté

d'Angoulême aux frères d'Arnaud, fils de Bernard. Il vécut jusqu'au commencement du xi° siècle.

Comtes de Périgord.

886. *Guillaume*, second fils de Wulgrin, comte d'Angoulême et de Périgord, lui succède dans ce dernier comté.

920. *Bernard*, fils de Guillaume. On ignore l'année de sa mort.

Boson Ier, comte de la Marche. On ignore l'époque précise de sa mort qu'on a rapportée à l'an 968.

Hélie Ier, fils aîné de Boson.

Aldebert, deuxième fils de Boson. Il vécut jusqu'au commencement du xi° siècle.

Comtes de la Marche.

944. *Boson I*^{er}. Il succéda aux enfants de Bernard dans le comté de Périgord du chef de sa femme. (Voir comtes de Périgord.)

Boson II, fils de Boson Ier. Il vécut jusqu'au commencement du xi° siècle.

Vicomtes de Limoges.

887. *Foucher*, établi vicomte de Limoges par Eudes.

Édelbert ou *Hildebert*, peut-être fils de Foucher. Il vivait en 904.

Hildegaire ou *Eldegaire*, fils d'Edelbert. Il vivait en 914 et 934.

Renaud, peut-être fils d'Hildegaire. Il vivait en 959.

963 au plus tard. *Girard* ou *Géraud*, descendant de Foucher et peut-être fils d'Hildegaire. Il vécut jusque vers l'an 1000.

Vicomtes de Turenne.

Rodulfe, premier seigneur de Turenne connu, vivait au temps de Louis le Débonnaire.

Godefroi, fils aîné de Rodulfe.

Ranulfe, troisième fils de Godefroi, meurt au plus tard l'an 897.

Robert, fils de Ranulfe.

Bernard, premier vicomte de Turenne, sa terre n'étant jusque-là que simple viguerie.

Adémar ou *Aimar*, fils de Bernard, était mort en 984.

Archambaud, gendre de Bernard.

Comtes et Vicomtes de Bourges.

Comtes.

Gérard fut dépouillé de son comté de Bourges par Charles le

Chauve l'an 867 ; cependant on ne put l'en expulser que l'an 872.

872. *Boson*, comte de Provence (et depuis roi); il garde le comté jusqu'en 878.

878. *Bernard*, marquis de Septimanie, s'empara du comté à force ouverte, mais se le vit enlever par Boson.

Guillaume Ier, comte d'Auvergne, était pourvu du comté de Bourges en 886. Il mourut en 918.

918. *Guillaume II*, neveu du précédent. Il mourut en 926 ou 927.

Vicomtes.

927. *Geoffroi*. A la mort de Guillaume II, le comté ou gouvernement général du Berri fut supprimé par le roi Raoul, qui donna la propriété de Bourges au vicomte de cette ville, lequel dut relever immédiatement de la couronne.

Geoffroi II, fils du précédent.

Sires ou Barons du Bourbonnais.

Aimar ou *Adémar* est regardé comme la tige des seigneurs de Bourbon. Il vivait au commencement du xe siècle.

Gui, qui paraît frère d'Aimar, vivait en 936.

Aimon, fils aîné d'Aimar, vivait en 953 et plusieurs années plus tard.

Archambaud Ier, second fils d'Aimon, donna son nom au château de Bourbon (Bourbon-l'Archambaud).

Archambaud II, fils ou petit-fils du précédent, vivait en 990 et encore en 1048.

Comtes de Valentinois et de Diois.

Gontard, premier comte connu de Valentinois, vivait vers le milieu du xe siècle.

Lambert, fils de Gontard, vivait en 985.

Guillaume, fils de Boson II, comte de Provence, fut, dit-on, le premier comte de Diois, vers le milieu du xe siècle.

Comtes de Lyonnais et Forez.

Les premiers comtes de Forez le furent en même temps du Lyonnais et du Beaujolais.

870. Charles le Chauve nomme *Guillaume I*^{er}, comte de Lyon et des provinces en deçà de la Saône, c'est-à-dire du Lyonnais, du Forez et du Beaujolais. Guillaume se rendit à peu près indépendant.

890 environ. *Guillaume II*, fils aîné de Guillaume Ier, comte du Lyonnais, du Forez et du Beaujolais.

920. *Artaud Ier* fils de Guillaume II, comte du Lyonnais et du Beaujolais.

960 environ. *Giraud Ier*, fils d'Artaud, lui succéda dans ses comtés.

990. *Artaud II* succède à son père Giraud.

Sires ou Barons de Beaujolais.

920 environ. *Bérard Ier* ou *Béraud*, fils de Guillaume II, comte de Lyon et du Forez.

Bérard II, peut-être fils de Bérard Ier. Il mourut avant 967.

Guichard ou *Wichard Ier*, fils de Bérard II.

ARTICLE VII. — Ducs de Gascogne.

846. *Guillaume*, duc de Gascogne. Il tombe entre les mains des Normands en défendant Bordeaux.

848. *Sanche-Sancion*, comte de Pampelune, se rend maître du duché contre le gré de Charles le Chauve. Il défendit sans succès la ville de Bordeaux contre les Normands, l'an 855. Il mourut en 864 au plus tard.

864 au plus tard. *Arnaud*, fils d'Émenon, comte de Périgord, et neveu de Sanche-Sancion par sa mère. Il fut défait en 864 par les Normands, mais les battit plusieurs fois dans la suite. Il mourut en 872.

Ducs héréditaires.

872. *Sanche-Mitarra*, appelé de Castille par les Gascons. Il refusa toujours de reconnaître l'autorité des rois francs, exemple que suivirent ses successeurs.

Sanche II succède à son père.

Garcie-Sanche succède à son père Sanche II. Il vivait en 904.

Sanche-Garcie succède à Garcie-Sanche, son père.

Sanche-Sanchez, fils aîné de Sanche-Garcie, lui succède et meurt sans postérité.

Guillaume-Sanche, frère du précédent. Il associa, l'an 977, au plus tard, son frère Gombaud au gouvernement du duché. Il mourut vers 984.

984 environ. *Bernard-Guillaume*, fils de Guillaume-Sanche. Il vécut jusqu'en 1040.

Vicomtes de Béarn.

940 environ. *Gaston-Centule*. Il eut part à la victoire que Guillaume-Sanche, duc de Gascogne, remporta vers 980 sur les Normands. Il mourut vers 984.

984 environ. *Centule-Gaston*, fils du précédent. Il vécut jusque vers l'an 1004.

Comtes de Comminges.

On croit que ce pays eut des comtes particuliers dès le commencement du x° siècle. On trouve, l'an 900, un comte *Asnarius* que les auteurs de l'*Art de vérifier les dates* supposent être ce *Loup Asinaire* nommé par Flodoard et par Richer au nombre des seigneurs d'Aquitaine et de Gothie qui, l'an 932, vinrent faire hommage au roi Raoul sur le bord de la Loire, et qui montait un cheval âgé de plus de cent ans.

L'an 944 et l'an 956, on voit un certain *Arnaud* avec le titre de comte de Comminges.

L'an 983 on trouve un certain *Roger I*^{er}.

L'an 997, *Raymond I*^{er}.

Comtes de Bigorre.

Raymond vécut jusqu'en 947.

Garcie-Arnaud Ier, successeur de Raymond, vivait en 983.

Louis, qu'on croit fils de Garcie-Arnauld, vivait en 1009.

Vidames ou Vicomtes de Narbonne.

851. *Alaric* et *Francon I*^{er}, vidames de Narbonne.

Lindoin était vicomte de Narbonne en 878. On le croit descendant de Francon.

Mayeul tint la vicomté jusque vers 914.

Valcharius ou *Gaucher* et *Albéric*, fils de Mayeul.

Francon II, fils ou frère de Valcharius.

924. *Odon* et *Wlrérad*, fils de Francon II.

933 au plus tôt. *Matfred*, fils d'Odon. On a des preuves de son existence jusqu'en 966.

966 au plus tôt. *Raymond I*^{er}, fils de Matfred. Il vivait encore en 1018.

Comtes de Maguelone et de Substantion et de Melgueil.

Amicus était comte de Maguelone en 892.

Robert.

Bernard Ier fut comte de Substantion ou de Melgueil, selon toute apparence.

Bérenger, qu'on trouve avec le titre de comte de Melgueil, vivait au milieu du x° siècle.

Bernard II, fils de Bérenger.

Bernard III, l'aîné des petits-fils de Bernard II, était comte de Melgueil en 980. Sa vie se prolongea jusqu'au milieu du siècle suivant.

Comtes de Toulouse.

844 ou 845. *Guillaume II*, duc et comte bénéficiaire de Toulouse. Il mourut en 850.

850. *Frédelon* reçut de Charles le Chauve le comté de Toulouse auquel était attaché le duché d'Aquitaine. Il mourut au plus tard en 852.

852. *Raymond Ier*, comte héréditaire de Toulouse, frère de Frédelon, prend le titre de duc. Il fut en même temps comte du Rouergue et du Querci. C'est de lui que descendent les comtes de Toulouse qui ont possédé la plus grande partie du Languedoc.

864 ou 865. *Bernard*, fils de Raymond Ier. Il mourut en 875.

875. *Odon* ou *Eudes*, autre fils de Raymond Ier, succède à son frère Bernard. Il mourut en 918 ou 919.

918 ou 919. *Raymond II*, fils aîné d'Eudes. Il resta fidèle à Charles le Simple.

923. *Raymond-Pons III*, fils du précédent. Il resta, comme son père, fidèle à Charles le Simple, et refusa de reconnaître Raoul jusqu'en 932. — Le roi disposa alors en sa faveur du duché d'Aquitaine et du comté particulier d'Auvergne. Il mourut vers 950.

950. *Guillaume-Taillefer III*, fils aîné de Raymond-Pons. Il vécut jusqu'en 1037.

Comtes de Barcelone et de la Marche d'Espagne.

864. Charles le Chauve fit de la Marche d'Espagne un gouvernement particulier, et *Wifred* fut la tige des comtes héréditaires de Barcelone. Il mourut au plus tard en 906.

906. *Wifred II*, fils aîné du précédent.

943. *Miron*, frère de Wifred II.

928. *Sunifred*, fils de Miron, vécut jusqu'en 967.

967. *Borrel*, comte d'Urgel, petit-fils de Wifred Ier, par conséquent cousin germain de Sunifred, lui succéda dans le comté de Barcelone.

993. *Raymond-Borrel* succéda à Borrel, son père. Il vécut jusqu'en 1017.

Comtes de Rouergue.

845. *Frédelon*. Il obtient, en 850, le comté de Toulouse.

852. *Raymond Ier*, frère de Frédelon, comte de Toulouse et de Rouergue.

865. *Bernard*, fils de Raymond, comte de Toulouse et de Rouergue
875. *Odon* ou *Eudes*. Il laissa deux fils : Raymond qui fut comte de Toulouse, et Ermengaud qui fut comte de Rouergue.
918. *Ermengaud*. Il resta fidèle à Charles le Simple ; mais après la mort du roi, il se soumit à Raoul.
937. *Raymond II*, fils aîné d'Ermengaud.
961. *Raymond III*, fils de Raymond II. Il vécut jusqu'en 1010.

Comtes de Carcassonne.

Louis-Éliganius vivait encore en 854.

Oliba II et *Acfred Ier* possèdent les comtés de Carcassonne et de Rasez.

905. *Bencion*, fils aîné d'Oliba II, hérita des comtés de Carcassonne et de Rasez.
908. *Acfred II*, frère du précédent, lui succède dans les deux comtés. Il vivait encore en 934.
934. *Arnaud*, héritier du comté de Comminges, gendre d'Acfred II, comte de Carcassonne et de Rasez.
957. *Roger Ier*, fils aîné d'Arnaud, comte de Carcassonne seulement. Il vécut jusqu'en 1012.

Eudes, second fils d'Arnaud, hérita du comté de Rasez. Il vécut jusqu'en 1017.

Comtes de Fezenzac.

920. Garcie-Sanche, duc de Gascogne, érigea le Fezenzac en comté héréditaire, et le donna à son second fils *Guillaume-Garcie*, qui mourut vers 960.
960 environ. *Otton* ou *Eudes*, fils aîné de Guillaume-Garcie.

Bernard-Otton, fils du précédent.

Aymeri Ier, fils de Bernard-Otton, possédait le comté en 983, et encore en 1022.

Comtes d'Armagnac.

960. *Bernard Ier*. Guillaume-Garcie, comte de Fezenzac, détacha de ce comté celui d'Armagnac qu'il donna à son second fils Bernard.

Géraud, fils de Bernard Ier.

Comtes et Vicomtes de Lectoure.

Eudes était comte de Lectoure au temps de Garcie-Sanche, duc de Gascogne ; mais ce comte ayant perdu la dignité comtale, acquit le titre de vicomte de Gascogne.

Raymond-Arnaud vivait en 990.

Comtes d'Astarac.

Arnaud-Garcie. L'Astarac fut, vers le commencement du xe siècle, démembré du duché de Gascogne après la mort de Garcie-Sanche, pour faire la part de son troisième fils, Arnaud-Garcie. On croit qu'il vivait encore en 975.

Arnaud II, fils du précédent.

Guillaume, fils d'Arnaud II.

Seigneurs de Montpellier.

975. *Gui* ou *Guillaume* reçut en fief de Ricuin, évêque de Maguelone, le village de Montpellier.

Comtes de Roussillon.

843. *Suniaire*, comte d'Ampurias et de Roussillon. Il vécut au delà de l'an 855.

Radulphe. Il vivait en 904.

Suniaire II, premier comte héréditaire, neveu de Radulphe.

915. *Bencion* et *Gauzbert*, fils de Suniaire II. Gauzbert survécut à son frère jusqu'en 930 au moins.

Guifred ou *Gausfred*, fils de Gauzbert. Il vivait encore vers la fin du xe siècle. Il partagea sa souveraineté entre ses deux fils : Hugues fut comte d'Ampurias et Guilabert comte de Roussillon.

Ampurias et le Roussillon avaient leurs vicomtes particuliers.

Comtes de Conflans, de Cerdagne et de Bésalu.

Bera était comte de Conflans en 846 et *Raoul* en 888; *Humphrid* était comte de Bésalu vers le milieu du ixe siècle; *Salomon* était comte de Cerdagne en 863.

Miron, comte de Barcelone, possesseur de tous ces comtés.

928 environ. *Oliba-Cabreta*, fils de Miron.

988. *Bernard*, fils d'Oliba-Cabreta, comte de Bésalu, etc.

988. *Wifred* ou *Guifred*, autre fils d'Oliba-Cabreta, comte de Cerdagne, etc.

Comtes d'Ampurias (voir *Roussillon*).

Suniaire Ier gouverna le comté jusqu'en 843.

843. *Alaric* fut substitué dès 843 à Suniaire.

Suniaire II.

Bencion, fils aîné de Suniaire II.

Gauzbert, frère du précédent, était comte d'Ampurias en 922.

Gaufred ou *Guifred*, fils de Gauzbert. Il mourut en 991 au plus tard.

Hugues, fils de Gaufred.

Comtes d'Urgel.

884 au plus tard. *Sunifred* ou *Suniaire*, troisième fils de Wifred, comte de Barcelone, est pourvu par son père du comté d'Urgel.

950. *Borrel*, fils aîné de Sunifred. Il devint comte de Barcelone.

993. *Ermengaud Ier*, fils de Borrel.

§ 2. *Rois, Ducs, Comtes étrangers au royaume des Francs.*

ARTICLE PREMIER. — Ducs de Lorraine.

L'an 855, le second fils de l'empereur Lothaire, appelé aussi Lothaire, fut fait roi de cette partie de l'Austrasie qui, de son nom, prit celui de *Lothierrègne* ou *Lorraine*.

869. *Charles le Chauve*, roi de France, s'empara du royaume de Lorraine; mais il fut obligé de partager ce royaume avec *Louis le Germanique*, qui transmit sa portion à son fils *Louis*, de même que Charles le Chauve transmit aussi à *Louis le Bègue*, son fils, la portion qu'il avait conservée.

879. *Louis de Saxe*, petit-fils de Louis le Germanique, réunit toute la Lorraine.

882. *Charles le Gros*, empereur, héritier de Louis de Saxe, son frère, est reconnu roi de Lorraine. Il en donne le gouvernement au duc *Henri*, originaire de Franconie.

887. La Lorraine passe, ainsi que la Germanie, à *Arnoul*, empereur et roi, neveu de Charles le Gros.

895. Arnoul donne la Lorraine à son fils naturel *Zuentibolde*. Ce pays avait alors pour duc bénéficiaire ou amovible *Rainier* ou *Raginaire*, comte de Hainaut, que Zuentibolde destitua en 898.

900. Les Lorrains, mécontents de Zuentibolde, se donnent pour roi *Louis*, roi de Germanie, frère de Zuentibolde.

911. Les Lorrains, ayant perdu leur roi Louis, se donnent à *Charles le Simple*, roi de France. Il rétablit le duc *Rainier* qui meurt en 916.

916. *Gislebert* ou *Giselbert*, fils de Rainier, lui succède au duché de Lorraine par la faveur de Charles le Simple. Raoul, successeur de Charles au trône, reçoit aussi l'hommage de Gislebert l'an 925

Cependant on voit ce même Gislebert l'an 929 confirmé dans son duché par Henri, roi de Germanie, et se regarder dès lors comme relevant des rois germains.

940. *Otton Ier*, roi de Germanie, substitue à Gislebert son frère *Henri* que les Lorrains repoussent bientôt; *Henri*, fils de Gislebert, fut mis à sa place et mourut en 944.

944. *Conrad*, dit *le Roux*, duc de la France rhénane, est nommé duc de Lorraine par Otton Ier.

953. *Conrad* est dépouillé du duché qui est confié par Otton à son frère *Brunon*, archevêque de Cologne. Brunon divise la Lorraine en deux duchés et prend lui-même le titre d'archiduc.

Lorraine supérieure ou Mosellane.	Basse Lorraine.
959. *Frédéric Ier*, comte de Bar depuis 954, est établi, par Brunon, duc de la haute Lorraine.	959. *Godefroi Ier*, nommé duc ou gouverneur de basse Lorraine par Otton Ier, roi de Germanie. Il mourut en 964.
984. *Thierri*, fils de Frédéric Ier, lui succède dans le duché de Lorraine et le comté de Bar. Il vécut jusqu'en 1026.	964. *Godefroi II*, fils aîné du précédent. Il mourut sans postérité l'an 976.
	976. *Charles*, frère de Lothaire, roi de France, est pourvu du duché de basse Lorraine et d'une partie de la haute, par l'empereur Otton II, son cousin, à la charge de foi et hommage. Il meurt vers 992.
	992. *Otton*, fils de Charles, succède à son père dans la basse Lorraine. Il vit jusqu'en 1005.

Ducs de Bar.

954. *Frédéric* ou *Ferri Ier* reçoit le comté de Bar d'Otton Ier, roi de Germanie. Il devient en 959 duc de la haute Lorraine.

984. *Thierri Ier*, fils de Frédéric, fut comme lui duc de Bar et de la haute Lorraine.

Comtes et Vicomtes de Verdun.

950 environ. *Godefroi* est fait comte de Verdun par Otton Ier, roi de Germanie.

988 environ. Godefroi abdique en faveur de *Frédéric*, son quatrième fils.

Ducs d'Alsace et de Souabe.

867. *Hugues*, fils du roi de Lorraine Lothaire, est fait par ce roi duc d'Alsace. Il n'administra que jusqu'en 870 ce duché qui lui fut enlevé par Louis, roi de Germanie, et resta dès lors incorporé au duché de Lorraine.

(Lacune.)

925. *Burchard*, duc de Souabe dès 916, acquiert le duché d'Alsace du roi Henri de Germanie. Il mourut en 926.

926. *Herman*, comte de la France orientale, cousin germain du roi Conrad, obtient d'Henri l'Oiseleur les duchés de Souabe et d'Alsace.

949. *Ludolphe*, fils de l'empereur Otton Ier et gendre de Herman, reçoit de son père les duchés de Souabe et d'Alsace.

954. L'empereur Otton, ayant dépouillé son fils des duchés de Souabe et d'Alsace, les donne à *Burchard II*, qu'on croit fils de Burchard Ier. Il était neveu par sa femme de l'empereur Otton.

973. *Otton*, fils du duc Ludolphe et petit-fils de l'empereur Otton Ier, reçoit d'Otton II les duchés de Souabe et d'Alsace. Il y joint le duché de Bavière.

982. *Conrad*, neveu d'Herman Ier, est le premier qui porta nommément le titre de duc d'Alsace et de Souabe.

997. *Herman II*, neveu de Conrad, tient les duchés d'Alsace et de Souabe. Il les gouverna jusqu'en 1004.

Comtes de Sundgaw ou haute Alsace.

Luitfrid II, comte de Sundgaw, vécut jusqu'en 864.

864. *Hugues II* mourut vers 880 sans laisser d'enfants.

880. *Luitfrid III* vécut jusque vers l'an 940. Il laissa trois fils.

942. *Luitfrid IV*, fils de Luitfrid III, gouvernait le Sundgaw dès l'an 942 ; mais un comte *Bernard* gouvernait déjà la haute Alsace en 896. On ignore l'année de la mort de Luitfrid.

953. *Gontran*, comte du Sundgaw et du Brizgaw, fut dépouillé de ses comtés par l'empereur Otton.

954. *Luitfrid V* remplace son frère Gontran dans le comté de Sundgaw.

977. *Luitfrid VI*, fils du précédent, gouverne le comté de Sundgaw jusqu'à la fin du xe siècle.

Comtes de Nordgaw ou basse Alsace.

Erchangier, comte de Nordgaw, vécut jusqu'en 864.
864. *Eberhard II* reçoit le comté de Nordgaw et meurt la même année.
Adelbert II, successeur d'Eberhard II.
898. *Eberhard III*, fils d'Eberhard II.
900 environ. *Hugues*, fils du précédent.
940 environ. *Eberhard IV*, fils de Hugues, abdique avant 951.
951. *Hugues II*, fils d'Eberhard IV. Il mourut l'an 984.
984. *Eberhard V*, fils aîné de Hugues II. Il mourut vers 996.
996. *Hugues III*, fils d'Eberhard V. Il mourut en 999.

Comtes de Louvain.

Lambert, deuxième fils de Rainier III, comte de Hainaut, fut établi vers l'an 994 comte de Louvain par Charles, duc de la basse Lorraine, dont il fut le gendre. Il vécut jusqu'en 1045.

Comtes de Namur.

Bérenger est le plus ancien comte connu de Namur ou de Lomme. Il vivait encore en 932.
932 au plus tôt. *Robert*, fils de Bérenger. On ignore l'année de sa mort.
973 au plus tard. *Albert Ier*, fils de Robert, gendre de Charles de Lorraine. On ignore le temps de sa mort.
Ratbode ou Robert II, fils d'Albert Ier.

Comtes de Luxembourg.

Sigefroi, fils, à ce qu'on croit, de Wideric, comte en Ardennes, acquit en 963 le château de Luxembourg. Il mourut en 998.
998. *Frédéric Ier*, fils de Sigefroi.

Comtes de Veldenz.

Ces comtes avaient des terres considérables dans le Nohgau, le Wormsgau, le Spiregau, etc.
Sous Louis le Germanique, le Nohgau avait pour comte un certain *Megingaud*. En 894, un certain *Werinher* ou *Werner* ou *Wasnerius* était comte de Nohgau et de Worms ; de ses deux fils,
Werinher II fut comte de Worms et de Spire.
Conrad, comte de Nohgau, devint empereur, et réunit tous les comtés.

Otton son fils lui succéda en 955.

Comtes de Loos.

Rodolfe, comte en Hasbaie, fils de Rainier II, comte de Hainaut, est regardé comme la tige des comtes de Loos.

Arnoul, fils, à ce qu'on croit, de Rodolfe, est le premier qu'on connaisse sous le titre de comte de Loos.

Comtes de Chini.

971. *Otton I*er*, tige des comtes de Chini, descendant des Otton, rois de Germanie et empereurs. Il vécut à ce qu'on croit jusqu'en 1013.

Comtes de Juliers.

944. *Godefroi*, qualifié comte de Juliers dans une charte de l'an 944, vivait encore en 962.

Eremfroi succéda peut-être à Godefroi.

*Gerard I*er* vivait au commencement du xi*e* siècle.

Comtes de Frise.

Gérulfe et *Gardulfe* vivaient en 885.

*Thierri I*er*, second fils de Gérulfe, lui succède au comté de Frise. Il vivait en 922.

Thierri II, fils de Thierri I*er*. L'an 985, il reçut de l'empereur Otton en propriété tout ce que ses prédécesseurs n'avaient possédé qu'en bénéfice.

988. *Arnoul*, successeur de Thierri II, son père, vécut jusqu'en 1003 ou 1004.

Évêques et Princes de Liége.

840. *Hircaire*.
856. *Francon*, moine de Lobbes.
903. *Etienne*, chanoine de Metz et parent du roi Charles le Simple.
920. *Richer*, abbé de Pruym et de Stavelo. Il eut pour compétiteur Hilduin.
945. *Hugues* ou *Ogon*, abbé de Saint-Maximin de Trèves.
947. *Farabert* ou *Floribert*, abbé de Pruym.
953. *Rathier*, d'abord moine de Lobbes, puis évêque de Véronne, puis de Liége, poste qu'il fut obligé d'abandonner l'an 955.
956. *Balderic* ou *Baudri I*er*.
959. *Eracle* ou *Everard*, ancien prévôt de la collégiale de Bonn.
972. *Notger* qui vécut jusqu'en 1008.

Évêques et Princes d'Utrecht.

Alfric ou *Alfred* vécut jusqu'en 845. *Eginhart* et *Ludger* occupèrent ensuite successivement le siége d'Utrecht.

854 au plus tard. *Hunger* succède à Ludger.
866. *Odilbald.*
900 au plus tard. *Egibold* ou *Eylbold.*
902. *Radbod,* petit-fils par sa mère de Radbod, dernier roi ou prince des Frisons.
918. *Baldric* de Clèves. L'an 937 il obtint du roi Otton Ier le droit de frapper monnaie, avec les autres droits régaliens, du consentement de Gislebert duc de Lorraine.
977. *Folkmar* ou *Wolkmar*, successeur de Baldric, fut chancelier de l'empire.
994. *Baudouin.*
994. *Ansfrid* ou *Geoffroi.* Il vécut jusqu'en 1009.

Archevêques de Mayence.

847. *Raban* succède à Otgaire. Il était d'abord abbé de Fulde.
856. *Charles*, moine de Corbie.
863. *Luitbert* ou *Lieutbert.*
889. *Sonzo* ou *Sunderholde,* de l'abbaye de Fulde.
891. *Hatton* ou *Otton.*
912. *Hériger.*
927. *Hildebert* ou *Hillibert*, abbé de Fulde.
937 ou 938. *Frédéric* ou *Frithuric*, moine de Fulde.
954. *Guillaume,* fils naturel d'Otton Ier, roi de Germanie.
968. *Hatton*, abbé de Fulde.
969 ou 970. *Robert* ou *Rupert.*
975. *Willigise* vécut jusqu'en 1011.

Archevêques de Cologne.

842. *Hilduin* était dès lors archevêque de Cologne.
850. *Gonthier.* Il fut déposé et on lui donna pour successeur l'abbé *Hugues,* fils de Conrad II, comte d'Auxerre, qui fut bientôt obligé de résigner l'épiscopat l'an 866 au clerc *Hilduin* frère de Gonthier.
873 *Willibert.*
890. *Herman Ier* ou *Hartman.*
925. *Wicfred* ou *Wigfrid.*
953. *Brunon,* fils du roi Henri l'Oiseleur et frère d'Otton Ier.

968. *Folmar, Volmar* ou *Folemar*.
969. *Geron*.
976. *Warin*.
985. *Evergère*.
999. *Heribert*.

Archevêques de Trèves.

847 *Theutgaud* succède à Hetti, son oncle.
869 ou 870. *Bertulfe*.
883. *Ratbod*.
915. *Roger* ou *Ruotger*.
929 ou 930. *Robert*.
956. *Henri*.
965. *Thierri I*^{er}.
975. *Egbert*.
994. *Ludolfe* qui vécut jusqu'en 1008.

ARTICLE II. — Rois de Provence et de Bourgogne.

855. *Charles*, fils de l'empereur Lothaire, petit-fils de Louis le Débonnaire. Il vécut jusqu'en 863.

(*Interrègne de quinze ou seize ans.*)

879. *Boson* reçoit de Charles le Chauve, son beau-frère devenu empereur, le royaume de Provence ; dans la suite, il conquit son indépendance.

890. *Louis l'Aveugle*, fils de Boson, reconnu et couronné roi de Provence par les évêques et les seigneurs convoqués à Valence par le pape Etienne VI. Il fut couronné empereur en 901, et fit administrer le royaume de Provence par un comte nommé Hugues, fils de Thibaut, comte d'Arles. On n'a de preuves de son existence que jusqu'en 928.

Comtes de Provence.	Rois de Bourgogne transjurane.
Hugues est chargé du gouvernement du royaume de Provence, avec qualité de comte, par l'empereur Louis. Il fut sacré roi de Lombardie en 926.	Ce royaume prit naissance dans les troubles qui suivirent la déposition de Charles le Gros en 888. Il dura peu et n'eut que deux rois.
A la mort de Louis l'Aveugle, Hugues conserva dans le royaume l'autorité souveraine exercée jusque-là sous le nom de Louis. Il	888. *Rodolfe I*^{er}, gouverneur de la province, se fait reconnaître roi par les évêques et les seigneurs de son gouvernement, et

mourut en 947 et avec lui finit le royaume de Provence.

926. Dès cette année, Hugues, allant prendre possession de son royaume d'Italie, nomma comte *Boson Ier*, et il y eut alors dans le royaume de Provence un comté particulier de ce nom (voir plus bas *Comtes de Provence*).

se maintient malgré Arnoul, roi de Germanie. Il mourut en 911 ou 912.

911 ou 912. *Rodolfe II*, fils du précédent. Il fut proclamé roi d'Italie en 922; mais ayant fait abandon de l'Italie à Hugues, il obtint de celui-ci une partie de la Provence et devint proprement le premier roi d'Arles.

Rois d'Arles.

933. *Rodolfe II*, roi de la Bourgogne transjurane, réunit la Provence à son royaume, et devint premier roi d'Arles. Il mourut en 937.

937. *Conrad le Pacifique*, fils de Rodolfe II. Il fut élevé par les soins d'Otton Ier roi de Germanie. Il vint avec lui au secours de Louis d'Outre-mer l'an 940. Il mourut en 996.

993. *Rodolfe III*, fils aîné de Conrad. Il vécut jusqu'en 1032.

Comtes de Provence.

926. *Boson Ier*, créé comte de Provence par Hugues, roi de Provence.

948. *Boson II* fut nommé comte de Provence par Conrad le Pacifique, roi d'Arles, ainsi que les suivants.

968 au plus tard. *Guillaume Ier*, fils de Boson II.

992. *Rotbold*, frère de Guillaume.

Comtes de Vienne.

Louis l'Aveugle, roi de Provence, laissa l'an 928 un fils nommé *Charles Constantin*, qui, lorsque le royaume passa à Hugues, obtint le comté de Vienne, dans la possession duquel il fut troublé plus d'une fois. Il fit hommage en 930 au roi Raoul, et en 947 au roi Louis d'Outre-mer. Il vécut au moins jusqu'en 963.

Un fils de Charles Constantin lui succéda et à celui-ci un fils nommé *Girard* dont la fille apporta le comté à *Guillaume le Grand*, comte de Bourgogne.

ARTICLE III. — Empereurs d'Occident de race carlovingienne.

Louis le Débonnaire, empereur, étant mort en 840, l'empire passa à son fils aîné *Lothaire* qui eut l'Italie et toute la partie orientale de la Gaule.

855. *Louis II*, fils aîné de Lothaire, conserva la partie de l'empire située au delà des Alpes.

875. *Charles II*, dit le Chauve, roi des Francs, dernier fils de Louis le Débonnaire, s'empare de l'Italie et se fait couronner empereur. Il mourut en 877.

(Lacune de trois ans.)

881. Charles le Gros, roi d'Italie, est couronné empereur. L'an 882 il succède à son père roi de Germanie. L'an 884 il est appelé à la couronne de France, et réunit ainsi toute la succession de Charlemagne. Il mourut sans enfants en 888, et ses États furent divisés en plusieurs royaumes.

(Lacune de vingt-sept ans pendant laquelle le titre d'empereur passe sur plusieurs têtes, mais sans effet, Gui de Spolette, Bérenger, Lambert, Arnoul, Louis III.)

915. *Bérenger*, petit-fils de Louis le Débonnaire par sa mère Gisèle, reconnu roi d'Italie en 888, est couronné empereur en 915. Il fut sans cesse inquiété et dans son royaume d'Italie et dans sa qualité d'empereur. Il est enfin assassiné l'an 924.

(Lacune de trente-huit ans.)

962. *Otton Ier* est couronné empereur, et l'empire passe ainsi aux princes germains qui l'ont toujours possédé depuis (voir *Rois de Germanie*).

ARTICLE IV. — Rois d'Italie.

Lothaire Ier, fils aîné de Louis le Débonnaire empereur.

855. *Louis II*, empereur, roi d'Italie.

875. *Charles II*, le Chauve, à la mort de Louis II son neveu, s'empare du royaume d'Italie et du titre d'empereur. Il meurt en 877.

877. *Carloman*, fils de Louis le Germanique et neveu de Charles le Chauve, lui enlève le royaume d'Italie, et l'an 879 il s'associe dans ce royaume son frère Charles le Gros.

879. *Charles le Gros* est proclamé roi d'Italie. Il règne jusqu'en 888.

888. *Bérenger*, petit-fils de Louis le Débonnaire par sa mère Gisèle, est reconnu roi d'Italie. Il a un grand nombre de compétiteurs. Tels furent entre autres, *Gui*, duc de Spolette, et *Lambert* son fils, *Louis*, roi de Provence, qui se fit couronner l'an 900.

922. *Rodolphe*, roi de la Bourgogne transjurane.

926. Rodolphe abandonne l'Italie qui est offerte à *Hugues*, roi de Pro-

vence, petit-fils par sa mère de Lothaire roi de Lorraine. Il abdique en 945 en faveur de son fils.

945. *Lothaire*, fils de Hugues, n'eut guère que le titre et les honneurs de la royauté, l'autorité appartenant à Bérenger, marquis d'Ivrée. Il mourut en 950.

950. *Bérenger II* et *Adalbert* son fils. Bérenger était petit-fils de l'empereur Bérenger par Gisèle sa mère. Il est élu roi d'Italie conjointement avec Adalbert son fils. Ils sont déposés tous les deux l'an 961.

961. *Otton I*er*, roi de Germanie, empereur.

973. *Otton II*, roi de Germanie, et empereur.

983. *Otton III* qui règne jusqu'en 1002.

PAPES.

885. Étienne V.	936. Léon VII.
891. Formose.	939. Étienne VIII.
896. Boniface VI.	942. Martin III.
Étienne VI.	946. Agapit II.
897. Romain.	956. Jean XII.
898. Théodore II.	963. Léon VIII.
Jean IX.	Benoît V son compétiteur.
900. Benoît IV.	965. Jean XIII.
903. Léon V.	972. Benoît VI.
Christophe.	Boniface VII et Donus.
904. Sergius III.	974 ou 975. Benoît VII.
911. Anastase III.	983. Jean XIV.
913. Landon.	Boniface rétabli.
914. Jean X.	Jean XV.
928. Léon VI.	985. Jean XVI.
929. Étienne VII.	996. Grégoire V et Jean XVII.
931. Jean XI.	999. Silvestre II.

ARTICLE V. — Rois de Germanie.

843. *Louis* dit *le Germanique*, troisième fils de Louis le Débonnaire. Il vécut jusqu'en 876.

876. *Carloman* succède à Louis son père dans le royaume de Bavière, etc.

876. *Louis*, second fils de Louis le Germanique lui succède dans la Saxe, la Thuringe, etc.

880. Louis réunit les deux royaumes.

882. *Charles le Gros*, troisième fils de Louis le Germanique, déjà empereur, succède à Louis son frère roi de Germanie; il devint en 884 roi des Francs, et réunit ainsi tout l'empire de Charlemagne. Il fut déposé par les seigneurs germains en 887.

887. *Arnoul*, fils naturel du roi Carloman, est élu par les seigneurs de Germanie. Il vécut jusqu'en 899.

899. *Louis IV*, fils d'Arnoul. Il vécut jusqu'en 914.

914. *Conrad Ier*, comte de Franconie, gendre d'Arnoul, est élu par les seigneurs de Germanie. Il désigne en mourant Henri, duc de Saxe, pour lui succéder.

918. *Henri Ier* dit *l'Oiseleur*, duc de Saxe. Il désigne son fils Otton pour lui succéder.

936. *Otton le Grand*, fils d'Henri Ier. Il devient empereur.

973. *Otton II*, fils d'Otton Ier empereur.

983. *Otton III*, fils d'Otton II empereur.

Rois de Saxe.

Ludolphe, comte de Saxe, vécut jusqu'en 864.

864. *Brunon*, fils de Ludolphe.

880. *Otton Ier*, second fils de Ludolphe, fut le premier qui posséda le duché de Saxe héréditairement.

912. *Henri*, surnommé *l'Oiseleur*, fils d'Otton duc de Saxe. Il devint roi de Germanie en 918.

936. *Otton le Grand*, fils d'Henri Ier, duc de Saxe, roi de Germanie. Il donna en 954 le gouvernement de la Saxe septentrionale à *Herman* qu'il fit duc héréditaire vers l'an 960.

960 ou 964. *Herman*.

973. *Bennon*, fils d'Herman. Il vécut jusqu'en 1010.

Ducs de la France rhénane et de Franconie.

Conrad Ier, depuis roi de Germanie, est regardé comme le premier duc de la France rhénane et de Franconie.

914. *Eberhard*, frère de Conrad, lui succède dans les duchés de la France rhénane et de Franconie. Il fut aussi duc de Lorraine.

939. *Conrad II* est établi duc de la France rhénane par le roi Otton qui lui donne sa fille en mariage. Il fut aussi duc de Lorraine.

955. *Otton*, fils de Conrad, vécut jusqu'en 1004.

Comtes palatins du Rhin.

966. *Herman* est créé comte palatin du Rhin par l'empereur Otton Ier. Il vécut, à ce qu'on croit, jusqu'en 996 et eut pour successeur son fils Ezon ou Ehrenfroi.

ARTICLE VI. — Rois d'Angleterre de race saxonne.

837. *Ethelwolf.* Il meurt en 858.

858. *Ethelbald*, fils d'Ethelwolf, roi de Westsex.

858. *Ethelbert*, deuxième fils d'Ethelwolf, roi de Kent. Il réunit le royaume d'Ethelbald au sien l'an 860.

866. *Ethelred*, troisième fils d'Ethelwolf, devient roi d'Angleterre.

871 ou 872. *Alfred le Grand*, quatrième fils d'Ethelwolf, l'un des plus grands rois qu'ait eus l'Angleterre.

900. *Edouard I*^{er}, fils d'Alfred.

924. *Aldestan* ou *Athelstan*, fils d'Edouard Ier. L'histoire l'a placé au nombre des grands rois.

940. *Edmond I*^{er}, autre fils d'Edouard Ier.

946. *Edred*, frère d'Edmond Ier.

955. *Edwi*, fils d'Edmond Ier.

949. *Edgar*, deuxième fils d'Edmond Ier.

975. *Edouard II*, fils d'Edgar.

978. *Ethelred*, autre fils d'Edgar. Il règne jusqu'en 1014. Avec lui finit la race des rois saxons.

§ 3. *Récapitulation par ordre alphabétique des noms inscrits au tableau généalogique.*

Acfred, comte d'Auvergne.
Acfred II, comte de Carcassone.
Adélaïde et son mari, Geoffroi Grisgonelle, comte de Châlons-sur-Saône.
Adelbert II, comte de Nordgaw ou basse Alsace.
Adémar ou Aymar, comte de Poitiers.
Adémar ou Aimar, vidame de Turenne.
Adolphe ou Adalolphe, comte de Boulogne.
Adolphe ou Ardolphe, comte de Guines.
Agapit II, pape.
Aimar ou Adémar, baron de Bourbonnais.
Aimon, baron de Bourbonnais.
Alain III, comte de Bretagne.
Alain IV, comte de Bretagne.
Alaric, comte d'Ampurias.
Alaric et Francon Ier, vidames de Narbonne.
Albéric, comte de Bourgogne.
Albéric II, comte de Bourgogne.
Albéric Ier, comte de Mâcon.
Albéric II, comte de Mâcon.
Albéric III, comte de Mâcon.
Albert Ier, comte de Namur.
Albert Ier (le Pieux), comte de Vermandois.
Aldébert, comte de Périgord.
Aldestan ou Athelstan, roi d'Angleterre.
Alduin Ier, comte d'Angoulême.
Aledran ou Aletran, comte du Vexin.

Alfric ou Alfred, prince d'Utrech.
Amicus, comte de Maguelonne.
Anastase III, pape.
Ansfrid ou Geoffroi, prince d'Utrech.
Archambaud I*er*, baron de Bourbonnais.
Archambaud II, baron de Bourbonnais.
Archambaud, vicomte de Turenne.
Arnaud Garcie, comte d'Astarac.
Arnaud II, comte d'Astarac.
Arnaud, comte de Carcassonne.
Arnaud, comte d'Angoulême.
Arnaud Manzer, comte d'Angoulême.
Arnaud, duc de Gascogne.
Arnaud, comte de Comminges.
Arnoul, roi de Germanie.
Arnoul, comte de Boulogne.
Arnoul, duc de Lorraine.
Arnoul, comte de Loos.
Arnoul, comte de Frise.
Arnoul I*er*, comte de Flandre.
Arnoul II, comte de Flandre.
Artaud I*er*, comte de Lyonnais et Forez.
Artaud II, comte de Lyonnais et Forez.
Asnarius ou Loup Asinaire, comte de Comminges.
Aymeri I*er*, comte de Fezenzac.
Aymon, comte de Corbeil.

Balderic ou Baudri I*er*, prince de Liége.
Baldric de Clèves, prince d'Utrech.
Baudouin I*er* (Bras de Fer), comte de Flandre.
Baudouin II (le Chauve), comte de Flandre.
Baudouin IV, comte de Flandre.
Baudouin (le Chauve), comte de Boulogne.
Baudouin, prince d'Utrech.
Bencion, comte d'Ampurias (Roussillon).
Bencion, comte de Carcassonne.
Bencion et Gauzbert, comtes de Roussillon.
Benoît IV, pape.
Benoît V, pape.
Benoît VI, pape.
Benoît VII, pape.
Bennon, roi de Saxe.
Béra, comte de Conflant.
Bérard I*er* ou Béraud, sire de Beaujolais.
Bérard II, sire de Beaujolais.
Bérenger, comte de Namur.
Bérenger, comte de Maguelone.
Bérenger, empereur d'Occident.
Bérenger, roi d'Italie.
Bérenger II et Adalbert, rois d'Italie.
Bernard I*er*, comte d'Auvergne.
Bernard II, comte d'Auvergne.
Bernard I*er*, comte d'Armagnac.
Bernard, comte de Vermandois.
Bernard, comte de Bourges.
Bernard, comte de Conflans.
Bernard Otton, comte de Fezenzac.
Bernard Guillaume, duc de Gascogne.
Bernard, comte de Mâcon.
Bernard I*er*, comte de Maguelonne.
Bernard II, comte de Maguelonne.
Bernard III, comte de Maguelonne.
Bernard, vicomte de Turenne.
Bernard, comte de Toulouse.
Bernard, comte de Périgord.
Bernard II, comte de Poitiers.
Bertulfe, archevêque de Trèves.
Boniface VI, pape.
Boniface VII et Donus, papes.
Borrel, comte de Barcelone.
Borrel, comte d'Urgel.
Boson I*er*, comte de Périgord.
Boson I*er*, comte de la Marche.
Boson II, comte de la Marche.
Boson, comte de Bourges.
Boson I*er*, comte de Provence.
Boson II, comte de Provence.
Boson, roi de Provence.
Bouchard I*er*, comte de Vendôme.

Bouchard Ier, comte de Corbeil.
Bouchard Ier, baron de Montmorency.
Bouchard II, baron de Montmorency.
Brunon, duc de Lorraine.
Brunon, roi de Saxe.
Brunon, archevêque de Cologne.
Burchard, duc d'Alsace et de Souabe.

Carloman, roi d'Italie.
Carloman, roi de Germanie.
Centule-Gaston, vicomte de Béarn.
Charles (le Chauve), roi des Francs.
Charles II (le Gros), roi des Francs.
Charles III (le Simple), roi des Francs.
Charles (le Chauve), roi, duc de Lorraine.
Charles (le Gros), empereur, duc de Lorraine.
Charles (le Simple), roi, duc de Lorraine.
Charles, duc de basse Lorraine.
Charles, archevêque de Mayence.
Charles, roi de Provence.
Charles II, roi d'Italie, empereur d'Occident.
Charles (le Gros), empereur d'Occident.
Charles II (le Chauve), roi d'Italie.
Charles (le Gros), roi d'Italie.
Charles (le Gros), roi de Germanie.
Christophe, pape.
Conan Ier, comte de Bretagne.
Conrad, duc d'Alsace et de Souabe.
Conrad (dit le Roux), duc de Lorraine.
Conrad Ier, duc de la France rhénane et de Franconie.
Conrad II, duc de la France rhénane et de Franconie.
Conrad, comte de Veldenz.
Conrad, comte d'Auxerre.

Conrad II, comte d'Auxerre.
Conrad (le Pacifique), roi d'Arles.
Conrad Ier, roi de Germanie.

Donat, comte de Sens.
Drogon, comte de Bretagne.

Eberhard II, comte du Nordgaw ou basse Alsace.
Eberhard III, comte du Nordgaw ou basse Alsace.
Eberhard IV, comte du Nordgaw ou basse Alsace.
Eberhard V, comte du Nordgaw ou basse Alsace.
Eberhard, duc de la France rhénane et de Franconie.
Ebles (dit Manzer), comte de Poitiers.
Ebles, comte d'Auvergne.
Ebles Ier, comte de Rouci et de Reims.
Edelbert ou Hildebert, vicomte de Limoges.
Edgar, roi d'Angleterre.
Edmond Ier, roi d'Angleterre.
Edouard Ier, roi d'Angleterre.
Edouard II, roi d'Angleterre.
Edred, roi d'Angleterre.
Edwi, roi d'Angleterre.
Egbert, archevêque de Trèves.
Egibold ou Eylbold, prince d'Utrech.
Emenon, comte d'Angoulême.
Eracle ou Everard, prince de Liége.
Erchangier, comte de Nordgaw ou basse Alsace.
Erispoé, comte de Bretagne.
Erkenger, comte de Boulogne.
Erluin, voy. Herluin.
Ernicule, comte de Boulogne.
Eremfroi, comte de Juliers.
Ermengaud, comte de Rouergue.
Ermengaud Ier, comte d'Urgel.
Ethelbald, roi d'Angleterre.

Ethelbert, roi d'Angleterre.
Ethelred, roi d'Angleterre.
Ethelwofl, roi d'Angleterre.
Etienne Ier, comte de Champagne.
Etienne, comte d'Auvergne.
Etienne V, pape.
Etienne, prince de Liége.
Etienne VI, pape.
Etienne VII, pape.
Etienne VIII, pape.
Eudes, duc de France, roi des Francs.
Eudes, sire de Couci.
Eudes, comte d'Anjou, roi des Francs.
Eudes, comte de Blois.
Eudes, comte de Blois.
Eudes ou Odon, comte de Carcassonne.
Eudes, comte de Lectoure.
Evergère, archevêque de Cologne.

Farabert, prince de Liége.
Folkmar ou Wolkmar, prince d'Utrech.
Folmar ou Volmar, archevêque de Cologne.
Formose, pape.
Foucher, vicomte de Limoges.
Foulques Ier, comte d'Anjou.
Foulques II, comte d'Anjou.
Foulques III, comte d'Anjou.
Francon II, vicomte de Narbonne.
Francon, prince de Liége.
Frédelon, comte de Toulouse.
Frédelon, comte de Rouergue.
Frédéric Ier, duc de Lorraine supérieure.
Frédéric ou Ferri Ier, duc de Bar.
Frédéric, comte de Verdun.
Frédéric Ier, comte de Luxembourg.
Frédéric ou Frithuric, archevêque de Mayence.
Fromond Ier, comte de Sens.
Fromond II, comte de Sens.

Garcie Arnaud Ier, comte de Bigorre.
Garcie Sanche, duc de Gascogne.
Garcie Sanche, comte de Fezenzac.
Garnier, comte de Sens.
Garnier et Renaud, comtes de Hainaut.
Gaston Centule, vicomte de Béarn.
Gaufred ou Guifred, comte d'Ampurias.
Gauthier Ier, comte de Dreux.
Gauthier Ier, comte du Vexin.
Gauthier II, comte du Vexin.
Gauzbert, comte du Maine.
Gauzbert, comte d'Ampurias (Roussillon).
Geoffroi Ier, comte d'Anjou.
Geoffroi, comte de Dreux.
Geoffroi, comte d'Eu.
Geoffroi Ier, comte de Bretagne.
Geoffroi, vicomte de Bourges.
Geoffroi II, vicomte de Bourges.
Gérard, comte de Bourges.
Géraud, comte d'Armagnac.
Géron, archevêque de Cologne.
Gérulfe ou Gardulfe, comte de Frise.
Gilbert ou Gislebert, comte de Rouci et de Reims.
Gilbert, comte de Sens.
Girard Ier, comte de Juliers.
Girard, comte de Vienne.
Girard ou Géraud, vicomte de Limoges.
Giraud Ier, comte de Lyonnais et de Forez.
Girbold ou Gerbold, c. d'Auxerre.
Giselbert, comte de Bourgogne.
Giselbert, comte de Châlons-sur-Saône.
Gislebert ou Giselbert, duc de Lorraine.
Godefroi Ier, duc de basse Lorraine.
Godefroi II, duc de basse Lorraine.
Godefroi, comte de Verdun.

Godefroi I*r*, comte de Juliers.
Godefroi et Arnoul, comtes de Hainaut.
Godefroi, vicomte de Turenne.
Gontard, comte de Valentinois.
Gonthier, archevêque de Cologne.
Gontran, comte de Sundgaw ou haute Alsace.
Gotfrid, comte du Maine.
Grégoire V et Jean XVII, papes.
Guérech, comte de Bretagne.
Gui, comte de Soissons.
Gui, roi d'Italie.
Gui ou Guillaume, seigneur de Montpellier.
Gui, comte de Tonnerre.
Gui I*er*, comte d'Auvergne.
Gui, baron de Bourbonnais.
Guichard ou Wichard I*er*, sire de Beaujolais.
Guifred, comte de Roussillon.
Guilabert, comte de Roussillon.
Guillaume, archevêque de Mayence.
Guillaume I*er*, duc de Normandie.
Guillaume I*er*, comte de Poitiers.
Guillaume II, comte de Poitiers.
Guillaume III, comte de Poitiers.
Guillaume I*er*, comte d'Auvergne.
Guillaume II, comte d'Auvergne.
Guillaume III, comte d'Auvergne.
Guillaume IV, comte d'Auvergne.
Guillaume V, comte d'Auvergne.
Guillaume Garcie, comte de Fezenzac.
Guillaume VI, comte d'Auvergne.
Guillaume VII, comte d'Auvergne.
Guillaume I*er*, comte d'Angoulême.
Guillaume, comte de Périgord.
Guillaume I*er*, comte de Bourges.
Guillaume II, comte de Bourges.
Guillaume, duc de Gascogne.
Guillaume Sanche, duc de Gascogne.
Guillaume II, comte de Toulouse.
Guillaume Taillefer III, comte de Toulouse.
Guillaume, comte de Diois.
Guillaume I*er*, comte de Lyonnais et de Forez.
Guillaume II, comte de Lyonnais et Forez.
Guillaume I*er*, comte de Provence.
Guillaume, comte d'Astarac.
Guillaume I*er*, comte du Perche.
Gurmhaillon ou Wermealon, comte de Bretagne.
Guy, comte de Boulogne.
Hatton ou Otton, archevêque de Mayence.
Hatton, archevêque de Mayence.
Helgaud I*er*, comte de Ponthieu.
Helgaud II, comte de Ponthieu.
Hélie I*er*, comte de Périgord.
Henri, duc de Lorraine.
Henri, archevêque de Trèves.
Henri (le Grand), duc de Bourgogne.
Henri (le Grand), comte d'Auxerre.
Henri (l'Oiseleur), roi de Saxe et ensuite de Germanie.
Herbert ou Héribert, comte de Champagne.
Herbert ou Héribert II, comte de Champagne.
Herbert II, comte de Vermandois.
Herbert III, comte de Vermandois.
Héribert, archevêque de Cologne.
Hériger, archevêque de Mayence.
Herluin I*er*, comte de Ponthieu.
Herluin II, comte de Ponthieu.
Herman, duc d'Alsace et de Souabe.
Herman II, duc d'Alsace et de Souabe.
Herman I*er* ou Hartman, archevêque de Cologne.
Herman, comte palatin du Rhin.
Herman, roi de Saxe.
Hildebert ou Hillibert, archevêque de Mayence.
Hildegaire ou Eldegaire, vicomte de Limoges.

Hilduin ou Haudouin, comte de Ponthieu.
Hilduin, archevêque de Cologne.
Hircaire, évêque et prince de Liége.
Hoël IV, comte de Bretagne.
Hugues (le Grand), duc de France.
Hugues Capet, duc de France, roi.
Hugues Ier, comte du Maine.
Hugues (le Grand), comte du Vexin.
Hugues Ier, comte de Meulent.
Hugues Ier, comte de Ponthieu.
Hugues, duc d'Alsace et de Souabe.
Hugues II, comte du Sundgaw ou haute Alsace.
Hugues, comte du Nordgaw ou basse Alsace.
Hugues II, comte du Nordgaw ou basse Alsace.
Hugues III, comte du Nordgaw ou basse Alsace.
Hugues ou Ogon, prince de Liége.
Hugues, archevêque de Cologne.
Hugues, comte d'Ampurias (Roussillon).
Hugues (le Grand), duc de Bourgogne.
Hugues (le Noir), comte de Bourgogne.
Hugues, comte d'Auxerre.
Hugues (le Blanc), c. d'Auxerre.
Hugues (le Noir), comte d'Auxerre.
Hugues, comte de Provence.
Hunger, évêque d'Utrech.

Ingelger, comte d'Anjou.

Jean IX, pape.
Jean X, pape.
Jean XI, pape.
Jean XII, pape.
Jean XIII, pape.
Jean XIV, pape.
Jean XV, pape.
Jean XVI, pape.
Judicael, comte de Bretagne.
Juhel Bérenger, comte de Bretagne.

Lambert, comte de Valentinois.
Lambert, comte de Louvain.
Lambert, roi d'Italie.
Lambert, comte de Châlons-sur-Saône.
Lambert, comte de Sens.
Landon, pape.
Landri, comte de Nevers.
Landri, comte de Dreux.
Léon V, pape.
Léon VI, pape.
Léon VII, pape.
Léon VIII, pape.
Létalde Ier, comte de Bourgogne.
Létalde II, comte de Bourgogne.
Létalde ou Leutalde, comte de Mâcon.
Létalde, comte de Mâcon.
Létalde II, comte de Mâcon.
Lindoin, vidame de Narbonne.
Lothaire Ier, roi d'Italie.
Lothaire, roi d'Italie.
Lothaire, empereur d'Occident.
Lothaire, roi des Francs.
Lothaire, duc de Lorraine.
Louis II (le Bègue), roi des Francs.
Louis III et Carloman, rois des Francs.
Louis IV (d'Outre-Mer), roi des Francs.
Louis V (le Fainéant), roi des Francs.
Louis de Saxe, duc de Lorraine.
Louis, roi de Germanie, duc de Lorraine.
Louis, comte de Bigorre.
Louis Eliganius, comte de Carcassonne.
Louis (l'Aveugle), roi de Provence.
Louis II, empereur d'Occident.
Louis II, roi d'Italie.
Louis (dit le Germanique), roi de Germanie.
Louis, roi de Germanie.
Louis IV, roi de Germanie.

Ludolfe, archevêque de Trèves.
Ludolphe, duc d'Alsace et de Souabe.
Ludolphe, roi de Saxe.
Luitbert ou Lieutbert, archevêque de Mayence.
Luitfrid II, comte du Sundgaw ou haute Alsace.
Luitfrid III, comte du Sundgaw.
Luitfrid IV, comte du Sundgaw.
Luitfrid V, comte du Sundgaw.
Luitfrid VI, comte du Sundgaw.

Manassès Ier, comte de Réthel.
Manassès II, comte de Réthel.
Manassès, comte de Châlons-sur-Saône.
Martin III, pape.
Matfred, vidame de Narbonne.
Mayeul, vidame de Narbonne.
Meën Ier, baron de Fougères.
Megengaud, comte de Veldenz.
Milon Ier, comte de Tonnerre.
Milon II, comte de Tonnerre.
Miron, comte de Barcelone.

Nithard (l'historien), comte de Ponthieu.
Noménoé, comte de Bretagne.
Notger, prince de Liége.

Odibald, prince d'Utrech.
Odon et Wlrerad, vicomtes de Narbonne.
Odon ou Eudes, comte de Toulouse.
Odon ou Eudes, comte de Rouergue.
Oliba II et Alfred Ier, comtes de Carcassonne.
Oliba Cabseta, comte de Conflans.
Otton Ier, duc de Lorraine.
Otton, duc d'Alsace et de Souabe.
Otton Ier, comte de Chini.
Otton, duc de Bourgogne.
Otton, duc de la France rhénane et de la Franconie.
Otton, comte de Veldenz.
Otton ou Eudes, comte de Fezenzac.
Otton, duc de Bourgogne.
Otton ou Otte Guillaume, comte de Bourgogne.
Otton, comte d'Auxerre.
Otton ou Otte Guillaume, comte de Nevers.
Otton Ier, empereur d'Occident.
Otton Ier, roi d'Italie.
Otton II, roi d'Italie.
Otton III, roi d'Italie.
Otton (le Grand), roi de Germanie.
Otton II, roi de Germanie.
Otton III, roi de Germanie.
Otton Ier, roi de Saxe.
Otton (le Grand), roi de Saxe.

Pasquiten et Gurvand, comtes de Bretagne.
Pépin, comte de Valois.

Raban, archevêque de Mayence.
Raculfe, comte de Châlons-sur-Saône.
Raculfe, vicomte de Mâcon.
Radhod, prince d'Utrech.
Radulphe, comte de Roussillon.
Rainier (Long-Cou), comte de Hainaut.
Rainier II, comte de Hainaut.
Rainier III, comte de Hainaut.
Rainier IV, comte de Hainaut, duc de Lorraine.
Rainulfe Ier, comte de Poitiers.
Rainulfe II, comte de Poitiers.
Ramel Ier, comte de Guines.
Ranulfe, vicomte de Turenne.
Raoul ou Rodolphe, c. d'Auxerre.
Raoul, duc de Bourgogne.
Raoul II, comte de Vermandois.
Rathod, archevêque de Trèves.
Rathode, comte de Namur.

Rathier, prince de Liége.
Rathier, comte de Nevers.
Raymond Arnaud, comte de Lectoure.
Raymond-Pons, comte d'Auvergne.
Raymond I**er**, comte de Comminges.
Raymond, comte de Bigorre.
Raymond I**er**, vicomte de Narbonne.
Raymond I**er**, comte de Toulouse.
Raymond II, comte de Toulouse.
Raymond Pons, comte de Toulouse.
Raymond Borrel, comte de Barcelone.
Raymond I**er**, comte de Rouergue.
Raymond II, comte de Rouergue.
Raymond III, comte de Rouergue.
Régnier ou Raginaire, comte de Boulogne.
Renaud ou Ragenold, comte de Rouci.
Renaud, vicomte de Limoges.
Renaud I**er**, comte de Sens.
Richard I**er**, comte de Dreux.
Richard I**er**, duc de Normandie.
Richard II, duc de Normandie.
Richard (le Justicier), duc de Bourgogne.
Richard (le Justicier), comte d'Auxerre.
Richard, comte de Sens.
Richer, prince de Liége.
Richer, comte de Hainaut.
Robert, comte de Namur.
Robert (le Fort ou l'Angevin), duc de France.
Robert II, duc de France, roi.
Robert, comte de Champagne.
Robert (le Fort), comte d'Anjou.
Robert (le Fort), comte de Blois.
Robert I**er**, comte de Meulent.
Robert II, comte de Meulent.
Robert ou Rupert, archevêque de Mayence.

Robert, archevêque de Trèves.
Robert, comte d'Évreux.
Robert, vicomte de Turenne.
Robert, comte de Maguelone.
Robert de Vermandois, comte de Châlons-sur-Saône.
Rodolfe, comte de Ponthieu.
Rodolfe, roi d'Italie.
Rodolphe, comte de Loos.
Rodolphe I**er**, roi de Bourgogne transjurane.
Rodolphe II, roi de Bourgogne transjurane.
Rodolphe II, roi d'Arles.
Rodolphe III, roi d'Arles.
Rodulfe, vicomte de Turenne.
Roger ou Rotgaire, comte de Ponthieu.
Roger ou Ruotger, archevêque de Trèves.
Roger I**er**, comte de Comminges.
Roger I**er**, comte de Carcassonne.
Rollon-Raoul, Rou ou Robert, duc de Normandie.
Romain, pape.
Roricon II, comte du Maine.
Rothold, comte de Provence.

Salomon III, comte de Bretagne.
Salomon, comte de Cerdagne.
Sanche Sancion, duc de Gascogne.
Sanche Mitarra, duc de Gascogne.
Sanche II, duc de Gascogne.
Sanche Garcie, duc de Gascogne.
Sanche Sanchez, duc de Gascogne.
Séguin, comte de Nevers.
Sergius III, pape.
Sifrid ou Sifroid, comte de Guines.
Sigefroi, comte de Luxembourg.
Silvestre II, pape.
Sonzo ou Sunderholde, archevêque de Mayence.
Suniaire, comte de Roussillon.
Suniaire II, comte de Roussillon.
Suniaire I**er**, comte d'Ampurias.
Suniaire II, comte d'Ampurias.

Suuifred ou Suniaire, comte d'Urgel.
Suuifred, comte de Barcelone.

Théodore II, pape.
Theutgaud, archevêque de Trèves.
Thibault ou Thiébold, comte de Tours.
Thibaut Ier, comte de Blois.
Thibaut II, comte de Blois.
Thibaut, sire de Couci.
Thierri Ier, duc de Bar.
Thierri Ier, comte de Frise.
Thierri II, comte de Frise.
Thierri Ier, archevêque de Trèves.
Thierri, duc de Lorraine supérieure.
Thierri, comte de Châlons-sur-Saône.
Turpion, comte d'Angoulême.

Valcharius, vidame de Narbonne.

Waleran Ier, comte de Meulent.
Waleran ou Garnier, Gauthier Ier et Gauthier II, comtes de Vermandois.
Waleran ou Galeran, ou Garnier, comte du Vexin.
Warin ou Guérin, comte de Châlons-sur-Saône.
Warin, archevêque de Cologne.
Warin Ier, comte de Mâcon.
Warin II, comte de Mâcon.
Wasnerius, comte de Veldenz.
Werinher, comte de Veldenz.
Wicfred ou Wigfrid, archevêque de Cologne.
Wifred, comte de Barcelone.
Wifred ou Guifred, comte de Cerdagne.
Wifred II, comte de Barcelone.
Wilbert, comte de Mâcon.
Willibert, archevêque de Cologne.
Willigise, archevêque de Mayence.

Yves de Creil, comte du Perche.

Zuentibolde, duc de Lorraine.

SECTION III.

TITRES HIÉRARCHIQUES ET HONORIFIQUES EMPLOYÉS PAR RICHER.

Les titres hiérarchiques employés par Richer sont ceux de *rois, ducs, comtes*; les titres honorifiques sont ceux de *principes, primates, magnates, optimates, proceres, milites*; auxquels il faut joindre les qualifications de *vir consularis, palatinus, spectabilis, clarus, nobilis, illustris*, etc.

§ Ier. *Rois, Ducs, Comtes.*

Rois. — Le titre de roi n'eut point, au temps de Richer, un sens particulier; il ne signifia rien autre chose que ce qu'il signifiait avant lui, que ce qu'il signifia dans la suite. C'était un titre hiérarchique, le premier de tous, et en même temps un titre honorifique, le premier de tous encore; le roi était en même temps le chef de l'État et la personne la plus honorée. Le pouvoir du roi ne fut jamais contesté en principe. Quoique ce pouvoir ait souffert bien des atteintes en réalité, il fut toujours entouré d'un certain respect de la part des grands même qui le ruinaient.

Les rois dans Richer ne prennent point les titres de rois de France, rois de Germanie, d'Angleterre, mais ceux de rois des Francs, rois des Germains, rois des Anglais, *reges Francorum, reges Germanorum, reges Anglorum*, et même *reges Gallorum*. Ces rois, en effet, ne se regardaient pas encore comme rois d'un pays, mais d'un peuple. Roi pour eux était le chef des peuples et des individus soumis à son gouvernement, et non le maître, le propriétaire du pays qu'habitaient ces peuples. On n'était point encore façonné aux idées qu'introduisit chez nous le gouvernement féodal.

Il y avait à cela une autre raison, c'est que le pays gouverné par ces rois n'avait point de dénomination générale, comme nous l'avons fait remarquer, et que les rois des Francs, des Germains, des Anglais commandaient chacun à des peuples habitant des provinces différentes; les rois des Francs, par exemple, commandaient aux habitants de la France, de l'Aquitaine, de la Bourgogne, de la Bretagne, etc., et sans doute les rois francs se fussent difficilement contentés du titre de *roi de France*, qui aurait singulièrement restreint leur autorité. Aussi Richer, empruntant une façon de parler qui tendait à se faire jour, appelle-t-il les rois des Francs rois des Gaules, *reges Galliarum* (I, 4, etc.). Appeler les rois francs du xe siècle rois de France, comme on le fait ordinairement, constitue donc un véritable anachronisme.

Ducs. — Tout le monde connaît le sens primitif du mot duc, en latin *dux*, chef, général. C'est le sens qu'il a ordinairement dans Richer : duc des Normands, duc des Bretons, duc des Aquitains, etc. Ces dénominations reviennent très-souvent. Quelquefois il appelle *dux* un chef de parti. Ainsi les grands disent à Hugues Capet qu'avant de prendre une décision relativement à Charles de Lorraine, son prisonnier, il faut voir si ses partisans, par leur nombre, par leurs noms et par leur chef, *duce*, méritent d'être appelés adversaires du roi des Français (IV, 49).

Mais les ducs sont aussi dans Richer des gouverneurs de province; ainsi Charles le Simple fait Robert duc de la Celtique (I, 14; II, 28). Louis, son fils, fait Hugues duc de toutes les Gaules (II, 39; IV, 1), etc., etc. Et, chose digne de remarque, il est souvent question dans Richer des provinces régies par des ducs, mais il n'emploie pas une seule fois le mot de *duché*, employé fréquemment par les écrivains antérieurs à son temps. Tous ces ducs tenaient leurs commissions des rois, comme nous l'avons fait remarquer ailleurs, et ne se les transmettaient pas eux-mêmes. Ajoutons que le titre de duc fut purement hiérarchique, et l'expression d'un pouvoir régulièrement établi, mais non un titre honorifique.

Comtes. — Les comtes furent des gouverneurs pour le roi ou pour les ducs; dans l'étendue du territoire soumis immédiatement au roi, ils relevèrent directement du roi; dans l'étendue du territoire soumis à un duc, ils relevèrent du duc. Les comtes gouvernaient un canton ou une ville, ou commandaient un château; ils devenaient dans l'occasion chefs militaires.

Du reste, il faut répéter ici ce que nous avons dit au sujet des ducs. Richer connaît des comtes, mais ne connaît point de *comtés*, et le titre de comte est chez lui un titre purement hiérarchique. Le comte remplit une fonction, mais il ne fut pas revêtu d'une dignité.

§ 2. *Principes, Primates, Magnates*, etc.

Principes. — Le mot *princeps* signifiait chez les Romains *le premier*, le plus considérable, le plus apparent. Pour eux, *princeps inire prælium*, signifiait marcher le premier au combat, aborder le premier l'ennemi; *princeps mensis*, était le premier mois de l'année; *princeps legationis* était le chef d'une ambassade; *princeps senatus* était celui dont le nom ouvrait la liste des sénateurs. Tibère disait de lui-même : *Dominus servorum quos habeo, imperator militum, ceterorum vero princeps, id est caput;* et cela fixe bien le sens que les Romains attachaient au mot *princeps*.

Ce mot conserve dans Richer la même acception. Les *principes* sont pour lui tous les grands en général, quel que soit d'ailleurs leur titre, roi, duc, comte, évêque, etc. Il le donne aussi à chacun en particulier. Ainsi, nous trouvons dans son livre des *principes regnorum* (I, 4, etc.), des *principes Francorum* (I, 7, etc.), des *principes Galliarum* (I, 14, 54; II, 3, etc.), des *principes* pris d'une manière absolue; nous y trouvons aussi, et cela à chaque page, ce même titre donné à un roi, à un duc, à un comte, à un évêque en particulier; nous le trouvons même donné à un chef de brigands. Ce brigand, nommé Serlus, fut pris avec sa troupe par une cohorte qui l'amena au roi, *latronum principem... regi deducit* (II, 8.). Nous le trouvons donné aux gouverneurs de provinces, de villes, ducs ou comtes. *Principes provinciarum, principes urbium* (II, 5, 27, 30, 98, etc.). Richer l'applique même au chef d'une faction, *factionis princeps* (IV, 56); il l'attache à un nom propre, *princeps Willelmus* (III, 3).

Richer arrive du mot *princeps* au mot *principatus*. Le roi Lothaire, dit-il, donna à Hugues, qui fut plus tard Hugues Capet, le titre de duc, et ajouta à sa principauté, *ejus principatui*, le pays de Poitiers (III, 13). Il fait dire par Adalbéron à Charles de Lorraine, aspirant au trône : *Quomodo... ad principatum venire moliris* (IV, 40). Il dit ailleurs que Eudes et Foulques combattaient *de Britanniæ principatu* (IV, 90). *Principatus* est pris là dans le sens de *domination*, de *gouvernement*.

Tout cela ne peut faire remonter au temps de Richer la signification qu'on attacha plus tard aux titres de *prince* et de *principauté*.

Primates, *optimates*, *magnates*, etc. — Tous ces titres ont à peu près le même sens général que celui de *princeps*; ils s'appliquent tous aux grands, aux principaux d'entre les citoyens, et ils sont souvent pris indistinctement les uns pour les autres et même pour celui de *princeps*; souvent les personnes que Richer vient de qualifier de *principes*, il les qualifie peu après de *primates*, de *magnates*, *optimates*. Ainsi il nous dit que le roi Charles le Simple avait beaucoup d'affection pour les princes, *principes*, mais une prédilection toute particulière pour Haganon, homme de basse naissance; ce qui fit que les grands, *magnates*, s'éloignèrent de lui; les grands donc indignés, continue-t-il, *primates id ferentes indignum*, se plaignent. (I, 15). De toutes les parties de la Gaule, ils se rendent près de Charles, *ex omni Gallia principes confluunt* (I, 16); Robert reproche à Charles de préférer Haganon aux grands du royaume là présents, *primatibus*; Charles ne tenant compte de rien, Robert s'éloigne avec la plupart des grands, *cum optimatibus plerisque*.

Nous aurions les mêmes rapprochements à faire à l'égard des titres de *proceres*, de *majores*, de *nobiles*.

Le titre de *miles* s'appliquait à des personnes de moindre condition. On le trouve dans Richer, soit avec le sens de vassal, soit avec le sens de simple guerrier.

Il me reste à dire quelques mots sur des qualifications usitées au temps de Richer, comme *majesté*, *seigneur*, *grandeur*, *homme consulaire*, *homme illustre*, etc., etc.

Majesté, seigneur, grandeur. Les citoyens de Reims disent au roi Hugues Capet : Votre Majesté nous ayant accordé la faculté de choisir notre seigneur, etc., *cum Vestræ Majestatis dono eligendi domini optio nobis data sit*, etc. Adalbéron, cherchant à se rapprocher d'Arnoul, archevêque de Reims, et de Charles de Lorraine pour les trahir tous les deux, dit à l'archevêque qu'il veut rentrer dans les bonnes grâces de sa Grandeur et rechercher l'amitié de Charles, son seigneur, *ad ejus celsitudinem redire velle, et Karoli amicitiam utpote domini sese optare* (IV, 41). Le titre de seigneur (*dominus*) revient souvent dans Richer; ceux de majesté et grandeur sont beaucoup plus rares dans son livre.

Quant aux qualifications honorifiques de *vir illustris, spectabilis, clarus, nobilis*, elles s'appliquent, sans que l'auteur paraisse y avoir attaché un sens bien précis, à toute personne distinguée par son rang, par sa famille. Celles de *vir consularis, vir palatinus* avaient une signification plus arrêtée : la première s'appliquait aux comtes, la seconde aux familiers du palais, aux guerriers qui entouraient les rois.

Ordre équestre, ordre militaire, désignait les familles de vassaux, des *milites.*

SECTION IV.

ART MILITAIRE AU TEMPS DE RICHER.

Dans notre Notice sur Richer, nous avons dit qu'il avait un goût particulier pour la stratégie, qu'il se complaisait dans les descriptions de batailles, de siéges, de machines. Tâchons de découvrir maintenant, au moyen des données qu'il nous fournit, quelle fut la composition des armées en cavalerie, infanterie ; comment elles se divisèrent en légions, cohortes, centuries ; quelles furent les armes employées, etc.

Composition des armées. Les armées furent peu nombreuses sans doute si on les compare à ce qu'elles sont aujourd'hui ; mais elles furent quelquefois très-nombreuses eu égard au morcellement du territoire et à la diversité des dominations.

Les rois des Francs eurent des armées de dix mille, de vingt mille, de trente mille, de quarante mille hommes même. Le roi Eudes, pour repousser les Normands, lève en Aquitaine une armée de dix mille cavaliers et de six mille fantassins (I, 7). Le duc Robert marche contre les Normands avec quarante mille chevaux tirés de la Neustrie et de l'Aquitaine (I, 28). Le roi Charles le Simple lève en Belgique une armée de dix mille guerriers choisis, nombre que notre auteur semble regarder comme minime pour marcher contre Robert, qui, de son côté, avait réuni une armée de vingt mille hommes (I, 44, 45). Lothaire marche avec vingt mille hommes contre Otton qu'il surprend à Aix-la-Chapelle (III, 70). Otton à son tour vient dévaster la France à la tête de trente mille cavaliers. Du reste, il y eut en ce point une très-grande variation, et souvent les rois menaient très-peu d'hommes au combat. Ainsi le roi Louis d'Outre-Mer marche contre le roi normand Setrich avec huit cents hommes seulement (II, 35). Le roi Hugues Capet marche avec six mille cavaliers contre Charles de Lorraine, maître de Laon (IV, 18). Ce même Charles s'étant emparé de Reims, Hugues marche encore sur lui avec six mille hommes. Celui-ci lui en oppose quatre mille (IV, 37).

Les simples vassaux du roi marchaient quelquefois à la tête de troupes très-considérables. Nous en avons une preuve dans la guerre opiniâtre que se livrèrent Foulques, comte d'Anjou, et Eudes, comte de Blois. Le premier leva une armée de quatre mille hommes qui devaient non pas combattre Eudes, dit notre auteur, car ce n'étaient pas là des forces suffisantes, mais dévaster ses terres par l'incendie et le pillage. Dans la suite de cette même guerre continuée par le même Foulques contre Conan, comte de Bretagne, un premier corps de vingt mille hommes de l'armée de Foulques tomba dans les embûches préparées par Conan, le second corps prit la fuite (IV, 85).

Ces armées étaient quelquefois accrues de troupes auxiliaires; ainsi, dans la guerre entre Eudes et Foulques, ce dernier mit dans son parti le roi Hugues Capet qui marcha à son secours avec douze mille hommes. Foulques en avait six mille par lui-même (IV, 92); Eudes, de son côté, demande du secours aux Belges qui s'engagent à lui en fournir; il appelle aussi les Flamands qui lui promettent aussi de le secourir. Enfin il s'adresse de même aux Normands qui, dans les guerres de ces temps-là, jouaient souvent le rôle d'auxiliaires (IV, 90). Il y avait aussi dans les armées de ces temps-là des troupes mercenaires, *conductitii* (IV, 82).

A la suite des armées marchaient ordinairement de nombreux chariots chargés de bagages, et ces chariots durent être plus d'une fois nuisibles dans les retraites précipitées, surtout dans un temps où l'on était fréquemment obligé de chercher des gués pour pouvoir traverser les rivières. Les chariots embarrassèrent la marche d'Otton, quittant les environs de Paris, poursuivi par Lothaire et Hugues le Grand (III, 77).

Du reste, ces armées n'avaient aucune permanence; on les formait avec peine; elles se débandaient après chaque expédition, et il fallait les recomposer de nouveau à la première occasion, ce qui fait qu'on se trouvait souvent pris à l'improviste et n'ayant aucune force à opposer à une agression spontanée. C'est ce qui arrive à Lothaire et à Hugues, lorsque Otton se présente aux portes de Paris avec trente mille cavaliers (III, 74).

Les armées se divisaient en *légions*, en *cohortes*, en *centuries*; or, que faut-il entendre par ces mots?

Dans la bataille livrée par Robert aux Normands, « les légions « d'Aquitaine marchaient sous Dalmate... Robert parcourut les lé- « gions (I, 28). Les légions des Normands étaient développées sur « une longue file, etc. (I, 29). » Dans la bataille qui eut lieu entre Charles le Simple et Robert, Charles parcourt les diverses légions ; Robert avait des légions plus nombreuses (I, 45). Dans le combat livré aux Normands par le roi Raoul, ce roi disposa ses légions près de Limoges ; la légion des Aquitains lui vint fortement en aide (I, 57). Lorsque Foulques apprit que Conan assiégeait la ville de Nantes, il fit entrer aussitôt une légion en Bretagne (IV, 82). — Faut-il conclure de là que la légion ait compris un nombre fixe de soldats et formé un corps déterminé? Je ne le crois pas. Il faut penser bien plutôt que Richer, imitateur des historiens anciens, empruntait à la langue latine des expressions étrangères à tout ce qui existait de son temps. Toutefois, il est à présumer qu'il attachait à ces expressions un sens analogue à celui qu'elles avaient eu dans l'antiquité et que le mot de légion représentait pour lui une force d'environ cinq ou six mille hommes.

Le mot *cohorte*, emprunté aussi aux Romains, car les contemporains de Richer n'en font pas plus usage que de celui de légion, ce mot semble avoir dans notre auteur un sens assez précis. Ainsi il nous dit que Foulques cheminant avec peu de monde, *cum paucis*, fut assailli par une cohorte (I, 47). Il nous dit que le duc Robert avait rassemblé des troupes de tous les points de la Neustrie pour marcher contre les Normands ; qu'il en avait tiré beaucoup d'Aquitaine ; qu'il avait aussi quatre cohortes envoyées de Belgique par le roi Charles le Simple sous la conduite du comte Richin (I, 28). Le roi Raoul rassembla contre les mêmes Normands des troupes tirées de la Gaule celtique et de la Belgique, et forma douze cohortes (I, 57). Herbert va s'emparer de Château-Thierry avec une cohorte (II, 7). Le roi Louis d'Outre-Mer fait marcher une cohorte contre Montigny (II, 8); Arnoul s'avance sur Montreuil avec deux cohortes (II, 42). Ce même Arnoul envoie une cohorte pour combattre le comte Erluin (II, 38); le roi Louis envoie trois cohortes à Mouzon pour assiéger la place (II, 83); le père de Richer marche sur Mons avec deux cohortes (III, 9), etc., etc. Deux ou trois fois seulement, le mot cohorte a dans Richer un sens indéterminé (II, 62, 89, 90). De quel nombre de soldats pouvait donc se composer la cohorte? C'est sans doute à la source où Richer a puisé le mot qu'il faut en chercher le sens ; or, la cohorte chez les Romains fut un corps d'infanterie de cinq à six cents hommes; elle fut le dixième de la légion.

Enfin venaient les *centuries* ou pelotons de cent hommes, commandés par un officier nommé centurion. Il y en avait soixante par légion et six par cohorte. Otton, se préparant à marcher contre la Gaule avec trente mille cavaliers, dépêcha ses centurions et les suivit. Les centurions, placés en avant-garde, ravagèrent le monastère de Sainte-Bathilde à Chelles (III, 74).

Du reste tout ceci confirme ce que j'ai dit dans ma Notice sur Richer. Ce n'est pas dans les écrivains latins du moyen âge qui visent à conserver un peu du style classique qu'il faut chercher un tableau complet des mœurs contemporaines. Trop de choses s'y trouvent arrangées à la romaine; la langue qu'ils emploient, et qui n'est pas faite pour la civilisation au milieu de laquelle ils vivent, jette sur cette civilisation un vernis qui l'altère profondément.

Dans les armées des Francs, la *cavalerie* fut évidemment l'arme principale, comme elle le fut généralement partout avant l'invention de la poudre. C'est toujours de cavalerie que parle Richer lorsqu'il veut indiquer la force d'une armée (II, 28, 35, 54; III, 74, 83, etc., etc.). Il y avait cependant de l'infanterie dans ces armées, et quelquefois Richer nous en donne le nombre, mais toujours en seconde ligne (I, 7, etc.).

Quant à la disposition des armées, à l'ordre de bataille, on sent que tout cela dut varier selon le génie du chef et les localités; il semble toutefois que l'infanterie engageait ordinairement le combat et qu'elle était soutenue ensuite par la cavalerie (I, 8; IV, 23). On trouve dans Richer quelques plans de bataille combinés avec prudence et habileté. Les Francs conservaient à ce qu'il paraît la disposition du coin militaire emprunté aux anciens (I, 9).

Les différents corps étaient distingués par leurs enseignes, qu'ils dressaient en marchant au combat; c'était un honneur de porter l'enseigne royale, d'enlever celles de l'ennemi (I, 9; III, 82).

On savait aussi fortifier les camps, et c'était une partie importante de la tactique de ces temps-là; on les entourait de fossés et de palissades (II, 62, etc.).

Les armes offensives étaient l'épée, la pique, les flèches, le javelot ou la lance, la fronde, l'arbalète; les armes défensives, le bouclier et la cuirasse.

Nous avons parlé ailleurs des siéges mémorables et des machines qu'on y employait. Nous n'y reviendrons pas (voir *Notice sur Richer*, p. lxxxj et suiv.).

SECTION V.

DE QUELQUES USAGES DU Xe SIÈCLE.

Je veux parler surtout du lien qui attachait les inférieurs aux supérieurs, le serment de fidélité, le serment militaire.

Richer emploie diverses locutions pour exprimer l'acte de soumission fait par un inférieur à son supérieur. Voici les plus fréquentes : *Sese militaturum regi accommodare* (I, 14), *regi militatum occurrere ejusque manibus suas inserere, militiam spondere ac fidem concedere* (I, 64), *regis manibus sese militaturum committere, fidemque spondere, ne sacramento firmare ;* ou *regis manibus suas inserere, militiam spondere ac fidem concedere* (I, 63, 64). *Tiranni (Herberti) manibus sese militaturum committere ac ex militia fidem accommodare* (II, 7), *militiam jurare* (II, 28). *Per manus et sacramentum, regis fieri* ou *effici* (II, 34, 97). *Ad regis militiam sacramento transire* (II, 98). *Tiranno sese committere, fidem pro militia accommodare* (III, 11). *Regi fidelem militiam per jusjurandum spondere* (III, 13). *Sese alicui militaturum committere* (III, 20). Le duc Hugues le Grand dit à ses amis : « Je ne doute pas qu'attachés à moi par les mains et par le serment, vous ne me conserviez une foi inviolable. » *Cumque vos mihi manibus et sacramento addictos, fidem quoque inviolabilem servaturos non dubitem* (III, 82). Le prêtre Adalger, qui avait ouvert à Charles de Lorraine les portes de Reims, dit : « Afin que le crime fût couvert d'une apparence d'honnêteté, je donnai les mains à Charles ; et, étant devenu son homme, je m'engageai par serment à la trahison. » *Karolo manus dedi*, etc. (IV, 62). Adalbéron dit aux grands du royaume : « Comment le puissant duc marcherait-il après celle dont les pairs et même les supérieurs baissent le genou devant lui et posent les mains sous ses pieds ? » *Sibi genua flectunt pedibusque manus supponunt* (IV, 44). Que faut-il conclure de tout cela ? Dirons-nous qu'il y avait une différence entre l'obligation de rendre le service militaire et celle de garder fidélité ? Non, sans doute. Il n'est question ici que de rapports d'homme à homme, et tous ces rapports étaient alors militaires.

Ce serment de combattre pour quelqu'un était accompagné de formalités ou plutôt de symboles. On mettait ses mains dans les mains de la personne envers laquelle on s'engageait. « Doit chacun, dit un « ancien jurisconsulte, joindre ses deux mains en nom d'humilité et « mettre és deux mains de son seigneur, en signe que tout lui voue « et promet foi. Et le seigneur ainsi le reçoit, et aussi lui promet à « garder foi et loyauté. » Les marques de soumission et de respect qui accompagnaient la promesse de fidélité, varièrent suivant les temps et les lieux ; mais l'usage de mettre ses mains dans les mains de celui envers lequel on s'engageait, persista très-longtemps. Nous apprenons de Froissard qu'en 1230, Édouard III, roi d'Angleterre, était sur le point de rendre foi et hommage au roi Philippe de Valois pour son duché d'Aquitaine, ne le voulut jamais faire que de bouche et de paroles seulement, « sans les mains mettre entre les mains du roi de France. » Mais, ayant reconnu par les anciens titres que le roi d'Angleterre, comme duc d'Aquitaine, devait « tenir ses mains ès mains du noble roi de France, » il ne fit plus de difficulté à cet égard.

Cette cérémonie se faisait ordinairement à genoux.

Dans ce temps-là celui qui recevait un bénéfice baisait le pied de son seigneur. Et c'est ce que signifie la phrase d'Adalbéron qui, après avoir reproché à Charles de Lorraine de s'être allié à une famille de vassaux, ajoute : « Comment le puissant duc souffrirait-il « qu'une femme sortie d'une famille de ses vassaux devînt reine et do- « minât sur lui? Comment marcherait-il après celle dont les pairs « et même les supérieurs baissent le genou devant lui et posent les « mains sous ses pieds? »

Porter l'épée de quelqu'un était aussi se reconnaître son inférieur; aussi voyons-nous l'empereur Otton agir d'adresse pour amener Hugues le Grand à porter son épée, parce qu'il voulait, dit Richer, que le duc, la portant aux yeux de tous, prît par là l'engagement de la porter encore dans la suite. Mais l'évêque d'Orléans, qui accompagnait le duc, se hâta de prendre l'épée et de la porter lui-même à la suite d'Otton, qui admira beaucoup la prudence et l'adresse de l'évêque (III, 85).

TABLE

CHRONOLOGIQUE ET ANALYTIQUE

DE L'HISTOIRE DE RICHER,

AVEC RENVOI AUX CHAPITRES.

LIVRE PREMIER.

L'auteur se propose d'écrire les guerres des Gaulois; il prend sa narration au point où s'arrêtent les ouvrages d'Hincmar, mais il fait d'abord connaître la division de la terre et celle de la Gaule en particulier. *Prol.*, ch. i, ii, iii et notes.

887 - 888.

L'enfance du roi Charles et les divisions qu'elle occasionne entre les grands attirent les Normands dans les Gaules. Ces pirates se livrent aux plus horribles ravages dans toute la Neustrie, sous leur chef Catillus. Les grands oublient leurs divisions, se réunissent, et, vu l'extrême jeunesse de Charles, ils créent un roi pour les conduire à l'ennemi. Ch. iv et n.

888.

Le 15 février, les grands réunis créent roi Eudes, fils de Robert et petit-fils du Germain Vitikind. Dans l'espace de cinq ans, Eudes défit sept fois les Normands et les mit en fuite neuf fois. Ch. v et n.

889.

L'expulsion des Normands est suivie d'une grande famine; le roi fait construire des fortifications contre les irruptions des pirates, et y place des troupes; puis il se retire dans l'Aquitaine avec son armée. Ch. v et n.

890 - 891.

Les Normands chassés de la Neustrie l'année précédente apprennent l'absence du roi et se jettent sur la Bretagne où ils portent la terreur et le pillage;

ils pénètrent jusque dans l'Anjou et y commettent d'horribles excès. Ch. vi
et notes.

892.

Le roi tire des troupes d'Aquitaine, de Provence, du pays des Goths, et arrive
près de Clermont. Il joint l'armée ennemie aux environs de Montpensier, et
se prépare à la combattre. Ch. vii et n. — Grande bataille ; le roi est vainqueur ;
mais bientôt un corps de troupes tout frais vient l'assaillir. Ch. viii. — Tous les
hommes nobles de son armée étant couverts de blessures, l'enseigne du roi
est confiée à Ingon, palefrenier du prince. Les Barbares sont presque tous anéantis ; leur chef Catillus, qui s'était réfugié dans des broussailles, est saisi et conduit au roi Eudes. Ch. ix et n.

Le roi emmène Catillus à Limoges et lui donne le choix de la mort ou du
baptême. Au milieu de la cérémonie baptismale, Ingon tire son épée et tue
Catillus. Le roi, indigné, ordonne qu'Ingon soit mis à mort, mais enfin il consent à écouter sa justification. Ch. x et n. — Les raisons données par Ingon
le font absoudre et même récompenser. Ch. xi.

893.

Le roi Eudes quitte Limoges, se rend à Angoulême et de là à Périgueux, où
il règle les différends des grands et s'occupe avec eux des affaires publiques.
Pendant ce temps, les grands de Belgique et quelques-uns de la Celtique, l'archevêque de Reims à leur tête, reconnaissent Charles pour roi, et le mettent
en possession du pays. Ch. xii.

898.

Le roi Eudes, revenu d'Aquitaine, marche sur la Belgique ; il tombe malade à la Fère, et y meurt de folie, selon les uns, de délire selon d'autres, la
dixième année de son règne. Il est enterré à Saint-Denis. Ch. xiii.

Charles possède de grandes qualités de corps et d'esprit, mais il a aussi de
grands défauts. Les grands s'attachent d'abord à lui, et Robert même, frère du
feu roi Eudes, se met à son service. Il est fait duc de la Celtique. Le roi parcourt la Celtique, et partout reçoit un excellent accueil. Il passe ensuite en
Belgique et se rend dans la Saxe, dont il prend possession (*faux*). Il donne
pour duc aux Saxons Henri, de race royale, originaire du pays (*faux*). Il obtient aussi la sujétion des Sarmates (*faux*). Il s'attache aussi les Anglais et les
autres peuples d'outre-mer ; mais les choses durent ainsi dix ans à peine.
Ch. xiv et n.

899.

Robert excite Baudouin, comte de Flandre, contre Foulques, archevêque de
Reims, dévoué à Charles. Ch. xvi et n. — Le roi marche contre Baudouin, lui
enlève Arras, et le donne à Foulques avec l'abbaye de Saint-Vast que Foulques
échange bientôt contre l'abbaye de Saint-Médard. Ch. xvii et n.

900.

Baudouin conçoit une haine implacable contre Foulques ; et comme l'archevêque se rendait près du roi Charles à une conférence de prélats, il le fait tuer, lui et les siens, par une troupe de gens armés conduits par Winemare. Foulques est enterré à Reims. Ch. xvii et n.

Les évêques réunis près du roi tiennent conseil et excommunient Winemare et ses complices. Winemare commence bientôt à dépérir et meurt d'une affreuse hydropisie. Ch. xviii et n.

Le roi, du consentement des évêques et d'accord avec les habitants, nomme Hervé archevêque de Reims. Celui-ci conserve toujours au roi une inviolable fidélité, et voue une vive inimitié à tous ceux qui l'abandonnent. Ch. xix.

916.

Reinier Long Cou meurt à Merschen, et le roi accorde à son fils Gislebert le rang qu'il avait eu. Ch. xxxiv et n.

Date incertaine.

Le roi montre une trop grande affection pour Haganon, homme de naissance obscure; les grands s'éloignent de lui et lui font de vives représentations dont il ne tient compte. Ch. xv.

920.

Le roi, s'étant assuré des villes de Belgique, revient dans la Celtique et se retire dans Soissons; les grands et les gens de moindre condition y arrivent de tous les points de la Gaule et entre autres le duc Robert. Celui-ci voit avec indignation Haganon traité comme son égal et mis au-dessus des seigneurs. Il en fait des reproches à Charles et menace même de faire pendre le favori. Le roi ne tient compte des plaintes des seigneurs, qui se retirent pleins de ressentiment. Dès lors Robert travaille à se faire déférer le trône. Ch. xvi et n.

Erlebald, comte de *Castricum*, ayant enlevé des biens appartenant à l'archevêché de Reims, Hervé l'excommunie, et comme le comte persiste à garder les biens, l'évêque marche contre lui et l'assiége pendant quatre semaines dans Mézières dont il se rend maître. Ch. xix et n.

Charles se rend sur le Rhin près de Worms pour conférer avec Henri d'Outre-Rhin; le comte Erlebald y vient aussi. Des disputes surviennent entre les gardes des deux rois. Erlebald, voulant apaiser une mêlée, est tué; les deux rois, se croyant réciproquement attirés dans un piége, tirent chacun de leur côté. Ch. xx et n.

Charles est placé alors entre deux ennemis, Henri et Robert. Il revient à Soissons et fait un lamentable appel à ses partisans. Quelques grands de Belgique et de la Celtique viennent à lui; Robert s'établit dans Étampes et lui envoie des députés pour demander le renvoi d'Haganon. Ceux-ci n'insistent que faiblement, afin que le roi rejette leur demande, ce qui donnera occasion au duc de faire éclater son indignation. Les choses arrivent ainsi, et Robert s'empresse d'envoyer des messagers à Henri pour l'engager à détrôner Charles. Fort de l'adhésion de Henri, il se met en devoir de s'emparer du royaume.

Presque tous les grands de la Celtique s'attachent à lui; ils viennent près du roi comme pour délibérer, et s'emparent de sa personne. Ch. xxi.

Ils se disposent à l'emmener, lorsque l'archevêque Hervé arrive avec des troupes, enlève le roi de leurs mains et l'emmène à Reims. Charles se retire ensuite à Langres, où il met sur le siége épiscopal, par le choix du clergé et avec le consentement du peuple, un homme capable et énergique, mais turbulent, nommé Hilduin. Celui-ci entre bientôt dans le parti de Robert. Alors le roi charge l'archevêque Hervé de rappeler de la Saxe le duc Henri qui, à l'instigation de Robert, s'était aussi séparé de lui (*faux*). Ch. xxii et n.

L'archevêque Hervé engage Henri à rentrer en bonne intelligence avec Charles. Ch. xxiii et n. — Henri se rend au désir de l'archevêque, qui le mène près de Charles; celui-ci le reçoit avec les plus grands honneurs, et tous deux se jurent une amitié réciproque. Ch. xxiv et n. (*Tout cela est dénaturé.*)

Le roi dépose l'évêque Hilduin et met à sa place Richer, abbé du monastère de Prum. Ch. xxv.

921.

Richer, tourmenté par son métropolitain, se rend à Rome et expose son affaire au pape Jean, qui excommunie Hilduin. Ch. xxv.

Le roi fait convoquer par l'archevêque de Reims un synode à Troli. Dans ce synode, Erlebald est relevé de l'excommunication et Adelelme fait évêque de Laon. Ch. xxvi.

Le roi marche contre le comte Ricuin, qui a déserté sa cause pour celle de Robert, et le ramène au devoir. Ch. xxvii.

Robert assaille les Normands qui ont fait irruption en Neustrie sous le duc Rollon, fils de Catillus. Il marche avec des Neustriens, des Aquitains et des Belges que le roi a envoyés sous la conduite de Ricuin. Ch. xxviii. — Bataille effroyable où les Normands sont taillés en pièces. Ch. xxix et xxx.

Robert emmène ses prisonniers à Paris, et les fait instruire dans la religion chrétienne. Ch. xxxi. — Il charge Vitton, archevêque de Rouen, de les préparer au baptême; celui-ci consulte Hervé, archevêque de Reims, qui convoque une assemblée d'évêques. Ch. xxxii. — Le synode traite d'abord d'affaires générales et ensuite de la conversion des Normands, ordonne un jeûne de trois jours, et arrête qu'il en sera référé au pape, puis il trace à l'archevêque de Rouen la conduite à suivre dans la circonstance présente. Ch. xxxiii.

Gislebert, gendre de Henri, *duc de Saxe* (*ce mariage n'eut lieu qu'en 929*), se jette dans tous les excès. Ch. xxxv et n. — Il déteste le roi, et il lui aliène les plus puissants d'entre les Belges, auxquels il distribue follement presque tous ses biens, pensant qu'ils le porteront au trône. Ch. xxxvi. — Charles quitte la Celtique à la tête d'une armée et marche contre les Belges, qui se renferment dans leurs villes; il leur promet de leur octroyer lui-même tout ce que leur a donné Gislebert et de les défendre si celui-ci les inquiète; tous abandonnent Gislebert et se donnent au roi. Ch. xxxvii. — Gislebert s'étant enfermé dans la place de Geul, le roi l'y assiége; mais il parvient à s'échapper, et il s'expatrie au delà du Rhin, où il passe quelques années (*faux*) près de son beau-père

Henri, qui, dans la suite, sollicite du roi le pardon de Gislebert, qu'il obtient; mais Gislebert ne rentrera dans les biens donnés qu'à la mort des possesseurs actuels. Ch. xxxviii et xxxix.

922.

Charles retourne en Celtique pour envoyer des troupes contre les Normands qui désolent les côtes de la Gaule. Gislebert tourmente les possesseurs de ses biens, qu'il dépouille, et tâche d'exciter Henri contre le roi ; mais Henri repousse ses ouvertures. Ch. xxxix.

Gislebert alors se rend dans la Celtique et va en Neustrie exciter Robert à renverser Charles et à s'emparer du trône. Il est très-bien accueilli. Ch. xl. Pendant que le roi réside à Tongres, Robert réunit à Soissons les grands de toute la Celtique, qui lui donnent le titre de roi et le font sacrer à Reims. L'archevêque Hervé était mort alors. Robert met à sa place Seulfe, homme recommandable et très-instruit. Ch. xli.

923.

Charles, abandonné de toute la Gaule, sauf un petit nombre de Belges, se plaint amèrement à ses partisans. Ch. xlii. — Ceux-ci lui offrent de combattre ses ennemis et de désigner cinquante d'entre eux qui, dans la mêlée, s'attacheront à Robert et le tueront. Ch. xliii.

Charles rassemble dix mille hommes choisis et marche contre Robert. Ch. xliv. — Il traverse l'Aisne et s'avance vers Soissons, où Robert a réuni vingt mille hommes ; mais les évêques, les autres ecclésiastiques et les guerriers eux-mêmes qui entourent Charles le décident à ne pas prendre part lui-même à la bataille, de crainte que la race royale ne s'éteigne avec lui. Il se retire donc avec les évêques et les autres ecclésiastiques sur une hauteur d'où il peut voir tout ce qui se passe. Ch. xlv.

Au fort de la mêlée les conjurés découvrent Robert ; celui-ci tue le comte Fulbert, l'un des chefs de l'armée royale ; mais il est assailli à son tour et tué. Le combat n'en continue pas moins, car Hugues, fils de Robert, aidé de Herbert, comte de Vermandois, rétablit les affaires, en sorte qu'on ne saurait dire à qui reste la victoire. Charles reprend le chemin de la Belgique avec l'intention de revenir plus tard. Ch. xlvi et li.

Un tremblement de terre arrivé dans le Cambraisis présage les malheurs qui vont arriver : Charles, se préparant à faire marcher une armée contre les Gaules, cherche d'abord à ramener les grands à lui ; les Normands s'attachent à lui, en effet ; mais les Gaulois les empêchent d'aller joindre le roi. Ch. xlvi et li.

Les Gaulois créent roi Raoul de Bourgogne presque malgré lui ; Herbert feint d'entrer dans le parti de Charles et de désapprouver l'élection de Raoul ; il persuade à Charles de lui donner une entrevue, et s'empare de lui par trahison ; il le conduit à Péronne et l'emprisonne. Les Germains (*Lorrains*), privés de leur roi, prennent différents partis. Ch. xlvii.

924.

Les Normands se jettent sur la Gaule et la désolent. Le roi Raoul fait lever des deniers pour acheter la paix. Le même roi lève une armée et marche contre Guillaume, duc d'Aquitaine, qui refuse de le reconnaître. Le duc, effrayé, se soumet. Ch. XLVIII.

925.

Le roi Raoul est pris à Sens d'une fièvre aiguë; il se fait porter au monastère de Saint-Remi de Reims et obtient guérison; il se rend ensuite à Soissons pour y traiter avec les grands des affaires publiques; des envoyés viennent lui annoncer que les Normands se sont jetés sur la Bourgogne, mais qu'ils en ont été repoussés avec perte; le roi ordonne que, sous quinze jours, la jeunesse de la Gaule ultérieure se rassemble sur la Seine, et de là il la dirige sur l'ennemi qu'elle écrase; ceux des ennemis qui peuvent se sauver se retirent dans la place d'Eu. Ch. XLIX et L.

Leur duc Rollon se prépare à la guerre; le roi quitte la Bourgogne et mène une armée contre lui; il emporte la place, tue tous les hommes et incendie la ville; quelques-uns seulement s'échappent et se retirent dans une île voisine, mais ils sont exterminés dans un combat naval; le roi revient à Beauvais où il fixe sa résidence. Ch. L.

926.

D'autres Normands désolent l'Artois; le roi marche contre eux et les extermine; il revient ensuite à Laon. Ch. LI.

927.

Il y a cette année une éclipse de lune, et à Reims on voit dans le ciel des armées de feu. Ces présages sont suivis d'une maladie cruelle. Des différends s'élèvent entre le roi et Herbert qui tient Charles captif. Ch. LII.

Herbert, pour effrayer Raoul, tire Charles de prison et le présente aux Normands dans la place d'Eu où le fils de Rollon, Guillaume 1er, lui jure fidélité. Ch LIII.

928.

Herbert envoie des députés à Rome pour exposer au pape Jean que c'est contre son gré que Charles a été détrôné et que plusieurs grands des Gaules partagent ses sentiments; il demande donc que Charles soit rendu au trône et ses ennemis frappés d'anathème. Mais, le pape étant alors en prison, les envoyés reviennent dans les Gaules sans l'avoir vu. Herbert alors fait alliance avec Hugues, fils de Robert, qui le réconcilie avec Raoul, et il réintègre Charles dans sa prison de Péronne. Ch. LIV.

Herbert obtient du roi, pour son fils, l'épiscopat de Reims vacant par la mort de Seulfe, et à cause de la trop grande jeunesse de ce fils, Odelric est chargé de régir l'épiscopat à sa place; le roi Raoul se rend à la prison de Charles, lui montre les sentiments les plus louables, lui restitue les maisons royales d'Attigni et de Ponthion et revient à Soissons. Ch. LV.

929.

Charles meurt d'une maladie de langueur. Les Normands ravagent l'Aquitaine. Ch. LVI.

930.

Le roi appelle tous les hommes valides de la Celtique et un grand nombre de la Belgique, et arrive avec eux devant Limoges. Il extermine les Normands; les Aquitains lui jurent une inviolable fidélité; le roi se retire et licencie son armée. Ch. LVII.

931.

Des dissensions éclatent entre Herbert et Hugues. Le roi prend parti pour Hugues et s'empare de Doulens et d'Arras. Herbert, aidé des Germains (*Lorrains*), porte partout la fureur et l'incendie, prend et détruit la place de Braine appartenant à Hugues. Ch. LVIII.

Le roi ordonne aux Rémois de se choisir un autre évêque; ils refusent de le faire. Le roi marche contre la ville et l'assiége avec vigueur; les citoyens ouvrent leurs portes. Ch. LIX.

Le roi, après avoir tenu conseil, fait venir les Rémois et leur représente qu'il est de leur intérêt de faire ce qu'il demande. Ch. LX.

Le moine Artauld, du monastère de Saint-Remi, devient évêque de Reims. Ch. LXI.

Le roi fait arrêter, condamner et emprisonner Bovon, évêque de Châlons, qui lui est hostile; il marche ensuite avec Hugues sur la ville de Laon appartenant à Herbert. Le comte obtient du roi de sortir de la ville sain et sauf, lui et les siens, mais il laisse par ruse sa femme dans la forteresse avec du monde; le roi découvre la ruse, assiége la forteresse, force la femme d'Herbert à se rendre et lui permet de s'éloigner. Ch. LXII.

932.

Walbert, abbé de Corbie, étant sur le point d'obtenir du roi l'évêché de Noyon, un certain clerc va trouver Adelelme, comte d'Arras, lui cache l'intention du roi et lui demande de l'appuyer dans ses projets d'arriver à l'évêché, lui promettant des avantages considérables. Adelelme se laisse séduire; le clerc s'introduit par surprise dans la ville pendant la nuit; une partie des habitants prend la fuite, mais cinq jours après, aidés de leurs voisins et secondés par ceux de l'intérieur, ils rentrent dans les murs et massacrent dans l'église même tout ce qu'ils peuvent rencontrer d'adversaires. Walbert est ensuite créé évêque de la ville. Ch. LXIII.

Les princes de Gascogne et d'Aquitaine viennent sur la Loire offrir leurs services au roi. Ch. LXIV.

934-936.

On voit dans le ciel des armées de feu et des flammes de sang, précurseurs d'une maladie contagieuse. La mort du roi suit de près; il est enterré à Sens dans la basilique de Sainte-Colombe. Le gouvernement du royaume est remis aux grands, car le roi ne laisse point de fils. Ch. lxv.

LIVRE II.

936.

Les Gaulois, sous la présidence de Hugues, délibèrent sur le choix d'un roi. Hugues les engage à rappeler d'Angleterre Louis, fils de Charles, et à se le donner pour roi. Cet avis est goûté, on envoie des députés au roi d'Angleterre Adelstan, oncle de Louis. Ch. i et ii. — Adelstan se rend aux vœux des seigneurs de Gaule ; ceux-ci vont à Boulogne au-devant de Louis, et le reçoivent magnifiquement. On le conduit à Laon, où quinze seigneurs l'investissent de l'autorité royale et où il est sacré par Artauld, archevêque de Reims, assisté de vingt évêques. Ch. iii et iv.

Louis et Hugues vont en Bourgogne où ils sont magnifiquement reçus ; ils reçoivent des otages des évêques et des autres grands, s'emparent de Langres sur Hugues, frère du roi Raoul, et prennent leur chemin vers Paris. Ch. v.

937.

Le roi s'affranchit de la tutelle de Hugues et commence à régler seul les affaires publiques. Hugues se ligue contre lui avec le comte Herbert. Ch. vi.

Herbert s'empare de Château-Thierry ; les Hongrois fondent sur la Gaule, portant partout la désolation, et s'en retournent tranquillement chez eux sans que personne puisse s'opposer à leurs ravages. Ch. vii.

938.

Le roi Louis attaque, prend et détruit la place de Montigny servant de retraite à un brigand, nommé Serlus, qu'il reçoit en grâce à la sollicitation de l'archevêque Artauld. Il se rend ensuite sur les bords de la mer près d'Arnoul, comte de Flandre, et tente de reconstruire la forteresse de Wissant ; mais, pendant qu'il s'occupe de ce soin, Herbert s'empare du château de Causoste, appartenant à l'église de Reims. Ch. viii.

A cette nouvelle le roi lève une armée, vient à Laon et assiège la citadelle qu'Herbert y a élevée depuis peu. Ch. ix.

Il fait construire une machine de guerre, s'empare de la citadelle et y met garnison. Ch. x.

939.

Arnoul prend par stratagème la place de Montreuil, appartenant à Erluin II ; il s'empare de la femme et des enfants d'Erluin, qu'il déporte en Angleterre, pille ses trésors et met garnison dans la place. Ch. xi et xii.

Erluin va trouver le duc des Normands, Guillaume, lui expose ses malheurs et lui demande du secours. Ch. xiii. — Guillaume lui confie des troupes ; il reprend la place, met à mort une partie de la garnison et conserve le reste pour racheter sa femme et ses enfants. Ch. xiv. — Arnoul envoie des troupes pour ravager les terres d'Erluin, mais celui-ci les taille en pièces. Ch. xv.

Les Belges, c'est-à-dire les Lorrains, viennent à Laon faire au roi des remontrances sur ce qu'il décide de tout sans prendre avis de personne. Le roi d'Angleterre, Adelstan, envoie une flotte au secours de Louis qu'il croit en danger, mais la flotte, voyant qu'il n'en est rien, s'en retourne en Angleterre. Ch. xvi. Le roi a une conférence en Alsace avec le duc Hugues le Noir; il attire à lui ceux des Belges (*Lorrains*) qui ne lui obéissaient pas encore et force les partisans d'Otton à fuir au delà du Rhin; il reçoit le serment de fidélité de Gislebert et de quelques autres, et revient à Laon d'où il chasse l'évêque Raoul et ceux qui tenaient à lui. Ch. xvii.

Otton entre en Belgique (en Lorraine) et livre plusieurs lieux à l'incendie et au pillage. Il prétend avoir reçu la Belgique de son père. Ch. xviii. — Le duc Gislebert, pour se venger d'Otton, lève en Belgique tous les hommes capables de porter les armes, traverse le Rhin et ravage tout le pays. Otton envoie des forces contre lui; un combat terrible s'engage sur le bord même du fleuve; Gislebert, voyant son armée en déroute, se précipite en fuyant dans le Rhin où il perd la vie; quelques Belges seuls peuvent échapper à la mort. Le roi Louis se rend en Belgique et épouse Gerberge, veuve de Gislebert et sœur d'Otton. Ch. xix.

940.

Guillaume, duc des Normands, fait assurer le roi Louis de sa fidélité et de son dévouement; le roi lui donne rendez-vous en Picardie. Dans cette conférence le roi lui abandonne la province que le roi Charles avait accordée aux Normands. Guillaume se dévoue tout entier au roi. Ch. xx.

L'archevêque de Reims, Artauld, s'empare du fort de Causoste et le détruit sans le secours du roi, qui est alors en Bourgogne. Ch. xxi. — Hugues aide Herbert à s'emparer de Reims et à en expulser l'évêque Artauld; les habitants se réunissent à eux contre l'évêque et dans l'intérêt de Hugues, fils d'Herbert. Artauld est forcé de renoncer à la dignité épiscopale et à se retirer à Saint-Basle. Ch. xxii. — Hugues, fils d'Herbert, est mis en possession de l'évêché; Herbert et le duc Hugues vont assiéger Laon. Ch. xxiii. — Le roi survient avec des troupes, les oblige à s'éloigner et retourne en Bourgogne. Gui, évêque de Soissons, vient à Reims et ordonne prêtre Hugues, fils d'Herbert; celui-ci s'entend avec le duc Hugues pour arriver à faire priver Artauld, dans les formes, du pouvoir pontifical. Ch. xxiv.

941.

Artauld est déclaré déchu par les évêques suffragants de Reims, qui élisent à sa place Hugues, fils d'Herbert. Ch. xxv.

Le roi, privé de troupes, va en Bourgogne pour y lever une armée afin d'expulser Herbert de Reims. Pendant ce temps, Herbert et le duc Hugues marchent sur Laon; le roi, de son côté, se dirige aussi vers Laon, mais ses adversaires tombent sur lui et lui font éprouver une déroute complète. Ils s'en retournent ensuite chez eux. Ch. xxvi.

942.

Le pape Étienne envoie dans les Gaules un légat apostolique pour enjoindre aux seigneurs, sous peine d'excommunication, de se soumettre au roi ; les évêques de la province ecclésiastique de Reims s'émeuvent et tâchent d'amener un rapprochement ; mais leurs démarches n'ont aucun résultat. Le même pape fait proclamer de nouveau une injonction apostolique fixant aux seigneurs de la Gaule un temps pour effectuer leur soumission, les menaçant d'un horrible anathème s'ils n'obéissent. Ch. xxvii.

Le roi envoie vers Guillaume, duc des Normands, qui entre dans son parti ; l'exemple de Guillaume est suivi par les ducs des Aquitains et des Bretons. Le roi s'avance ensuite vers Herbert et Hugues campés de l'autre côté de l'Oise ; des pourparlers s'établissent d'une rive à l'autre et une trêve est conclue. Ch. xxviii.

Le roi va en Belgique au-devant du roi Otton ; ils scellent leur amitié par des traités, et Louis revient à Laon. Otton rapproche Hugues du roi et se l'attache à lui-même. Ch. xxix.

La soumission de Hugues, le plus puissant des princes de la Gaule, décide celle des autres seigneurs. Le roi les convoque en assemblée dans le fisc royal d'Attigny. Otton se trouve à cette assemblée ; il occupe le côté le plus élevé du lit où il siège, et le roi l'extrémité la plus basse. Guillaume, duc des Normands, entre brusquement dans la salle, et voyant l'humiliation du roi, fait lever Otton et asseoir le roi à sa place. Ch. xxx.

Otton cache son ressentiment contre Guillaume, mais il excite contre lui Hugues et Arnoul déjà jaloux du duc. Ch. xxxi.

943.

Hugues et Arnoul complotent la mort de Guillaume et arrêtent tous les détails de l'exécution. Ch. xxxii. — Arnoul lui demande une conférence sur la Somme, dans l'île de Picquigni. On s'y rend des deux côtés ; à peine Guillaume s'éloigne-t-il avec sa flotte que les affidés d'Arnoul le rappellent et le tuent. Ch. xxxiii.

Le roi accorde à Richard, fils de Guillaume, la terre des Normands, et reçoit de ceux qui l'accompagnent le serment de fidélité ; d'autres Normands embrassent le parti de Hugues. Ch. xxxiv. — Les Normands du parti du roi l'appellent à Rouen ; il y combat une troupe de Normands étrangers, qui se proposaient d'envahir le pays et de le ramener à l'idolâtrie ; il remporte sur eux une grande victoire, et tous sont tués ou mis en fuite ; il donne ensuite à Erluin la garde de Rouen et revient à Compiègne. Ch. xxxv.

L'archevêque Artauld, apprenant l'arrivée du roi, quitte le monastère de Saint-Basle et vient le trouver ; le roi lui promet de lui rendre le pouvoir sacerdotal. Ch. xxxvi.

Herbert meurt frappé d'apoplexie, il est enterré à Saint-Quentin ; ses fils vont trouver le roi, qui les accueille très bien, mais qui exige que la promotion de Hugues à l'épiscopat soit soumise à l'examen. Il se rend avec eux à Amiens et mande Erluin près de lui. Ch. xxxvii.

Arnoul marche à la rencontre d'Erluin ; un combat s'engage. La victoire reste à Erluin qui s'empare du meurtrier de Guillaume et lui coupe les mains qu'il envoie à Rouen. Ch. xxxviii.

Le duc Hugues, en grande faveur près du roi, tient sa fille sur les fonts sacrés et reçoit le titre de duc de toutes les Gaules. Ch. xxxix.

944.

Le roi forme un corps de cavalerie dont il donne à Hugues le commandement, et part pour l'Aquitaine avec la reine Gerberge. Il reçoit à Nevers la soumission des principaux seigneurs d'Aquitaine venus au-devant de lui, s'occupe avec eux du gouvernement des provinces qu'il leur confère de nouveau, reprend avec le duc le chemin de la Gaule et s'en retourne à Laon. Ch. xxxix.

Le roi réconcilie Arnoul et Erluin en payant lui-même l'indemnité due à Erluin par Arnoul. Tous deux restent dévoués à la cause royale. Ch. xl.

Grand ouragan à Paris qui produit de grands ravages à Montmartre. Les Bretons divisés par les querelles de leurs princes, Bérenger et Alain, sont taillés en pièces par les Normands ; la ville de Nantes est prise et son évêque étouffé par la foule qui se réfugie dans l'église. Les Bretons reprennent courage, repoussent l'ennemi qu'ils écrasent et le poursuivent jusque sur sa flotte, mais ils sont exterminés à leur tour, et les Normands s'emparent de la Bretagne où il ne reste des Bretons que ceux qui se soumettent au joug. Ch. xli.

Le roi s'empare de la terre des Normands avec le secours d'Arnoul et d'Erluin ; il est reçu à Rouen par ceux qui sont restés fidèles à son parti ; les autres se mettent en mer, après avoir laissé garnison dans les villes. Le roi appelle Hugues à lui et lui donne la ville de Bayeux. Le duc envoie des forces au roi et assiège Bayeux. Cependant les Normands se soumettent et le roi ordonne à Hugues de lever le siège. Celui-ci obéit à regret ; le roi fait son entrée à Bayeux et se met en possession d'Évreux et du reste du pays. Ch. xlii.

945.

Le duc excite contre le roi ses partisans qui prennent et détruisent Montigny, ville royale ; ils entrent dans la résidence de Compiègne qu'ils mettent au pillage. Ch. xliii. — Le roi quitte Rouen, avec une armée de Normands ravage le Vermandois et marche avec plusieurs comtes sur la ville de Reims, dont l'évêque Hugues lui refuse l'entrée. Il se livre là plusieurs combats. Ch. xliv. — Enfin le duc Hugues et le roi conviennent que celui-ci recevra des otages de l'évêque et des citoyens, et que l'évêque se rendra près de lui pour rendre compte de sa conduite. Le roi lève le siège qui dure depuis quinze jours et cite l'évêque à quarante jours. Ce temps venu, le duc vient trouver le roi, mais on ne peut s'entendre, et l'explication est remise au 15 août. Ch. xlv.

Théotilon, évêque de Tours, tout entier au projet de ramener la paix entre les princes, meurt en revenant de Laon. Ch. xlvi.

Le roi se rend à Rouen avec un petit nombre d'hommes ; le commandant de Bayeux l'invite à venir le trouver et se précipite sur lui, met ses gardes en déroute et l'oblige à se réfugier en toute hâte à Rouen où il arrive seul et à travers champs. Là il est saisi par les citoyens complices de la conspiration de Bayeux. Ch. xlvii.

Hugues demande que le roi lui soit remis ; les Normands, de leur côté, demandent qu'on leur livre en otage tous les fils du roi. La reine Gerberge envoie le plus jeune de ses fils, mais refuse de livrer l'aîné ; les Normands se contentent de recevoir à sa place Gui, évêque de Soissons, et relâchent le roi, mais le duc le retient prisonnier. Ch. xlviii.

946.

La reine Gerberge envoie des députés aux rois des Germains et des Anglais, qui réclament avec menaces, le roi des Anglais surtout, la liberté du roi Louis. Ch. xlix. — Le duc rend au roi des Anglais menaces pour menaces, et tâche de fléchir Otton ; il lui demande une entrevue, mais ne peut l'obtenir ; il va alors trouver le roi. Ch. l. — Il lui reproche d'avoir rejeté ses services, les lui offre de nouveau, et lui demande comme récompense la ville de Laon que le roi lui abandonne pour recouvrer sa liberté. Le roi libre, mais privé de tout, se rend à Compiègne où se trouvent la reine Gerberge, quelques évêques de Belgique et quelques seigneurs. Ch. li.

Le roi leur confie ses misères et leur porte ses plaintes contre Hugues. Il porte plainte également à Otton et lui demande de venir à son secours ; le roi demande également des troupes à Conrad, roi de Bourgogne. Ch. liii.

Otton et Conrad se rencontrent venant au secours de Louis. Le roi lui-même va au-devant d'eux, et les trois rois réunis vont attaquer la ville de Laon, mais, désespérant de pouvoir la prendre, ils marchent sur Reims et l'assiégent. Ch. liv. — L'évêque Hugues abandonne la ville, et les portes en sont ouvertes aux rois. Ch. lv. — Les rois rappellent l'évêque Artauld et le rétablissent dans son siége, confient la ville à la reine Gerberge et à quelques guerriers, et marchent contre le duc Hugues, mettent le feu aux faubourgs de Senlis et s'avancent vers la Seine. Ch. lvi. — Ils traversent le fleuve, grâce à un heureux stratagème, dévastent tout le pays jusqu'à la Loire, entrent sur les terres des Normands, et n'y laissent que le sol. Leur vengeance assouvie, ils se retirent, et le roi entre dans Reims. Ch. lvii et lviii.

947.

Le duc réunit une armée et marche contre Arnoul n'osant attaquer le roi. Le roi assiége Mouzon, où s'est retiré l'évêque Hugues, poursuivant le neveu en châtiment de l'oncle. Ces hostilités n'amènent aucun résultat sérieux. Ch. lx. Le roi va en Belgique pour conférer avec le roi Otton ; ils se font réciproquement un excellent accueil. Ch. lxi. — Pendant ce temps, le duc attaque la ville de Reims, mais l'arrivée du roi le force à lever le siége. Ch. lxii.

Le roi et les princes de son parti appellent Otton à une conférence fixée à la fin d'août. Ch. lxiii.

L'évêque Hugues, pour ne paraître pas déchu de l'épiscopat, fait des prêtres et des évêques, secondé par le duc Hugues et par Gui, évêque de Soissons. Ch. LXIV.

Le temps fixé pour la conférence étant arrivé, le duc s'y rend pour plaider la cause de son neveu. Ch. LXIV. — Otton fait décréter que cette cause sera examinée par les évêques, mais à condition que, dans un délai raisonnable, le duc donnera satisfaction au roi. Ch. LXV.

Un décret royal convoque un autre synode pour le 16 novembre, afin d'examiner cette affaire. Par l'entremise d'Otton, une trêve est conclue entre le roi et le duc jusqu'au prochain synode. Ch. LXV.

Synode de Verdun ; l'évêque Hugues refuse de s'y rendre ; les évêques laissent Artauld en possession de l'évêché de Reims. Ch. LXVI.

948.

Synode de Mouzon tenu le 13 janvier. L'évêque Hugues refuse encore d'y assister, mais il y fait présenter une lettre du pape Agapet, portant que l'évêché doit lui être rendu ; les évêques la déclarent nulle et se mettent en devoir d'examiner l'affaire canoniquement ; ils laissent Artauld en possession de l'évêché, et s'en réfèrent à un troisième synode, qui est convoqué pour le 1er août. Signification de cette décision est donnée à Hugues qui déclare qu'il ne se soumettra en rien à la décision des évêques. Ch. LXVII.

Artauld expose au saint siège sa cause et les griefs du roi. Le pape Agapet envoie à Otton, comme vicaire apostolique, Marin, évêque d'Ostie, chargé de convoquer un synode général. Ch. LVIII. — Synode d'Engelheim présidé par le vicaire apostolique et composé d'un grand nombre d'évêques de Gaule et de Germanie. Ch. LXIX. — Robert, archevêque de Trèves, est chargé d'en résumer les débats. Ch. LXX. — Les rois Louis et Otton y assistent. Ch. LXX. — Discours de l'archevêque Robert. Ch. LXXI. — Du vicaire apostolique. Ch. LXXII. — Du roi Louis pour exposer ses plaintes. Ch. LXXIII. — De Robert en faveur de Louis. Ch. LXXIV. — Du légat dans le même sens. Ch. LXXV. — Du roi Otton dans le même sens. Ch. LXXVI. — Le synode écrit au duc Hugues pour l'exhorter à donner satisfaction au roi, le menaçant d'excommunication s'il ne le fait. Ch. LXXVII. — L'archevêque Artauld expose sa cause et présente une lettre du pape portant qu'il doit conserver son évêché. Un envoyé de Hugues présente une autre lettre du même pape portant qu'à la demande de plusieurs évêques, le pape veut que Hugues soit réinstallé dans son siège. Les évêques désignés, présents au synode, nient avoir jamais fait une pareille demande, et accusent le porteur de la lettre de perfidie. Ch. LXXVIII. — Il est privé du diaconat et repoussé du synode qui assure à Artauld la dignité pontificale. Ch. LXXIX. — Le lendemain, le synode prononce une censure contre l'évêque Hugues et l'excommunie. Ch. LXXX. — Les jours suivants d'autres questions sont examinées, et on s'ajourne à trente jours à Laon pour publier l'anathème porté contre le duc Hugues. Ch. LXXXI. — Les évêques, réunis à Laon sous l'autorité du roi Louis, anathématisent le duc Hugues et le séparent de l'Église jusqu'à ce qu'il vienne à résipiscence, donne satisfaction au roi et obtienne son absolution du pape. On examine aussi la conduite des évêques complices du duc et de l'évêque Hugues dont quelques-uns sont condamnés. Ch. LXXXII.

Le roi Louis reçoit du roi Otton des troupes commandées par le duc Conrad et destinées à marcher contre le duc Hugues. Ch. LXXXII. — Il envoie trois cohortes à Mouzon contre l'évêque Hugues, et prend la place. Ch. LXXXIII. — Le roi s'empare aussi du fort de Montaigu; il mène son armée à Laon, mais ne peut s'en rendre maître. Il se retire à Reims en simple particulier. Ch. LXXXIV.

Le duc Hugues, méprisant l'anathème lancé contre lui, attaque avec une armée de Normands la ville de Soissons à laquelle il fait beaucoup de mal; mais qu'il ne peut prendre. Il marche furieux sur Reims et commet d'horribles excès dans les environs. Ch. LXXXV.

949.

Le roi envoie la reine Gerberge demander du secours à Otton qui en promet. Ch. LXXXVI.—Le roi Louis, sans attendre les forces, tient conseil avec Raoul, père de Richer, qui lui propose de s'emparer de Laon. Ch. LXXXVII.—Raoul combine les moyens de surprendre la place. Ch. LXXXVIII. — Il expose son projet au roi. Ch. LXXXIX.—Ce projet est universellement approuvé, et la ville est emportée par surprise, à l'exception de la citadelle. Ch. XC. — Le duc y fait entrer des troupes. Ch. XCI.—Le duc Conrad amène au nom du roi Otton, pendant le mois de juillet, des troupes de Belgique. Le roi, avec cette armée de Belges, entre sur les terres du duc, incendie le faubourg de Senlis, assiége la ville, mais ne peut la prendre, surtout à cause des arbalètes dont les citoyens font usage. Ch. XCII.—L'armée ravage sans pitié tout ce qu'elle rencontre appartenant au duc, jusqu'à la Seine, et s'en retourne. Ch. XCIII. — Des évêques négocient une trêve jusqu'à Pâques entre le roi et le duc. Ch. XCIV. — Le pape souscrit et fait souscrire aux évêques réunis en synode à Rome, les actes du concile tenu l'année précédente à Engelheim, excommunie Hugues de nouveau, jusqu'à ce qu'il donne satisfaction au roi ou qu'il aille à Rome rendre compte de sa conduite. Ch. XCV.

950.

Les évêques des Gaules, encouragés par l'anathème du pape, font au duc de sévères remontrances. Ch. CXVI. — Le duc demande en conséquence à se réconcilier avec le roi. Conférence près de la Marne. Hugues se reconnaît l'homme de Louis, lui rend la citadelle de Laon et lui jure une entière fidélité. Dès lors ils vivent en grande intelligence. Ch. XCVII.

951.

Le duc lève une armée en Aquitaine par ordre du roi qui la mène en Bourgogne. Il reçoit là le serment de fidélité du comte de Vienne et de l'évêque d'Auvergne. Il y reçoit aussi les députés de Guillaume, duc des Aquitains, qui viennent jurer fidélité en son nom; il va de là à Besançon où le comte Létold lui fait le même serment. Ch. XCVIII. — Le roi tombe malade; le duc ramène son armée. Ch. XCIX.— En revenant en France après sa guérison, le roi prend et rase la forteresse de Brienne qui sert de repaire à des brigands. Ch. c. — La reine Edgive, mère du roi, se marie avec le comte Herbert et abandonne la ville de Laon. Le roi indigné s'empare des terres et des maisons royales de sa mère. Ch. ci.

953.

La reine Gerberge accouche de deux fils jumeaux, Henri, qui meurt bientôt, et Charles.

954.

Le roi, revenant à Reims, poursuit à cheval un loup dans la campagne ; il tombe, et cette chute occasionne sa mort la dix-huitième année de son règne et la trente-sixième de son âge. Il est enseveli dans le monastère de Saint-Remi, près de Reims. Ch. ciii et ii.

LIVRE III.

954.

La reine Gerberge réunit à Reims les grands et les évêques du royaume et entre autres le duc Hugues, qui reconnaissent pour roi Lothaire, fils de Louis. Ch. i. — Il est sacré à Reims par l'archevêque Artauld et conduit à Laon par sa mère et par les princes. Hugues séjourne quelques temps à Laon et se lie étroitement avec le roi. Ch. ii.

955.

Hugues conduit le roi et sa mère en Neustrie. Ils marchent avec une armée contre Guillaume, duc d'Aquitaine, et le roi et le duc mettent le siège devant Poitiers, mais ils sont obligés de le lever au bout de deux mois. Ch. iii. — Guillaume lève une armée en Auvergne et marche contre le roi, mais il est mis en fuite et ne se sauve qu'à grand'peine. Ch. iv. — Le roi revient sur Poitiers, et fait assiéger la ville par le duc, qui s'en rend maître. Ch. v.

956.

Mort du duc Hugues. Il est enterré à Saint-Denis. Ch. v. — Le comte Rainier envahit les biens que la reine Gerberge possède en Belgique. Ch. vi. — Raoul, père de Richer, est chargé de faire rentrer la reine dans ses biens. Ch. vii. — Il envoie dans la ville de Mons, où résident la femme et les enfants de Rainier, des espions qui, déguisés en manœuvres, prennent connaissance de la place et de la maison même habitée par la famille de Rainier. Ch. viii. — Raoul marche sur Mons, qu'il prend et détruit, puis il emmène prisonniers la femme et les enfans de Rainier ainsi que la garnison. Ch. ix. — Rainier rend les domaines de Gerberge et reprend sa femme, ses enfants et ses soldats. Ch. x.

959.

Le comte Robert, par la trahison du commandant, s'empare de la place de Dijon appartenant au roi. Ch. xi.

960.

Le roi, aidé de son oncle Brunon, reprend la place et fait décapiter le traître. Ch. xii.

961.

Les grands du royaume viennent trouver le roi Lothaire à Laon. Le roi reçoit le serment des fils de Hugues le Grand, et donne à Hugues, qui fut surnommé *Capet*, le titre de duc qu'avait eu son père, et de plus la ville de Poitiers, et à Otton la Bourgogne. Ch. xiii.

Mort d'Artauld, archevêque de Reims. Ch. xiv.

962.

Hugues, duc des Français (*lisez* Hugues, *fils d'Herbert*), réclame l'archevêché de Reims. Ch. xv et n. — Un synode assemblé près de Meaux pour examiner l'affaire se sépare sans rien décider. Ch. xvi. — Hugues meurt de chagrin. Ch. xvii. — Odelric est fait archevêque de Reims. Ch. xviii.

963.

Odelric est sacré dans la basilique de Saint-Remi. Ch. xix.

964-965.

Il excommunie Thibaut de Tours et d'autres détenteurs des biens de son église, et se fait rendre ses biens. Ch. xx et n. — Il délie de l'excommunication Thibaut et Herbert et donne au fils du premier le fort de Coucy. Ch. xx. — Mort d'Arnoul, comte de Flandre; le roi laisse le comté à son fils. Ch. xxi.

969.

Odelric a pour successeur dans l'archevêché de Reims Adalbéron. Ch. xxii. — Celui-ci fait restaurer et décorer son église. Ch. xxii, xxiii; — et réforme le chapitre. Ch. xxiv, xxv.

971.

Il va à Rome, est parfaitement accueilli du pape Jean. Ch. xxv. — Et obtient de lui des priviléges pour le monastère de Saint-Remi. Ch. xxvi et suiv. — Il revient dans les Gaules et dépose l'acte de donation aux archives du monastère. Ch. xxix.

972.

Il fait confirmer ces priviléges dans un synode. Ch. xxx. — Il convoque les abbés de divers monastères pour qu'ils avisent à la réforme des moines. Ch. xxxi et suiv. — Raoul, abbé du monastère de Saint-Remi, est fait président du synode. Ch. xxxii. — Le métropolitain exhorte les abbés à une répression énergique. Ch. xxxiii. — Le président répond dans le même sens. Ch. xxxiv. — Le synode réforme plusieurs abus. Ch. xxxv et suiv. — Les abbés se réservent d'en réformer d'autres dans l'intérieur des monastères. Ch. xli. — Dès lors les moines mènent une vie exemplaire, grâce aux soins et à la vigilance du métropolitain. Ch. XLII.

Gerbert paraît dans les Gaules; Aquitain d'origine, il fut élevé dans le monastère de Saint-Gerold d'Aurillac. Il alla étudier en Espagne sous l'évêque Hatton et s'adonna aux mathématiques; il fut amené à Rome. Ch. XLIII. — Otton, roi de Germanie et d'Italie, le retint pour lui faire professer les mathématiques. Ch. XLIV. — Il vint étudier la logique à Reims, et donna un grand éclat à l'école de cette ville. Ch. XLV. — Détails sur les objets de l'enseignement de Gerbert, et d'abord en philosophie. Ch. XLVI. — En rhétorique. Ch. XLVII. — Il fait suivre un sophiste. Ch. XLVIII. — Il enseigne les mathématiques, comprenant l'arithmétique et la musique; il applique le monocorde. Ch. XLIX. — Il explique l'astronomie et compose plusieurs sphères. Ch. L, LI, LII, LIII. — Il construit un abaque. Ch. LIV. — Sa renommée se répand dans les Gaules, en Germanie et en Italie; elle excite la jalousie d'Otric, savant saxon, qui envoie à Reims un de ses compatriotes pour suivre les cours de Gerbert et lui transmettre ses leçons. Ch. LV. — Otric s'empare d'une division philosophique de Gerbert, dénaturée, et la critique devant l'empereur Otton et les personnes les plus savantes de sa cour. Otton veut entendre l'explication de la bouche de Gerbert lui-même. Ch. LVI. — Gerbert se rendant à Rome avec l'archevêque Adalbéron (970), rencontre à Pavie l'empereur avec Otric; l'empereur l'accueille parfaitement et le conduit par le Pô jusqu'à Ravenne; il rassemble là un grand nombre de savants et met aux prises Otric et Gerbert. Ch. LVII. — L'empereur demande que la division de Gerbert soit examinée, approuvée ou condamnée; elle est produite par Otric, et Gerbert, après l'avoir parcourue, reconnaît la fidélité de la division dans quelques-unes de ses parties, mais en rejette d'autres comme altérées. Ch. LVIII. — Longue discussion philosophique entre Otric et Gerbert. Ch. LIX-LXV. — L'empereur met fin à la discussion, qui avait duré un jour presque entier, et fait de beaux présents à Gerbert, qui revient triomphant dans les Gaules avec son métropolitain. Ch. LXV.

La reine Emma et Adalbéron, évêque de Laon, sont soupçonnés d'adultère; l'archevêque de Reims convoque à ce sujet un synode à Sainte-Macre. Ch. LXVI.

973.

Otton II succède à son père, Otton Ier, roi de Germanie. Ses grandes qualités. La Belgique est une pomme de discorde entre lui et le roi Lothaire. Ch. LXVII.

978.

Lothaire rassemble les grands de son royaume et leur demande de marcher avec lui contre Otton qui habitait alors le palais d'Aix-la-Chapelle. Ch. LXVIII. Les troupes se mettent en marche et arrivent, qu'Otton doute encore de leur départ. Il n'a que le temps de fuir. Ch. LXIX, LXX. — Les troupes de Lothaire mettent le palais au pillage, et il s'en revient lui-même sans tirer aucun fruit de son expédition. Ch. LXXI.

Otton tâche, soit par des restitutions, soit par des largesses, de ramener à lui ceux qui l'avaient abandonné. Ch. LXXII. — Par une allocution qu'il leur adresse, il relève leur courage et les dispose à tenter une nouvelle entreprise. Ch. LXXIII. — Il conduit une armée dans la Gaule Celtique qu'il ravage; Lothaire fuit et traverse la Seine pour aller implorer le duc; Otton reste pendant trois jours en vue de Paris. Ch. LXXIV. — Le duc rassemble une armée de l'autre côté de la Seine. Ch. LXXV. — Combat singulier entre un Germain et un Gaulois; celui-ci est vainqueur. Ch. LXXVI. — Otton se retire précipitamment; il est poursuivi par l'armée de Lothaire, qui lui fait éprouver des échecs; il licencie la sienne en Belgique et se l'attache par les faveurs qu'il lui accorde. Ch. LXXVII.

980.

Lothaire balance s'il continuera les hostilités ou s'il se réconciliera avec Otton à l'insu du duc. Ce dernier parti prévaut dans son esprit, et il envoie des députés à Otton. Ch. LXXVIII. — Les députés exposent à Otton l'avantage que les deux rois peuvent retirer de leur union. Ch. LXXIX. — Otton se montre disposé à la paix. Il est décidé qu'une entrevue aura lieu à La Marlée. Ch. LXXX et II. — Cette entrevue a lieu, et la partie de la Belgique en litige est abandonnée à Otton. Celui-ci part pour l'Italie, et Lothaire revient à Laon. Les amis du duc sont indignés. Ch. LXXXI.

981.

Le duc dissimule son déplaisir, convoque les grands et leur porte ses plaintes. Ch. LXXXI. — Discours du duc. Ch. LXXXII. — Ses amis lui conseillent de chercher à diviser Otton et Lothaire, et de rechercher l'amitié de l'un des deux, et particulièrement d'Otton, auquel il est lié par le sang, ainsi que Lothaire. Ch. LXXXIII. — Le duc envoie donc des députés à Otton; les députés sont bien accueillis; le duc part lui-même, accompagné de quelques amis, et se rend à Rome près d'Otton. Ch. LXXXIV. — Entrevue favorable à Hugues. Ch. LXXXV. — Le roi Lothaire et sa femme Emma tentent de s'emparer du duc à son retour de Rome, lorsqu'il traverse les Alpes; ils mettent dans leurs intérêts le roi Conrad. Ch. LXXXVI. — La reine Emma engage aussi l'impératrice, sa mère, à entrer dans ses vues. Ch. LXXXVII. — Hugues échappe à ses ennemis à la faveur d'un déguisement, mais il manque d'être reconnu dans une hôtellerie. Il arrive en Gaule. Ch. LXXXVIII. — Le pays est cruellement troublé par suite des divisions du roi et du duc. Ch. LXXXIX.

Des amis s'interposent, et les deux princes se rapprochent et s'unissent d'amitié. Ch. XC.

Le roi Lothaire demande au duc qu'il fasse associer son fils Louis à la royauté; les principaux du royaume sont convoqués à Compiègne, et Louis est proclamé roi par le duc et les autres princes. Le duc fait tout ce qu'il faut pour relever la personne des deux rois. Ch. XCI.

D'autres seigneurs s'interposent pour faire épouser à Louis la veuve de Raimond, duc des Goths, et font ressortir les avantages de ce mariage, qui pourrait peut-être le rendre possesseur de toute l'Aquitaine. Ch. XCII. — Le mariage est arrêté, en effet, sans que le duc en soit instruit, et les deux rois se rendent en Aquitaine avec une suite considérable. Ch. xcიii. — Le mariage est conclu, et Adélaïde couronnée reine d'Aquitaine. Les nouveaux époux ne vivent pas longtemps en bonne intelligence, et les choses en viennent au point qu'ils ont recours au divorce. Ch. xciv. — Louis se lance dans toute espèce de dissipations et tombe dans le plus grand dénûment. Le roi Lothaire va le chercher; Adélaïde se marie à Guillaume d'Arles. Ch. xcv.

982.

Otton combattant contre les Barbares, perd son armée et est fait prisonnier. Ch. xcvi.

983.

Mort d'Otton. Ch. xcvi. — Hezilon, son cousin germain, dispute la couronne à Otton III, fils du précédent; caractère d'Hezilon. Il enlève le jeune Otton. Ch. xcvii.

984.

Hezilon cherche à se rendre Lothaire favorable en lui cédant la Belgique. Ch. xcvii. — Lothaire tente, mais sans résultat, de se mettre en possession de la province. Ch. xcviii. — Les Germains étant, pour ainsi dire, sans roi, Lothaire songe de nouveau à envahir la Belgique. Ch. xcix. — Il appelle Eudes et Herbert, qui lui conseillent de commencer par assiéger la ville de Verdun, sur laquelle ils marchent en effet. Ch. c. — Siége et prise de la place. Ch. ci. — Le roi laisse la garde de la ville à la reine Emma, licencie son armée et s'en retourne à Laon. Ch. cii.

985.

Les grands de Belgique reprennent Verdun et le fortifient. Ch. ciii. — Verdun est assiégé de nouveau par Lothaire. Ch. civ.— Emploi d'une machine puissante. Ch. cv et cvi. — Les assiégés construisent de leur côté une machine. Les deux machines se rapprochent; celle des Belges est crampontée par les Français et fortement inclinée; les hommes qui la montent se sauvent, et les Belges sont obligés de se rendre. Ch. cvii. — Le roi retient les chefs des Belges et s'en retourne à Laon; il conserve dès lors sans opposition la ville de Verdun jusqu'à la fin de sa vie. Ch. cviii.

986.

Le roi Lothaire tombe malade à Laon et meurt dix ans (*lisez treize ans*) après la mort d'Otton, au bout de trente-sept ans de règne et la soixante-huitième année de son âge. Ch. cix. — On lui fait de magnifiques funérailles; il est enterré à Reims dans le monastère de Saint-Remi où reposent son père et sa mère. Ch. cx.

LIVRE IV.

986.

Les grands placent Louis, fils de Lothaire, sur le trône de son père. Le roi (Louis V) donne au duc toute sa confiance. Ch. i. — Le roi cherche à exciter les grands contre Adalbéron, archevêque de Reims, partisan d'Otton. Ch. ii. — Il conduit une armée contre lui, mais se contente d'en recevoir des otages, et la promesse de fournir des explications satisfaisantes. Ch. iii et iv.

987.

Mort de Louis V. Ch. v. — Dans une assemblée des grands, Adalbéron est absous des accusations portées contre lui par Louis. Ch. vi. — Il est admis à délibérer sur les affaires publiques. Ch. vii. — Il propose et fait décider que l'assemblée s'ajourne pour l'élection d'un chef. Ch. viii. — Charles, frère de Lothaire et oncle de Louis, expose à Adalbéron ses droits au trône, et cherche à l'attirer dans son parti. Ch. ix. — Adalbéron le repousse. Ch. x. — Il parle dans l'assemblée des grands contre Charles et en faveur de Hugues Capet. Ch. xi. — Hugues est créé roi, fait plusieurs actes de la royauté et demande à s'associer au trône son fils Robert. Ch. xii.

988.

Robert est associé au trône et créé roi des peuples habitant la partie occidentale de la Gaule, de la Meuse à l'Océan. Ch. xiii. — Charles excite ses amis à défendre sa cause. Ch. xiv. — Ils s'y engagent, et par leur conseil il établit des intelligences avec les citoyens de Laon. Ch. xv. — Il s'empare de la ville par surprise, fait prisonniers l'évêque et la reine Emma. Ch. xvi. — Il fortifie la ville et construit des machines de guerre. Ch. xvii. — Les rois Hugues et Robert vont attaquer la ville de Laon. Ch. xviii. — Mais l'approche de l'hiver les oblige à s'éloigner. Charles fortifie la ville. Ch. xix. — L'évêque parvient à s'enfuir, et se retire près des rois, pour montrer qu'il n'a pas favorisé Charles. Ch. xx.

989.

Au printemps, les rois vont de nouveau attaquer la ville de Laon. Ch. xxi. — Ils font construire un bélier, mais la situation de la place ne permet pas de l'employer. Ch. xxii. — Les citoyens font une sortie, surprennent le camp des rois et y mettent le feu. Les rois s'éloignent de la ville (août) dans l'intention de revenir avec de nouvelles troupes. Ch. xxiii.

Adalbéron, archevêque de Reims, tombe malade et fait appeler le roi, de crainte que Charles ne vienne s'emparer de la ville. Hugues rassemble une armée et se met en route, mais l'archevêque meurt avant son arrivée. Il reçoit le serment des citoyens, les laisse libres de se choisir un archevêque, et revient à Paris. Ch. xxiv. — Arnoul, fils naturel de Lothaire, demande l'archevêché, promettant d'abandonner Charles, de servir le roi et de lui faire rendre la ville de Laon. Le roi vient à Reims. Ch. xxv. — Il rassemble les citoyens et

leur soumet l'affaire. Ch. xxvi. — Ceux-ci refusent de prendre seuls la responsabilité du fait, et demandent qu'il en soit délibéré publiquement avec les conseillers du roi. Ch. xxvii. — Arnoul est appelé en présence du roi ; on va aux
voix et Arnoul est élu archevêque, à condition qu'il promettra de servir le roi
et s'attachera à lui par la foi du serment. Ch. xxviii. — Que de plus, il signera
une déclaration portant anathème et malédiction sur lui, s'il viole ses promesses. Ch. xxix. — Les évêques demandent encore qu'il se soumette à recevoir
l'eucharistie, en déclarant qu'il veut qu'elle soit pour lui cause de damnation
si jamais il viole sa promesse, ce qu'il fait. Ch. xxx. — Cet acte est critiqué.
Arnoul est ordonné par les évêques du diocèse de Reims. Ch. xxxi.

Il ne tarde pas à se concerter avec son oncle Charles, et à chercher les moyens
de le servir. Ch. xxxii. — Il conçoit un projet pour lui livrer la ville sans paraître
trahir le roi. Ch. xxxiii. — Il convoque plusieurs seigneurs, sous prétexte de leur
soumettre une affaire importante, puis il fait secrètement ouvrir, la nuit, les
portes à l'armée de Charles, qui dévaste et saccage la ville. Ch. xxxiv. — Il si-
mule la surprise et se réfugie dans la tour, les comtes l'y suivent ; mais la tour
est cernée par les troupes de Charles, et l'archevêque et les comtes se rendent. Ch. xxxv. — Ils sont conduits à Laon. Charles exige d'eux le serment de
fidélité, ils le refusent et des deux côtés on feint des sentiments ennemis. Enfin
Arnoul prête le serment et rentre dans sa ville, les comtes prêtent aussi le
serment et se retirent. Ch. xxxvi.

Hugues, averti, rassemble une armée de six mille hommes, ravage les environs de Reims et marche contre les forces de Charles. Ch. xxxvii. — Les
deux armées se disposent au combat. Ch. xxxviii. — Cependant on hésite des
deux côtés, et l'on finit par se retirer chacun chez soi. Ch. xxxix.

991.

O. feint de voir avec peine que Laon n'ait pu être pris ; le roi lui demande
du secours ; O. promet de prendre Laon si le roi lui donne Dreux, ce qui est
fait ; mais ses tentatives sur Laon sont infructueuses. Ch. xl.

Adalbéron, évêque de Laon, qui était parvenu à échapper à Charles, feint
de vouloir rentrer en grâce près de lui et obtient un entretien de l'archevêque
Arnoul. Ch. xli. — Il offre à Arnoul de lui faire rendre les bonnes grâces du roi,
et lui demande en retour qu'il lui fasse obtenir celles de Charles ; il s'engagera, par serment prêté sur les reliques des saints, à servir Charles si son siège
lui est rendu. Ch. xlii. — Arnoul parle à Charles en faveur d'Adalbéron, et obtient tout ; pendant ce temps Adalbéron combine avec le roi les moyens de
s'emparer de Charles et d'Arnoul, et de leur ville. Arnoul fait savoir à Adalbéron les dispositions de Charles, et l'invite à venir à Laon. Ch. xliii. — Adalbéron se rend près de Charles, entre dans ses bonnes grâces et lui prête serment ; le roi, de son côté, se montre disposé à recevoir Arnoul qu'Adalbéron
conduit près de lui. Ch. xliv. — Arnoul est admis près du roi, lequel l'accueille
très-bien, et lui demande d'obtenir de Charles qu'il reconnaisse tenir par concession royale les villes qu'il possède. Ch. xlv. — Adalbéron rentre à Laon, re-

prend son siége et jure sur les reliques fidélité à Charles. Ch. XLVI. — Adalbéron s'empare pendant la nuit de Charles et d'Arnoul, et les emprisonne; leurs partisans sont mis en fuite ou réduits en captivité, excepté un fils de Charles, âgé de deux ans. Adalbéron envoie des députés au roi pour lui faire connaître ce qui s'est passé et le presser de venir avec des forces. Ch. XLVII. — Le roi se rend à Laon, prend possession de la ville, se fait prêter serment par les citoyens, met la place en sûreté et s'en retourne à Senlis avec ses prisonniers. Ch. XLVIII. — Il demande conseil à ses amis sur ce qu'il doit faire. Les avis sont partagés. Hugues retient en prison Charles, sa femme, son fils aîné et ses deux filles, ainsi qu'Arnoul. Ch. XLIX. — Richer va de Reims à Chartres pour étudier les aphorismes d'Hippocrate; difficultés de son voyage. Ch. L. — Les plaintes des amis d'Arnoul engagent le roi à réunir un synode pour examiner sa conduite. Les suffragants d'Arnoul se réunissent à Saint-Basle et s'adjoignent plusieurs abbés. Ch. LI. — Séguin, archevêque de Soissons, est nommé président, et Arnoul, évêque d'Orléans, promoteur. Ch. LII. — Discours de ce dernier. Ch. LIII. — Le président ne consent à la mise en accusation d'Arnoul qu'à condition que les rois et les évêques feront serment qu'ils useront d'indulgence. Ch. LIV. — L'archevêque de Bourges, Daibert, demande qu'on juge l'accusé selon la rigueur des lois. Ch. LIV bis. — Hervé, archevêque de Beauvais, incline pour l'indulgence. Ch. LV. — Brunon, évêque de Langres, s'indigne contre la conduite d'Arnoul, et déclare qu'aucun lien de parenté ne l'éloignera des formes d'un jugement légal. Ch. LVI. — Godesman, évêque d'Amiens, demande que Brunon, fidèle aux rois et parent d'Arnoul, porte lui-même le jugement. Ch. LVII. — Brunon répond que la seule chose convenable, est que l'affaire soit examinée avec la plus scrupuleuse impartialité. Ch. LVIII. — Ratbot, évêque de Noyon, demande qu'on examine la promesse de fidélité écrite par Arnoul, car il lui semble que cette pièce suffit pour le faire condamner; et il demande cela d'autant plus que les évêques de Lorraine en nient, dit-on, l'authenticité. Le synode ordonne que la pièce soit produite. Ch. LIX. — Copie du texte est produite. Ch. LX. — Arnoul trouve dans l'écrit matière à justification et à condamnation, et ordonne que le prêtre Adalger, complice d'Arnoul, comparaisse. Ch. LXI. — Adalger dit qu'il a agi par l'ordre d'Arnoul. Ch. LXII. — Guy, évêque de Soissons, voit dans la déclaration d'Adalger un motif de plus pour condamner Arnoul. Ch. LXIII. — Gauthier, évêque d'Autun, s'étonne qu'Arnoul cherche encore à se défendre, et s'élève avec force contre lui. Ch. LXIV. — Eudes, évêque de Senlis, veut qu'on procède immédiatement au jugement, attendu que le crime est constant. Ch. LXV. — Le promoteur Arnoul demande que la défense de l'accusé soit complétement libre, et le président Séguin ordonne que la chose soit ainsi. Ch. LXVI. — Plusieurs des assistants prennent la défense de l'accusé, et surtout les abbés Abbon de Fleury, Ramulf de Sens, et Jean, écolâtre d'Auxerre. Ch. LXVII. — On répond d'autre part et les défenseurs se désistent. Ch. LXVIII. — Les évêques font comparaître Arnoul, qui tente de se défendre, mais qui est bientôt obligé de s'avouer coupable et indigne du sacerdoce. Ch. LXIX. — Les rois et les grands se rendent dans le synode, on leur expose l'affaire; Arnoul se jette à leurs pieds et confesse son crime; les rois lui accordent la vie et la conservation de ses membres. Ch. lxx. — Il est déclaré par les évêques indigne du sacerdoce. Ch. lxxi. — Il écrit lui-même son abdication, que signent avec lui les évêques présents. Ch. lxxii. — Le prêtre Adalger se jette aussi aux pieds des rois, demandant d'être réintégré dans la communion, et on lui laisse le choix ou d'être dégradé ou de subir un éternel anathème; il choisit la dégradation. Le synode se sépare. Ch. lxxiii. — Eudes cherche à rentrer en possession du château de Melun, possédé autrefois par son aïeul. Ch. lxxiv. — Un envoyé d'Eudes séduit par ses promesses le commandant du château, qui s'engage à livrer la place. Ch. lxxv. — Eudes prépare des troupes et s'introduit dans Melun; les rois indignés se préparent à assiéger la place. Ch. lxxvi. — Ils font le siége du château par terre et par eau, et s'introduisent dans la place. Ch. lxxvii. — Les habitants se rendent au roi; le traître est pendu et sa femme exposée à un horrible supplice dont elle meurt. Ch. lxxviii. — Les guerres civiles recommencent; Eudes et Foulques en viennent aux mains au sujet de la Bretagne, et se livrent à toute espèce d'excès pendant près de deux ans. Ch. lxxix. — Eudes envoie des députés au roi pour se justifier sur la prise de Melun; le roi accueille ses raisons et lui rend sa bienveillance. Ch. lxxx. — Suite des guerres entre Eudes et Foulques au sujet de la Bretagne. Ce dernier s'empare de Nantes, mais ne peut prendre la citadelle. Ch. lxxxi. — Conan, aidé des Normands, assiége la ville; Foulques fait entrer des troupes en Bretagne. Ch. lxxxii. — Conan choisit un champ de bataille dans lequel il pratique des fossés qu'il recouvre de branches d'arbre et de gazon. Ch. lxxxiii. — Il attire dans ce lieu l'armée ennemie qui, ne soupçonnant pas la ruse, se précipite en partie dans les fossés. Ch. lxxxiv, lxxxv. — Conan est surpris à l'écart, et tué par un des hommes d'armes de Foulques. Celui-ci marche sur Nantes, et les citoyens se rendent à lui. Ch. lxxxvi.

992.

Le roi Robert, âgé de dix-huit ans, répudie sa femme Suzanne, à cause de son âge avancé; elle veut reprendre sa dot, et, entre autres biens, la place de Montreuil. On la lui refuse; elle fait construire un fort tout auprès. Ch. lxxxvii. Cette répudiation est blâmée en secret. Ch. lxxxviii.

993.

Les évêques des Gaules se réunissent à Chelles en un synode que préside le roi Robert. Les actes de déposition d'Arnoul et de promotion de Gerbert y sont approuvés, contrairement à l'opinion du pape, dont la conduite est censurée et l'autorité contestée. Ch. lxxxix.

994.

La guerre recommence entre Eudes et Foulques au sujet de la Bretagne; le roi soutient Foulques, Eudes est appuyé par les Normands, les Aquitains, etc. Ch. xc. — Foulques demande à entrer en composition. Ch. xci. — Ayant reçu un renfort du roi, il devient arrogant. Ch. xcii. — Eudes obtient une trève du roi. Ch. xciii. — Il meurt d'une esquinancie, après s'être fait moine. Il est enterré à Marmoutiers. Ch. xciv.

995.

Sur la demande des évêques de Germanie, le pape Jean leur envoie l'abbé Léon pour réunir en un synode les évêques de Germanie et des Gaules, afin qu'ils revisent l'affaire d'Arnoul et de Gerbert. Les rois de France sont invités à se rendre au synode. Ch. xcv. — Les rois, apprenant que toute cette affaire a été combinée entre Adalbéron, évêque de Laon, et Eudes, qui ont formé de plus le dessein d'introduire Otton en Gaule et de les en chasser, refusent de se rendre à l'invitation des évêques, et leur contestent le droit de reviser ce qui a été fait par les évêques des Gaules. xcvi. — Hugues Capet redemande à Adalbéron le fils de Charles, dont il lui a confié la garde. *Ibid.*

Adalbéron refuse de rendre son dépôt. Il essuie de vives réprimandes de la part des amis de Hugues. Ch. xcvii. — Il est obligé de tout avouer; il est arrêté et ses vassaux se lient aux rois par serment. Ch. xcviii.

Les évêques de Germanie se réunissent à Mouzon, sous le légat Léon; Gerbert, seul des évêques des Gaules, s'y rend, malgré la défense des rois. Ch. xcix. — Haimon, évêque de Verdun, ouvre la séance. Ch. c. — Gerbert prend la parole et plaide sa cause. Ch. ci-cv. — Les évêques penchent pour interdire à Gerbert la communion et les fonctions sacerdotales, afin de complaire au pape. Gerbert réclame avec force, mais consent toutefois à s'abstenir de célébrer la messe jusqu'à un nouveau synode. Ch. cvi. — Les évêques décident que ce nouveau synode se tiendra à Reims, dans le monastère de Saint-Remy, huit jours après la fête de saint Jean Baptiste. Ch. cvii.

Appendice.

Le synode a lieu à Senlis. Mort de Richard, duc des Normands, et de Hilduin. — Synode tenu au mont Sainte-Marie. Il y est réglé qu'un autre synode se tiendra à Engelheim, à la fête de sainte Agathe; ce second synode a lieu en effet.

996.

Gerbert va exposer sa cause au pape, un autre synode est indiqué. — Mort de Hugues Capet. — Le roi Robert épouse Berthe.

997.

Le roi Robert marche contre Foulques, lui reprend la ville de Tours, etc. — Il assiége Hildebert en Aquitaine. — Gerbert va une seconde fois à Rome, et Robert installe Arnoul dans l'archevêché de Reims.

998.

Otton donne à Gerbert l'évêché de Ravenne. — Le pape permet à Arnoul de remplir provisoirement ses fonctions épiscopales.

TABLE ALPHABÉTIQUE.

Le chiffre romain indique le volume ; le chiffre arabe la page.

A

Abaque, construit par Gerbert pour enseigner l'arithmétique, II, 61.

Abbaye, possédée par un comte, I, 43.

Abbés réunis en synode par Adalbéron pour réformer les mœurs des moines, II, 35 et suiv.

ABBON, abbé de Fleury, prend la défense d'Arnoul dans le synode de Saint-Basle, II, 243.

Acqs (diocèse de), ravagé par les Normands, I, 105.

ADALBÉRON, de Metz, siége au synode de Verdun, I, 225. — Au synode général d'Engelheim, 231. — Il concourt à amener la paix entre le roi Louis IV et le duc Hugues, 269.

ADALBÉRON, évêque de Laon. Il est accusé de commerce adultère avec la reine Emma, II, 79. — Il lève avec dureté des redevances sur les citoyens de Laon, 163. — Il est arrêté par Charles de Lorraine, maître de sa ville, 167. — Il lui échappe et se retire près des rois Hugues Capet et Robert, 171. — Il feint de vouloir se rapprocher d'Arnoul et de Charles, mais en réalité pour s'emparer de Laon, 197. — Il obtient une entrevue d'Arnoul, ibid, — et lui propose de le servir près du roi s'il consent à lui rendre le même office près de Charles, 199. — Il va s'entendre avec le roi pour préparer un bon accueil à Arnoul, 201. — Il est reçu par Charles, 203. — Il rentre à Laon et est réintégré dans son siége, 205 et suiv. — Il jure fidélité à Charles sur les saintes reliques, 207. — Il fait arrêter, la nuit, Charles et Arnoul, 209 et suiv. — et s'empare de la ville de Laon, 211. — Il siége au synode de Saint-Basle, réuni pour juger Arnoul, 223. — Il complote avec Eudes de livrer les rois Hugues et Robert à Otton, 285, 287, 289. — Son complot est découvert; il refuse de rendre aux rois le fils de Charles et la citadelle de Laon, 287. — Il est vivement réprimandé, 287. — Il s'avoue coupable et est arrêté par ordre des rois, 291.

ADALBÉRON, ex-chanoine de Metz, succède à Odelric dans l'archevêché de Reims, II, 23. — Restaure et embellit son église, ibid. et suiv. — Réforme les chanoines de son chapitre, 25. — Corrige les mœurs des moines, 26. — Améliore leur bien-être extérieur, ibid. — Porte une affection particulière aux moines de Saint-Remi et veut assurer leurs propriétés, 27. — Va à Rome, y est reçu par le pape Jean avec toute espèce de distinction, 27 et suiv. — Il obtient de ce pape un privilége pour assurer les biens des moines de Saint-Remi auxquels il donne l'abbaye de Saint-Timothée, 29 et suiv. — Fait déposer l'acte dans les archives du monastère, 31. — Le fait confirmer par un synode d'évêques, 33. — Fait décider la tenue d'un autre synode pour la réforme des mœurs des moines, 35. — Assiste aux délibérations des abbés réunis en synode pour réformer les mœurs des moines, 35 et suiv. — Fait instruire dans les sciences les enfants de son église, 45. — Accueille Gerbert et l'attache à l'école de Reims, 51. — Mène Gerbert à Rome, 65. — Sacre roi Louis, fils de Lothaire, associé au trône, 113. — Sa conduite à l'égard de Lothaire est attaquée par le roi Louis V, 143.

— qui marche contre lui avec une armée, 145. — Il offre de se justifier et donne des otages, 145. — La mort de Louis V fait abandonner cette affaire, 149. — Son grand savoir, 151. — Il fait ajourner l'assemblée des seigneurs pour l'élection d'un roi, 151. — Il reçoit les sollicitations de Charles de Lorraine et les repousse, 153 et suiv. — Il parle dans l'assemblée des grands en faveur du duc Hugues et contre Charles, 155 et suiv. — Près de mourir il engage Hugues Capet à venir s'assurer de la ville de Reims, 175. — Sa mort, *ibid*.

ADALBERT, évêque de Bade, siège au synode général d'Engelheim, I, 231.

ADALBACH, évêque de Hambourg, siège au synode général d'Engelheim, I, 231.

ADÉLAÏDE, veuve de Raimond, duc des Goths, est proposée en mariage à Louis, fils de Lothaire, II, 113. — Elle va au-devant de Louis et de Lothaire jusqu'à Vieux-Brioude, 115. Son mariage, *ibid*. — Elle est couronnée, 115, 117. — Les nouveaux époux ne peuvent vivre ensemble et divorcent, 117. — Elle se marie à Guillaume d'Arles, *ibid*.

ADÉLAÏDE, femme de Charles de Lorraine, est emprisonnée avec lui par Hugues Capet, II, 215.

ADÉLELME, trésorier de la ville de Laon, en est fait évêque, I, 63.

ADÉLELME, comte d'Arras, est entraîné perfidement à prendre les armes contre l'autorité du roi Raoul, I, 115. — S'empare de Noyon par surprise, 115, 117. — Est massacré par les citoyens, *ibid*.

ADÉLELME, diacre de l'église de Laon, condamné au synode général d'Engelheim pour avoir introduit dans l'église l'excommunié Thibaud, I, 251.

ADELSTAN, roi des Anglais, oncle de Louis d'Outre-mer, I, 121. — Le recueille et l'élève, *ibid*. — Reçoit à Eurvich les envoyés des princes gaulois, qui offrent la couronne à Louis, 125. — Reconnaissance d'Adelstan pour Hugues le Grand, *ibid*. — Accompagne Louis jusqu'au bord de la mer, 127. — Se méfie des Gaulois et fait des conditions, *ibid*. — Reçoit en garde d'Arnoul la femme et les enfants d'Erluin pris à la guerre, croyant menacé dans la Gaule, 147.

Administration du royaume, I, 119. — des provinces, conférée par les rois, 183.

Adultère public, qualification appliquée au mariage contracté après divorce par Adélaïde, II, 117.

Afrique, ses bornes, I, 7.

AGAPET II, pape, signe une lettre ordonnant que l'archevêché de Reims sera rendu à Hugues, I, 227. — Cette lettre lue dans le synode de Mouzon est déclarée de nul effet, *ibid*. — Avait quelque temps avant écrit une lettre portant jussion apostolique aux évêques de régler cette affaire, celle-ci est déclarée devoir conserver sa force, *ibid*. — Charge Marin, évêque d'Ostie, comme son légat, de venir terminer cette affaire, 229. — Nouvelles lettres présentées par les deux compétiteurs, Artauld et Hugues, 245. — Il préside un synode à Rouen et souscrit celui d'Engelheim tenu l'année précédente, 267. — Excommunie le duc Hugues, *ibid*.

AGENOLD, abbé et moine, assiste au synode de Verdun, I, 225.

Aigle de bronze, placé par Charlemagne au sommet du palais d'Aix-la-Chapelle, II, 85.

AIMARD, évêque de Noyon, sa mort, I, 115.

Aix-la-Chapelle, palais royal. — Otton et Gerberge y célèbrent la pâque, I, 257. — Assemblée de princes de tous pays, *ibid*. — Otton III y est surpris par Lothaire qui le met en fuite et pille le palais, II, 81.

ALAIN, duc des Bretons, entre dans les intérêts du roi Louis d'outremer contre Hugues et Herbert, I, 165. — Est en querelle avec Bérenger, ce qui engage les Normands à ravager la Bretagne, 185.

ALEXANDRE, père de l'église, cité, I, 249.

ALGÉRUS ou ADALGÉRUS, prêtre, complice de l'archevêque Arnoul pour livrer à Charles de Lorraine la ville de Reims, II, 289. — Est mandé au synode de Saint-Basle, sa déposition, 237. — Est excommunié, 251. — Demande et obtient que la peine soit commuée en celle de la dégradation, 253.

Aloès, Otton II en prend jusqu'à quatre drachmes qui occasionnent sa mort,

Alpes pennines, bornent la Belgique, I, 9.
ALTMAR, comte, échange l'abbaye de Saint-Médard contre l'abb. de Saint-Wast et le château d'Arras, I, 43.
Amboise, château sur la Loire situé au milieu des rochers, II, 279.
Amiens, le roi Louis y vient avec les fils d'Herbert et y rassemble ses adhérents pour régler avec eux les affaires publiques, I, 181. — Donné à Erluin par le roi Louis pour le réconcilier avec Arnoul, 185. — Son évêque Dérold, 215. — Thibaud, diacre de l'église de Soisson, en est sacré évêque par l'archevêque Hugues, 223. — Son évêque Godesman siége au synode de Saint-Basle, II, 223.
Anarchie occasionnée par l'enfance de Charles, I, 13.
Anathème lancé par Hervé contre Erlebald, détenteur des biens de l'église de Reims, I, 49. — Par le pape Jean contre Hilduin, archevêque de Tongres opposé au roi Charles le Simple, 61. Voir *Excommunication*.
ANGELBERT exerce des brigandages, I, 273. — Est pris par le roi Louis qui lui fait grâce, 275.
Angers, compris dans l'Aquitaine, ses environs ravagés par les Normands, I, 21.
Anglais, attachés à Charles le Simple, I, 37. — Leur roi Adelstan recueille Louis, fils de Charles le Simple, et le favorise de tout son pouvoir, 121-127, 147. — Leur roi Edmond prend parti pour le roi Louis IV, son cousin, prisonnier de Hugues, 201. — Envoient des députés près d'Otton à Aix-la-Chapelle, 257.
Angoulême, ville d'Aquitaine. Le roi Eudes y séjourne, I, 31.
ANSEGISE, évêque de Troyes, contribue à repousser les Normands de la Bourgogne, I, 95. — Concourt à amener une trêve entre le roi Louis et le duc Hugues, 267.
Aphorismes d'Hippocrate, étudiés par Richer, II, 221.
Apoplexie foudroyante décrite, I, 181.
Aquitaine, l'une des trois parties de la Gaule, ses bornes, I, 9, 21. — Envahie et ravagée par les Normands, 21. — Comprend Angers, *ibid*. — Angoulême, Limoges, Périgueux, 31. — Fournit des troupes contre les Normands qui ont fait irruption en Neustrie, 65. — A pour prince Guillaume, 95. — Envahie par les Normands et délivrée par Raoul, 107. — Visitée par le roi Louis, 183. — Fournit au duc Hugues une armée pour le roi, 271. — Visitée par le roi Lothaire, II, 5. — Comprend l'Auvergne, *ibid*.
Aquitains, leurs mœurs, I, 11. — Marchent à la guerre sous Dalmate contre les Normands qui ont envahi la Neustrie, 65. — Reconnaissance envers Raoul qui les délivre des Normands, 107. — Désirent Hugues le Grand pour roi, 121. — Leur duc Guillaume entre dans les intérêts du roi Louis IV contre Hugues le Grand et Herbert, 165. — Les principaux d'entre eux viennent faire soumission au roi Louis qui leur continue l'administration de leurs provinces, 183. — Leur duc Guillaume jure fidélité au roi Louis, 271. — Marchent avec leur prince Guillaume contre le roi Lothaire, sont mis en fuite, II, 7. — Reconnaissent Hugues Capet pour roi, 159. — Donnent du secours à Eudes contre Foulques, 275.
Arbalète, arme offensive et défensive, — employée à la défense de Senlis, I, 265, — à l'attaque de Verdun, II, 129.
ARCHAMBAULT, archevêque de Tours, siége au synode de Chelles, II, 273.
Archers employés à l'attaque et à la défense des places, I, 137; II, 129, 131, etc.
Arcs, armes offensives, *passim*.
Argone, forêt, fournit des bois pour la défense de Verdun, II, 129.
Aristote, expliqué par Gerbert, II, 53.
Arles, ville de Provence, I, 21.
Armes offensives et défensives. Voir *Arc, Arbalète, Baliste, Bouclier, Cuirasses, Épée, Flèche, Fronde, Javelot, Lance, Pierres, Tortue, Trait*. Sont déposées la nuit au chevet du lit, II, 209.
Armées, leur force, I, 85, 113, 177, 179; II, 83, 87, 129, 269. — Leur composition, I, 21, 177, etc. — Leur disposition, 23 et suiv. 177; II, 193. — Leur dissolution après une campagne, II, 127, 135, etc.
Armées de feu dans le ciel, I, 101, 119.
ARNAUD, chassé de Laon par le roi Louis d'Outre-mer comme suspect de trahison, I, 161.
ARNOUL, évêque d'Orléans, accompagne le duc Hugues (Capet) à Rome

près d'Otton III, II, 103. — Empêche le duc Hugues de porter l'épée d'Otton en signe de dépendance, et la porte lui-même, 105. — Siége au synode de Saint-Basle, 223, 249. — Y remplit les fonctions de promoteur, 225. — Son discours d'ouverture, *ibid*. — Il engage les défenseurs de l'archevêque Arnoul à parler librement, 243. — Son discours contre le prêtre Adalger, 251.

Arnoul, prince des Morins, s'occupe avec le roi Louis IV de la construction d'une forteresse à Wissant, I, 135. — Enlève par ruse à Erluin la place de Montreuil, 139 et suiv. — S'empare de la femme et des enfants d'Erluin et pille ses trésors, 143. — Envoie des troupes contre Erluin qui lui a repris Montreuil; elles sont exterminées, 145. — Se rend à la conférence d'Attigny, 167. — Médite avec Hugues et Otton de se venger de Guillaume, duc des Normands, 169. — Il délibère avec Hugues, et tous deux se décident à faire assassiner Guillaume, 171. — Assigne à Guillaume une conférence dans l'île de Pecquigni et l'y fait assassiner, 173 et suiv. — Attaque Erluin qui se rend près du roi Louis, est mis en fuite, 181, 183. — Se réconcilie avec Erluin, par l'entremise du roi, 185. — Marche avec le roi contre les Normands, 187. — Mandé par le roi, marche avec lui sur le Vermandois et sur Reims, 191. — Sa mort, II, 24. — Ses biens conférés à son fils par le roi Lothaire, 22.

Arnoul, fils naturel de Lothaire, demande l'archevêché de Reims, II, 177 et suiv. — Le roi Hugues Capet et les citoyens le lui accordent; à quelle condition, 181. — Il signe une déclaration de fidélité avec imprécations contre lui-même s'il la viole, 183. — Il reçoit l'eucharistie en témoignage de ses intentions, *ibid*. — Son caractère, 179, 185, 245. — Il reçoit du pape le pallium apostolique, 185. — Il cherche les moyens de servir son oncle, Charles de Lorraine, sans paraître trahir le roi, 187. — Il lui livre la ville de Reims, 189 et suiv. — Il est arrêté par Charles comme s'il était son ennemi, *ibid*. et 191. — Il lui prête serment et est rétabli dans son siége, 191. — Il marche avec Charles contre le roi, 193. — Il accorde une entrevue à Adalbéron de Laon qui feint de vouloir se rapprocher de lui et de Charles, 197, 199. — Il consent à le servir près de Charles tandis qu'Adalbéron le servira lui-même près du roi, 201. — Il réconcilie en effet Adalbéron avec Charles, 201. — Il est reçu par le roi, 205. — Il est arrêté avec Charles la nuit par Adalbéron, 209 et suiv. — Il est emprisonné, 211. — Ses amis se récrient et le roi assemble un synode pour le juger, 221. — Les évêques le font comparaître, 245. — Il s'avoue coupable, 247. — Sollicite l'indulgence des rois, 247. — Écrit lui-même son abdication, 249. — Sa déposition blâmée par le pape, 273. — Confirmée par le synode de Chelles, 275. — Attaquée par les évêques de Germanie, 287. — Synode ordonné à ce sujet, 283. — Ce synode est tenu à Mouzon, 291 et suiv. — Puis à Senlis, 307. — Arnoul est installé dans son siége par le roi Robert, 311. — Il reçoit du pape Grégoire l'autorisation de remplir provisoirement les fonctions épiscopales, *ibid*.

Arques. Les Normands sont défaits près de là par les troupes de Louis d'Outre-mer, I, 187.

Arras, assiégé par Charles le Simple sur Baudouin, comte de Flandre, et donné à l'archevêque Foulques qui l'échange avec l'abbaye de Saint-Wast contre l'abbaye de Saint-Médard, I, 43. — Place d'Herbert, prise et détruite par le roi Raoul et Hugues, 107. — Son comte Adelelme, 113.

Artauld, moine du monastère de St-Remi de Reims, est fait évêque de la ville à la place de Hugues, I, 111. — Son éloge, *ibid*. et 113. — Sacre Walbert, évêque de Noyon, 117. — Assisté de vingt évêques il crée Louis roi à Laon, 129. — Intercède en faveur de Serlus, chef de brigands, et obtient sa grâce du roi, 135. — Bâtit sur la Marne le château de Causette qui lui est enlevé par Herbert, 137. — Le reprend sur Herbert, 155. — Est chassé de Reims par Herbert et Hugues; se retire au monastère de Saint-Remi, puis à Saint-Basle, 155, 157. — Est déclaré déchu par les évêques suffragants de Reims, 159. — Va trouver à Compiègne le roi Louis qui promet de lui rendre son siége, 179. — Rétabli par les rois Louis, Otton et Conrad et par

les archevêques de Mayence et de Trèves, 209. — Sacre Gibuin, évêque de Châlons, 219. — Son affaire avec Hugues examinée dans la conférence du Chier ; renvoyé à un autre synode, il conserve provisoirement l'archevêché de Reims, 223, 225. — Préside avec Robert de Trèves le synode de Verdun où doit être examinée son affaire, 225. — Est laissé en possession du siège de Reims, 225. — Assiste au synode de Mouzon convoqué pour la même affaire, 227. — Est maintenu dans son siège, *ibid.* — Expose son affaire au pape Agapet, 229. — Siège au synode général d'Engelheim convoqué pour juger son affaire, 231. — Expose sa cause au synode, 245 — et présente une lettre du pape à son avantage, 245. — Est confirmé dans la dignité pontificale par le synode, 247. — Intercède auprès du synode pour l'archevêque Gui qui avait sacré Hugues, 253. — Sacre Lothaire roi dans la basilique de Saint-Remi, II, 5. — Sa mort, 17.
Asie, ses bornes, I, 7.
Assassinat de Guillaume, duc des Normands, résolu par Hugues et Arnoul à l'instigation d'Otton, I, 171 et suiv. — Projet d'exécution concerté, 171, 173. — Exécution, 173 et suiv.
Astronomie ignorée en Italie, II, 49.
Attigny, résidence royale, I, 85. — L'armée de Charles le Simple, marchant contre Robert, se refait là quelque temps, *ibid.* — Est rendu par Raoul à Charles le Simple prisonnier d'Herbert, 105. — Les seigneurs s'y réunissent en conférence, 107. — Pillé et brûlé par l'empereur Otton III, II, 89.
Augsbourg, son évêque, Odelric, I, 231.
Autel portatif d'un travail précieux, fait par Adalbéron, archevêque de Reims, II, 23, 25.
Autun, son évêque Gauthier siège au synode de Saint-Basle, II, 223.
Auvergne, partie de l'Aquitaine, II, 5.
Auxerre, son évêque Gui, I, 267. — Son évêque Herbert siège au synode de Saint-Basle, II, 223.
Avant-garde des Normands dispersée à Arques par les troupes du roi Louis, I, 187.
Avenay, abbaye donnée à l'archevêque Artauld, chassé de Reims, I, 155.
Avranches, ville de la province ecclésiastique de Rouen, I, 15.

B

BALDRIC, évêque de Maëstricht, siège au synode général d'Engelheim, I, 231.
Baliste, machine à lancer des flèches, des pierres, etc., I, 257 ; II, 123, 167, etc.
Bannières. Voir *Enseignes*.
Baptême de Catillus, chef normand, I, 27. — Cérémonies qui l'accompagnent, *ibid.* — Donné aux prisonniers normands faits par Robert, 69. — De Henri, fils de Louis d'Outremer. Costume des nouveaux baptisés, 275.
BARDON concourt à reprendre Verdun sur le roi Lothaire, II, 127. — Est fait prisonnier, 135.
Barques de la Seine enlevées par le duc Hugues pour arrêter l'armée des rois Louis, Otton et Conrad, 209. — Obtenues au moyen d'un stratagème par dix jeunes gens de cette armée, 211 et suiv.
Basle (Saint-), donné à Artauld, chassé de l'archevêché de Reims, I, 157. — Il y fixe sa demeure, *ibid.*, 179. — Il s'y tient un synode pour juger Arnoul, archevêque de Reims, 223. — Ce synode est présidé par Seguin, archevêque de Sens ; le promoteur est Arnoul, évêque d'Orléans, 225. — Arnoul, archevêque de Reims, y est dégradé, 249. — Ainsi que le prêtre Adalger, 251, 253.
Batailles, I, 23, 65, 85, 87, 95, 97, 99, 107, 177, 179, etc. Voir *Chelles*, *Limoges*, *Montpensier*, *Soissons*, etc.
Bathilde (Sainte-), monastère à Chelles, brûlé par les soldats d'Otton III, II, 89.
BAUDOUIN, prince des Morins, c'est-à-dire comte de Flandre. Le roi Charles le Simple lui enlève Arras et l'abbaye de Saint-Wast qu'il donne à Foulques, ce qui pousse Baudouin à faire assassiner Foulques, I, 43, 45.
Bayeux, ville de la province ecclésiastique de Rouen, I, 15. — Donné à Hugues le Grand par le roi Louis d'Outre-mer, 189. — Assiégé inuti-

lement par Hugues, *ibid.* — Ouvre ses portes au roi, *ibid.* — Son gouverneur Hagrold poursuit le roi et extermine son escorte, 197. — Le duc en exprime ses remerciements aux citoyens, *ibid.*

Beauvais. Le roi Raoul y fixe sa résidence, I, 99. — Son évêque Hervé siège au synode de Saint-Basle, II, 223.

Belges, leurs mœurs, I, 11. — S'attachent au roi Charles le Simple contre Eudes, 33. — Tiennent le parti de Charles contre Robert, 53. — Marchent à la guerre sous Ricuin contre les Normands qui ont envahi la Neustrie, 65. — Gislebert cherche à les exciter contre Charles, 73. — Ils reviennent au roi, 75. — Un petit nombre d'entre eux restent fidèles à Charles le Simple, abandonné de toute la Gaule, 82. — Lui conseillent le combat et conviennent de ne s'attacher qu'à Robert et de le tuer, 83. — Ils forment à Charles une armée de dix mille hommes, *ibid.* — Après la capture de leur roi, Charles le Simple, ils prennent différents partis, 93. — Marchent avec Herbert contre le duc Hugues, 107. — Désirent pour roi Louis, fils de Charles, 121. — Adressent au roi Louis des remontrances sur sa manière absolue de gouverner, 147. — Sont divisés entre Louis d'Outremer et Otton, 147, 149. — Ont pour duc Gislebert, 149. — Prétentions d'Otton II à la domination sur les Belges, 149. — Portent la guerre en Germanie, sont vaincus, 151. — Ils fournissent une armée au roi Louis, I, 265. — Harcèlent l'armée de Lothaire, traversant leur pays, II, 121. — Ils donnent des secours à Eudes contre Foulques, II, 275.

Belgique, I, 37, 39, 43, 61, 77, 89, 107, 149, 165, 203, 207, 219, 257, etc. — L'une des trois parties de la Gaule, ses bornes, 33, 91. — Charles le Simple est mis en possession du pays, 33, 35. — Comprend Reims, 33. — Les princes du pays s'attachent au parti de Charles le Simple contre Eudes, 33. — Comprend les provinces ecclésiastiques de Cologne, de Trèves, de Mayence, 33. — La Fère, 35. — Soissons, 51. — Le Condroz et l'Hasbain, 85. — Wissant, 135. — Envoie quatre cohortes contre les Normands qui ont fait irruption en Neustrie, 65. — Dévastée par Otton II, 149. — Fournit une armée pour marcher contre Otton II, 151. — Les rois y font leur principal séjour, 165, 167. — Distincte de la Germanie, 257. — Fournit une armée au roi Louis, 265. — Confiée par Otton à Rainier, II, 9. — Devient un grand sujet de guerres entre Lothaire et Otton, 81. — La partie de la province en litige est abandonnée par Lothaire à Otton, 97, 99. — Cédée à Lothaire par Hezilon (Henri le Querelleur), compétiteur d'Otton III, 121.

Bélier, machine de guerre. Sa description, 171 et suiv. — Ne peut être employé contre Laon, 173.

BÉRENGER, prince des Bretons, en querelle avec Alain, I, 185.

BÉRENGER, évêque de Verdun, siège au synode général d'Engelheim, I, 231.

BERNARD, évêque d'Halberstad, siège au synode général d'Engelheim, I, 231.

BERNARD marche avec le roi Louis sur le Vermandois et sur Reims, I, 191.

BERNARD de Senlis prend parti pour Hugues contre le roi Louis; concourt à la prise et à la destruction de Montigny, I, 191. — et de la résidence royale de Compiègne, *ibid.* — Il s'empare des chasseurs, des chiens, des chevaux et des épieux du roi, *ibid.*

BERTHE, femme d'Otton, prend le roi Robert pour défenseur de ses intérêts, II, 307. — Elle veut épouser Robert; Gerbert cherche à l'en détourner, *ibid.* — Ce mariage a lieu, *ibid.*

Besançon, métropole des Séquaniens, I, 271. — Sa position, 273. — Gouvernée par Létold, 273.

Blois (*château de*), donné à Ingon, I, 31. — Ville de Neustrie, II, 5. — Ses environs sont ravagés par Foulques, comte d'Anjou, 261.

BONIFACE, père de l'Église, cité, I, 249.

BOPPON, évêque de Wurtzbourg, siège au synode général d'Engelheim, I, 231.

BOREL, duc de l'Espagne citérieure, vient au monastère de Saint-Gerold, et emmène en Espagne le jeune Gerbert, II, 47. — Le confie à l'évêque Hatton; l'emmène à Rome, *ibid.* — Demande du secours à Hugues Capet contre les Barbares, 161.

Botanique, I, 215.
Boucliers, arme défensive, I, 177, 205, etc.
Boulogne. Les députés envoyés pour offrir le trône à Louis d'Outre-mer s'embarquent dans son port, I, 123. Les seigneurs gaulois viennent y attendre Louis, 127.
Bourges. Son archevêque Dalbert siège au synode de Saint-Basle, II, 223.
Bourgogne, I, 91, 153, 157, 205; II, 13, etc. — Ravagée par les Normands, 95. — Louis en prend possession, 129. — Comprend Langres, *ibid.* — Le roi y mène une armée, 271. — S'étend jusqu'à Brienne, 273. — Donnée par Lothaire à Otton, fils de Hugues le Grand, 17. — Comprend Mâcon et Besançon, 271.
Bovon, évêque de Châlons-sur-Marne; ayant déserté la cause du roi Raoul, il est pris, amené devant le prince et emprisonné, I, 113. — Sa mort, 219.
Braine, place de Hugues le Grand, située sur la Vesle, prise et détruite par Herbert, I, 107, 109.
Bretagne ou *Petite Bretagne*, contiguë à la Gaule, et tenue envers elle au service militaire, I, 15. — Ravagée par les Normands, 15, 21, 185, 187.
Bretons, assaillis par les Normands, ne font aucune résistance, I, 21. — Leur duc Alain entre dans les intérêts du roi Louis d'Outre-mer contre Hugues et Herbert, 165. — Les querelles de leurs princes Alain et Bérenger les font tailler en pièces par les Normands, malgré les traités, 185, 187. — Sont pour la plupart expulsés de la Bretagne; le reste est soumis à la servitude, 187. —

Reconnaissent Hugues Capet pour roi, II, 159.
Bridda. Voir *Brioude*.
Brienne, forteresse sur les frontières de la Bourgogne, sert de refuge à des brigands, est prise et rasée par le roi Louis, I, 273.
Brigands. Se retirent dans des forteresses après leurs brigandages, I, 135, 273. — Leurs forteresses sont détruites par le roi Louis, *ibid.* Voir *Angelbert, Gozbert, Serlus.*
Brioude, lieu d'Aquitaine consacré à saint Julien, martyr, I, 21. — Le roi Eudes y présente des offrandes au saint, *ibid.*
Britannia minor. Voir *Bretagne*.
Bruerech, lieu de Bretagne, II, 265.
Brunon, abbé, assiste au synode de Verdun, I, 225.
Brunon, archevêque, duc, II, 19. — Frère de la reine Gerberge, sollicité par elle de mettre son fils Lothaire sur le trône du roi Louis d'Outre-mer décédé, se prête à ses vues, 3. — Amène un accommodement entre la reine Gerberge et Rainier, 13. — Marche contre Robert de Trèves, hostile au roi Lothaire, et assiège Troyes, 15. — Fait nommer Odelric archevêque de Reims, 19.
Brunon, évêque de Langres, siège au synode de Saint-Basle, II, 223, 249. — Ses discours sévères contre l'archevêque Arnoul, 229 et suiv., 233.
Bulizlas, roi des Sarmates; Otton II lui fait la guerre, II, 9.
Burchard accompagne le duc Hugues (Capet) à Rome près d'Otton III, II, 103.
Butin, I, 137, 145, 149, 151, etc.

C

Caliste, pape et martyr; son corps placé par Adalbéron dans l'église de Reims, II, 23.
Cambraisis. Il s'y fait un tremblement de terre, I, 89.
Cambray, son évêque Fulbert, I, 31.
Campania remensis. Voir *Champagne rémoise*.
Camps fortifiés de fossés, II, 131. — De fossés et de chaussées, 111.
Carloman, père de Charles le Simple, (faux), I, 13.
Castricum (comté de Réthel), I, 47. — A pour comte Erlebald, *ibid.* et 63.

Catégories ou *Prédicaments* d'Aristote expliqués par Gerbert, II, 53.
Catillus, chef des Normands à la bataille de Montpensier, est pris et amené au roi Eudes, I, 27. — Le roi le conduit à Limoges où il le présente au baptême, mais il est percé mortellement par façon dans le baptistère même, *ibid.* — Est père de Rollon, 65.
Caution donnée pour garantie de l'exécution d'un jugement du roi, I, 185.
Causostes, château bâti sur la Marne par l'archevêque de Reims Artauld,

pris par Herbert, I, 137. — Repris et détruit par Artauld, 153.
Cavalerie, chargeait après l'Infanterie, I, 25; II, 173.
Cavaliers, avaient des valets, II, 89.
CÉLESTIN, père de l'Église, cité, I, 240.
Celtes, leurs mœurs, I, 11. — Désirent Hugues le Grand pour roi, 121.
Celtique, l'une des trois parties de la Gaule, ses bornes, I, 9. — Comprend les diocèses de Reims, Laon, Châlons, Thérouanne, 33. — Comprend la province ecclésiastique de Rouen, 13. — Ravagée par les Normands, 17. — Quelques-uns des princes du pays s'attachent à Charles le Simple contre Eudes, 33. — Comprend Soissons, 39. — Charles le Simple mène une armée de la Celtique contre Gislebert et quelques seigneurs belges, 75. — Le roi Charles y lève des troupes contre les Normands, 77. — Diffère de la Neustrie, 79. — Ravagée par Otton III, II, 80.
Centurions, centuries, II, 83, 87, 89.
Châlons, ville de la Celtique et de la province ecclésiastique de Reims. Son évêque concourt à mettre Charles le Simple sur le trône, I, 33. — Son évêque Bovon déserte la cause du roi, Raoul est emprisonné, 113; meurt, 219. — A pour successeur Gibuin, *ibid*. — Celui-ci assiste au synode de Meaux et s'y montre favorable à Artauld et contraire à Hugues, II, 19. — Concourt au sacre d'Odelric, archevêque de Reims, 21.
Champagne rémoise, I, 157.
Chandelier à sept branches, ce qu'il signifie, II, 25.
Chanoines de Reims, réformés par l'archevêque Adalbéron, II, 25. — Règles qu'il leur prescrit, 25, 27.
Chariots à la suite des armées, II, 93.
CHARLES, fils de Charles de Lorraine, exempté de la captivité de toute sa famille, 211.
CHARLES CONSTANTIN, prince de la ville de Vienne, vient dans le Mâconnais jurer fidélité au roi Louis d'Outremer, I, 271. — De race royale, mais par des concubines, *ibid*. — Son éloge, *ibid*.
CHARLES LE CHAUVE, célèbre empereur des Germains et des Gaulois, bisaïeul de Charles le Simple *(faux)*, I, 13.
CHARLES III, ou LE SIMPLE. Richer se propose de raconter l'histoire des Gaulois sous son règne, I, 5, 11. — Charles est fils de Carloman, petit-fils de Louis le Bègue, arrière-petit-fils de Charles le Chauve *(faux)*, 13. — Il perd son père à deux ans, *ibid*. — Son enfance est cause que les seigneurs, tourmentés par les incursions des Normands élisent un roi, *ibid*. — Arrivé à sa quinzième année, il se plaint amèrement à ses amis en Belgique d'être privé du trône, 33. — Il est créé roi par les grands et les évêques de Belgique et quelques-uns de Neustrie, *ibid*. — Portrait et caractère de Charles, 35. — A la mort de Eudes, tous les seigneurs des Gaules s'attachent à lui, *ibid*. — Il prend possession de la Saxe *(faux)*, 37. — Obtient la sujétion des Sarmates *(faux)*, *ibid*. — Attachement excessif du roi pour Haganon, 80. — Il indigne par là les seigneurs, *ibid*. — Réunit près de lui à Soissons les grands de la Gaule, *ibid*. — Ceux-ci demandent le renvoi d'Haganon que le roi s'obstine à garder, 41, 54. — Ils se lient à Robert et conspirent contre le roi, *ibid*. — Charles marche contre Baudouin, comte de Flandre, et assiège Arras, 43. — Il nomme Hervé à l'archevêché de Reims, 47. — Il a une conférence à Worms avec Henri l'Oiseleur, laquelle se termine mal, 49. — Il est en butte à Henri d'un côté et à Robert de l'autre, 51. — Robert et les seigneurs demandant le renvoi d'Haganon, il refuse, *ibid*. — Est en butte aux poursuites de Robert et des seigneurs qui se rendent près de lui à Soissons et s'emparent de sa personne, 53. — Il est délivré par l'archevêque Hervé, *ibid*. — Il se retire à Tongres dont il fait nommer Hilduin archevêque, 55. — Il fait rappeler de Saxe le duc Henri *(faux)*, *ibid*. — Et l'accueille avec les plus grands honneurs, 59. — Fait déposer Hilduin et mettre à sa place Richer, 61. — Fait convoquer un synode à Trol, et le préside avec l'archevêque Hervé, 63. — Il pourvoit Adelelme de l'évêché de Laon, *ibid*. — Il marche contre le comte Ricuin qui s'est déclaré contre lui et lui pardonne, *ibid*. — Il envoie quatre cohortes de Belges combattre sous Robert les Normands qui se sont jetés sur la Neustrie, 65. — Il assiste aux funérailles de Rainier Long-Cou, 71.

— Accorde à Gislebert le rang possédé par son père, 71. — Il apprend que les grands de Belgique, séduits par Gislebert, se déclarent contre lui et il marche contre eux avec une armée tirée de la Celtique, 75. — Il assiége la place de Goul et la prend, *ibid*. — Reçoit Gislebert en grâce, 77. — Se rend en Celtique pour faire marcher des troupes contre les Normands, 77. — Est abandonné de toute la Gaule sauf un petit nombre de Belges, 81. — Ses doléances à ses partisans fidèles, *ibid*. — Appelle à lui tous les Belges fidèles pour marcher contre Robert, 83. — Il se met à leur tête, 83, 85. — S'abstient, à la demande des évêques, du clergé et des grands qui l'entourent, de prendre part à la bataille de Soissons contre Robert, *ibid*. — Il perd la bataille et se retire en Belgique, 89. — Il se dispose à revenir à la charge avec une armée, 91. — Il est attiré dans un piège et fait prisonnier par Herbert qui le conduit à Péronne, 93. — Reçoit une apparence de liberté d'Herbert, 101. — Demande est faite au pape par Herbert pour qu'il soit remis sur le trône, 103. — Est réintégré dans la prison de Péronne, *ibid*. — Est visité dans sa prison par Raoul qui lui rend les résidences royales d'Attigny et de Ponthion, 105. — Sa mort, *ibid*. — Son fils Lothaire lui succède, II, 3, 5.

CHARLES DE LORRAINE, fils de Louis d'Outre-mer et de Gerberge, naît à Laon, I, 275. — Frère du roi Lothaire, oncle du roi Louis, Il réclame le trône à la mort de ce dernier, II, 153. — Il est repoussé ; pour quels motifs, 155. — Adalbéron, archevêque de Reims, parle contre lui dans l'assemblée des grands, 157. — Reproches qu'il lui fait, *ibid*. — Charles engage ses amis à embrasser sa cause, 163. — Convoite Laon et établit des intelligences avec les citoyens, *ibid*. — S'empare de la ville, de son évêque Adalbéron et de la reine Emma, 165, 167. — Il fortifie la place, 167, 171. — Son neveu Arnoul, archevêque de Reims, lui livre cette ville, 189. — Il le fait arrêter pour éloigner tout soupçon de connivence, *ibid*. et 191. — Puis il reçoit son serment de fidélité et le rétablit dans son siége, *ibid*. — Il possède dès lors Reims, Laon et Soissons et les places qui en dépendent, *ibid*. — Il consent, à la sollicitation de son neveu, l'évêque Adalbéron, 201. — Il le réintègre dans son siége, 205. — Il est arrêté la nuit par Adalbéron, 209, ainsi que sa femme et ses enfants, à l'exception d'un fils nommé Charles, 211. — Il est mis en prison avec sa femme, un de ses fils et ses deux filles, 215.

CHARLES, fils du précédent, est exempté de la captivité de son père, II, 211.

Chartres, ville de Neustrie, II, 5. — Voyage qu'y fait Richer pour aller lire les aphorismes d'Hippocrate, 215 et suiv.

Chasseurs du roi Louis pris par Bernard de Senlis, I, 191.

Château-Thierry. Place livrée par Wallon, fidèle du roi, au comte Herbert, I, 133.

Chaussées faites autour des camps, II, 169, 171.

Chaussure des moines, II, 43.

Chelles, son monastère de Sainte-Batilde brûlé par les troupes d'Otton III, II, 89. — Synode tenu en ce lieu par les évêques des Gaules pour examiner l'affaire d'Arnoul, ex-archevêque de Reims, 273. — On y censure les actes du pape et on y confirme la déposition d'Arnoul et la promotion de Gerbert, 275.

Chelles (mont de), les Normands y sont battus par les Bourguignons, I, 95.

Chevaux du roi Louis d'Outre-mer, pris par Bernard de Senlis, I, 191.

Chiens du roi Louis d'Outre-mer, pris par Bernard de Senlis, I, 191.

Chier, une conférence a lieu près de ce fleuve entre les rois Louis et Otton, I, 223. — On y décide que l'affaire de Hugues et d'Artauld, archevêque de Reims, sera examinée par les évêques, *ibid*. — Ceux-ci désapprouvent que Hugues, privé du pontificat, ait sacré l'évêque d'Amiens, *ibid*. — décident que ce point sera déféré à un autre synode, 225.

Chirurgie, I, 215.

Chirurgiens, I, 217.

CICÉRON, cité, II, 53.

Cisalpins, I, 189.

Citoyens d'Arles, d'Orange, de Toulouse, de Nîmes marchent sous le roi Eudes contre les Normands, I, 21. — De Reims sont consultés pour la nomination de leur archevêque,

47. — D'Arras, vaincus par Raoul, lui jurent fidélité, 107. — De Reims reçoivent ordre du roi Raoul de choisir un autre évêque que Hugues, fils d'Herbert; ils refusent, Raoul les assiége, 109. — Ils consentent à recevoir pour archevêque le moine Artauld, 111. — De Noyon, surpris pendant la nuit, fuient de leur ville dont ils s'emparent à force ouverte cinq jours après, 115, 117. — De Langres, ouvrent les portes de leur ville au roi Louis qui l'assiége, 131. — De Reims ouvrent leurs portes à Herbert et à Hugues, 155. — Se plaignent dans l'assemblée des évêques suffragants de Reims qu'ils sont privés de pasteur et demandent Hugues, 159. — Font à Hugues un excellent accueil, 159, 161. — De Rouen emprisonnent le roi Louis et le livrent à Hugues, 197. — De Bayeux poursuivent le roi Louis; Hugues leur adresse des remerciments, 197. — De Reims assiégés par les trois rois Louis, Otton et Conrad, 207. — Ouvrent leurs portes, 209. — Défendent leur ville contre Hugues, 221. — De Laon portent les armes, 259, 261, 263. — De Senlis soutiennent un siège, 265. — De Reims prêtent serment à Hugues Capet et reçoivent la liberté de se choisir un évêque, II, 177 et suiv.

Clergé concourt à l'élection des évêques, I, 55, 219, etc.

Clermont (territoire de) en Aquitaine, I, 21, 23. — Eudes y rencontre les Normands, *ibid.*

CLOVIS, premier roi chrétien des Gaulois, I, 11.

Cohortes, I, 65, 107, 133, 135, 141, 181, 253, 260; II, 11.

Coiffures des moines, II, 41.

Collecteurs de deniers publics, I, 93.

Cologne, ville de Belgique; son archevêque concourt à mettre Charles le Simple sur le trône, I, 33. — Son archevêque Wicfrid, 231.

Colombe (Sainte-), basilique à Sens; le roi Raoul y est enterré, I, 119.

Combat singulier. Le roi Louis en menace le duc Hugues en cas de démenti, I, 239. — Entre un Germain et un Gaulois, II, 91. — Défi de combattre porté dans l'intérêt de l'évêque Adalbéron, 289.

Combat naval livré par Raoul aux Normands qui y sont exterminés, I, 99.

Commères, ce qu'on entendait par là; proscrites des monastères par un synode d'abbés réunis pour réformer les mœurs des moines, II, 39.

Compères, ce qu'on entendait par là dans les monastères, II, 39. — Usage défendu par un synode d'abbés assemblés pour réformer les mœurs des moines, *ibid.*

Compiègne, résidence royale, I, 179. Artauld vient y trouver le roi Louis d'Outre-mer, *ibid.* — Pris et pillé par les partisans de Hugues, 191. — Le roi Louis s'y retire après avoir été mis en liberté par Hugues, 203. — Les amis du roi s'y réunissent et il leur porte ses plaintes, *ibid.* — Pillé par Otton II, II, 89. — Les seigneurs s'y réunissent pour associer Louis au trône de Lothaire, 111.

Comtes, possédant une abbaye, I, 43. — Leurs charges révocables, 115; II, 23.

CONAN, comte de Bretagne, marche contre Foulques qui s'est emparé de Nantes, II, 265. — Il assiége la ville, 265, 267. — Il dresse des embûches à Foulques et le fait tomber dans ses pièges, 267, 269. — Il est surpris et tué par un des guerriers de Foulques, 271.

Concessions royales de titres de ducs, comtes, I, 71; II, 15, 17. — Des biens ayant appartenu à Gislebert, I, 75. — Des terres d'Arnoul, comte de Flandre, II, 23.

Conclave, mot appliqué à une assemblée du roi et des grands, I, 167.

Condroz, canton appartenant à la Belgique, I, 85.

Conférences. On s'y rendait avec des forces, I, 223, etc.

CONRAD, évêque de Constance, siège au synode général d'Engelheim, I, 231.

CONRAD, roi de Bourgogne, I, 205. — Sollicité par le roi Louis IV, il lui envoie du secours contre Hugues, *ibid.* et suiv. — Il va au secours de Louis; les deux rois et Otton marchent sur Laon, attaquent et prennent Reims, 207, 209. — Rétablissent l'archevêque Artauld dans son siége, 209. — Marchent contre Hugues et attaquent Senlis, *ibid.* — Traversent la Seine et dévastent le pays jusqu'à la Loire ainsi que la terre des Normands, et s'en retournent, 213.

CONRAD, duc, envoyé par Otton à la tête de troupes destinées à agir contre le duc Hugues dans l'intérêt du roi Louis, I, 249. — Lève en Belgique une armée pour le roi Louis d'Outre-mer, 253. — Mène de la part d'Otton des troupes au roi Louis, 265. — Procure la paix entre le roi et Hugues, 269.

CONRAD, roi des Allemands, cherche à s'emparer du duc Hugues Capet à l'instigation de Lothaire, II, 107.

Constance, son évêque Conrad, I, 231.

Conversion au christianisme des Normands faits prisonniers par Robert, I, 69. — Cérémonies observées en cette occasion, *ibid.*

Costume. Celui des moines devait différer de celui des gens du monde, II, 41.

Costume militaire, 209.

Coucy, fort appartenant à l'évêché de Reims, II, 21. — Donné à condition de fidélité au fils de Thibaut de Tours par l'archevêque Odelric, *ibid.*

Coutances, ville de la province ecclésiastique de Rouen, I, 15.

Crépin et Crépinien, martyrs (basilique de Saint-) à Soissons. Les évêques suffragants de Reims s'y réunissent pour déposer Artauld et élire Hugues archevêque, I, 159.

Crochets de fer, employés pour accrocher des machines de guerre, II, 135.

D

DAIBERT, archevêque de Bourges, siège au synode de Saint-Basle, II, 223, 249. — Dans son discours, il demande des peines sévères contre l'archevêque Arnoul, 227. — Il siège au synode de Chelles, 273.

DALMATE commande des légions envoyées d'Aquitaine contre les Normands qui ont envahi la Neustrie, I, 65.

DAMASE, chargé par le pape Étienne VIII de lettres apostoliques pour les gouverneurs des provinces des Gaules, I, 161.

Déguisement auquel a recours le duc Hugues pour échapper aux pièges de Lothaire et de la reine Emma, II, 109.

Déguisement à la guerre, I, 209, 211; II, 11.

Démons sous la forme de cavaliers, détruisant une basilique près de Montmartre, et dévastant des vignes et des moissons, I, 185.

Deniers publics levés pour acheter la retraite des Normands, I, 63.

DENYS (SAINT), martyr. Le roi Eudes est enterré dans sa basilique, I, 35. — Ainsi que le duc Hugues le Grand, II, 9.

Dépouilles enlevées aux vaincus par les vainqueurs, I, 25, 27, 89, 90, 145.

DÉROLD, évêque d'Amiens, grand médecin, I, 215. — Se montre supérieur à un médecin de Salerne, *ibid.* et 217. — Versé dans les lettres, 215.

Dialectique professée par Gerbert, II, 51.

Dijon, forteresse royale bâtie près du torrent de l'Ousche, convoitée et prise par trahison par Robert, prince de Trèves, II, 13.

Divorce de Louis, fils de Lothaire et d'Adélaïde, II, 117. — Du roi Robert et de Suzanne, 271. — Voir *Répudiation*.

DODDON, évêque d'Osnabruck, siège au synode général d'Engelheim, I, 231.

Domestici du roi, I, 32. — D'un simple individu, 46.

Dot des reines, II, 271.

Doulens, place d'Herbert, prise et détruite par Raoul et Hugues, I, 107.

Douzy, I, 223.

Draps de lit. Les moines ne pouvaient en avoir en toile, II, 43.

Dreux, château donné à O. par Hugues Capet, afin d'en obtenir du secours contre Charles de Lorraine et la ville de Laon, II, 195.

Droits levés dans les ports sur les objets transportés par navires, I, 139.

Duc de la Celtique, I, 37. — Des Gaules ou des Gaulois, 63, 183, 267; II, 3. — Dans le sens de gouverneur de province, I, 37, etc. — Ses fonctions, *ibid.* — Dans le sens de chef militaire, 84, etc.

DUDON, évêque de Paderborn, siège au synode général d'Engelheim, I, 231.

DUDON, vassal de Charles de Lorraine, engage le prêtre Adalger à lui livrer Laon, II, 237, 239.

Dynamique, I, 215.

E

Éclaireurs, I, 259, 261; II, 11.

Écolâtres, assistent en grand nombre à la dispute de Gerbert et d'Otric à Ravenne, II, 67. — Écrivent en faveur d'Arnoul, emprisonné par Hugues Capet, 221.

EDMOND, roi des Anglais, prend fait et cause pour le roi Louis, prisonnier de Hugues, I, 199, 201. — Ses menaces à Hugues qui les reçoit avec fierté, 201.

Église, lieu de refuge, I, 117.

Églises usurpées par des laïques; il en est traité au synode général d'Engelheim, I, 249.

Élection du roi Eudes, I, 17. — Du roi Charles le Simple, 33. — De Robert, 79. — De Raoul de Bourgogne, 91. — De Louis d'Outre-mer, 121 et suiv. — Du roi Lothaire, faite par les grands de toutes les provinces des Gaules, II, 3.—Du roi Louis V, 141. — De Hugues Capet, 151 et suiv. — Des évêques, I, 47, 55; II, 177 et suiv., etc.

Embûches tendues à la guerre, II, 101. — Tendues par Conan à Foulques, 267, 269.

EMMA, femme du roi Lothaire, accusée de commerce adultérin avec Adalbéron, évêque de Laon, II, 79. — Cherche à s'emparer de Hugues par surprise; écrit à ce sujet à sa mère Adélaïde, impératrice, 105, 107. — Est chargée par le roi Lothaire, son mari, de la garde de Verdun, 127. — Est prise à Laon par Charles de Lorraine, 167.

Engelheim, ou maison des Anges. Il s'y tient un synode général pour juger le différend des archevêques de Reims, Hugues et Artauld, I, 229 et suiv. — Les évêques y traitent d'abord des affaires publiques et des différends du roi et des seigneurs, 233 et suiv. — Le roi y expose ses griefs contre Hugues le Grand, 235 et suiv. — Le synode exhorte Hugues à rentrer dans la soumission ou à aller à Rome devant le pape s'il ne veut être excommunié, 245. — Artauld y expose sa cause et présente une lettre du pape en sa faveur, ibid. — Hugues en fait présenter une fausse, ibid. et 247. — Le synode confirme Artauld dans la dignité pontificale, ibid. — Et sépare de la communion de l'Église Hugues, son compétiteur, 249. — Autres questions qui y sont traitées, ibid. et 251. — S'ajourne à trente jours pour publier un anathème contre le duc Hugues, 249. — Est confirmé par le pape Agapet dans un synode tenu à Rome, 267. — Il s'y tient un nouveau synode pour la même affaire, II, 309.

Enseignes. Les troupes marchaient au combat, enseignes hautes, I, 67, 145, 177. — Distinguaient les bataillons, II, 83.— Enlevées à l'ennemi, 101.

Épée, arme offensive des Francs, I, 27, 173, 175, 177, 255, 263, etc. — Porter l'épée de quelqu'un était un signe de dépendance, 129; II, 105.

Épernay, bourg riche et populeux, appartenant à l'évêché de Reims, II, 21.

Épieux du roi Louis d'Outre-mer pris par Bernard de Senlis, I, 191.

Épiscopat déféré à un enfant et géré par un prêtre, I, 105.

Eques, II, 214, 216, 218, etc.

Equester ordo. Voir *Ordre équestre*.

ERLEBALD, comte de *Castricum*, s'empare des biens de l'archevêché de Reims, et entre autres de Mézières, I, 47, 49. — Est excommunié, 49. — Assiégé, obligé de rendre la place et chassé de tout le canton, ibid. — Se rend à la conférence de Worms pour se plaindre au roi Charles le Simple; est tué dans une mêlée, ibid. — Est relevé de l'excommunication au synode de Troll, 63.

ERLUIN possède Montreuil qui lui est enlevé de ruse par Arnoul, I, 139 et suiv. — Sa femme et ses enfants prisonniers sont envoyés en Angleterre, 143. — Demande du secours à Guillaume, duc des Normands, ibid. — Avec ce secours, il assiège et prend Montreuil, 145. — Attaqué de nouveau par les troupes d'Arnoul, il les extermine, ibid. — Le roi lui confie la garde de Rouen, 179. — Est mandé à une conférence royale à Amiens, 181. — Attaqué en route par Arnoul, il reste vainqueur, 183. — S'empare du meurtrier de Guillaume, et lui coupe les mains qu'il envoie à Rouen, ibid.— Le roi le réconcilie avec Arnoul, 185. — Marche avec le roi contre les Normands, 187. — Mandé par le roi, marche avec lui sur le Vermandois et sur Reims, 191. — Accompagne le roi à Rouen, 195.

ERMINGAUD, prince des Goths, vient offrir au roi Raoul de combattre pour lui, et se reconnaît son homme, I, 117, 119.

Espagne. Possède des hommes éminents dans les sciences, II, 47. — Gerbert vient y continuer ses études, *ibid.*

Espagnols reconnaissent Hugues Capet pour roi, II, 159.

Étampes. Le duc Robert s'y établit, et de là envoie des émissaires à Soissons pour demander à Charles le Simple le renvoi d'Haganon, I, 51. — Le roi Lothaire s'y rend pour lever une armée contre Otton II, II, 89.

ETHGIVE ou EDGIVE, mère de Louis d'Outre-mer; le roi lui confie la garde de Laon, I, 131. — Se marie clandestinement avec le comte Herbert et quitte Laon, 275. — Le roi confisque ses biens, *ibid.*

ÉTIENNE VIII, pape. Il ordonne aux gouverneurs de provinces des Gaules de se soumettre au roi Louis, I, 161, 163. — Envoie le *pallium* à l'archevêque de Reims, Hugues, 163.

ÉTIENNE, évêque d'Auvergne, vient faire acte de soumission au roi Louis d'Outre-mer dans le Mâconnais, I, 271.

Eu, place voisine de la mer, I, 97. — Les Normands, battus par Raoul, s'y retirent, *ibid.* — La place est prise et saccagée par l'armée de Raoul, *ibid.* et 99. — Herbert y rassemble les Normands et leur présente Charles le Simple, son prisonnier, 101.

Eucharistie reçue comme engagement de fidélité, II, 183. — Blâme dont cet acte est frappé, 185. — Profanée par des ecclésiastiques; il en est traité au synode général d'Engelheim, I, 249.

EUDES, évêque de Senlis, siège au synode de Saint-Basle, II, 223. — Son discours contre Arnoul, 241.

EUDES, fils de Robert et petit-fils du Germain Witichin, I, 17, 19. — Est élu roi par les seigneurs, I, 17. — Dans l'espace de cinq ans, il combat et défait sept fois les Normands dans la Neustrie, I, 19. — Il lève en Aquitaine une armée qu'il mène contre les Normands, I, 21, 23. — Il défait entièrement ces pirates près de Montpensier, en Auvergne, I, 25 et suiv. — Pendant son séjour en Aquitaine, les seigneurs belges et quelques Neustriens créent roi Charles le Simple. Il se rend en Belgique et meurt à la Fère, I, 33, 35. — Il est enterré à Saint-Denis, 35.

EUDES entre dans les vues de Lothaire, et marche avec lui à la conquête de la Belgique, II, 123, 125. — Ils attaquent ensemble Verdun qu'ils prennent, 125.

EUDES, comte de Chartres, convoite Melun, II, 253. — Séduit le commandant du château, qui le lui livre, 255 et suiv. — Seigneur très-puissant, 255. — Le château lui est enlevé par les rois Hugues et Robert, 259. — Enlève à Foulques une partie de la Bretagne, II, 261. — Conduit sur les terres de Foulques une armée qui les ravage, 263. — Se fait pardonner par le roi sa conduite à l'égard de Melun, 263, 265. — Opposé à Foulques, appuyé par le roi, les Normands et les Aquitains, 275. — Demande du secours aux Belges, aux Flamands, 275, 277. — Marche contre Foulques, et attaque un château élevé par lui près de Tours, 277. — Accepte les propositions de paix de Foulques, 279. — Fait soumission au roi, et le détache du parti de Foulques, 281. — Se rend à Meaux et de là à Châteaudun, 285. — Meurt après s'être fait moine, 281, 283. — Est enterré à Marmoutiers, 283.

Europe. Ses bornes, I, 7.

Évêché, donné à un enfant qui n'est pas encore dans les ordres, I, 105, 157, 159.

Évêque de Nantes étouffé par la foule des habitants qui se réfugient dans l'église pour fuir les Normands, I, 187.

Évêques. Ceux de la Belgique et une partie de ceux de la Celtique créent roi Charles le Simple, I, 33. — Se rendent près du roi aux grandes fêtes pour traiter d'affaires publiques, 43, 45. — Leur manière de voyager, leur escorte, 43, 45. — Excommunient Winemare, assassin de l'archevêque Foulques, 45. — Les évêques doivent consentir à la nomination de leur archevêque, 47. — Marchent à la tête des troupes, 53, 95, 155, 187; II, 15.

— Sont choisis par le clergé avec le consentement du peuple, 55. — Sont nommés par les rois et déposés; mais ce droit est contesté et il faut un jugement, 61. — Sont pourvus par le roi, I, 63, 81, 111, etc. — Ceux de la province de Reims, convoqués à Troîl pour régler les affaires publiques, 63. — Demandent que Charles le Simple ne prenne pas part en personne à la bataille de Soissons contre Robert, 85. — Créent Louis roi, 129. — Les suffragants de Reims déclarent l'archevêque Artauld déchu et élisent Hugues à sa place, 150. — Effrayés par la menace d'excommunication lancée par le pape Etienne VIII, ils font des représentations à Herbert, 163. — Sont élus par le clergé, 219. — Sont les défenseurs de leurs villes, 221. — Assistent aux conférences entre les rois, 223. — Sont appelés à examiner l'affaire de Hugues et d'Artauld archevêque de Reims, ibid. — Se réunissent en synode à Verdun pour examiner l'affaire de Hugues et d'Artauld, 225. — Presque tous les suffragants de Trèves et quelques-uns de ceux de Reims assistent au synode de Mouzon assemblé pour la même affaire, 227. — Ceux de Germanie et de la Gaule sont réunis en synode général pour la même affaire à Engelheim, 229 et suiv. — Y prennent parti pour le roi Louis contre le duc Hugues, ibid. — Les suffragants de Reims y protestent contre une lettre prétendue du pape Agapet où il est dit qu'ils ont demandé la réinstallation de Hugues et l'expulsion d'Artauld, 247. — Les évêques qui ont composé le synode général d'Engelheim se réunissent à Laon et anathématisent le duc Hugues, 249, 251. — Les évêques des Gaules reçoivent confirmation de l'anathème par le pape Agapet et font des remontrances à Hugues, 267, 269. — Ceux des différentes contrées des Gaules se réunissent à Reims aux seigneurs laïques pour mettre sur le trône de son père décédé, Lothaire,

fils de Louis, II, 3. — Ceux des provinces ecclésiastiques de Sens et de Reims s'assemblent en synode à Meaux, 17, 19. — Ceux de la province ecclésiastique de Reims sacrent Odelric archevêque, 21. — Évêques réunis en synode à Mont-Notre-Dame en Tardenois, 33. — Les évêques gardent les clefs de leur ville, 181. — Ceux des Gaules réunis en synode à Saint-Basle pour juger Arnoul, archevêque de Reims, 223 et suiv. — A Chelles pour le même motif, 273. — Ceux de Germanie réclament contre la promotion de Gerbert et la déposition d'Arnoul, 283. — Ils invitent les rois Hugues et Robert à se réunir à eux en synode, ibid. — Se réunissent en synode à Mouzon, 291. *Évêques* d'Italie réunis en synode à Rome souscrivent le synode général d'Engelheim, I, 267. — Excommunient le duc Hugues, ibid. — Se réunissent en synode à Rome et à Pavie et excommunient Hugues, ex-archevêque de Reims, II, 19.

EVER, évêque de Minden, siège au synode général d'Engelheim, I, 231.
Erreux, ville de la province ecclésiastique de Rouen, I, 15. — Ouvre ses portes au roi Louis d'Outre-mer, 189.
Exactores. Voir *Collecteurs.*
Excommunication. Le pape Etienne en menace les gouverneurs des provinces qui ne reconnaîtront pas l'autorité de Louis d'Outre-mer, I, 163. — Contre l'archevêque Hugues prononcée en synode général d'Engelheim, 249. — Contre le duc Hugues prononcée par les mêmes évêques réunis à Laon, 251. — En confirmation du synode d'Engelheim, le pape Agapet excommunie Hugues, 267. — Cette excommunication est envoyée aux évêques des Gaules, 269. — Ses effets religieux, ibid. — De l'ex-archevêque Hugues par les évêques d'Italie, II, 19. — Des détenteurs des biens de l'église de Reims par Odelric son évêque, 21. — Voir *Anathème.*
Exécuteur, I, 135.

F

Famine excessive, cherté inouïe des denrées, I, 19.
Fantassins, 177. Voir *Infanterie.*
FARABERT, évêque de Tongres, siège au synode général d'Engelheim, I, 231.
Faussaire puni par le synode général d'Engelheim, I, 247.

Femmes chargées de la garde de places fortes, I, 113, 131, 203; II, 127. —Conduisent des troupes à la guerre, 15.
Fère (La), lieu de Belgique; le roi Eudes y meurt, I, 35.
Fidèles du roi, I, 133, 197; II, 99.— Du duc Hugues, *ibid.*, etc.
Fidélité (serment de) prononcé par députés, I, 271.
Fides, Fidelitas, fidem facere, concedere, I, 116. — Polliceri, 152, 270. — Jurejurando pacisci, 270. — Pro militia accommodare, II, 14. —Fidelem indicere se regi, I, 152. — Fidelitatem servare, II, 21.
Fisc royal. Voir *Attigny.*
Flamands, ils donnent du secours à Eudes contre Foulques, II, 275.
Flammes de sang, courant comme des flèches, I, 119. — Flammes s'élançant du nord et mettant le ciel en feu, 133.
Flandrenses. Voir *Flamands.*
Flèche, arme offensive, I, 23, 137, 191, 257; II, 123, 129, etc.
FLODOARD, prêtre de Reims; Richer puise dans son ouvrage, I, 5. — Auteur d'une Histoire des évêques de Reims, 47. — Cité (inexactement) 89.
Fossés autour des camps, I, 221; II, 131, 169, 171. — Employés pour la défense des villes, 167.
FOULQUES, comte d'Anjou, lève une armée pour reprendre à Eudes une partie de la Bretagne qu'il lui avait enlevée, II, 261. — Il ravage les terres de Eudes, *ibid.* — Il se jette sur la Bretagne et attaque Nantes qu'il prend par intelligences à l'exception de la citadelle, 265. — Il tombe dans les embûches que lui dresse Conan, 267, 269. — Il marche contre la citadelle de Nantes et s'en empare, 271. — Il fait entrer le roi Hugues Capet dans son parti, 275. — Il attaque Eudes et bâtit un château près de Tours, *ibid.* — Il demande à faire la paix, 277. — Il reprend courage en recevant des troupes du roi, 279. — Le roi Robert lui enlève la ville de Tours, 309.
FOULQUES, archevêque de Reims, travaille à placer Charles le Simple sur le trône, I, 33. — Robert et Baudouin conspirent sa mort, 41, 43. — Reçoit du roi Charles l'abbaye de Saint-Vast et le château d'Arras enlevé à Baudouin, et l'échange contre l'abbaye de Saint-Médard, 43. — Est assassiné par Winemare, émissaire de Baudouin, 45. — Il a pour successeur Hervé, 47.
France, distincte de Bourgogne, I, 273.
FRÉDÉRIC, archevêque de Mayence, concourt à rétablir Artauld dans son siége de Reims, I, 209. — Chargé par le pape Agapet II de porter une lettre à Robert, archevêque de Trèves, 227. — Siége au synode général d'Engelheim, 231.
Froment, son prix, I, 19.
Fronde, arme offensive, II, 133, etc.
FULBERT, évêque de Cambray, siége au synode général d'Engelheim, I, 231. — Procure la paix entre le roi Louis et le duc Hugues, 209.
FULBERT, personnage consulaire, chef militaire dans la bataille livrée par les troupes de Charles le Simple à Robert, I, 85. — Est tué de la main de Robert, 87.
Fulde, monastère; le vicaire apostolique Marin bénit son église, I, 253.
Funérailles d'un évêque, I, 195. — Pompe qu'on déployait à celles des rois, II, 137, 139, etc.

G

GARNIER, comte, contribue à repousser les Normands de la Bourgogne, I, 95. — Il y perd la vie, 97.
Gaule, I, 39, 49, 61, 77, 81, 91, 93, 103, 125, 161, 183, 229, 233, 267, 269; II, 31, etc. — Divisée en trois parties, I, 5, 9. — Son nom lui vient de la blancheur de ses habitants, 9. — Ses bornes, *ibid.* — Ce qu'il faut entendre par ce mot, 15, 17, 39, etc. Ravagée par les Normands, 15, 93. —Opposée à la Belgique, 89, 91. — Ravagée par les Hongrois, 135. — Tableau affligeant de l'état des Gaules, 233 et suiv.
Gaule Aquitanique, I, 105. Voir *Aquitaine.*
Gaule Celtique, I, 107. Voir *Celtique*
Gaulois, I, 41, 91, 97, 121, 127, 201; II, 85, 91, etc. —Nom donné par Richer aux habitants de la Gaule en général, I, 3, 5, 13, etc. — Leurs mœurs, 9, 11. — Baptisés par saint Remi, *ibid.* — Ont pour premier roi Clovis, *ibid.* — Dénomination opposée à celle de Belges, 91, etc. — Se don-

nent pour roi Raoul de Bourgogne, *ibid.*—Se divisent à la mort de Raoul sur le choix d'un roi, 121. — Se décident pour Louis, fils de Charles, 129. — Reconnaissent Hugues Capet pour roi, II, 159.

GAULTIER, évêque d'Autun, siége au synode de Saint-Basle, II, 223, 249. — Son discours contre Arnoul, 241.

GAUSLIN, évêque de Toul, siége au synode de Verdun, I, 225.—Au synode général d'Engelheim, 231.

Gefossa. Les Normands s'y retirent et y renferment leur butin, I, 15.

GÉLASE, pape, cité, II, 303.

Genauni. Voir *Séquaniens.*

GERBERGE, fille de Charles de Lorraine, emprisonnée avec lui par Hugues Capet, II, 215.

GERBERGE, fille de Henri l'Oiseleur, mariée à Gislebert, duc de Lorraine, I, 73. — Sœur d'Otton II, épouse après la mort de son mari le roi Louis d'Outre-mer, et partage la couronne avec lui, 151. — Va visiter l'Aquitaine avec le roi Louis et Hugues le Grand, 183. — Refuse de livrer ses deux fils en otage pour racheter le roi des mains des Normands; livre le plus jeune, 199. — Porte ses plaintes à Otton, roi de Germanie, et à Edmond, roi des Anglais, qui prennent fait et cause pour le roi Louis, *ibid.*—Son éloge, 203. — La garde de Reims lui est confiée, 209. — Envoyée par le roi à Otton pour lui demander des troupes, 257. — Reçoit les biens de la reine Edgive, sa belle-mère, confisqués par le roi Louis, 275. — Accouche à Laon de deux jumeaux, Charles et Henri, *ibid.* — Après la mort du roi Louis, elle demande à Otton, à Brunon et à Hugues de mettre son fils Lothaire sur le trône, II, 3.—Rainier lui enlève les maisons et les domaines royaux qu'elle possède en Belgique, 9. — Demande au père de Richer de la remettre en possession de ces biens, ce qu'il fait, *ibid.* et suiv. — Conduit des troupes contre Dijon, 15.

GERBERT, archevêque de Reims, demande à Richer d'écrire l'histoire de son temps; celui-ci lui dédie son livre, I, 3.—Son éloge, II, 47.—Aquitain d'origine, élevé dans le monastère de Saint-Gerold, *ibid.* — Est emmené en Espagne par le comte Borel pour y continuer ses études, *ibid.*—S'applique à l'étude des mathématiques, *ibid.* — Va à Rome, *ibid.* et 49. — Retenu en Italie par Otton II, afin qu'il y enseigne les mathématiques, *ibid.*—Désire étudier la logique, *ibid.*—Est emmené à Reims et fait de grands progrès dans la logique, 51. — Abandonne la musique, rebuté par les difficultés, *ibid.* — Obtient les bonnes grâces de l'archevêque Adalbéron, et donne un grand éclat à l'école de Reims, *ibid.*—Objets de ses leçons, *ibid.* et suiv. — Compose des sphères pour enseigner l'astronomie, 55 et suiv. — Compose un abaque, 61. — Sa renommée s'étend en Germanie et en Italie, 63. — Est critiqué par Otric, philosophe saxon, 65. — L'empereur Otton désire s'éclairer là-dessus, *ibid.* — Va à Rome avec son archevêque, *ibid.* — Discussion entre lui et Otric à Ravenne devant Otton, Adalbéron et tous les savants d'Italie, 67 et suiv. — En sort victorieux, reçoit de magnifiques présents d'Otton et revient triomphant dans les Gaules, 79. — A écrit un livre admirable sur le synode de Saint-Basle, 253. — Sa promotion à l'archevêché de Reims blâmée par le pape, 273. — Assiste au synode de Chelles, et y remplit l'office de promoteur, *ibid.* — Sa promotion y est confirmée, 275. — Elle est attaquée par les évêques de Germanie, 283. — Le pape ordonne la tenue d'un synode à ce sujet, *ibid.* — Assiste, malgré la défense des rois Hugues et Robert, au synode de Mouzon réuni pour réviser son affaire, 291, 293. — Y prononce un long discours pour sa défense, 295 et suiv. — Désigné par Adalbéron pour lui succéder comme archevêque de Reims, *ib.* et 297.—N'accepte ce siége après la déposition d'Arnoul que pour satisfaire aux instances des grands, *ibid.* — Combat les évêques qui veulent lui interdire la communion et les fonctions sacerdotales, 305.—Consent à s'abstenir de dire la messe jusqu'à la tenue d'un nouveau synode, 307. — Ce synode se tient à Senlis, *ibid.* — Va à Rome exposer sa cause au pape, 309. — Va une seconde fois à Rome, 311. — Reçoit d'Otton l'évêché de Ravenne, *ibid.*

GERLON, fils d'Ingon, I, 31. — Hérite de ses biens, *ibid.*

Germains, I, 57; II, 85, 91, etc. — Ont pour empereur Charles le Chauve, I, 13. — Dénomination appliquée aux Belges ou Lorrains, 93, 107.

Germanie, I, 49, 59, 77, 229, 257. — Ses bornes du côté de la Gaule; étymologie de son nom, 9. — Est dans l'anarchie pendant l'enfance d'Otton III, II, 123. — Dénomination appliquée à la Belgique ou Lorraine, I, 147.

Gerold (*Saint-*). Son monastère, II, 47. — Gerbert y est élevé, *ibid*.

Geul, place assiégée par Charles le Simple contre Gislebert; est prise, I, 75.

Gibuin succède à Bovon, évêque de Châlons; est sacré par Artauld, I, 219; assiste au synode de Meaux; s'y montre favorable à Artauld et contraire à Hugues, II, 19; concourt au sacre d'Odelric, archevêque de Reims, 21.

Gislebert, fils de Rainier Long-Cou, lui succède dans le duché de Lorraine, I, 71. — Marié à Gerberge, fille de Henri duc de Saxe (Henri l'Oiseleur), 73. — Son caractère, *ibid*. — Porte une grande haine à Charles le Simple, et agit de concert avec les principaux d'entre les Belges, pour se faire transférer le royaume, leur distribuant presque tout son bien, *ibid*. — Le roi marche contre lui avec une armée de la Celtique. Les Belges l'abandonnent et le roi l'assiège dans la place de Geul, dont il peut à peine s'échapper, 75. — Il se retire chez son beau-père et y passe quelques années d'exil (exagération); mais Henri le fait rentrer en grâce près de Charles, 77. — Maltraite ceux à qui ses biens avaient été concédés. Complote contre le roi auprès de Henri, mais sans succès, *ibid*. et 79. — Puis près de Robert qui l'accueille avec joie, *ibid*. et suiv. — Se rend à Soissons en conférence avec les grands de Celtique, pour concerter le moyen de détrôner le roi, *ibid*. — Concourt à l'élection de Robert, *ibid*. — Est du parti de Louis d'Outre-mer contre Otton, 149. — Rassemble une armée et marche en Germanie; est mis en déroute et se précipite dans le Rhin où il périt, 151.

Gladiator. Voir *Exécuteur*.

Globe lumineux vu dans les airs lors de la mort de l'évêque Théotilon, I, 195.

Godefroi, comte, siège avec ses deux fils au synode de Mouzon, II, 203.

Godefroi concourt à enlever Verdun au roi Lothaire, II, 127. — Est fait prisonnier, 135.

Godesman, évêque d'Amiens, siège au synode de Saint-Basle, II, 223, 249. — Son discours. Il propose de s'en remettre au jugement de Brunon, évêque de Langres, 231.

Gothie, ou terre des Goths. Ses limites, I, 21.

Goths (princes des), I, 117. — Leur duc Raymond vient faire soumission au roi Louis qui lui continue le gouvernement de sa province, I, 183. — Reconnaissent Hugues Capet pour roi, II, 159.

Gouverneur des provinces des Gaules, I, 163. — Au nom du roi, 183.

Goznert exerce des brigandages, I, 273. — Le roi Louis le prend et lui fait grâce, 275.

Gozfred vient proposer à Louis, fils de Lothaire, Adélaïde, veuve de Raymond, duc des Goths, II, 115.

Gozilon, frères renommés, concourent à reprendre Verdun à Lothaire, II, 127. — Sont faits prisonniers, 135.

Grandeur, titre donné à l'archevêque de Reims, II, 195.

Grecs envoient des députés près d'Otton à Aix-la-Chapelle, I, 257.

Grégoire, pape, permet à Arnoul d'exercer les fonctions épiscopales provisoirement, II, 311.

Guerres privées, I, 47 et suiv., 139 et suiv., 115 et suiv., 133 et suiv., 181, 183; II, 261, 203, 265-271, 275-281, etc.

Gui ou Guy, évêque de Soissons, assiste au synode de Saint-Basle, II, 223-249. — Son discours contre Arnoul, 239.

Gui, évêque d'Auxerre, procure une trêve entre le roi Louis et le duc Hugues, I, 267.

Gui, évêque de Soissons, favorable aux adversaires du roi Louis, vient à Reims ordonner prêtre Hugues, fils d'Herbert, I, 159. — Donné comme otage aux Normands pour obtenir la remise du roi Louis, 199. — Le plus considérable des partisans du roi, *ibid*. — Concourt au sacre fait par l'archevêque Hugues de Thibaut, comme évêque d'Amiens.

223. — S'en repent dans la suite, *ibid.* — Accusé au synode général d'avoir sacré Hugues; avoue sa faute; son repentir; est absous, 251, 253. — Assiste au sacre d'Odelric, archevêque de Reims, II, 21.

GUILLAUME LONGUE-ÉPÉE, fils de Rollon, fait serment au roi Charles le Simple, prisonnier d'Herbert, I, 101. — Donne du secours à Erluin contre Arnoul, 145. — Jure fidélité au roi Louis d'Outre-mer, 153. — Entrevue entre eux en Picardie, *ibid.* — Entre dans les intérêts du roi Louis contre Hugues le Grand et Herbert, 165. — Se rend à la conférence d'Attigny, 167. — N'est pas admis dans le conclave, il enfonce la porte, *ibid.* — Force Otton à quitter sa place et à la donner à Louis, 169. — Hugues et Arnoul, excités par Otton, décident qu'ils le feront assassiner, 171. — Ses États allaient jusqu'à la Somme, *ibid.* — Se rend à la conférence de Picquigni, y est assassiné par ordre d'Arnoul, 173 et suiv. — Erluin coupe les mains à son meurtrier et les envoie à Rome, 183.

GUILLAUME, prince d'Aquitaine, refuse de reconnaître l'autorité de Raoul, I, 95. — Est ramené à l'obéissance, *ibid.* — Duc des Aquitains, s'attache au parti de Louis d'Outre-mer contre Hugues et Herbert, 165. — Envoie dans le Mâconnais, près du roi Louis, des députés chargés de jurer fidélité en son nom, 271. — Refuse de venir au-devant du roi Lothaire, II, 5. — Forme en Auvergne une armée qu'il conduit contre le roi; est battu et mis en fuite, *ibid.* et 7.

GUISO, *Wissant*, I, 135.

H

Habit de voyage, I, 211.
Habit précieux des seigneurs, I, 181.
Habits des moines, II, 41. — Leur couleur, 43.

HADULFE, évêque de Noyon, assiste au sacre d'Odelric, archevêque de Reims, II, 21.

HAGANON, homme de rang obscur, devient favori du roi Charles le Simple, I, 39. — Est cause que les seigneurs se séparent du roi, 41, 51, 53.

HAGRALD est mis par le roi Charles le Simple à la tête de 4,000 hommes à la bataille de Soissons contre Robert, I, 85.

HAGROLD, chef normand, commandant à Bayeux, fait tomber le roi Louis dans un piège, I, 197. — Extermine son escorte et met le roi en fuite, *ibid.*

HAIMON, évêque de Verdun, siège au synode de Mouzon, II, 291. — Prononce le discours d'ouverture parce qu'il connaît la langue des Gaules, 293.

Hambourg, son évêque Adaldach, I, 231.

Hasbain, canton appartenant à la Belgique, I, 85.

HATTON, évêque chargé de faire poursuivre les études de Gerbert, II, 47. — L'emmène à Rome, *ibid.* — Meurt dans cette ville, 49.

Hauts de chausses inconvenants, portés par les moines; défendus par un synode d'abbés, II, 45.

HELGAUD, comte de race illustre, est tué en combattant les Normands, I, 99.

HENRI, fils de Louis d'Outre-mer et de Gerberge, naît à Laon et meurt presque aussitôt, I, 275.

HENRI l'Oiseleur, fait par Charles le Simple, duc de Saxe *(faux)*, I, 37. — Il a à Worms avec Charles une conférence qui se termine mal, 49. — Se tourne contre Charles, 51. — Est sollicité par le duc Robert de détrôner Charles, *ib.* et 53. — Appuie Robert, *ib.* et 55. — Est rappelé de Saxe par le roi Charles *(faux)*, *ib.* — Sa réponse à cette occasion, 59. Se laisse mener près de Charles qui l'accueille avec les plus grands honneurs, *ibid.* — Beau-père de Gislebert, duc de Lorraine, 73. — Fait rentrer en grâce son gendre Gislebert près de Charles, 77. — Marche contre les Sarmates, *ibid.* — Repousse les ouvertures de Gislebert qui veut le substituer à Charles dans la possession de la Belgique, *ib.* et 79.

HENRI, duc de Bavière, sa mort, II, 309.

HERBERT, combat à la bataille de Soissons pour Robert contre Charles le Simple, I, 89. — Dirige Hugues, fils de Robert qui fixe la victoire, dans son parti, *ibid.* — Il feint de voir à regret l'élection de Raoul, attire le roi Charles dans un piège, le fait prisonnier et le conduit à Péronne, 91, 93. — Différend entre

Herbert et Raoul, 101. — Il feint de mettre Charles le Simple en liberté, *ibid.* — Le présente aux Normands, *ibid.* — Le conduit à Reims, *ibid.* — Demande au pape Jean de le rétablir sur le trône, 103. — Fait alliance avec Hugues le Grand, *ibid.* — Fait sa paix avec Raoul et réintègre Charles en prison, *ibid.* — Obtient du roi l'épiscopat de Reims pour son fils, 105. — Entre en hostilité contre Hugues le Grand, 107. — Le roi Raoul se déclare contre lui et lui fait la guerre, *ibid.* — Ses excès dans tout le canton de Reims, 109, 111. — Assiégé dans Laon par Raoul et Hugues est obligé d'abandonner la ville à ses adversaires, 113. — Ligue entre lui et Hugues le Grand contre le roi Louis, 133. — S'empare par trahison de Château-Thierry appartenant au roi, *ibid.* — Prend par trahison le château de Causostes sur la Marne, appartenant à l'église de Reims, 135. — De concert avec Hugues s'établit dans Reims et en chasse l'évêque Artauld, 155. — Les deux princes font vainement le siége de Laon, 157. — Demande instamment, d'accord avec Hugues, qu'Artauld soit privé du pouvoir pontifical, 159. — Ils convoquent ensemble une assemblée d'évêques de la province de Reims, font déposer Artauld et sacrer Hugues, *ib.* et suiv. — Vont assiéger Laon et mettent en fuite le roi Louis, 161. — Sont menacés d'excommunication par le pape Étienne VIII, 163. — Résistent, *ibid.* — Le roi marche vers eux sur l'Oise et une trêve est conclue, 165. — Se rend à la conférence d'Attigny, 167. — Est frappé d'une apoplexie foudroyante, 181. — Est enterré à Saint-Quentin, *ibid.*

HERBERT, fils d'Herbert cité au synode général d'Engelheim, pour les maux dont il accablait les églises et les évêques, I, 251.

HERBERT, comte, épouse la reine Edgive, mère du roi Louis, I, 275.

HERBERT rend à l'archevêque Odelric le bourg d'Épernay qu'il avait enlevé à son église, II, 21. — Entre dans les vues de Lothaire et marche avec lui à la conquête de la Belgique, 123, 125. — Ils attaquent d'abord Verdun qu'ils prennent, 125.

HERBERT, évêque d'Auxerre, siége au synode de Saint-Basle, II, 223, 249.

HÉRIBRAND, clerc de Chartres, ami de Richer, l'invite à venir à Chartres pour lire les aphorismes d'Hippocrate, II, 215. — Très-habile dans les sciences médicales, 221.

HÉRIMAN, archevêque, sacre Hilduin archevêque de Tongres, I, 55.

HÉROLD, évêque de Saltzbourg, siége au synode général d'Engelheim, I, 231.

Herstal en Belgique, I, 77.

HERVÉ, successeur de Foulques dans l'archevêché de Reims, I, 47. — Homme considérable et dignitaire du palais, *ibid.* — Se montre toujours fidèle au roi, *ibid.* — Reprend les biens enlevés à l'archevêché, entre autres la place de Mézières dont il fait le siége, 49. — Délivre le roi Charles le Simple des mains des partisans de Robert, 53, 55. — Est chargé par le roi Charles le Simple de rappeler de Saxe le duc Henri, (faux), 55. — Son discours en cette occasion, 57. — Il convoque un synode à Troli par ordre de Charles le Simple pour régler les affaires publiques, 63. — Il préside avec le roi au synode, *ibid.* — Consulté par l'archevêque de Rouen, Vitton, sur la manière de préparer des prisonniers normands au baptême, convoque une assemblée d'évêques, 69. — Rédige en vingt-quatre articles la manière de procéder en cette occasion, I, 71. — Meurt trois jours après le couronnement de Robert; il a pour successeur Seulfe, 81.

HERVÉ, évêque de Beauvais, siége au synode de Saint-Basle, réuni pour juger Arnoul, II, 223, 249. — Son discours, 229.

HÉZILON (Henri le Querelleur), cousin germain d'Otton II, dispute la couronne à Otton III, II, 119. — Son portrait, *ibid.* — Il enlève Otton, 121, etc. — Il cherche à s'attacher Lothaire en lui cédant la Belgique, *ibid.* — Les grands le repoussent, 123.

HILDEBERT, assiégé par le roi Robert, II, 309.

HILDEGAIRE, évêque de Beauvais, est cité à comparaître au synode général d'Engelheim ou à aller rendre compte au pape pour avoir assisté aux ordinations illégales de l'archevêque Hugues, I, 251.

HILDELHOLD, évêque de Mimmingen, siége au synode de Verdun, I, 225. — Au synode général d'Engelheim, 231.

Hildesheim, son évêque Téthard, I, 231.

HILDUIN est sacré archevêque de Tongres, I, 55. — Son portrait, *ibid*. — Entre dans le parti des princes de Belgique qui veulent renverser Charles le Simple au profit de Robert, *ibid*. — Paraît hostile au roi qui le fait déposer, 61. — Est excommunié par le pape Jean, *ibid*.

HILDUIN, meurt d'ivrognerie, II, 309.

HINCMAR, archevêque de Reims, a écrit des annales, I, 3.

Hongrois, sortis du nord, portent la désolation dans les Gaules, I, 135.

Honor, qualification appliquée à un comté, I, 276. — A un évêché, 290. — Au royaume, 153, 280.

Horace lu et commenté par Gerbert, II, 53.

HORATH, évêque de Sleswick, siége au synode général d'Engelheim, I, 231.

Hottes à l'usage des maçons, II, 11.

HUGUES, frère du roi Raoul, gouverneur de Langres, refuse obéissance au roi Louis, I, 129. — Est obligé de fuir, 131.

HUGUES, prince cisalpin (le Noir), a une conférence en Alsace avec Louis d'Outre-mer, 147. — Procure la paix entre le roi Louis et le duc Hugues, 209.

HUGUES, fils d'Herbert, quoique enfant, succède à Seulfe dans l'épiscopat de Reims, qui est géré par le prêtre Odelric, I, 105. — Le roi Raoul lui substitue le moine Artauld, 111. — N'est encore que diacre, 557. — Est ordonné prêtre par Gui, évêque de Soissons, 150. — Est élu archevêque par les évêques suffragants de Reims, *ib*. — Son éloge, *ibid*. — Est sacré dans le monastère de Saint-Remi, *ibid*. — Est accueilli par les Rémois avec joie, *ib*. et 161. — Reçoit du pape Étienne VIII le *pallium* apostolique, 163. — Après la mort de son père, est reçu avec bonté par le roi Louis, mais à condition qu'il soumettra à l'examen sa promotion à l'épiscopat, 181. — Refuse l'entrée de Reims au roi Louis, 191. — Donne des otages au roi Louis et s'engage à rendre compte de sa conduite, 193. — Rend sa ville de Reims, après un siége, aux rois Louis, Otton et Conrad et quitte la ville, 209. — Se retire à Mouzon, 219. — Excité par son oncle Hugues le Grand à exercer les fonctions épiscopales, il ordonne prêtre le diacre Thibaud et le sacre évêque d'Amiens, 223. — Son affaire avec Artauld est examinée par les évêques à la conférence du Chier, *ibid*. — Les évêques condamnent qu'il ait sacré l'évêque d'Amiens et ce point est déféré à un autre synode, *ib*. et 225. — En attendant, Hugues pourra demeurer dans la place de Mouzon, *ib*. — Appelé au synode de Verdun qui doit décider son affaire avec Artauld, refuse d'y venir, *ibid*. — Se rend à Mouzon, mais refuse d'entrer au synode assemblé là pour juger son affaire, 227. — Est ajourné à un nouveau synode, *ibid*. — Proteste contre la décision, 229. — Fait présenter au synode général d'Engelheim une lettre du pape Agapet II, laquelle dit faussement que les évêques suffragants de Reims demandent la réinstallation et l'expulsion d'Artauld, 245, 247. — Est séparé de la communion de l'Église jusqu'à ce qu'il ait fait pénitence et donné satisfaction, 249. — Assiégé dans Mouzon par les troupes du roi, il s'évade, 253, 255. — Excommunié par les évêques d'Italie, II, 19. — Recueilli par son frère Robert, meurt à Meaux, *ibid*.

HUGUES (le Grand), fils de Robert, à peine adolescent, ramène la victoire dans l'armée de son père à Soissons, I, 89. — Sa modération en cette circonstance, *ibid*. — Fait alliance avec Herbert, 103. — Entre en hostilité contre lui, 107. — Le roi Raoul se déclare pour Hugues et lui aide à combattre Herbert, *ibid*. — Marche avec le roi contre Herbert renfermé dans Laon qui est assiégé et pris, 113. — L'exemple de son père lui fait refuser le trône à la mort de Raoul, 121. — Préside les grands de la Gaule et leur parle en faveur de Louis, fils de Charles, *ibid*. et suiv. — Appelé duc des Gaules, 123. — Envoie chercher Louis en Angleterre, *ibid*. et suiv. — Reçoit de grands remerciments d'Adelstan, roi d'Angleterre, oncle de Louis, 125. — Entend gouverner le jeune prince, 127. — Le fait créer roi à Laon, 129. — Fait visiter la Bourgogne par le roi, *ibid*. — Assiége et prend pour le roi la ville de Langres, 131. — Se rend à Paris, *ibid*. — Le roi s'affranchit de sa tutelle, ce qui occasionne de grands maux, 131. — Se ligue avec Herbert contre le roi, 133. — De concert avec Herbert entre dans Reims et en chasse l'évêque Artauld, 155. — Les deux princes font vainement le siége de Laon, 157. — Il convoque, conjointement avec Herbert, les évêques de la province de Reims, qui font déposer Artauld et sacrer Hugues, 159 et suiv. — Vont assiéger Laon et mettent en fuite le roi Louis, 161. — Sont menacés d'excommunication par le pape Étienne VIII, 163. — Ils résistent, *ibid.* — Le roi vient vers eux sur l'Oise et une trève est conclue, 165. — Se réconcilie avec le roi par l'entremise d'Otton, 167. — Le plus puissant des seigneurs, *ibid.* — Son exemple entraîne les autres, *ibid.* — Surnommé *le Grand, ibid.* — Se rend à la conférence d'Attigny, *ibid.* — Médite avec Otton et Arnoul de se venger de Guillaume, duc des Normands, 169. — Délibère avec Arnoul, et tous deux décident de faire assassiner Guillaume, 171 et suiv. — Est en grande faveur près de Louis; tient sa fille sur les fonts sacrés; est fait duc de toutes les Gaules, 183. — Plusieurs Normands se donnent à lui, 187. — Reçoit du roi la ville de Bayeux en échange d'un secours; assiège la ville, mais se retire par ordre du roi, 189. — Anime ses partisans contre le roi, *ibid.* — Demande au roi qui assiége Reims de suspendre les hostilités à certaines conditions qui sont acceptées, 193. — Va trouver le roi pour l'entretenir de l'affaire de Hugues, archevêque de Reims, *ibid.* — Complote avec les Normands l'arrestation du roi Louis qui a lieu en effet, 197. — Demande que le roi lui soit remis et le retient prisonnier, *ib.* et 199. — Reçoit avec fierté les menaces du roi des Anglais Edmond, mais cherche à désarmer Otton, 201. — Discours arrogant qu'il tient à Louis, 203. — Met le roi en liberté moyennant la remise de Laon, *ibid.* — Poursuivi par les rois Louis, Otton et Conrad, se retire derrière la Seine et enlève les barques, 209 et suiv. — Fuit jusqu'à Orléans et laisse dévaster le pays d'entre Seine et Loire, 213. — Marche furieux contre Arnoul, 217, 219. — Se plaint de Louis à ses amis et va assiéger Reims, mais vainement, 221. — Excite son neveu Hugues, archevêque de Reims, à exercer les fonctions épiscopales, 223. — Assiste à la conférence qui a lieu sur le Chier entre les rois Louis et Otton pour y plaider la cause de son neveu; établit son camp près de Douzy, *ibid.* — Trève entre lui et le roi, 225. — Plaintes portées contre lui par le roi au synode général d'Engelheim, 235 et suiv. — Accusé de s'être emparé de presque tous les droits du trône, 237, 239. — Exhorté par le synode à rentrer dans une humble soumission envers le roi ou à aller à Rome devant le pape s'il ne veut être excommunié, 245. — Peu soucieux de l'anathème; attaque avec une armée considérable de Normands la ville royale de Soissons, brûle, au moyen de javelots enflammés, la plus grande partie de la ville, mais ne peut la prendre, 255, 257. — Marche furieux sur Reims et y exerce d'horribles ravages, 257. — Ne peut empêcher les troupes du roi de s'emparer de la ville de Laon, mais reste maître de la citadelle, 265. — L'armée du roi étant venue ravager ses terres, il la suit à la trace jusque dans le Soissonnais, 267. — Trève conclue, *ibid.* — Excommunié par le pape Agapet au synode de Rome, *ibid.* — Reçoit des remontrances des évêques des Gaules, 269. — Demande à se réconcilier avec le roi et promet satisfaction, *ibid.* — Se réconcilie et fait la paix, *ibid.* — Se reconnaît l'homme du roi, lui rend la citadelle de Laon, 271. — Par ordre du roi il lève une armée en Aquitaine, *ibid.* — Suit le roi en Bourgogne, *ibid.* — Est chargé par lui de ramener son armée, 273. — Sollicité par la reine Gerberge de mettre son fils Lothaire sur le trône de son père défunt, Louis d'Outre-mer, se prête à ses vues, II, 3. — Dévoué à Lothaire l'emmène avec sa mère visiter la Neustrie, 5. — Accompagne Lothaire en Aquitaine et l'aide à assiéger Poitiers à deux reprises, *ibid.* et 7. — Empêche le pillage de la ville, *ib.* — Revenu à Paris, il tombe malade et meurt; enterré dans la basilique de Saint-Denis, 9. — Ses fils Otton et Hugues, 15.

HUGUES (Capet), fils de Hugues le Grand, reçoit du roi Lothaire le titre de duc qu'avait porté son père et de plus le pays de Poitiers, II, 15, 17. — Il entre dans le dessein de Lothaire de marcher contre Otton et lui prête appui, 83. — Se réunit à Lothaire pour repousser Otton de la Gaule celtique, 89. — S'indigne que Lothaire ait traité avec Otton à son insu, 99. — Délibère avec ses amis qui lui conseillent de se concilier l'amitié d'Otton contre Lothaire, 101, 103. — Plus puissant par ses armes et par ses richesses que le roi Lothaire, 103. — Parent d'Otton, ibid. — Va à Rome trouver Otton, ibid. — N'entend pas le latin, 105. — Est parfaitement accueilli par Otton, ibid. — Lothaire et sa femme Emma cherchent à s'emparer de lui à son retour d'Italie au travers des Alpes, ibid. et suiv. — Est fécond en ruses, 107. — Échappe aux embûches et arrive en Gaule, 109. — Se réconcilie avec Lothaire, 111. — Se prête à associer Louis au trône, ib., — et à relever autant que possible la majesté royale, 113. — On traite à son insu du mariage de Louis, fils de Lothaire, avec Adélaïde, 115. — Met sur le trône Louis, fils de Lothaire, 141. — Marche, par ordre de Louis, contre Adalbéron, archevêque de Reims, 145. — Préside les grands à la mort de Louis, 149 et suiv. — Adalbéron parle en sa faveur et contre Charles de Lorraine, 157, 159. — Est proclamé roi à Noyon, le 1er juin, 169. — Demande que son fils Robert soit associé au trône, ibid. — Ses motifs, 161. — Ils marchent sur Laon, envahi par Charles de Lorraine, et font le siège de la ville, 169. — Mais en vain, ibid. — Assiégent de nouveau la ville et encore inutilement, 171 et suiv. — S'éloignent de Laon après avoir essuyé un échec de la part des citoyens, 173, 175. — Est appelé par Adalbéron, près de mourir; va s'assurer de Reims, 175. — Reçoit le serment des citoyens, 177. — Sollicité par Arnoul de lui donner l'archevêché, consulte les citoyens, ibid. — L'archevêché est accordé; à quelle condition, 181 et suiv. — Hugues apprend la prise de Reims par Charles; il conduit une armée et ravage tous les environs de la ville, 191, 193. — N'ose livrer bataille à Charles, 195. — Donne le château de Dreux à O. pour en obtenir du secours contre Charles et la ville de Laon, ibid. — Entre dans le projet d'Adalbéron de Laon de s'emparer de Charles et d'Arnoul, 201. — Consent à recevoir Arnoul et l'accueille magnifiquement, 205. — Reçoit à Senlis la nouvelle de la capture de Charles et d'Arnoul et de la prise de Laon par Adalbéron, 211. — Prend possession de Laon et reçoit le serment des citoyens, 213. — Amène ses prisonniers à Senlis, ibid. — Met en prison Charles, sa femme, un de ses fils et ses deux filles, 215. — Ordonne que les évêques des Gaules se réunissent en synode pour juger Arnoul, 221. — Lui et Robert sont introduits dans le synode, usent d'indulgence envers Arnoul, 247. — Il reprend le château de Melun que Eudes lui avait enlevé, et fait pendre le commandant qui l'a trahi ainsi que sa femme, 259. — Pardonne à Eudes sa conduite à l'égard de Melun, 263, 265. — Prend parti pour Foulques contre Eudes, 275. — Mène douze mille hommes à Foulques, 279. — Eudes lui ayant fait soumission il se retira, 281. — Est invité avec Robert par les évêques de Germanie à se réunir à eux en synode pour examiner l'affaire d'Arnoul et de Gerbert, 283, 285. — Informés qu'un complot tramé par Adalbéron et Eudes doit les livrer à Otton, ils refusent d'aller en Germanie et offrent aux évêques de tenir leur synode en Gaule, 285. — Redemandent à Adalbéron le fils de Charles et la forteresse de la ville, 287. — Le font arrêter, 291. — Défendent aux évêques des Gaules de se réunir aux évêques de Germanie, ibid. — Hugues meurt, 309.

Hydropisie décrite, I, 47.

Idolâtrie. Le roi normand Setrich et son général Thurmod tentent de l'introduire dans la province de Rouen, I, 177.

Ile Britannique. Sa position, I, 9.

Incendies, suites de la guerre, I, 107, 145, 149, 151, 213, etc. — Moyen de siége, 257, 265. — Cabanes et maisons incendiées comme signal, 127.

Inceste. Il en est traité au synode général d'Engelheim, I, 249.
INGON, palefrenier du roi Eudes, porte l'enseigne royale contre les Normands à la bataille de Montpensier, I, 25. — Tue Catillus, chef normand, au moment même où il recevait le baptême, 27. — Sa justification, 29. — Est absous de ce crime, et reçoit de plus le château de Blois et une femme que le roi avait répudiée, 31. — Meurt des suites de ses blessures, *ibid.*
INNOCENT, père de l'Église, cité, I, 249.
Isaac, comte, I, 149.
Isagogues de Porphyre, commentés par Gerbert, II, 53.

ISRAEL, originaire de Bretagne, siège au synode de Verdun, I, 225.
Italie. Ses évêques, réunis en synode à Rome et à Pavie, excommunient l'archevêque Hugues, II, 19. — La musique et l'astronomie y sont ignorées, 49.
Italiens. Envoient des députés près d'Otton à Aix-la-Chapelle, I, 267.
IVE, sacré évêque de Senlis par l'archevêque Hugues après son exclusion de l'épiscopat, condamné pour ce fait par le synode général d'Engelheim, I, 251.
IVES, choisi pour combattre corps à corps contre un Germain, II, 91.

J

Javelots enflammés, employés par Hugues le Grand au siège de Soissons, I, 257. — Ils incendient la plus grande partie de la ville, *ibid.*
JEAN, écolâtre d'Auxerre, prend la défense d'Arnoul dans le synode de Saint-Basle, II, 243.
JEAN X, pape, suspend Hilduin, archevêque de Langres, défavorable au roi Charles le Simple, I, 61. — Consulté par Hervé, archevêque de Reims, 69, 71. — Retenu en prison par un gouverneur, *ibid.*
JEAN XIII, pape, successeur d'Octavien, envoie dans les Gaules un légat chargé de faire connaître que l'archevêque Hugues a été excommunié dans deux synodes de Rome et de Pavie, II, 19. — Fait à l'archevêque Adalbéron un accueil magnifique, 27.
JEAN XVI, pape, fait assembler en synode les évêques de Germanie et de Gaule, pour reviser l'affaire de l'archevêque Arnoul et de Gerbert, II, 283.
JÉRÔME (SAINT), cité. Ce qu'il dit des Gaulois, I, 11.
Jeûne de trois jours, ordonné par les évêques pour obtenir la grâce de décider comment il convenait de préparer des prisonniers normands au baptême, I, 60.
JOZSELME, évêque, contribue à repousser les Normands de la Bourgogne, I, 95.
JULIEN (SAINT). Brioude lui est consacré, I, 21.
Julien (Saint-), à Tours, basilique construite par l'évêque Théotilon, qui y est enterré, I, 195.
Jupille, en Belgique, I, 77.
Jussion apostolique envoyée par le pape Étienne VIII aux gouverneurs des provinces pour les forcer à reconnaître l'autorité du roi Louis d'Outre-mer, 163.
JUVÉNAL, lu et commenté par Gerbert, II, 53.

L

Lance, arme offensive, I, 25, 45, 177, etc.
LANDRI, chassé de Laon par le roi Louis d'Outre-mer comme suspect de trahison, I, 161.
LANDRI, comte, accuse Adalbéron, évêque de Laon, de trahison envers les rois Hugues et Robert, II, 289, 291.
Langres, ville de Bourgogne, tenue par Hugues, frère du roi Raoul, I, 129. — Force de cette ville, 131. — Assiégée par le roi Louis et par Hugues, et prise, 131. — Son évêque Brunon siège au synode de Saint-Basle, II, 223.
Langue latine, ignorée de Hugues Capet, II, 105.
Langue des Gaules, inconnue aux évêques de Germanie, II, 293.
Langues diverses parlées en Germanie et en Gaule, I, 49; II, 105.

Laon, ville de la Celtique et de la province ecclésiastique de Reims, I, 33. — Son évêque concourt à mettre Charles le Simple sur le trône, *ibid.* — Mort de son évêque Raoul. Il est remplacé par Adelelme, trésorier de la ville, 63. — Le roi Raoul se retire dans cette place, 99. — Assiégée et prise sur Herbert par le roi Raoul et Hugues, 113. — Louis d'Outremer y est créé roi, 129. — Il confie la ville à la garde de sa mère Ethgive, 131. — Le roi Louis assiége la citadelle qu'Herbert y a bâtie depuis peu, 137. — Les Belges viennent y faire des remontrances au roi Louis, 147. — Résidence de Louis d'Outre-mer, 149. — Le roi Louis y couronne la reine Gerberge, 151, 153. — Assiégée vainement par Hugues et Herbert, 157. — Délivrée par le roi, *ibid.* — Le roi chasse de la ville Arnaud et Landri, suspects de trahison, 161.— Assiégée encore inutilement par Hugues et Herbert, *ibid.* — Le roi Louis d'Outre-mer y fait son principal séjour, 167, 183. — Donnée à Hugues le Grand par le roi pour obtenir sa liberté, 203. — Les trois rois Otton, Louis et Conrad, voyant sa position, n'osent l'attaquer, 207.— Son évêque Raoul siége au synode général d'Engelheim, 231. — La seule ville du roi Louis d'Outre-mer, 237, 239. — Les évêques qui ont siégé au synode général d'Engelheim s'y réunissent et excommunient le duc Hugues, 249, 251. — Mort de son évêque Raoul, 253. — Il a pour successeur Roricon, *ibid.* — Assiégée par le roi Louis inutilement, 255.— Prise par ruse pour le roi par Raoul, père de Richer, 259 et suiv. — Qui ne peut s'emparer de la citadelle, 265.— La reine Gerberge y accouche de deux jumeaux, Charles et Henri, 275. — Son évêque Roricon assiste au synode de Meaux et s'y montre favorable à Artauld et contraire à Hugues, II, 19.—Résidence royale, 5, 7, 15. — Conférence dans laquelle le roi donne à Hugues, fils de Hugues le Grand, le titre de duc qu'avait en son père, 15, 17. — Son évêque Roricon concourt au sacre d'Odelric, archevêque de Reims, 21.—Lothaire y convoque les grands et les réunit contre Otton, 81. — Son évêque Adalbéron lève avec dureté des redevances sur les citoyens, 163. — Tombe entre les mains de Charles de Lorraine, 165. — Fortifiée par Charles, 167.—Vainement assiégée par Hugues Capet et Robert, 169. — Assiégée de nouveau, et toujours inutilement, 171 et suiv. — Ses citoyens font une sortie décisive contre Hugues Capet et Robert, 173. — Prise par surprise par Adalbéron, 211. — Les citoyens jurent fidélité au roi, 213. — La forteresse est confiée à Adalbéron, 287.

Latin. N'était pas entendu par le duc Hugues (Capet), II, 105.

Légions envoyées d'Aquitaine contre les Normands, I, 65. — Légions des Normands, 67. — De Charles le Simple, 85. — De Robert, 87. — Des Aquitains, 107, etc.

Légitimité. — Respect qu'elle inspire, I, 83, 123, 233; II, 3, etc. — Ses droits contestés, 157.

LÉODULF, évêque de Trèves, siége au synode de Mouzon, II, 291.

LÉON, moine et abbé, envoyé comme légat du pape pour réunir les évêques de Germanie et de Gaule, afin qu'ils revisent la déposition d'Arnoul, archevêque de Reims, II, 283. — Préside le synode tenu à Mouzon, 291. — Et celui de Senlis, 307.

LÉON, Père de l'Église, cité, I, 249. — Léon le Grand, pape, cité, II, 303.

LETOLD, prince de Besançon, s'engage par serment à combattre pour le roi Louis, I, 273. — Donne de grands soins au roi malade, *ibid.*—Le suit en France, *ibid.* — Intercède près du roi en faveur d'Angelbert et de Gozbert, coupables de brigandages, et obtient leur grâce, 275.

LIEFDACH, évêque des Impuaires, siége au synode général d'Engelheim, I, 231.

Liége. Son évêque Nocher, II, 291.

Limoges, ville d'Aquitaine, I, 27, 31, 107. — Le roi Raoul y rencontre les Normands et les met en fuite, 107.

LIOPTACH, évêque de Riben, siége au synode général d'Engelheim, I, 231.

Lisieux, ville de la province ecclésiastique de Rouen, I, 15.

Lit. Les rois siégeaient dessus dans les assemblées des grands, 169.

Littoy, en Belgique, I, 77.

Lômer. Son monastère à Blois, incendié par Foulques, comte d'Anjou, II, 261.

Lorrains (évêques), II, 233.

LOTHAIRE, fils du roi Louis d'Outremer et de Gerberge, II, 3. — Est créé roi à l'âge de douze ans par le consentement général des grands de toutes les provinces des Gaules, *ibid.* et 5. — Sacré par Artauld dans la basilique de Saint-Remi de Reims, 5. — Prend le maniement des affaires, *ibid.* — Favorisé par Hugues, va visiter la Neustrie, *ibid.* — Visite l'Aquitaine et assiége Poitiers, *ibid.* — Met le duc Guillaume en fuite, assiége de nouveau et prend Poitiers, 7. — Empêche le pillage de la ville, *ibid.* — S'en retourne à Laon, *ibid.* — Demande à Brunon des troupes pour reprendre le château de Dijon que Robert de Trèves lui a enlevé par trahison, 15. — Pardonne à Robert et fait décoller le traître, *ibid.* — Reçoit le serment de fidélité de Hugues Capet et d'Otton, fils de Hugues le Grand; concède à Hugues le titre de duc, et donne la Bourgogne à Otton, *ib.* et 17. — Eut souvent des démêlés avec Otton II, roi de Germanie, au sujet de la Belgique, 81. — Convoque les grands et leur expose son dessein de marcher contre Otton, *ibid.* — Conduit en effet une armée qui met Otton en fuite, 83, 85. — Prend et pille son palais d'Aix-la-Chapelle, 85. — Assailli à son tour par Otton, 89. — Se réunit à Hugues, *ibid.* — Poursuit Otton et son armée, 93. — Se réconcilie avec Otton à l'insu de Hugues, 95, 97. — Lui abandonne la partie de la Belgique en litige, 97. — Allié à Otton; moins puissant par ses armes et ses richesses que le duc Hugues, 103. — Cherche à s'emparer de Hugues par surprise, 105. — Écrit à Conrad, roi des Allemands, à ce sujet, *ibid.* — Se réconcilie avec Hugues, 111. — S'associe Louis au trône, *ibid.* — Accompagne en Aquitaine son fils Louis allant épouser Adélaïde, 115. — Apprenant la dissipation et la misère de son fils, il va le chercher en Aquitaine, 117. — Hézilon (Henri le Querelleur), compétiteur d'Otton III, lui abandonne la Belgique, 121. — Se met en marche vers la Belgique; est harcelé au retour par les Belges, *ibid.* — Songe à envahir la Belgique, 123, 125. — Appelle à lui Eudes et Herbert, et ouvre la campagne par l'attaque de Verdun, qu'il prend, 125. — Confie la garde de la ville à la reine Emma, et revient à Laon, 127. — La ville de Verdun lui ayant été enlevée, il marche de nouveau contre la place, l'assiége et la reprend, 129 et suiv. — Est blessé d'un coup de fronde, 133. — Meurt à Laon après trente-sept ans de règne et la soixante-huitième année de son âge, 137. — Est enterré à Reims dans le monastère de Saint-Remi, 139.

Lothariensium episcopi, II, 232, 234.

LOUIS LE BÈGUE, aïeul paternel de Charles le Chauve (*faux*), I, 13.

LOUIS, fils de Charles. Richer se propose de raconter l'histoire des Gaulois sous son règne, I, 5. — Porté encore enfant en Angleterre par crainte de Hugues et de Herbert, 121. — Les princes gaulois lui font offrir la couronne, 125. — Il arrive en Gaule avec beaucoup de pompe, 127, 129. — Y est reçu avec de grands honneurs, 129. — Est créé roi à Laon et investi de l'autorité royale, *ibid.* — Va en compagnie de Hugues visiter la Bourgogne et se mettre en possession du pays au grand contentement des habitants, *ibid.* — Assiége et prend la ville de Langres, 131. — Vient à Paris avec le duc Hugues, *ibid.* — S'affranchit de la tutelle du duc, et règle seul tout ce qui a rapport à la guerre, ce qui occasionne de grands maux, *ibid.* — Donne la garde de Laon à sa mère Ethgive, *ibid.* — Ligue de Hugues le Grand et d'Herbert contre lui, 133. — Herbert lui enlève Château-Thierry par trahison, *ibid.* — Ne peut réprimer les ravages des Hongrois, faute de troupes, 135. — Détruit la place de Montigny, qui sert de retraite à des brigands, *ibid.* — Se rend en Belgique, voulant construire une forteresse dans le port de Wissant, *ibid.* — Assiége et prend la citadelle de Laon sur Herbert, 137 et suiv. — Sa conduite lui attire des remontrances de la part des Belges, 147. — Attire dans son parti ceux des Belges qui ne lui sont pas acquis, et pousse au delà du Rhin les partisans d'Otton, *ib.* et 149. — Chasse de Laon l'évêque de la ville et ses partisans, suspects de trahison, 149. — Épouse Gerberge, sœur d'Otton Ier et veuve de Gislebert, et partage avec elle la couronne, 151. — A une entrevue en Picardie avec Guillaume, duc des Normands, qui lui engage sa foi, 153. — Lui concède la Normandie, *ibid*. — Délivre Laon assiégé par Hugues et Herbert, 157. — Apprend en Bourgogne qu'Artauld a été déposé et que Hugues a été sacré à sa place, 161. — Chasse de Laon Arnauld et Landri, suspects de trahison, *ibid*. — Lève une armée en Bourgogne et marche contre Hugues et Herbert qui assiégent Laon; est battu et obligé de fuir, *ibid*. — Le pape Étienne ordonne aux gouverneurs des provinces de reconnaître son autorité, *ib*. et 163. — Par l'entremise du comte Roger, il se concilie Guillaume, duc des Normands, Guillaume, duc des Aquitains, et Alain, duc des Bretons, 165. — Vient à Rouen où Guillaume le comble de présents, *ibid*. — S'avance sur l'Oise vers Hugues et Herbert, *ibid*. — Trève entre eux, *ibid*. — Va en Belgique pour conférer avec le roi Otton; conférence suivie de traités, 167. — Se réconcilie avec Hugues par l'entremise d'Otton, *ibid*. — Tous les autres seigneurs suivent l'exemple de Hugues, *ibid*. — Convoque une conférence des seigneurs de la Gaule à Attigny, *ibid*. — Y occupe une place moins élevée que celle d'Otton; Guillaume, duc des Normands, lui fait donner la place d'Otton, 169. — Concède à Richard, fils de Guillaume, la province qu'avait possédée son père, 175. — Est honorablement reçu à Rouen, 177. — Marche contre Setrich, roi normand, et son général Thurmod; est blessé, mais tue Thurmod et détruit l'armée normande, *ib*. et 179. — Promet à Artauld de lui rendre son siége, 179. — Reçoit avec bonté les fils d'Herbert après la mort de leur père, 181. — Réunit à Amiens ses principaux adhérents, ne voulant rien traiter d'important sans eux, *ibid*. — Part pour l'Aquitaine avec la reine Gerberge et le duc Hugues, 183. — Reçoit à Nevers plusieurs gouverneurs d'Aquitaine et leur continue leur gouvernement, *ibid*. — Réconcilie Arnoul et Erluin, *ibid*. et 185. — Marche contre les Normands qu'il soupçonne de s'être donnés à Hugues, 187. —

Vient à Rouen, *ibid*. — Demande du secours à Hugues et lui donne la ville de Bayeux, 189. — La lui retire et se rend maître de tout le pays, *ibid*. — Les partisans de Hugues lui enlèvent Montigny et Compiègne, lui prennent ses chasseurs, ses chiens, ses chevaux et ses épieux, 191. — Rassemble une armée de Normands, dévaste le Vermandois, assiége Reims, *ib*. et 193. — Consent à suspendre les hostilités à la demande du duc et à certaines conditions, 193. — Retourne à Rouen avec Erluin et ses autres fidèles, est poursuivi et pris par les Normands, d'accord avec Hugues, 195, 197. — Livré à Hugues, 199. — Abandonne Laon à Hugues pour obtenir sa liberté, 203. — Se rend à Compiègne où la reine et plusieurs grands de Belgique se réunissent près de lui, *ibid*. — Leur porte ses plaintes et tient conseil avec eux, 205. — Demande du secours à Otton et à Conrad, roi de Bourgogne, qui les lui fournissent, *ib*. et suiv. — Conjointement avec Otton et Conrad, il marche sur Laon, assiége et prend Reims, 207, 209. — Ils rétablissent Artauld dans son siége, 209. — Marchent contre Hugues et attaquent Senlis, *ibid*. — Traversent la Seine et dévastent le pays jusqu'à la Loire, ainsi que la terre des Normands. Il s'en retourne à Reims, 213. — Met en présence, pour connaître leur savoir, un médecin de Salerne et l'évêque Derold, 215, 217. — Poursuit l'évêque Hugues et assiége Mouzon sans résultat, 219. — A une conférence en Belgique avec Otton, et célèbre la Pâque avec lui à Aix-la-Chapelle, *ibid*. — Fait lever le siége de Reims que faisait Hugues, 221. — Réunit à Reims les princes près de lui, *ibid*. — Propose une conférence à Otton, *ibid*. — Elle a lieu sur le Chier, 223. — Il s'y conclut une trêve entre lui et Hugues, 225. — Assiste au synode général d'Engelheim, 233. — Porte ses plaintes contre Eudes à ce synode, et le menace de combat singulier s'il dément ses allégations, 235 et suiv. — Ne conserve sur le trône que la ville de Laon qui lui est enlevée par Hugues, 237. — Reçoit d'Otton contre Hugues des troupes commandées par Conrad, 249. — Fait rassembler à Laon les évêques qui ont composé le synode général d'Engelheim, lesquels excommunient le duc Hugues, 249, 251. — Envoie trois cohortes à Mouzon, où s'est renfermé Hugues de Reims, et prend la place, 253, 255. — Vit à Reims en simple particulier, 255, 257, 259. — Demande des troupes à Otton, 257. — Ne peut attendre le secours promis, et ouvre les hostilités par l'attaque de Laon, ib. et 259. — Que ses troupes prennent par surprise, 259 et suiv. — A l'exception de la citadelle, 265. — Reçoit du roi Otton, sous la conduite du duc Conrad, une armée levée en Belgique, ib. — Entre sur les terres du duc, et attaque Senlis, mais inutilement, ibid. — Ravage tout jusqu'à la Seine et se retire, 267. — Trêve conclue, ibid. — Traité de paix, 269. — Hugues lui rend la citadelle de Laon et se déclare son homme, 271. — Mène une armée d'Aquitains en Bourgogne, ibid. — Reçoit dans le Mâconnais la soumission de Charles Constantin, prince de la ville de Vienne, d'Étienne, évêque d'Auxerre, de Guillaume, prince des Aquitains, ibid. — Va à Besançon, où il reçoit le serment de Letold, ib. et 273. — Tombe malade et charge le duc de ramener son armée, 273. — Se rétablit et rentre en France, ibid. — Va détruire le fort de Brienne, refuge de brigands, ibid. — Apprend le mariage de sa mère avec le comte Herbert; confisque ses biens et les donne à la reine Gerberge, 275. — Tombe de cheval en poursuivant un loup à travers champs; meurt l'an dix-huitième de son règne et la trente-sixième (faux) de son âge; est enterré dans le monastère de Saint-Remi de Reims, ib. et 277. — Son fils Lothaire lui succède, II, 3, 5.

LOUIS, fils de Lothaire, est associé au trône, II, 3. — On lui propose pour femme Adélaïde, veuve de Raimond, duc des Goths, 113. — En cachette du duc Hugues, 115. — Il part pour l'Aquitaine avec une suite nombreuse, ibid. — Il épouse Adélaïde et la fait couronner, 117. — Ils ne peuvent vivre ensemble, et ils divorcent, ibid. — Ses prodigalités, ses désordres, ibid. — Son père va le chercher en Aquitaine et le ramène en France, ibid. — Il succède à son père, 141. — Il se donne tout entier à Hugues Capet, ibid. — Il se plaint aux grands de la conduite d'Adalbéron, archevêque de Reims, 143. — Et marche contre lui; il reçoit des otages et se retire, 145. — Il meurt à Senlis après un an de règne, le 22 mai. Il est enterré à Compiègne, quoiqu'il eût demandé de l'être à Reims, 147.

LOUIS, fils de Charles de Lorraine, emprisonné avec lui par Hugues Capet, II, 215.

LOUP ACINAIRE, Gascon, gouverneur en Aquitaine pour le roi, I, 119.

LUCAIN, poète historien, lu et commenté par Gerbert, II, 53.

Lune (éclipse de), I, 101.

M

Machines de guerre construites pour le siège de Laon, I, 137 et suiv. — Pour sa défense, II, 167. — Pour l'attaquer de nouveau, 171 et suiv. — Description de celle qui servit à l'attaque de Verdun, 131 et suiv.

Mâcon, son évêque Milon siège au synode de Saint-Basle, II, 223.

Mâconnais, le roi Louis y établit son camp, I, 271.

Macre (Sainte-), synode assemblé en ce lieu pour examiner la conduite d'Adalbéron, évêque de Laon, II, 79.

Maëstricht en Belgique, I, 77.

Magnates, I, 40, etc. — Magnates Gallorum, 124. — Magnates Galliarum, 128.

Mains. Se rendre par les mains l'homme du roi, I, 175, 271. — De toute autre personne, II, 230. — Par les mains et par le serment, I, 271; II, 99. — S'engager par les mains à combattre pour quelqu'un, I, 101, 116, 132, etc. — Se reconnaître l'homme de quelqu'un en plaçant les mains sous ses pieds, II, 157.

Majesté, titre donné aux rois, II, 179.

Majores, opposé à mediocres, en parlant des princes, I, 21, 72.

Maladie épidémique, I, 101. — Contagieuse très-meurtrière, 119.

MANASSÉ, comte, contribue à repousser les Normands de la Bourgogne, I, 95.

MANLIUS, consul, cité, II, 53.

Mantes en pelleteries portées par les

moines, défendues par un synode d'abbés, II, 43. — D'étoffes étrangères recouvertes de draps de Norique, *ibid.*

Manne ou relique des saints, II, 25.

Manus. Voir *Mains.*

Mariage illicite des prêtres; il en est traité au synode général d'Engelheim, I, 219.

Marin, évêque d'Ostie, est chargé par Agapet II, en qualité de son vicaire, de venir terminer le différend de Hugues et d'Artauld, archevêque de Reims, I, 229. — Son éloge, *ibid.* — Va trouver le roi Otton avec mission de convoquer un synode général, *ibid.* — Préside ce synode tenu à Engelheim, *ibid.* et suiv. — Son discours; conclut qu'il faut d'abord régler les affaires du roi avec les grands, 235. — Prononce un discours en faveur du roi et demande à Otton d'intervenir par les armes, 241. — Préside les mêmes évêques assemblés à Laon pour prononcer l'excommunication contre le duc Hugues, 249, 251. — Sollicité par Otton se rend en Germanie et bénit l'église du monastère de Fulde, 253; puis s'en retourne à Rome, *ibid.*

Marlée (la) lieu de conférence entre Lothaire et Otton II, II, 97.

Martial (S.), martyr; sa basilique à Limoges, I, 27.

Martin (S.), Eudes lui offre en passant à Tours ses offrandes royales, I, 35. — Le roi Charles le Simple fait de même, 37.

Martin, prêtre et moine, chargé par Robert de convertir au christianisme des prisonniers normands, I, 69.

Mathématiques enseignées par Gerbert, II, 55 et suiv.

Mayence, ville de Belgique; son archevêque concourt à mettre Charles le Simple sur le trône, I, 33. — Son archevêque Frédéric concourt à rétablir Artauld dans son siége de Reims, 209.

Meaux (territoire de). Il s'y tient un synode provincial composé de treize évêques des provinces ecclésiastiques de Sens et de Reims, II, 17. — Présidé par l'archevêque de Sens, *ibid.* — S'occupe de l'affaire de Hugues et d'Artauld, archevêque de Reims, mais ne décide rien, 19. — Hugues meurt en cette ville, *ibid.* — État de son pont, 219. — Sa basilique de Saint-Pharon, *ibid.* — Son abbé Augustin, 221.

Médard (Saint-), abbaye échangée contre l'abbaye de Saint-Vast et le château d'Arras, I, 43.

Médecine, I, 215, 217.

Médecins, I, 47, etc.

Médiocres, gens de basse condition, I, 38. — Par opposition à *majores*, 24, 72.

Mediocris persona, I, 40. — Par opposition à *magnates*, *ibid.*

Melun, château convoité par Eudes, comte de Chartres, II, 253. — Sa position, *ib.* et 255. — Les rois Hugues et Robert l'assiégent, 257; — et le prennent, 259.

Mense canoniale, I, 105.

Méotide, lac situé entre l'Europe et l'Asie, I, 7.

Mer inconnue, paroles appliquées au Pas-de-Calais, I, 125.

Mercenaires dans les armées, II, 267.

Merschen (palais de), I, 71; — en Belgique, 77.

Metz, son évêque Adalbéron, I, 225, 231. — Son chapitre, II, 19, 23.

Meunier, chef des pêcheurs du duc Hugues, forcé de livrer ses barques pour faire traverser la Seine à l'armée des rois Louis, Otton et Conrad, I, 209 et suiv.

Meuse, forme la limite des royaumes de Lothaire et d'Otton II, II, 97.

Mézières, enlevé par Erlebald à l'archevêché de Reims, assiégé et pris par l'archevêque Hervé, I, 49.

Michel, évêque de Ratisbonne, siége au synode général d'Engelheim, I, 231.

Miles, I, 30, 218, 252, 262; II, 276, 280. — Opposé à fantassin, 174. — Appliqué à toute l'armée, 190. — Vassal, 22, 156, 238. — Opposé à duc, I, 84.

Militaris ordo, II, 180, etc.

Militiam jurare, I, 165.

Militiam spondere, I, 116. — *Ad regis militiam sacramento transire*, I, 270.

Militiam fidelem per jusjurandum spondere, II, 14. — *Se militaturum committere*, 20.

Milon, évêque de Mâcon, siége au synode de Saint-Basle, II, 223, 249.

Mimmingen ou Mimagard, son évêque Hildebold, I, 225, 231. — Son évêque Suger, II, 291.

Mine employée dans les siéges, I, 139.

Minores opposé à *principes*, I, 38.

TABLE ALPHABÉTIQUE.

Moines, Adalbéron réforme leurs mœurs, II, 27. — Doivent avoir un costume différent de celui des gens du monde, *ibid*. — Abbés assemblés en synode pour réformer leurs mœurs, 35. — Sont en dissidence sur l'application de leur règle, 37. — Exposé de l'état de leurs mœurs, *ibid*. et suiv. — Dès lors les moines se font remarquer par la régularité de leur vie, 45.

Moines de Saint-Remi; Adalbéron leur porte un intérêt tout particulier et veut assurer leurs propriétés, II, 27. — Obtient du pape Jean un privilége qui leur assure leurs biens et leur donne lui-même l'abbaye de Saint-Timothée, 29 et suiv. — L'acte est déposé aux archives, 31. — De nouveau confirmé par un synode d'évêques, 33.

Mons, pris sur Rainier et brûlé par Raoul, père de Richer, II, 9 et suiv.

Mons Panchei. Voir *Montpensier*.

Montmartre, ouragan et démons ravageant cette montagne, I, 185.

Mont-Notre-Dame en Tardenais. Il s'y tient un synode, II, 33. — Lequel décide la tenue d'un autre synode pour la réforme des mœurs des moines, 35.

Mont Sainte-Marie, Il s'y tient un synode de cinq évêques, II, 300.

Montaigu, forteresse voisine de Laon, assiégé et pris par le roi Louis, I, 255.

Montigny, ville du roi, prise et détruite par les partisans de Hugues, I, 101.

Montigny, place forte, servant de retraite à des brigands, détruite par le roi Louis, I, 135.

Montpensier, château fort sur le territoire de Clermont, I, 23. — Pressé vigoureusement par les Normands; délivré par Eudes, *ibid*.

Montreuil, place appartenant à Erluin, enlevée de ruse par Arnoul, I, 139 et suiv. — Reçue en dot par la reine Susanne, II, 271.

Morini, ceux de Thérouanne, I, 40, 138.

Mouton, son prix, I, 19.

Mouzon, donné comme place de sûreté à Hugues, archevêque de Reims, par les évêques réunis à la conférence du Chier, I, 225. — Il s'y tient un synode pour examiner l'affaire de Hugues et d'Artauld, archevêque de Reims, *ib*. et suiv. — Les évêques réunis décident qu'Artauld conservera l'archevêché et ajournent Hugues devant un nouveau synode, 227, 229. — Assiégé par les troupes du roi Louis est pris, 253, 255. — Les évêques de Germanie y tiennent un synode présidé par le légat du pape pour reviser l'affaire d'Arnoul et de Gerbert, II, 291 et suiv. — Veulent, pour plaire au pape, interdire à Gerbert la communion et les fonctions sacerdotales, 305. — Le synode s'ajourne à Reims le huitième jour après la fête de Saint-Jean-Baptiste, 307. — Mais la réunion a lieu à Senlis, *ibid*.

Musique ignorée en Italie, II, 49.

N

Nantes, pris par les Normands, I, 187. — Son évêque étouffé par la foule, *ibid*. — Attaqué et pris par Foulques, comte d'Anjou, à l'exception de la citadelle, II, 265. — Secouru par Conan, *ibid*. et suiv. — Citadelle prise par Foulques, 271.

Neustrie, partie de la Gaule comprise entre la Seine et la Loire, I, 17. — Ravagée par les Normands, qui en sont chassés, *ib*. et 19, 21. — Forme un duché confié à Robert par Charles le Simple, 37. — Comprend Tours, 41. — Les Normands y font irruption et sont défaits par Robert, duc de la Gaule Celtique, 65, 67. — Diffère de la Celtique, 17, 19. — Incendiée et pillée par les armées des rois Louis, Otton et Conrad, 313. — Le duc Hugues y amène le roi Lothaire et lui fait visiter les places de Paris, Orléans, Chartres, Tours, Blois et plusieurs autres, II, 5.

Neustriens, se retirent en Aquitaine avec Eudes, I, 33. — Marchent sous Robert contre les Normands, 65.

Nevers, le roi y reçoit les gouverneurs des provinces d'Aquitaine et y traite avec eux de l'administration de ces provinces, I, 183.

Nil, fleuve qui sépare l'Asie de l'Afrique, I, 7.

Nîmes, ville de Gothie, I, 21.

Nobilitas, nobilitas carnis. Voir *Noblesse*.

Nobles, I, 25. — Leurs différends jugés

par le roi Eudes, 31. — En possession des dignités, I, 39.

Noblesse, I, 39. — Noblesse royale, 122, 199; II, 23, 167. — Noblesse du sang, I, 158. — De la personne, *ibid.*

NOCHER, évêque de Liége, siége au synode de Mouzon, II, 291.

Normands, pirates sortis des îles de l'Océan septentrional, I, 13. — Viennent s'établir dans la province de Rouen qui leur est remise par le roi à condition qu'ils se feront chrétiens et combattront pour lui, 15. — L'anarchie dans laquelle la division des grands jette la Gaule pendant l'enfance de Charles, les excite à porter leurs brigandages sur la petite Bretagne et la Neustrie, *ib.* et 17. — Se jettent de nouveau sur la Bretagne et sur l'Aquitaine, aux environs d'Angers, où ils se livrent à toute sorte d'excès, 21. — Sont assaillis et vaincus près de Clermont en Auvergne, par le roi Eudes, 23 et suiv. — Font irruption en Neustrie et sont vigoureusement assaillis par Robert, duc de la Gaule Celtique, 63, 65. — Les prisonniers sont préparés au baptême, 69. — Désolent les parties maritimes de la Gaule, 77. — Se rattachent à la cause de Charles le Simple contre le parti de Hugues le Grand, 91. — Se jettent sur les Gaules qu'ils ravagent, 93. — Le roi Raoul lève des deniers et achète leur retraite, *ibid.* — Se jettent sur la Bourgogne, en sont repoussés, 95. — Sont battus de nouveau par Raoul, 97. — Se retirent avec leur chef Rollon, dans la place d'Eu d'où ils sont encore débusqués, *ib.* et 99. — Sont exterminés dans un combat naval, 99. — D'autres Normands se jettent sur l'Artois et sont exterminés par le même Raoul, *ibid.* — Herbert leur présente son prisonnier Charles le Simple à Eu, 101. — Leur chef Guillaume jure fidélité au roi, *ibid.* — Ravagent la Gaule Aquitanique, 105. — Sont dispersés par Raoul, 107. — Leur duc Guillaume entre dans les intérêts du roi Louis d'Outre-mer contre Hugues et Herbert, 165. — Il est assassiné et remplacé par son fils Richard, 173, 175. — Les seigneurs normands se partagent entre le roi et Hugues, 175, 177. — Une armée de Normands conduits par le roi Setrich et son général Thurmod est détruite par le roi Louis, 179. — Taillent en pièces les Bretons divisés par les querelles de leurs princes Alain, et Bérenger, malgré les traités, 185, 187. — Plusieurs d'entre eux se déclarent contre le roi; sont battus par lui, 187. — Le roi s'empare de tout le pays, 189. — Fournissent une armée au roi Louis, 191. — S'emparent du roi et le remettent à Hugues après avoir reçu en otage le fils du roi et Gui, évêque de Soissons, 197, 199. — Fournissent une armée à Hugues pour marcher sur Soissons, 255. — Reconnaissent Hugues Capet pour roi, II, 159. — Ils donnent du secours à Eudes contre Foulques, 275. — Ils entrent fréquemment dans les armées comme auxiliaires, *ibid.* et 277, etc.

Noyon, mort de son évêque, Airard, I, 115. — Envahi par surprise, 117. — Repris par ses citoyens, *ibid.* — Son évêque Transmar, 253. — Son évêque Hadulfe, II, 21. — Son évêque Ratbod siége au synode de Saint-Basle, 223.

O

Observator. Voir *Vedettes.*

Océan, mer qui limite extérieurement l'Asie, l'Afrique et l'Europe, I, 7.

OCTAVIEN, pape, successeur d'Agapet II, II, 19.

ODELRIC, prêtre. Les brigandages des Normands le forcent à quitter le diocèse d'Acqs, I, 105. — Gère l'épiscopat de Reims pour le jeune Hugues, fils d'Herbert, *ibid.* — Reçoit pour cela l'abbaye de Saint-Timothée et la mense canoniale, *ibid.*

ODELRIC, évêque d'Augsbourg, siége au synode général d'Engelheim, I, 231.

ODELRIC, chanoine du chapitre de Metz, archevêque de Reims, II, 19. — Son éloge, *ib.* et 21. — Sacré dans la basilique de Saint-Remi par les évêques diocésains de Reims, 21. — Poursuit et excommunie les détenteurs des biens de son église, *ibid.* — Rentre dans ses biens et donne le château de Coucy à un de ses hommes d'armes, à condition de fidélité, *ibid.*

ODILON, abbé et moine, assiste au synode de Verdun, I, 225.
ODON, archevêque de Cantorbéry, I, 127. — Envoyé en ambassade par Adelstan, roi d'Angleterre, aux princes gaulois, *ibid.*
Optimates, I, 32, 40, etc.
Orange, ville de Provence, I, 21.
Orbais, monastère renommé pour son hospitalité, II, 217.
Ordre équestre, I, 17, 19, etc.
Ordre militaire. Voir *Militaris ordo*.
Orléans, ville de Neustrie, II, 5. — Son évêque assiste au synode de Meaux; il s'y montre favorable à Hugues et contraire à Artauld, 19. — Son évêque Arnoul siège au synode de Saint-Basle, 223.
Otages, I, 67, 69, 131, 193, 196; II, 7, 145, etc.
OTRIC, philosophe célèbre en Saxe, II, 63. — Cherche à connaître le système philosophique de Gerbert, *ibid.* — N'en obtient qu'une connaissance imparfaite et le critique, 65. — L'empereur Otton veut s'éclairer là-dessus, *ibid.* — Discussion entre Otric et Gerbert devant Otton, Adalbéron et tous les savants d'Italie, 67 et suiv. — Il est vaincu par Gerbert, 79.
OTTON, fils du duc Hugues le Grand, jure fidélité au roi Lothaire; reçoit du roi la Bourgogne, II, 15, 17.
OTTON Ier cherche à s'emparer de la Belgique; ses partisans sont repoussés par Louis d'Outre-mer au delà du Rhin, I, 149. — Ses prétentions à devenir prince des Belges, *ibid.* — Vient dévaster la Belgique, repousse une armée de Belges qui vient l'attaquer en Germanie, *ibid.* — A en Belgique, avec Louis d'Outre-mer, une conférence suivie de traités, 167. — Réconcilie Louis et Hugues, *ibid.* — Se rend à la conférence d'Attigny, *ibid.* — Y tient une place plus élevée que celle du roi; Guillaume, duc des Normands, la lui fait quitter et y place Louis, 169. — Otton cache son ressentiment, mais prépare avec Hugues et Arnoul sa vengeance contre Guillaume, *ib.* — Prend fait et cause pour le roi Louis, prisonnier de Hugues, 199, 201. — Repousse les avances de Hugues pour le désarmer, 201, 203. Le roi Louis lui demande du secours qu'il fournit, 205 et suiv. — Otton, Louis et Conrad marchent sur Laon, assiégent et prennent Reims, 207, 209. — Rétablissent Artauld dans son siége, 209. — Marchent contre Hugues et attaquent Senlis, *ibid.* — Traversent la Seine et dévastent le pays jusqu'à la Loire, ainsi que la terre des Normands, et s'en retournent, 213. — Il a une conférence avec Louis en Belgique, et célèbre avec lui la Pâque à Aix-la-Chapelle, 219. — Louis lui propose une conférence près du Chier, 221. — Elle a lieu, 223. — Fait décréter que l'affaire de Hugues et d'Artauld, archevêque de Reims, sera examinée par les évêques assemblés, *ibid.* — Fait conclure une trève entre Louis et Hugues, 225. — Assiste au synode général d'Engelheim, 233. — Le légat Marin lui demande d'intervenir par les armes en faveur de Louis contre Hugues, 241. — Dit aux évêques d'anathématiser Hugues, et que, s'il résiste à l'excommunication, il emploiera la force, 243. — Envoie au roi, sous le commandement de Conrad, des troupes destinées à marcher contre Hugues, 249. — La reine Gerberge lui demande de nouveau des troupes qu'il promet d'envoyer, 257. — Sollicité par la reine Gerberge de mettre son fils Lothaire sur le trône de son père défunt, il seconde ses vues, II, 3. — Fait la guerre à Bulizlas, roi des Sarmates, 9. — Roi de Germanie et d'Italie, 40. — Fait retenir Gerbert en Italie pour qu'il y enseigne les mathématiques, *ibid.* — Désire s'éclairer sur la critique faite par Otric du système philosophique professé par Gerbert, 65. — Réunit à Ravenne tous les savants d'Italie pour assister à une discussion entre Gerbert et Otric, 67. — Sa mort, 79.
OTTON II, créé roi des Germains et des Belges, II, 79. — Son éloge, *ibid.* et suiv. — Il eut souvent des démêlés avec Lothaire au sujet de la Belgique, 81. — Habitait le palais d'Aix-la-Chapelle, *ibid.* — Est surpris et mis en fuite par Lothaire, 83, 85. — S'attache les grands de Germanie et les décide à agir en sa faveur, 85, 87. — Marche sur la Gaule, 87, 89. — La ravage, 89. — Vient camper devant Paris, *ibid.* — Lève son camp et bat en retraite devant les Gaulois, 93. — Reçoit des pro-

positions de paix de la part de Lothaire, 95. — Les accueille, 97. — Obtient de Lothaire l'abandon de la partie de la Belgique en litige, *ib.*— Va visiter l'Italie, 99. — Y reçoit une ambassade de la part de Hugues cherchant à se lier d'amitié avec lui, 103. — Parlait latin, 105. — Accueille parfaitement le duc, *ibid.* — Combat contre les Barbares, perd son armée, est pris lui-même, 119. — Tombe malade à Rome et y meurt, *ibid.*

OTTON III succède à son père Otton II à l'âge de cinq ans, II, 119. — Est enlevé par Hézilon, cousin germain de son père, *ibid.* — Donne à Gerbert l'évêché de Ravenne, 311.

Ouragan très-violent qui prend naissance à Paris et ravage Montmartre, I, 185.

P

Palatinus. Voir *Vir.*
Palissades autour des camps, I, 221. — Employées pour la défense des villes, II, 167.
Pallium, envoyé par le pape Étienne VIII à Hugues, archevêque de Reims, I, 163. — Par le pape Jean XVI à Arnoul, archevêque de la même ville, II, 185.
Pâque, célébrée à Aix-la-Chapelle par les rois Louis et Otton, I, 219. — Par Otton et Gerberge dans le même lieu, 257.
Paris. Le duc Robert y mène des prisonniers normands, I, 67. — Le roi Louis y vient avec le duc Hugues le Grand, 131. — Il s'y élève un ouragan très-violent, 185. — Ville de Neustrie, II, 5. — Hugues le Grand y meurt, 9. — Son évêque assiste au synode de Meaux; il s'y montre favorable à Hugues et contraire à Artauld, 19. — Otton II vient établir son camp sous ses murs, 89.
Patrie, I, 29.
Patrouilles dans les places fortes, II, 167.
Pavie. Synode dans lequel l'ex-archevêque Hugues est excommunié, II, 19.
Pêcheurs du duc Hugues, I, 211.
Pécule. Les moines ne peuvent en avoir, II, 41.
Pocunia collatitia. Voir *Deniers publics.*
Pelleteries portées par les moines. Défense qui leur en est faite par un synode d'abbés, II, 43.
Pentecôte, grande fête qui réunissait les évêques autour des rois, I, 27.
Pères de l'Église, cités, I, 246, etc.
Périgueux, ville d'Aquitaine. Le roi Eudes y séjourne, I, 31.
Péripneumonie, décrite, I, 195.
Péronne. Le roi Charles le Simple y est retenu en prison par Herbert, I, 93, 103.
PERSE, lu et commenté par Gerbert, II, 53.
Pharmaceutique, I, 215.
Philosophie, professée par Gerbert, II, 53.
Picquigny, île de la Somme dépendante du territoire d'Amiens, I, 173. — Le duc Guillaume Longue-Épée y est assassiné par les émissaires d'Arnoul, *ibid.* et suiv.
Pierre (Saint-) (basilique de), à Mouzon, I, 225.
Pierres, armes offensives et défensives, I, 131, 137, 193, 207, 257, etc.
Pieux armés de fer, employés dans la défense de Verdun, II, 129. — Dans celle de Laon, 167.
Pillage par suite de divisions entre seigneurs, I, 107, 145, etc. — Entre rois et sujets, 213. — Entre rois, 149. — Défendu par le roi Lothaire, II, 7.
Piques, armes offensives, II, 83.
Pirates, qualification par laquelle Richer désigne ordinairement les Normands. Voir *Normands.*
Places fortes, distinctes des villes, I, 35, 87, 89; II, 5, etc. — Confiées à des femmes, I, 113, 131, 209, etc.
Poètes anciens, connus de Gerbert, II, 53.
Poitiers, en Aquitaine, assiégé par Lothaire et Hugues, II, 5, 7. — Donné avec son territoire par Lothaire à Hugues, fils de Hugues le Grand, 17.
Poivrade, I, 215.
Ponthion, résidence royale, est rendue par Raoul à Charles le Simple, prisonnier d'Herbert, I, 105.
Porcien. Le roi Louis vient y camper avec une armée, I, 161.
PORPHYRE, commenté par Gerbert, II, 53.

Porte-enseigne. Ce qu'était cette charge, I, 25, 27.
Poulet. Son prix, I, 19.
Prières. Le roi Charles le Simple donne de magnifiques présents à Saint-Martin de Tours, et obtient des desservants des prières pour tous les jours et à perpétuité, I, 37.
Primates, I, 12, 28, 38, etc. — Le roi Raoul, en mourant, leur laisse le gouvernement du royaume, 118. Sont convoqués à Laon par le roi Lothaire, II, 80.
Princeps; passim. *Princeps Aquitaniæ,* I, 94. — *Belgis,* 143. — *Cisalpinus,* 148. — *Morinorum,* 40. — *Nortmannorum,* 142. — *Regionis,* 134. — *Seditionis,* II, 228. — *Trecarum,* 12. — *Willelmus,* 4. — Dans le sens de chef de parti, 214. — De chef de brigands, I, 134.
Principatus, II, 14, 154, 274.
Principes; passim. *Principes Aquitaniæ,* II, 2. — *Aquitanorum,* I, 22, 271. — *Belgicæ,* 32, 50, 54. — *Belgicorum,* 146. — *Burgundiæ,* II, 2. — *Celticæ,* I, 32, 50. — *Diversarum gentium,* II, 2. — *Francorum,* I, 22. — *Galliarum,* 34, 102, 124. — *Germaniæ,* 102. — *Gothiæ,* II, 2. — *Gothorum,* I, 116. — *Provinciarum,* 162, 166. — *Regnorum,* 12. — *Urbium,* 128, 270. — Synonyme de *majores,* 24. — Et de *primates,* 28, etc.
Prisonniers faits à la guerre, I, 67, 95, 135, 143, etc.
Proceres regni, I, 130, etc.
Provinces des Gaules gouvernées au nom et sous l'autorité des rois, I, 110, 163, 175, 183, 271, etc. — Transmises par concession du roi, II, 15, 17, 23.
Prum (abbaye de), I, 61.
Pseudo-évêques, sacrés par l'archevêque Hugues sont condamnés au synode général d'Engelheim, I, 251.
Puy (le). Le roi Eudes y séjourne, I, 19.

Q

Quentin (Saint-). Herbert y est enterré, I, 181.

R

Radegonde (Sainte-), fort à Poitiers, enlevé par les troupes du roi Lothaire, II, 5.
RAGEMOND, prince des Goths, vient offrir au roi Raoul de combattre pour lui et se reconnaît son homme, I, 117, 119.
RAIMBAUD, évêque de Spire, siége au synode général d'Engelheim, I, 231 et suiv.
RAINIER, vassal de l'archevêché de Reims, donné en otage au roi Louis V, II, 145. — Assiste au synode de Mouzon, 293.
RAINIER, gardien de la Belgique pour Otton, envahit les maisons et les domaines royaux que la reine Gerberge possédait dans le pays, II, 9. — Mons, sa capitale, sa femme et ses enfants sont pris par Raoul, père de Richer, agissant dans l'intérêt de Gerberge, *ib.* et suiv. — Restitue les biens enlevés et reprend sa femme et ses enfants, 13.
RAMULF, de Sens, prend la défense d'Arnoul dans le synode de Saint-Basle, II, 243.

RAOUL, abbé du monastère de Saint-Remi, préside le synode d'abbés réunis pour réformer les mœurs des moines, II, 35.
RAOUL, père de Richer, I, 259. — Vassal et conseiller du roi Louis d'Outre-mer, 257. — Conçoit le projet de s'emparer de Laon, l'expose au roi, s'offre pour chef de l'entreprise et la met à exécution, 259 et suiv. — Se charge de faire rentrer la reine Gerberge en possession des biens qu'on lui a enlevés en Belgique et en vient à bout, II, 9 et suiv.
RAOUL, évêque de Laon, sa mort, I, 63.
RAOUL, évêque de Laon, suspect de trahison, est chassé de la ville par Louis d'Outre-mer, I, 149. — Siége au synode général d'Engelheim, 231. — Sa mort, 253.
RAOUL, fils de Richard de Bourgogne, est créé roi malgré lui à Soissons par les Gaulois à la place de Robert, I, 91. — Ses qualités, *ibid.* — Achète la retraite des Normands qui ravagent les Gaules, 93. — Lève une armée et va réduire Guillaume, prince

d'Aquitaine, qui refuse de reconnaître son autorité, 95. — Tombe malade à Sens, *ibid.* — Se fait porter dans le monastère de Saint-Remi de Reims et se rétablit, *ibid.* — Bat et disperse les Normands qui se sont jetés sur la Bourgogne, 97. — Les poursuit dans la place d'Eu dont il s'empare et qu'il ravage, *ib.* et 99. — Leur livre un combat naval et les extermine, 99. — Revient à Beauvais où il fixe sa résidence, *ibid.* — Marche contre d'autres Normands qui ont envahi l'Artois et les extermine, *ibid.* — Est blessé dans la mêlée, *ibid.* — Revient à Laon, *ibid.* — Est en différend avec Herbert, 101. — Ils font la paix, 103. — Donne au fils d'Herbert l'épiscopat de Reims, 105. — Va visiter Charles en prison et lui restitue les résidences royales d'Attigny et de Ponthion, *ibid.* — Marche contre les Normands qui désolent l'Aquitaine, ayant avec lui les hommes d'armes de la Celtique et de la Belgique; les disperse, 107. — Prend parti pour Hugues contre Herbert, *ib.* et 109. — Ordonne aux Rémois de se choisir un évêque, *ibid.* — Les assiège, sur leur refus, et entre dans la ville, *ibid.* — Exprime ses regrets d'avoir favorisé le fils d'Herbert et lui substitue le moine Artauld, 111. — Marche sur Laon avec Hugues le Grand, assiège la ville sur Herbert et s'en rend maître, 113. — Se rend en Aquitaine et y reçoit l'hommage des princes des Goths et du Gascon Loup Acnaire, 117, 119. — Meurt, 119. — Est enterré à Sens, *ibid.*

RATBOD, évêque de Noyon, siège au synode de Saint-Basle, II, 223. — Son discours, 233.

Ravenne. Tous les savants d'Italie s'y réunissent pour assister à une discussion entre Gerbert et Otric, II, 67. — Son évêché donné à Gerbert par Otton, 311.

RAYMOND, duc des Goths, vient trouver le roi Louis à Nevers, lui remet et reçoit de lui l'administration de sa province, I, 183.

Reims, ville de la Celtique *(faux)*, I, 33. — Ville de Belgique, 45. — Robert y reçoit le titre de roi, 79. — Assiégé, 191. — On y voit des armées de feu, 101, 119 — et des flammes de sang, 119. — Prise par Herbert et Hugues, 155. — Assiégé par le roi Louis, 191. — Assiégé et pris par Louis, Otton et Conrad, 207, 209. — Confié à la garde de la reine Gerberge, 209. — Séjour du roi Louis, 213, 219. — Assiégé vainement par Hugues, 221. Séjour du roi Louis d'Outre-mer, 255. — Les grands laïques ecclésiastiques s'y réunissent pour mettre Lothaire sur le trône de son père Louis décédé, II, 3. — Son église restaurée, et embellie par Adalbéron, 23 et suiv.

Reims, ses archevêques, Voir *Foulques, Hervé, Seulfe, Hugues, Artauld, Odelric, Adalbéron, Arnoul, Gerbert.*

Reims, son école, II, 51. — Gerbert y professe les sciences, *ibid.*

Reims, ses habitants consultés dans la nomination de leur archevêque, I, 47.

Reims (province ecclésiastique de), I, 33.

Reine, couronnée par son mari, I, 151.

REINIER, Long-Cou, duc de Lorraine et du Hainaut, sa mort, I, 71. — Le roi assiste à ses funérailles, *ibid.* — A pour successeur ses fils Gislebert et Reinier, *ibid.*

Reliques, serment fait sur elles, II, 207.

Remenses, ou habitants de Reims, concourent au choix de leurs évêques, I, 47. — Se réfugient dans les églises à l'approche du duc Hugues; y sont brûlés par lui, 257. — Reçoivent de Hugues Capet la liberté de se choisir un évêque, II, 177.

Remi (Saint-) de Reims (basilique de), Charles le Simple y est créé roi, I, 33. — Robert y reçoit le titre de roi, 79. — Le roi Raoul malade s'y fait porter et se rétablit, 95. — Un moine de cette abbaye, nommé Artauld, est fait archevêque de Reims, 111. — Retraite de l'archevêque Artauld, chassé de Reims, 155. — Hugues y est sacré archevêque de Reims, 159. — Sépulture du roi Louis d'Outre-mer, 277. — Sacre de Lothaire, fils de Louis, II, 5. — Sacre d'Odelric, archevêque de Reims, 19, 21. — C'est là que se faisait ordinairement l'ordination des archevêques, 181. — L'une des sépultures des rois, 139.

Remi (Saint-), sa basilique à Engelheim, I, 229. — Il s'y tient un synode général pour juger le différend des archevêques de Reims, Hugues et Artauld, *ibid.* et suiv.

RENAUD, comte, amène une suspension d'armes entre le roi Louis et Hugues, I, 193.

Répudiation, I, 31. — De la reine Susanne par le roi Robert, blâmée, II, 271, 273.

Respect pour les Carlovingiens, I, 199, 233; II, 181, 195, etc.

Rhétorique enseignée par Gerbert, II, 53.

RICHARD de Bourgogne, père du roi Raoul, I, 91.

RICHARD, duc des Normands, fils de Guillaume Longue-Épée et d'une concubine bretonne, I, 175. — Est reçu par le roi Louis qui lui confère la province qu'a possédée son père, *ibid.* — Meurt d'apoplexie, II, 309.

RICHAU, évêque de Worms, siège au synode général d'Engelheim, I, 231.

RICHER. Il écrit son livre à la demande de Gerbert, archevêque de Reims, auquel il le dédie, I, 3. — Il se propose d'écrire l'histoire des guerres des Gaulois au temps des deux rois Charles et Louis d'Outre-mer, *ib.* et 5. — Puise dans Flodoard, prêtre de Reims, *ibid.* — Fait commencer son histoire à Charles III ou le Simple, *ib.* — Est invité à aller lire à Chartres les aphorismes d'Hippocrate, II, 215. — Moine de Saint-Remi de Reims, *ibid.* — Difficultés de son voyage, *ibid.* et suiv. — Prend connaissance aussi du livre intitulé *de l'accord d'Hippocrate, de Galien et de Suranus*, 221.

RICHER, abbé du monastère de Prum, est fait archevêque de Tongres, I, 61. — Il est tourmenté par son métropolitain, se rend à Rome et obtient sa confirmation, *ibid.*

RICUIN, comte, se sépare du roi Charles le Simple qui marche contre lui, le réduit et lui pardonne, I, 63. — Est envoyé par Charles le Simple à la tête de quatre cohortes belges contre les Normands qui se sont jetés sur la Neustrie, 65.

RICULF, évêque de Soissons, contribue à retirer Charles le Simple des mains des seigneurs du parti de Robert, I, 53.

Riphées, montagnes qui séparent l'Asie de l'Europe, I, 7. — Montagnes des îles Britanniques (?) 237.

Ripuaires, ont pour évêque Liefdach, I, 231.

ROBERT, fils de Witichin, germain de nation et père de Eudes, I, 17, 19.

ROBERT, prince de Trèves, fils d'Herbert et frère de Hugues, archevêque de Reims, II, 13. — Entre en hostilité contre le roi Lothaire et s'empare, par trahison, de la place de Dijon, *ib.* et 15. — Se soumet au roi Lothaire, *ibid.* — Recueille son frère Hugues, 19.

ROBERT, commandant pour Erluin dans la place de Montreuil, I, 141. — La livre à Arnoul, *ibid.* et 143.

ROBERT, archevêque de Trèves, concourt à rétablir Artauld dans son siège de Reims, I, 209. — Préside le synode de Verdun, 225. — Reçoit une lettre du pape Agapet II, portant jussion apostolique de régler en synode l'affaire de Hugues et d'Arnoul, 227. — Préside ce synode tenu à Mouzon, *ibid.* — Siège au synode général d'Engelheim et est chargé de conduire la discussion et de résumer les débats comme le plus capable, 231. — Son discours d'ouverture, 233. — Demande qu'on règle d'abord les affaires du roi, *ib.* et 235. — Second discours en faveur de Louis, 239. — Intercède auprès des évêques en faveur de Gui qui avait sacré Hugues, 253.

ROBERT, fils de Hugues Capet, II, 159. — Est associé au trône et couronné roi des peuples occidentaux, depuis la Meuse jusqu'à l'Océan, 161. — Son éloge, *ibid.* (Voir *Hugues Capet.*) — Répudie la reine Susanne parce qu'elle est vieille, 271. — Préside le synode de Chelles, 273. — Pris par Berthe, femme d'Otton, pour défenseur et avocat de ses intérêts, 309. — Succède à son père et épouse Berthe, *ibid.* — Marche contre Foulques et lui reprend la ville de Tours, *ibid.* — Assiège Hildebert en Aquitaine, *ibid.* — Installe Arnoul dans le siège de Reims pendant l'absence de Gerbert, 311.

ROBERT, frère du roi Eudes, ses qualités, I, 35, 37. — Rend le service militaire à Charles le Simple, 37. — Est fait duc de la Gaule Celtique, *ibid.* — Est en grande faveur près de lui, *ibid.* — S'indigne contre le roi de ce que Haganon lui est assimilé, 41; — et demande le renvoi du favori avec menaces, *ibid.* — Se retire du palais avec les princes et conspire contre le roi, 41. — Conspire contre Foulques, archevêque de Reims, *ibid.* et 43. — Marche contre le roi jusqu'à Étampes et lui fait demander les envois d'Haganon, espérant bien ne pas l'obtenir, 51. — Sur le refus du roi il envoie des messagers à Henri d'outre-Rhin pour l'exciter à détrôner Charles, *ibid.* et 53. — Se met en devoir de prendre le roi, qui est enlevé des mains de ses adhérents par l'archevêque Hervé, *ibid.* — Cherche à s'emparer du royaume, 57. — Assaille les Normands qui, sous leur chef Rollon, ont envahi la Neustrie, 63, 65, 67. — Les met en déroute, 67. — Charge le prêtre Martin et l'archevêque de Rouen Vitton, de préparer au baptême les prisonniers normands, 69. — Accueille avec joie les ouvertures de Gislebert contre Charles le Simple, 70. — Se rend à Soissons pour s'entendre avec les grands de Celtique sur les moyens de détrôner Charles le Simple, *ib.* — Est élu roi, *ibid.* — Crée Seulfe archevêque de Reims, 81. — Est tué à la bataille de Soissons contre Charles le Simple, 87. — Père de Hugues le Grand, 89.

ROGER, comte, envoyé par le roi Louis d'Outre-mer vers Guillaume, duc des Normands, qu'il réconcilie avec le roi, I, 105. — Sa mort, *ibid.*

Rois, rendaient la justice, I, 19, 31, 35. — Nommaient les évêques, 47, 55, 61, 63, 81, 111; II, 21, etc. — Réglaient les affaires publiques avec les grands et les évêques, I, 23, 31, 63, 95, 147, 181, 183. — Après leur couronnement rendaient des édits, dans les villes, revêtus de la pourpre, 33. — Déposaient les évêques, 61. — Donnaient les titres de ducs et de comtes, 71, 175. — De gouverneurs de provinces, 119, 183. — Vivaient dans leurs châteaux en simples particuliers, 53, 57, 255, 257.

Rois des Gaules, I, 15. — Des Gaulois, II, 81. — Des Francs, 215.

Rois carlovingiens, vivaient ordinairement en Belgique, I, 51, 55, 65,
77, 81, 89, 93, etc. — Respect qu'ils inspiraient, 83.

ROLLON, fils de Catillus, chef des Normands, fait irruption en Neustrie, est vaincu par Robert, duc de la Gaule Celtique, I, 65, 67. — Rallie dans la place d'Eu les Normands que Raoul vient de battre en Bourgogne, 97. — Sa mort, *ibid.*

Rome, I, 61, 103. — Il s'y tient un synode où le duc Hugues est excommunié, 267. — Autre synode où l'archevêque Hugues est excommunié, II, 19. — Gerbert y est amené afin qu'il s'y perfectionne dans les sciences, 47, 49.

RORICON, frère du roi, né d'une concubine, succède à Raoul dans l'évêché de Laon, I, 253. — Son immense savoir, *ibid.* — Assiste au synode de Meaux, s'y montre favorable à Artauld et contraire à Hugues, II, 19. — Concourt au sacre d'Odelric, archevêque de Reims, 21.

Rouen, son archevêque Vitton est chargé de prêcher les prisonniers normands, I, 69. — Le roi Louis d'Outre-mer y est très-bien reçu, 177, 187. — Il y est fait prisonnier, 197.

Rouen, province ecclésiastique; partie de la Gaule Celtique, I, 15. — Son étendue, *ibid.* — Envahie par les Normands qui s'y établissent par concession royale, *ibid.* — Le roi normand Sétrich et son général Thurmod tentent d'envahir la province et d'y introduire l'idolâtrie, 177.

Royaume, son administration, I, 119.

Royaume partagé entre les fils des rois, II, 163.

Ruse employée pour s'emparer d'une place, I, 133, 139, 259 et suiv. — Du roi Louis, 195, 197 et suiv.; II, 9 et suiv. — Employée dans l'assassinat de Guillaume de Normandie, I, 171 et suiv. — De dix jeunes gens pour faire traverser la Seine à l'armée des rois Louis, Otton et Conrad, 209 et suiv. — Employée par Conan contre Foulques, II, 269.

S

Salerne. Un médecin de cette école est vaincu en science par l'évêque Derold, I, 215.

Sarmates soumis à Charles le Simple (*faux*), I, 37. — Leur roi Bulizlas, II, 9.

Saxe. Charles le Simple en prend possession (*faux*), I, 37.

Séez, ville de la province ecclésiastique de Rouen, I, 15.

SÉGUIN, archevêque de Sens, siège au synode de Saint-Basle, II, 223, 249.

— Il préside le synode, II, 225. — Il demande qu'avant tout Arnoul obtienne l'assurance que les rois et les évêques useront d'indulgence envers eux, 227. — Il assiste au synode de Chelles, 273.

Seigneurs, sont divisés pendant l'enfance de Charles le Simple, I, 13. — Conseillent au roi de donner aux Normands la province de Rouen, 15. — Se rapprochent pour créer un roi qui puisse faire tête aux pirates, 17. — Élisent Eudes roi, *ib.* — S'occupent avec le roi Eudes de dispositions militaires contre les Normands, 23. — Règlent les affaires publiques, 31. — Ceux de Belgique et quelques-uns de Celtique s'attachent à Charles le Simple, 33, 35. — Tous ceux des Gaules s'attachent à lui après la mort de Eudes, 35. — Se plaignent que le roi mette Haganon, homme de naissance obscure, sur le même rang qu'eux, 39. — Se réunissent à Soissons près du roi, *ibid.* — Quittent le palais avec Robert, indignés de la conduite du prince, 41. — Presque tous ceux de la Celtique font cause commune avec Robert pour détrôner Charles, 51. — Se rendent à Soissons et s'emparent de la personne du roi qui est délivré de leurs mains par l'archevêque Hervé, 53. — Un certain nombre de ceux de Belgique veulent renverser Charles au profit de Robert, 55. — Ceux de toute la Celtique se réunissent à Soissons pour s'entendre avec Gislebert et Robert sur les moyens de détrôner Charles, 79. — Élisent Robert, *ibid.* — Abandonnent Charles, excepté un petit nombre de Belges, 81. — Traitent des affaires publiques avec les rois, 95. — Administrent les provinces au nom des rois, 119. — Se réunissent après la mort de Raoul sous la présidence de Hugues, et élisent roi Louis d'Outremer, 121 et suiv. — L'envoient chercher en Angleterre, 123, 125. — Le créent roi à Laon, 129. — Doivent être consultés sur le gouvernement de l'État, 147. — Se réconcilient avec le roi, à l'exemple de Hugues, 167. — Se réunissent en conférence à Attigny, *ibid.* — Ceux qui tenaient le parti du roi se réunissent près de lui à Amiens, 181. — Les principaux d'entre ceux d'Aquitaine viennent trouver le roi à Nevers, lui remettent et reçoivent de nouveau de lui l'administration de leur province, 183. — Concourent avec le roi à réconcilier Arnoul et Erluin, *ib.* et 185. — Se réunissent à Reims près du roi pour traiter des affaires de l'État, 221. — Gouvernent leurs villes et leurs provinces pour le roi, 271, 273. — Mettent Lothaire sur le trône de son père Louis, II, 3. — Appuient le dessein de Lothaire de marcher contre Otton, 81, 83. — Ceux du parti de Hugues lui conseillent de s'attacher à Otton II contre Lothaire, 101, 103. — Sont réunis à Compiègne pour associer Louis au trône de Lothaire, 111. — Portent en terre les corps des rois, 139. — Ils se réunissent en assemblée après la mort de Louis V, 147. — Ils absolvent Adalbéron des reproches que lui avaient faits le roi, *ibid.* — S'ajournent pour l'élection d'un roi, 151. — L'assemblée a lieu, 155. — Adalbéron y parle en faveur du duc et contre Charles de Lorraine, *ib.* et suiv. — Proclament Hugues roi, 159. — Se réunissent pour le couronnement de Hugues Capet et de son fils Robert, 161.

Senlis. Son évêque Ive, I, 251. — Attaqué inutilement par les troupes du roi, 265. — Son évêque Eudes siège au synode de Saint-Basle, II, 223. — Synode tenu en ce lieu pour reviser l'affaire de Gerbert et d'Arnoul, 307.

Sens. Le roi Raoul y tombe malade, I, 95. — Y meurt et y est enterré, 119. — Son archevêque préside le synode de Meaux, II, 17. — Et se montre favorable à Hugues contre Artauld, 19. — Son archevêque Séguin siège au synode de Saint-Basle, 223.

Sentinelles à l'armée, I, 25. — Dans les places fortes, II, 11, 165, 169. — Dans les camps, 173.

Séquaniens, I, 271.

Senlus, chef de brigands, pris par le roi Louis et pardonné, I, 135.

Serment. Son autorité, I, 75, 83, 101, 107, 125, 127, 129, 133, 135, 141, 165, 199, 275; II, 13, 15, etc.

Serment de fidélité au roi, I, 147, 149, 153, 175; II, 23, etc.

Serment militaire, I, 133; II, 15, etc.

SETRICH, roi des Normands, entre dans la Seine avec une flotte considérable, I, 177. — Afin d'envahir la province de Rouen et d'y établir l'idolâtrie, *ibid.* — Est vaincu par le roi Louis et tué, *ibid.*

SEULFE, archidiacre de Reims, succède à Hervé dans l'archevêché de la ville, I, 81.—Sa mort; a pour successeur le fils d'Herbert encore enfant, 105.

Siéges. Voir *Arras, Mézières, Gaul, Doulens, Laon, Reims, Langres, Montigny, Causostes, Montreuil, Bayeux, Mouzon, Soissons, Senlis, Brienne, Poitiers, Verdun.*

SIGEFROI concourt à reprendre Verdun sur le roi Lothaire, II, 127. — Est fait prisonnier, 135.

Signalement du duc Hugues tracé par la reine Emma, II, 107.

SIXTE, Père de l'Église, cité, I, 249.

Soissons, ville de la Celtique, I, 39, 79. — De la Belgique, 51. — Le roi Charles s'y retire, 39. — Résidence royale, 51. — Charles le Simple y vit en simple particulier, 53. — Il y est saisi par les seigneurs du parti de Robert et délivré par l'archevêque Hervé, *ib.* — Les grands s'y réunissent pour concerter avec Robert les moyens de détrôner Charles le Simple, 79. — Bataille donnée près de cette ville entre Charles le Simple et Robert, 85, 87. — Robert y périt, mais son parti remporte la victoire, 87, 89. — Les Gaulois y élisent Raoul roi à la place de Robert, 91. — Raoul y séjourne, 95. — Résidence de Raoul, 105. — Son évêque Gui ordonne prêtre Hugues, fils d'Herbert, 157, 159.—Les évêques suffragants de Reims s'y réunissent pour déposer Artauld et élire Hugues archevêque, 159. — Son évêque Gui concourt au sacre de Tibaud comme évêque d'Amiens, 223. — Assiégé vainement par Hugues, qui le brûle en partie au moyen de javelots enflammés, 255, 257. — Son évêque Gui concourt au sacre d'Odelric, archevêque de Reims, II, 21. — Il siège au synode de Saint-Basle, 223.

Soissonnais. Le duc Hugues poursuit jusque-là l'armée du roi Louis, qui est venue ravager ses terres, I, 267.

Sophistes. Gerbert les fait suivre à ses élèves, II, 53.

Sou, I, 211.

Sphères construites par Gerbert, II, 55 et suiv.

Spire. Son évêque Raimbaud, I, 231.

STACE, poète ancien, lu et commenté par Gerbert, II, 53.

STARCHAND, évêque d'Hochstadt, siège au synode général d'Engelheim, I, 231.

SUGER, évêque de Mennmingen, siège au synode de Mouzon, II, 291.

SULPICE, cité; ce qu'il dit des Aquitains, I, 11.

SUZANNE, Italienne de nation, répudiée par le roi Robert parce qu'elle est vieille, II, 271. — Réclame sa dot qu'on lui refuse, et, entre autres biens, Montreuil, *ibid.* — Construit un fort tout auprès, *ibid.*

SYLVESTRE, prêtre envoyé par Transmar, évêque de Noyon, pour certifier qu'il ne peut se rendre, pour cause de maladie, au synode général d'Engelheim, I, 253.

SYMMAQUE, père de l'Église, cité, I, 249.

Synode d'abbés réunis pour réformer les mœurs des moines, II, 35 et suiv. — Présidé par l'abbé Raoul de Saint-Remi, *ibid.* — D'évêques, I, 99, 223, 225, 227, 229, 267; II, 17, 19, 33, etc.

Synodes. Voir *Engelheim, Saint-Basle, Chelles, Mont-Notre-Dame, Mouzon, Senlis, Reims, Verdun, Meaux, Rome, Pavie.*

T

Tanaïs, fleuve qui sépare l'Europe de l'Asie, I, 7.

Témoins entendus contre l'évêque Bovon qui a déserté la cause du roi Raoul, I, 113.— Produits par l'évêque Transmar pour affirmer qu'étant malade il ne peut se rendre au synode général d'Engelheim, 253. — Entendus contre l'archevêque Arnoul, II, 237.

TÉRENCE, lu et commenté par Gerbert, II, 53.

Térouane ou *Thérouanne,* ville de la province ecclésiastique de Reims; son évêque concourt à mettre Charles le Simple sur le trône, I, 33.

Terre habitable. Elle se divise en trois parties, l'Asie, l'Afrique et l'Europe, I, 7.

TÉTHARD, évêque d'Hildesheim, siège

au synode général d'Engelheim, I, 231.

THÉODERIC, comte, I, 149.

THÉODERIC, comte, marche avec le roi Louis sur le Vermandois et sur Reims, I, 191.

THÉODERIC, duc de Belgique (duc de Lorraine), concourt à enlever Verdun au roi Lothaire, II, 127.

THÉOPHANIE, femme de l'empereur Otton II, II, 81.

THÉOTILON, évêque de Tours, s'efforce de ramener la paix entre les princes; sa mort, ses funérailles, I, 195. — Enterré dans la basilique de Saint-Julien, martyr, construite par lui, *ibid.*

Thériaque, administrée comme contre-poison, I, 217.

Thérouanne, son évêque Wicfrid, I, 253.

THIBAUD, diacre de l'église de Soissons, est ordonné prêtre et sacré évêque d'Amiens par l'archevêque Hugues expulsé de son siége, I, 223. — Condamné au synode général d'Engelheim, 251.

THIBAUT, de Tours, prend parti pour Hugues contre le roi Louis; concourt à la prise de Montigny, I, 191, et de la résidence royale de Compiègne, *ibid.*— Reçoit en garde de Hugues le roi Louis, prisonnier, 199. — Envahisseur des biens de l'évêché de Reims, excommunié par l'archevêque Odelric, restitue les biens, II, 21.

THURMOD, général du roi normand Sétrich, entre dans la Seine avec des forces navales, I, 177, afin d'envahir la province de Rouen et d'y établir l'idolâtrie, *ibid.* — Est vaincu et tué par le roi Louis, 179.

Timothée (Saint-), abbaye donnée au prêtre Odelric, I, 105. — Donnée par Adalbéron de Reims aux moines de Saint-Remi, II, 29.

Toiles ouvragées portées par les moines; défendues par un synode d'abbés, II, 43.

Tongres, le roi Charles le Simple, délivré par l'archevêque Hervé des mains des partisans de Robert, se retire dans cette ville, I, 55. — Il donne aux Tongriens Hilduin pour archevêque, *ibid.* — Il y séjourne en simple particulier, 79.

Tortue faite avec des boucliers, II, 129.

Toul, son évêque Gauslin, I, 225, 231.

Toulouse, ville de Gothie, I, 21.

Tours, ville de Neustrie, I, 41. — Son évêque Théotilon, 195. — Son archevêque Archambault, II, 273. — Enlevé à Foulques par le roi Robert, 309.

Trahisons fréquentes, I, 133, 137, 139 et suiv., 149, 173, 197; II, 13, 265 et suiv., etc.

Traître décollé pour avoir livré la place royale de Dijon, II, 15.— Autre traître pendu, 269.

Traits, armes offensives, I, 131, 193, 207, etc.

TRANSMAR, évêque de Noyon, ne peut se rendre, pour cause de maladie, au synode général d'Engelheim, I, 253.

Tremblement de terre dans le Cambraisis, I, 89. — Présage funeste, *ibid.*

Trésorier de la ville de Laon, I, 63.

Trésors des seigneurs pillés dans les guerres qu'ils se font, I, 143.

Trèves, ville de Belgique; son archevêque concourt à mettre Charles le Simple sur le trône, I, 33. — Son archevêque Robert concourt à rétablir Artauld dans son siége de Reims, 209. — préside le synode de Verdun, 225. — Son archevêque Léodulf, II, 291.

Troli, Il s'y tient un synode pour régler les affaires publiques, I, 63.

Trompette, instrument militaire, I, 263; II, 175, etc., etc.

Troyes, son évêque Ansegise, I, 95, 267.

Tuniques des moines, II, 41.

Tuteur donné par le roi à Gerlon, fils du feu gouverneur de Blois, I, 31.

Tyran, dénomination appliquée en général aux adversaires des rois: à Robert, duc de France, I, 53, 79, 83, 85, 87, 89.—A Hugues le Grand, 199, 249, 251, 257.—A Herbert, comte de Vermandois, 133, 167, 179, 261; II, 13. — A Hugues et à Herbert, I, 155, 157, 161. — A Robert de Trèves, II, 15. — A Catillus, chef de Normands, I, 29, 31.—A Rainier II, comte de Hainaut, en hostilité contre la reine Gerberge, II, 13. — A Charles de Lorraine, compétiteur de Hugues Capet, 189, 191. — Aux détenteurs illégitimes des biens de l'Église, 21. — A Eudes, comte de Chartres et à Foulques, comte d'Anjou, qui se font la guerre, 275.

V

Vache. Son prix, I, 19.
Valets des cavaliers, II, 80.
Vast (Saint-), abbaye donnée par Charles le Simple à l'archevêque Foulques, qui l'échange avec le château d'Arras contre l'abbaye de Saint-Médard, I, 43.
Vedettes à l'armée, I, 221.
Veilleur dans les collèges de chanoines, II, 27.
Verdun. Synode réuni en ce lieu pour examiner l'affaire de Hugues et d'Artauld, archevêques de Reims; il se sépare sans rien décider, I, 225. — Son évêque Bérenger, 231. — Son évêque Wicfrid, II, 21. — Assiégé par l'armée de Lothaire, 125. — Description de la place, *ibid.* — Elle se rend, *ibid.* — Confié à la garde de la reine Emma, 127. — Repris par les Belges, *ib.* et 129. — Fortifié et approvisionné par eux, 129. — Assiégé de nouveau par Lothaire, *ibid* et suiv. — Qui le prend, 135. — Son évêque Haimon, 231.
Vermandois, I, 101; II, 167. — Ravagé par le roi Louis d'Outre-mer, I, 191.
VICTORIN, rhéteur, II, 53.
Vienne. Son prince Charles Constantin, I, 271.

Vieux-Brioude, château d'Auvergne, II, 115.
Villes municipales, I, 135.
Villes, distinctes de places fortes, I, 35, 37, 39, etc.
VINCENT (SAINT-), martyr. Sa basilique à Laon, I, 249. — Les évêques qui ont composé le synode général d'Engelheim s'y réunissent pour prononcer l'excommunication contre le duc Hugues, *ibid.* et 251.
Vir consularis, dénomination appliquée à des comtes, I, 71, 85; II, 186, 260. — *Clarus,* I, 164. — *Illustris,* 182, 202; II, 18, 120. — *Militaris,* 141, etc. — *Memorabilis,* 18. — *Nobilis,* I, 71; II, 26, 120. — *Nobilitatis regalis,* 22. — *Palatinus,* I, 40, 215. — *Spectabilis,* 46, 215. — *Viri clari, clarissimi,* II, 80.
VIRGILE, lu et commenté par Gerbert, II, 53.
VITTON, archevêque de Rouen, chargé de prêcher des prisonniers normands, I, 69. — Baptise les prisonniers, 71.
Voyages. Manière dont les rois les faisaient, II, 115. — Les grands seigneurs, 109. — Les simples particuliers, 215 et suiv.

W

WALBERT, abbé de Corbie; son éloge, I, 115. — Est fait évêque de Noyon, 117.
WALLON, fidèle du roi, commandant de Château-Thierry, I, 133. — Entraîné par Herbert à la trahison, livre la ville, *ibid.* — Méprisé et emprisonné par Herbert, *ibid.*
WICFRID, évêque de Thérouanne, accusé d'avoir pris part au sacre de Hugues, archevêque de Reims, est trouvé innocent au concile général d'Engelheim, I, 253.
WICFRID, archevêque de Cologne, siège au synode général d'Engelheim, I, 231.
WICFRID, évêque de Verdun, concourt au sacre d'Odelric, archevêque de Reims, II, 21.

WICHARD, évêque de Bâle, siège au synode général d'Engelheim, I, 231.
WIDO. Voir *Gui.*
WILELMUS. Voir *Guillaume.*
WINEMARE assassine l'archevêque Foulques par ordre de Baudoin, comte de Flandres, I, 45. — Excommunié par les évêques, *ibid.* — Tombe malade et meurt d'une mort horrible, 47.
WITICHIN, germain de nation, père de Robert et grand-père de Eudes, I, 19.
Worms. Il s'y tient une conférence entre Charles le Simple et Henri l'Oiseleur; elle a une issue fâcheuse, I, 49. — Son évêque Richau, 231.
Wurtzbourg. Son évêque Boppon, I, 231.

Z

ZOSIME, Père de l'Église, cité, I, 249.

FIN DE LA TABLE ALPHABÉTIQUE.

ERRATA.

TOME PREMIER.

Pages liv et lxxxvij : Hugues le Grand, *lisez* Hugues Capet.
Page 17 : toute la Gaule celtique, *lisez* la partie de la Gaule Celtique.
Pages 54, 124, 152, 174, 198, 124, 226, 230, aux notes : *corr.* lisez *cod.*
Page 149, note : Otton II, *lisez* Otton Ier.
Page 231, ligne 5 : Hildebald, *lisez* Hildebold.
Page 255, ligne 13 : à Laon ; qu'il l'assiégea, *lisez* à Laon qu'il assiégea.

TOME DEUXIÈME.

Page 4, note : *corr.* lisez *cod.*
Pages 61, 63, note : Charles, *lisez* Chasles.
Page 157, ligne 20 : pères, *lisez* pairs.
Page 328, deuxième colonne : Raou II, *lisez* Raoul II.

PALAIS-COMPIÈGNE

www.ingramcontent.com/pod-product-compliance
Lightning Source LLC
Chambersburg PA
CBHW071115230426
43666CB00009B/1969